Erfolgreich strategisch anlegen mit ETFs

Andreas Lipkow

Andreas Lipkow

ERFOLGREICH STRATEGISCH ANLEGEN MIT

Der bewährte und einfache Weg zum eigenen Vermögensaufbau

Börsenbuchverlag

Gestaltung Cover: Anna Lena Schramm
Gestaltung, Satz und Herstellung: Maja Hempfling
Coverfoto: CL STOCK/Shutterstock
Vorlektorat: Sebastian Politz
Korrektorat: Elke Sabat
Druck: CPI books GmbH, Leck, Germany

ISBN 978-3-68932-051-5

Bibliografische Information der Deutschen Nationalbibliothek:
Die Deutsche Nationalbibliothek verzeichnet diese Publikation in der Deutschen Nationalbibliografie; detaillierte bibliografische Daten sind im Internet über <http://dnb.d-nb.de> abrufbar.

BÖRSEN MEDIEN
AKTIENGESELLSCHAFT

Postfach 1449 • 95305 Kulmbach
Tel: +49 9221 9051-0 • Fax: +49 9221 9051-4444
E-Mail: info@plassen-buchverlage.de
www.boersenbuchverlag.de
www.facebook.com/plassenverlag
www.instagram.com/plassen_buchverlage

Inhalt

Vorwort

Liebe Leserin, lieber Leser,
die Welt der Geldanlage ist so vielfältig wie die Ziele, die wir mit unserem Geld erreichen möchten. Ob es darum geht, einen sorgenfreien Ruhestand zu genießen, den Traum vom Eigenheim zu verwirklichen, eine Weltreise zu unternehmen oder einfach finanziell unabhängig zu sein – die richtige Anlagestrategie kann der Schlüssel zur Erfüllung dieser Wünsche sein. In meinen beiden vorherigen Büchern „Erfolgreich strategisch anlegen“ und „Erfolgreich strategisch anlegen – Das Praxisbuch“ habe ich bereits ausführlich dargelegt, wie wichtig es ist, langfristige Ziele zu definieren und diese mit einer klugen Anlagestrategie zu verfolgen. Dieses Buch knüpft daran an und konzentriert sich auf ein Anlageinstrument, das sich in den letzten Jahren großer Beliebtheit erfreut: ETFs, Exchange Traded Funds, also börsengehandelte Indexfonds.

Als Reaktion auf die genannten Bücher haben mich viele Fragen zum Thema Geldanlage erreicht. Eine Frage stach dabei besonders heraus und veranlasste mich, dieses Buch zu schreiben: „Wann und wie fange ich am besten mit der Geldanlage an?“ Dabei stand die Angst vor potenziellen Kursverlusten durch Anlagen in Aktien und das teilweise sehr schwer zu verstehende Thema der Anlage in Aktien und anderen Anlagevehikeln im Vordergrund.

Mir ist ganz wichtig, dass Geldanlage kein Thema ist, das nur für diejenigen relevant ist, die kurz vor dem Ruhestand stehen. Ganz im

Gegenteil: Je früher man beginnt, sich mit dem Thema auseinanderzusetzen, desto größer sind die Chancen, langfristig erfolgreich zu sein. Der Zinseszinseffekt, oft als das achte Weltwunder bezeichnet, entfaltet seine volle Kraft, wenn man ihm Zeit gibt. Wer bereits in jungen Jahren regelmäßig investiert, kann selbst mit kleinen Beträgen über die Jahre ein beträchtliches Vermögen aufbauen. ETFs bieten hierfür eine ideale Grundlage, da sie kostengünstig, transparent und flexibel sind.

Warum sind ETFs besonders für junge Anleger und Einsteiger geeignet? Zum einen ermöglichen sie eine breite Diversifikation, was das Risiko reduziert. Zum anderen sind sie einfach zu handhaben und erfordern kein tiefes Börsenwissen. Mit ETFs kann man in ganze Märkte, Sektoren oder Themen investieren, ohne sich um die Auswahl einzelner Aktien kümmern zu müssen. Das macht sie zu einem perfekten Werkzeug, um langfristige Ziele zu verfolgen.

In diesem Buch möchte ich Ihnen nicht nur die Grundlagen der ETF-Anlage näherbringen, sondern auch zeigen, wie Sie dieses Wissen praktisch umsetzen können. Sie werden lernen, wie Sie ein Portfolio aufbauen, welche Strategien sich für unterschiedliche Lebensphasen eignen und wie Sie Fehler vermeiden können, die viele Anleger teuer bezahlen. Mein Ziel ist es, Ihnen das nötige Rüstzeug an die Hand zu geben, um selbstbewusst und erfolgreich in die Welt der ETFs einzusteigen.

Geldanlage ist kein Selbstzweck, sondern ein Mittel, um sich ein erfülltes Leben zu ermöglichen. Egal ob Sie gerade erst ins Berufsleben starten oder bereits seit Jahren investieren – es ist nie zu spät, sich mit diesem Thema auseinanderzusetzen und die Weichen für eine erfolgreiche Zukunft zu stellen. Ich wünsche Ihnen viel Freude beim Lesen und hoffe, dass dieses Buch Ihnen dabei hilft, Ihre finanziellen Ziele zu erreichen.

Ihr
Andreas Lipkow

Teil I

GRUNDLAGEN DER ETF-ANLAGE

Kapitel 1

Einführung in ETFs

Die Welt der Geldanlage kann komplex und überwältigend sein, besonders für Einsteiger. Doch es gibt ein Instrument, das sich in den letzten Jahren zu einem der beliebtesten Anlagevehikel für Privatanleger entwickelt hat: der ETF. In diesem Kapitel werde ich die Grundlagen der ETF-Anlage beleuchten, erklären, was ETFs sind, wie sie funktionieren und warum sie eine wichtige Rolle in Ihrem Portfolio spielen können.

1.1 Was sind ETFs?

ETFs, Exchange Traded Funds, haben in den letzten Jahren die Welt der Geldanlage revolutioniert. Sie bieten Anlegern eine einfache, kostengünstige und flexible Möglichkeit, in verschiedene Märkte und Anlageklassen zu investieren. Doch was genau sind ETFs und wie funktionieren sie?

ETFs sind Investmentfonds, die an der Börse gehandelt werden. Der Name ist dabei Programm, denn Exchange Traded Funds bedeutet „börsengehandelte Fonds“. Sie können sie also jederzeit während der Handelszeiten kaufen und verkaufen. Im Gegensatz zu klassischen Investmentfonds, die aktiv von Fondsmanagern verwaltet werden, bilden ETFs in der Regel einen Index passiv nach. Dabei gilt, dass ein

ETF nicht versucht, den Markt zu schlagen, sondern lediglich die Wertentwicklung eines bestimmten Index wie des DAX oder des S&P 500 abbildet. Dadurch sind die Kosten für ETFs in der Regel deutlich niedriger als bei aktiv gemanagten Fonds. In letzter Zeit haben sich jedoch auch zunehmend aktiv gemanagte ETFs in den Vordergrund geschoben. Darauf werde ich zu einem späteren Zeitpunkt genauer eingehen.

Wichtige Merkmale von ETFs

- **Börsenhandel:** ETFs können wie Aktien während der Handelszeiten an der Börse gekauft und verkauft werden.
- **Passives Management:** Die meisten ETFs verfolgen eine passive Anlagestrategie, indem sie einen Index nachbilden.
- **Diversifikation:** Durch die Abbildung eines Index bieten ETFs eine breite Streuung über viele Wertpapiere.
- **Kosteneffizienz:** Da die meisten ETFs nicht aktiv verwaltet werden, sind die Gebühren in der Regel deutlich niedriger als bei klassischen Investmentfonds.

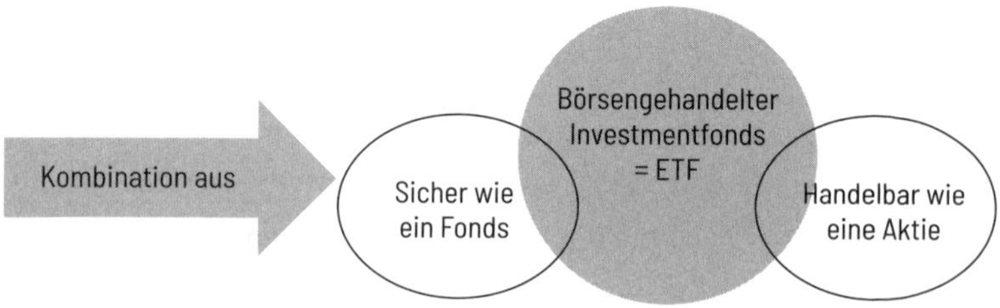

1.1.1 Wie funktionieren ETFs?

ETFs funktionieren nach einem relativ simplen Prinzip: Sie sammeln das Geld vieler Anleger ein und investieren es in eine breite Palette von Wertpapieren, die einen bestimmten Index oder Sektor abbilden. Wenn Sie Anteile an einem ETF kaufen, besitzen Sie somit einen kleinen Teil dieses gesamten Portfolios.

Beispiel: Ein ETF, der den S&P 500 abbildet, investiert in die 500 größten Unternehmen der USA. Wenn Sie Anteile an diesem ETF kaufen, profitieren Sie von der Wertentwicklung aller 500 Unternehmen, ohne jede einzelne Aktie separat kaufen zu müssen.

1.1.2 Die Mechanik eines ETFs

Die Funktionsweise eines ETFs lässt sich in 4 Kernbereiche aufteilen: Struktur, Handel, Preisbildung und Verwaltung. Dabei wird ein ETF von einem Fondsanbieter aufgelegt und verwaltet. Der Anbieter kauft die im Index enthaltenen Wertpapiere (z. B. Aktien von Apple, Siemens oder Nestlé) und bündelt sie im Sondervermögen des ETFs. Anleger kaufen Anteile dieses ETFs, die wie Aktien an der Börse gehandelt werden. Es gibt 2 Grundtypen von ETFs, die ich an dieser Stelle nur kurz darlegen und später ausführlicher erklären werde.

- **Physische ETFs** halten die tatsächlichen Wertpapiere des Index (z. B. echte Aktien). Dies ist die häufigste Form.
- **Synthetische ETFs** nutzen Derivate (z. B. Swaps), um die Indexentwicklung nachzubilden, ohne alle Wertpapiere direkt zu halten. Sie sind komplexer, aber nützlich für schwer zugängliche Anlageklassen (z. B. Rohstoffe).

Der Fondsanbieter arbeitet in beiden Fällen mit einer Verwahrstelle zusammen, die die Wertpapiere sicher aufbewahrt, und mit Marketmakern, die für Liquidität beim Handel an den Börsen sorgen. Auf die Funktionsweise gehe ich ebenfalls später noch genauer ein, siehe Kapitel 2.3.

Der große Unterschied zu klassischen Investmentfonds ist schnell erklärt: ETFs werden wie Aktien an der Börse gehandelt, etwa an der Deutschen Börse oder an der NYSE, in Echtzeit während der Handelszeiten. Sie können jederzeit gekauft oder verkauft werden, was sie flexibler macht als traditionelle Fonds, die teilweise nur einmal täglich bewertet werden. Der Preis eines ETF-Anteils wird durch Angebot und Nachfrage bestimmt, bleibt aber eng an den Nettoinventarwert (NAV) des zugrunde liegenden Portfolios gekoppelt, also dem Wert der im Fonds enthaltenen Vermögenswerte geteilt durch die Anzahl der Anteile. Um Abweichungen zu minimieren, nutzen Marketmaker einen Arbitrage-Mechanismus, der immer dann greift, wenn der ETF-Preis über dem NAV liegt. In diesem Fall kaufen sie die zugrunde liegenden Wertpapiere und tauschen diese gegen neue ETF-Anteile (Creation Unit), die sie teurer verkaufen. Liegt der Preis unter dem NAV, kaufen die Marketmaker die ETF-Anteile, lösen sie gegen die Wertpapiere ein und verkaufen diese. Dies hält den ETF-Preis auf lange Sicht stabil und ermöglicht einen liquiden Handel in den ETF-Anteilscheinen.

Trotz ihrer Vorteile sind ETFs dennoch nicht risikofrei, denn die klassischen Risiken einer Geldanlage werden bei einer ETF-Anlage nicht ausgeschaltet. Hinzu kommen noch 2 spezifische Risiken.

Insgesamt treten also typischerweise die folgenden Risiken auf:

- **Marktrisiko:** ETFs spiegeln den Markt, bieten aber keinen Schutz vor Verlusten (z. B. bei einem Börsencrash).
- **Tracking-Error:** Abweichungen zwischen ETF- und Indexentwicklung können durch Gebühren oder ineffizientes Management entstehen.
- **Synthetische Risiken:** Bei synthetischen ETFs besteht ein Kontrahentenrisiko, wenn der Swap-Partner ausfällt.

Wenn Sie die dahinterliegende Mechanik der ETF-Anlage verstehen – von der Indexnachbildung bis zur Arbitrage –, können Sie ETFs gezielt nutzen, um Ihre finanziellen Ziele zu erreichen. Wir werden uns später noch genauer damit beschäftigen, wie Sie die richtigen ETFs auswählen und welche Faktoren Sie bei der Zusammenstellung Ihres Portfolios beachten sollten. Doch kommen wir zunächst zur Entstehungsgeschichte der ETFs.

1.2 Geschichte und Entwicklung von ETFs

Börsengehandelte Indexfonds sind heute aus der Welt der Geldanlage nicht mehr wegzudenken. Doch wie kam es zur Entstehung dieses innovativen Finanzinstruments? Wer waren die Schlüsselfiguren, die ETFs auf den Weg gebracht haben, und welche historischen Ereignisse haben ihre Entwicklung geprägt? In diesem Kapitel tauchen wir in die Geschichte der ETFs ein und ich zeige Ihnen, wie sie zu einem der wichtigsten Anlagevehikel der modernen Finanzwelt wurden.

1.2.1 Parallelen zwischen mittelalterlichen Trusts und modernen ETFs

In der modernen Welt der Geldanlage scheinen mittelalterliche Rechtskonstrukte und hochmoderne Finanzprodukte wie ETFs auf den ersten Blick Welten voneinander getrennt zu sein. Doch bei genauerer Betrachtung offenbaren sich faszinierende Parallelen, die uns helfen, die Essenz von ETFs besser zu verstehen. Trusts, wie sie in der Ritterzeit entstanden, dienten als frühe Form der Vermögensverwaltung und zum Vermögensschutz, ähnlich wie ETFs heute eine effiziente Bündelung und Diversifikation von Anlagen ermöglichen. Lassen Sie uns diese historischen Verbindungen erkunden und ihre Relevanz für den modernen Anleger beleuchten.

Die Wurzeln des Trusts reichen zurück ins 12. und 13. Jahrhundert, eine Epoche, die von den Kreuzzügen geprägt wurde. Englische Ritter und Adlige, die in den Heiligen Krieg zogen, standen vor einem Dilemma: Sie mussten ihr Land und ihr Vermögen während ihrer oft jahrelangen Abwesenheit schützen. Das strenge Feudalrecht der Zeit erlaubte keine direkte Vererbung oder Übertragung ohne königliche Zustimmung, und bei Abwesenheit oder Tod drohten hohe Steuern. Um dies zu umgehen, entwickelten sie den Trust: Der Ritter übertrug sein Eigentum (z. B. Ländereien) an einen vertrauenswürdigen „Trustee" (z. B. einen Freund oder Kleriker), der es im Namen des Ritters verwaltete und die Erträge (z. B. Pachten) an die Familie oder den Ritter selbst weiterleitete.

Dieser Mechanismus war revolutionär: Er trennte das legale Eigentum (beim Trustee) vom wirtschaftlichen Nutzen (bei den Begünstigten, den „Beneficiaries"). So konnte der Ritter sein Vermögen vor Konfiszierung schützen, Steuern minimieren und eine kontinuierliche Verwaltung sicherstellen – alles ohne physische Präsenz. Historiker sehen hierin den Vorläufer moderner Treuhandstrukturen, die aus dem Common Law hervorgingen und sich über Jahrhunderte weiterentwickelten. Interessanterweise spielten auch Ritterorden wie die Templer eine Rolle, die ähnliche Systeme für Pilger und Kreuzfahrer einsetzten, was indirekt zur Entstehung moderner Banken beitrug.

Heutige ETFs spiegeln viele Prinzipien dieser mittelalterlichen Trusts wider, wenngleich in einer digitalisierten und globalisierten Form. Beide Konzepte basieren auf der Idee der Vermögensbündelung und delegierten Verwaltung, die es Anlegern ermöglicht, Risiken zu streuen und Erträge zu generieren, ohne direkte Kontrolle ausüben zu müssen. Im Trust der Ritterzeit hielt der Trustee das legale Eigentum, während die Begünstigten die wirtschaftlichen Vorteile genossen. Ähnlich funktioniert ein ETF: Der Fondsanbieter verwaltet das zugrunde liegende Vermögen (Aktien, Anleihen oder Rohstoffe), während der Anleger Anteile hält und gegebenenfalls von Ausschüttungen (in Form von Dividenden, Zinsen, Mieten oder Ähnlichem) und Kursgewinnen profitiert. Der Anleger „besitzt“ nicht direkt die einzelnen Wertpapiere, sondern nur einen Anspruch auf den Fonds – eine moderne Form der Treuhand. Ritter nutzten Trusts, um ihr Vermögen vor Unsicherheiten (Krieg, Steuern) zu schützen und es diversifiziert zu managen (z. B. durch Landwirtschaft und Pachten). ETFs bieten eine vergleichbare Diversifikation, denn ein einzelner ETF kann Hunderte von Aktien bündeln, was das Gesamtrisiko minimiert – ähnlich wie ein Ritter sein Land in verschiedene Ertragsquellen aufteilte.

In volatilen Marktphasen kann der ETF als eine Art „Schutzschild“ dienen, indem er die professionelle Vermögensverwaltung übernimmt, ohne dass der Anleger selbst aktiv handeln muss. Der Ritter war damals physisch abwesend, vertraute aber auf den Trustee für die laufende Verwaltung. Moderne ETF-Anleger sind oft ebenfalls „passiv“, denn sie investieren einmalig und lassen den Fonds (z. B. einen Index-ETF wie den MSCI World) automatisch laufen, ohne tägliche Entscheidungen zu treffen. Dies reduziert Kosten und Aufwand, ähnlich wie der Trust die Ritter von administrativen Lasten befreite. Die Trusts in der Ritterzeit halfen, feudale Steuern zu umgehen – ein früher „Tax Hack“. ETFs bieten steuerliche Effizienzen, etwa durch Thesaurierung (Wiederanlage von Erträgen ohne sofortige Besteuerung) oder niedrige Gebühren, was langfristig Renditen maximiert. Beide Strukturen nutzen rechtliche Rahmenbedingungen, um Vermögen optimal zu strukturieren.

Diese historischen Verbindungen zeigen, dass ETFs keine Erfindung der Moderne sind, sondern auf bewährten Prinzipien der Vermögensverwaltung basieren. Wie der Ritter seinen Trust nutzte, um in unsicheren Zeiten Stabilität zu schaffen, ermöglichen ETFs Anlegern heute, in volatilen Phasen (z. B. bei Inflationsängsten oder Geopolitik) passiv und diversifiziert zu investieren. Kommen wir nun zurück in die Gegenwart und schauen auf die jüngste Entwicklungsgeschichte der ETF-Anlage.

1.2.2 Die Anfänge des modernen Index-Investings

Die moderne Geschichte der ETFs beginnt mit der Idee des Index-Investings, also der passiven Abbildung eines Marktindex. Der Grundgedanke dahinter ist: Anstatt zu versuchen, den Markt durch Stock-Picking zu schlagen, investiert man in den gesamten Markt und profitiert so von dessen langfristiger Wertentwicklung. Eine Schlüsselfigur in der Entwicklung des Index-Investings ist John Bogle, der Gründer der Investmentgesellschaft Vanguard. Bogle war überzeugt, dass die meisten aktiv gemanagten Fonds langfristig nicht in der Lage sind, den Markt zu schlagen, vor allem nach Abzug der hohen Gebühren. 1976 lancierte er den ersten Indexfonds für Privatanleger, den Vanguard 500 Index Fund, der den S&P 500 abbildete. Dieser Fonds legte den Grundstein für die spätere Entwicklung von ETFs.

Die Idee des Index-Investings wurde auch durch akademische Forschung untermauert. In den 1960er- und 1970er-Jahren zeigten Ökonomen wie Eugene Fama und Paul Samuelson, dass Finanzmärkte effizient sind und es daher schwierig ist, den Markt langfristig zu schlagen. Der „Efficient Market Hypothesis" zufolge spiegeln die Kurse an den Finanzmärkten stets sämtliche bekannten Informationen wider. Damit ist es für die Akteure unmöglich, durch den Kauf einzelner Aktien ein Schnäppchen zu machen oder gar den Markt als Ganzes zu schlagen. Schließlich kann der Einzelne niemals klüger sein als der effiziente Markt. Dadurch erklärt sich auch, warum die meisten Fondsmanager nicht besser abschneiden als ihre Benchmark.

Im Gegensatz zur Markteffizienz-Hypothese von Eugene Fama steht die Theorie von Robert Shiller, die er zu Beginn der 2000er-Jahre nach dem Platzen der Dotcom-Blase formulierte. Demnach neigen Finanzmärkte immer wieder zu irrationalen Übertreibungsphasen, die sich in anschließenden massiven Kurskorrekturen entladen können. Solche wiederkehrenden Boom-Bust-Zyklen haben auf den ersten Blick mit rationalen Preisen nichts zu tun. Shiller meinte auch belegen zu können, dass die täglichen Schwankungen an den Handelsplätzen weitaus stärker sind, als die jeweils neuen Informationen rechtfertigen würden. Genau dieser neu entdeckte Marktmechanismus führte zu der Ausweitung des Siegeszugs der passiv gemanagten ETFs, denn die beschriebenen Zyklen werden durch eine langfristige Anlage mittels passiv gemanagter ETFs überstanden.

1.2.3 Die Geburtsstunde des ersten ETFs

Während Indexfonds wie der Vanguard 500 Index Fund bereits eine passive Anlagestrategie verfolgten, waren sie nicht an der Börse handelbar. Dies änderte sich mit der Einführung des ersten ETFs.

Die Geschichte der ETFs ist eng mit einem Namen verbunden: Nathan Most. Als Pionier und Visionär legte Most den Grundstein für eines der revolutionärsten Finanzinstrumente der letzten Jahrzehnte. Seine Idee, einen börsengehandelten Fonds zu schaffen, der die Vorteile von Aktien und Indexfonds vereint, hat die Anlagewelt nachhaltig verändert. Dieser Buchabschnitt beleuchtet das Leben und Wirken von Nathan Most und seine entscheidende Rolle bei der Entwicklung von ETFs in den USA. Most erkannte das Potenzial eines börsengehandelten Indexfonds. Seine Idee war es, die Vorteile von Indexfonds (Diversifikation, niedrige Kosten) mit der Flexibilität des Börsenhandels zu kombinieren. Er entwickelte die technische Infrastruktur, um dies möglich zu machen.

Nathan Most wurde 1914 geboren und verbrachte einen Großteil seines Berufslebens in der Finanzbranche. Bevor er sich der Entwicklung von ETFs widmete, hatte er bereits eine beeindruckende Karriere hinter sich. Most arbeitete unter anderem als Ingenieur, in der Lebensmittelindustrie und schließlich in der Finanzwelt. Seine vielseitige Erfahrung und sein technisches Know-how sollten sich später als entscheidend für seine bahnbrechende Idee erweisen. In den 1980er-Jahren war Most bei der American Stock Exchange (AMEX) tätig, wo er sich mit der Entwicklung neuer Finanzprodukte beschäftigte. Zu dieser Zeit waren Indexfonds bereits bekannt, aber sie hatten einen entscheidenden Nachteil: Sie konnten nur einmal täglich gehandelt werden.

Mosts Vision war es, einen Fonds zu entwickeln, der an der Börse gehandelt werden konnte und gleichzeitig einen Index nachbildete. Diese Idee war revolutionär, aber auch technisch anspruchsvoll. Most und sein Team mussten ein System entwickeln, das den Handel von Fondsanteilen in Echtzeit ermöglichte, während gleichzeitig die Zusammensetzung des Fonds transparent blieb. Nach Jahren der Forschung und Entwicklung war es schließlich so weit: Der S&P 500 Trust (SPDR) wurde in die Finanzwelt eingeführt.

Der erste ETF, der SPDR S&P 500 ETF (SPY), wurde am 29. Januar 1993 an der American Stock Exchange aufgelegt. Entwickelt wurde er von der Firma State Street Global Advisors. Der SPDR (ausgesprochen „Spider") bildete den S&P 500 Index ab und ermöglichte es Anlegern erstmals, einen ganzen Index wie eine Aktie an der Börse zu handeln. Der Erfolg des SPDR war enorm und er wurde schnell zu einem der meistgehandelten Finanzinstrumente der Welt.

Mosts Erfindung war so revolutionär, weil das ETF-Konzept gleich mehrere entscheidende Vorteile mit sich brachte, die das Anlageverhalten von Privat- und institutionellen Anlegern nachhaltig veränderten. Im Gegensatz zu traditionellen Indexfonds konnten ETFs an der Börse wie Aktien gehandelt werden. Dies ermöglichte es Anlegern, ihre Positionen jederzeit während der Handelszeiten zu kaufen oder zu verkaufen. Die ETFs wurden passiv verwaltet und bildeten einen Index nach, dadurch waren die Gebühren deutlich niedriger als bei aktiv gemanagten Fonds. Dies machte sie besonders attraktiv für kostensensible Anleger. Zusätzlich boten ETFs eine hohe Transparenz, da ihre Zusammensetzung täglich veröffentlicht wurde. Anleger wussten also genau, in welche Wertpapiere sie investierten. Ein weiterer wichtiger Vorteil lag in der Diversifikationsmöglichkeit der ETFs. Mit einem einzigen ETF konnten Anleger in eine breite Palette von Unternehmen oder Branchen investieren, was das Risiko streute und die Anlage zugänglicher machte. Das war zur damaligen Zeit ein echtes Novum.

Mosts Erfindung hat die Finanzwelt nachhaltig geprägt. Heute sind ETFs eines der beliebtesten Anlageinstrumente weltweit. Allein in den USA beläuft sich das verwaltete Vermögen von ETFs auf mehrere Billionen Dollar. ETFs decken mittlerweile nicht nur Indizes ab, sondern auch Branchen, Rohstoffe, Anleihen und sogar innovative Themen wie künstliche Intelligenz oder erneuerbare Energien. Most selbst blieb bescheiden und trat selten in den Vordergrund. Er starb 2004, aber sein Vermächtnis lebt weiter. Seine Idee hat nicht nur die Art und Weise verändert, wie Menschen investieren, sondern auch die Finanzindustrie insgesamt demokratisiert. ETFs haben es Millionen von Anlegern ermöglicht, auf eine leicht umsetzbare Art und Weise an den globalen Finanzmärkten teilzuhaben.

Nach dem Erfolg des SPDR in den USA begannen ETFs schnell, sich weltweit zu verbreiten. In den späten 1990er- und frühen 2000er-Jahren wurden in Europa, Asien und anderen Regionen die ersten ETFs aufgelegt.

- In Europa wurden die iShares-Produkte und damit die Dominanz von BlackRock möglich. Die Firma iShares, eine Tochtergesellschaft von BlackRock, spielte eine zentrale Rolle bei der Verbreitung von ETFs. Der erste europäische ETF, der iShares MSCI Europe ETF, wurde im Jahr 2000 aufgelegt. iShares wurde schnell zum Marktführer in Europa und trug maßgeblich zur Popularisierung von ETFs bei.
- Die ETF-Revolution in Asien begann zwar etwas später, gewann aber schnell an Fahrt. Erste ETFs wurden in den frühen 2000er-Jahren in Japan, Hongkong und Singapur eingeführt. Heute sind asiatische ETFs ein wichtiger Bestandteil des globalen ETF-Marktes.

1.2.4 Die Entwicklung des ETF-Marktes

Seit der Einführung des ersten ETFs hat sich der Markt rasant weiterentwickelt. Heute gibt es Tausende von ETFs, die eine breite Palette von Anlageklassen, Regionen und Strategien abdecken. Die Entwicklung des ETF-Marktes hatte sich seit der Jahrtausendwende weiter fragmentiert und wurde in Sektoren und Themen ausgeweitet. Die Nachfrage nach Themen-ETFs wurde durch die Dotcom-Ära immer stärker angetrieben, weil die Investoren an den verschiedenen „Hype-Phasen" der Technologisierung und der Verbreitung des Internets partizipieren wollten. Daher wurden in den 2000er-Jahren ETFs eingeführt, die sich auf bestimmte Sektoren (z. B. Hardware, Software, Gesundheit) oder Themen (z. B. Internet, Medien, Technologie) konzentrieren. Diese ETFs ermöglichen es Anlegern, gezielt in bestimmte Trends zu investieren. In den letzten Jahren kannte die Innovationsfreudigkeit der ETF-Industrie fast keine Grenzen und immer neue Anlageinstrumente entstanden. Die Entstehung von Smart-Beta- und Faktor-ETFs wurde stärker in den Fokus gerückt. Smart-Beta-ETFs kombinieren Elemente des passiven und aktiven Investierens, indem sie bestimmte Faktoren (z. B. Value, Momentum) in den Vordergrund stellen. Diese ETFs haben in den letzten Jahren stark an Popularität gewonnen.

In der jüngsten Vergangenheit kamen neue Trendthemen und Technologien hinzu, die es notwendig machten, Mischungen aus klassischen Themen- und Sektoren-ETFs zu lancieren. So haben ETFs neue Anlageklassen erschlossen, darunter Kryptowährungen und nachhaltige Investments (ESG-ETFs). Diese Entwicklungen zeigen, dass der ETF-Markt weiterhin innovativ und anpassungsfähig ist und sich auch in Zukunft weiter an die gesellschaftlichen und technologischen Entwicklungen anpassen wird. Insbesondere bei den Krypto-ETFs hat sich gezeigt, dass der Druck der ETFs groß genug ist, um selbst politische und aufsichtsrechtliche Einwände aus dem Weg zu räumen. Die Legislative hat sich aufgrund der verstärkten Nachfrage nach Finanzinstrumenten auf Kryptowährungen wie dem Bitcoin von der Übermacht der Finanzindustrie überstimmen lassen.

1.3 Vorteile und Nachteile von ETFs im Vergleich zu anderen Anlageformen

Wie Sie bereits gelesen haben, konnten sich ETFs in den letzten Jahren zu einer der beliebtesten Anlageformen für Privatanleger entwickeln. Sie bieten eine Reihe von Vorteilen, aber auch einige Nachteile, die man vor einer Investition kennen sollte. Es ist besonders wichtig zu verstehen, wie ETFs insbesondere im Vergleich zu anderen Anlageformen wie Einzelaktien, aktiv gemanagten Fonds oder Anleihen abschneiden. Im folgenden Kapitelabschnitt werde ich ETFs mit anderen gängigen Anlageformen vergleichen, um Ihnen eine fundierte Anlageentscheidung zu ermöglichen.

1.3.1 ETFs im Vergleich zur direkten Aktienanlage

ETFs, die einen Aktienindex abbilden, bieten eine breite Diversifikation über viele Unternehmen hinweg. Dies reduziert das Risiko, das mit der Investition in einzelne Aktien zwangsläufig verbunden ist. Das ist oftmals kostensparender, als wenn ein Investor den betreffenden Index selbst nachbilden oder auf einen Fonds zurückgreifen würde. Auf der anderen Seite haben Anleger jedoch keinen Einfluss auf die Auswahl der Aktien innerhalb des ETFs, falls dieser nicht an eine bestimmte Benchmark gebunden ist. Selbst bei einer zugrunde liegenden Benchmark sollte immer genau darauf geachtet werden, welche Aktien Berücksichtigung bei der Nachbildung finden.

So kann es vorkommen, dass nicht unbedingt das in einem ETF drin ist, was ein Anleger von der Namensgebung her erwarten würde. Speziell bei ETFs auf kleinere Nischenindizes oder Emerging Markets kommt es entweder vor, dass branchenfremde Unternehmen mit aufgenommen werden oder aber die Gewichtung von einzelnen Positionen in dem ETF viel zu groß ist. Dadurch gehen Investoren oft zu hohe Risiken ein, die sie eigentlich vermeiden wollten. Beim Investment in Einzelaktien besteht zum einen die Möglichkeit, höhere Renditen durch ein bewusst erhöhtes Risiko zu erzielen, und zum anderen weiß der Investor, in welche Unternehmen investiert wurde. Das erspart oft böse Überraschungen, denn bei beiden Anlageformen muss im Vorfeld der Investitionsentscheidung Research betrieben werden. Ein ETF ist also per se kein risikoloses Investmentvehikel, auch wenn oftmals der Eindruck entstehen kann.

1.3.2 ETFs im Vergleich zu Anleihen

ETFs, die einen Anleihe-Index abbilden, bieten ebenfalls eine Diversifikation über verschiedene Anleihen hinweg. Anleihen gelten generell als weniger riskant im Vergleich zu Aktienengagements, bieten dadurch jedoch geringere Renditen. ETFs können eine gute Möglichkeit sein, in verschiedene Anleihen zu investieren, ohne einzelne Anleihen auswählen zu müssen. Für Einzelinvestments in Anleihen ist oftmals eine größere Investitionssumme ratsam, um überhaupt nennenswerte Renditen erzielen zu können. Um dann noch eine Diversifikation über die verschiedenen Laufzeiten und Emittenten erwirken zu können, ist teilweise eine Depotgröße von über 100.000 Euro erforderlich.

Hier passen ETF-Anlagen gut in das Gesamtbild. Die ETFs haben aufgrund ihrer Vermögenssummen bessere Möglichkeiten, sowohl über die Laufzeiten als auch die Emittenten die Risiken zu streuen. Des Weiteren profitieren Anleger von dem Know-how des Managements der Kapitalanlagegesellschaften, die die ETFs auflegen. Die Bewertung von Anleihen gehört nicht unbedingt zu den einfachsten Aufgaben am Kapitalmarkt und die direkten Auswirkungen von Zinsänderungen an den Kapital- und Finanzmärkten sind bei Anleihen um ein Vielfaches höher als bei Aktien.

1.3.3 ETFs im Vergleich zu Immobilien

Immobilien sind eine beliebte Anlageform, die jedoch mit hohen Kosten und Aufwand verbunden ist. Die wenigsten Privatanleger sind in der Lage, sich ein gut strukturiertes und breit aufgestelltes Immobilienportfolio zusammenzustellen. Oftmals gilt die Anschaffung der eigengenutzten vier Wände als größtes und einziges Immobiliengeschäft im Leben. ETFs, die in Immobilien investieren (sog. REITs), bieten eine ideale Möglichkeit, an der Wertentwicklung von Immobilien und der Immobilienbranche teilzuhaben. Allerdings sind auch hier die Risiken des Immobilienmarktes zu beachten. Während sie bei der eigengenutzten Immobilie noch den immateriellen Wohnwertvorteil haben, fällt dieser bei Immobilien als Kapitalanlage oder Investments in REITS weg. Dafür können sie jedoch durch das Investment in REITs auf die Entwicklung eines ganzen Immobilienportfolios setzen und dabei die Branchen, Länder und Risikograde selbst auswählen – je nachdem, in welche REITs sie mit welchen Schwerpunkten investieren. Es ist in jedem Fall ratsam, sich als Kapitalanleger mit Investments in REITs auseinanderzusetzen.

1.3.4 ETFs im Vergleich zu physischem Gold und anderen Rohstoffen

ETFs, die in Gold oder andere Rohstoffe investieren, können eine Möglichkeit sein, das Portfolio zu diversifizieren und sich vor Inflation zu schützen. Anleger müssen jedoch sehr genau darauf achten, wie die ETFs konstruiert wurden. Neben den ohnehin vorhandenen Risiken im Rohstoffsektor durch die hohe zyklische Konjunkturabhängigkeit und die fragile Struktur der Rohstoffmärkte in Bezug auf geopolitische Veränderungen kann es bei manchen ETF-Konstrukten zu Kursverlusten durch Spezialsituationen an den Terminmärkten kommen.

Oftmals werden Rohstoff-ETFs synthetisch mittels Terminmarktkontrakten in Form von sogenannten Forward-Geschäften oder Swaps nachgebildet und diese sind je nach physischer Nachfrage nach dem zugrunde liegenden Rohstoff und der Situation an den Terminmärkten über die verschiedenen Laufzeiten hinweg starken Preisunterschieden unterworfen. Die Rohstoffpreise sind oft ohnehin schon sehr volatil und können starken Preisschwankungen unterliegen. Im ETF-Universum können bestimmte Sektoren-ETFs oder Themen-ETFs interessant sein, um das Einzelrisiko eines Rohstoffs etwas mindern zu können. Auch der Einsatz von ETFs auf rohstofffördernde Unternehmen ist teilweise eine interessante Anlagealternative.

1.3.5 ETFs im Vergleich zu klassischen Investmentfonds

Klassische Investmentfonds werden aktiv von einem Fondsmanager verwaltet, der versucht, eine höhere Rendite als die ausgewählte Benchmark zu erzielen. ETFs hingegen sind, wie bereits erwähnt, in der Regel passiv und bilden einen Index ab. Dadurch sind die Kosten bei ETFs oft niedriger als bei Investmentfonds, da sie im direkten Vergleich weniger Transaktionen aufweisen. Allerdings haben aktiv gemanagte Fonds in guten Jahren die Möglichkeit, eine Outperformance zu erzielen, da die Fondsmanager durch die Aktienselektion und deren Gewichtung in dem Investmentfonds bessere Renditen erzielen können. Gerade der Unterschied bei den verschiedenen Gewichtungen der Einzelkomponenten widerspricht nämlich nicht der Markteffizienzhypothese und kann zu einer erheblichen Überperformance bei dem Anlagevehikel führen. Wenn ein Fondsmanager beispielsweise schon sehr früh auf die Magnificent-Seven-Werte

(Apple, Alphabet, Meta, Microsoft, Nvidia, Tesla und Netflix) in den USA gesetzt hätte und deren Gewichtung bewusst höher als in der Benchmark (S&P 500 oder Nasdaq 100) gehalten hätte, wäre dadurch eine maßgebliche Outperformance entstanden. Ein Beispiel dafür war die Investmentgesellschaft Berkshire Hathaway von Investment-Großmeister Warren Buffett und deren Investment in die Aktien von Apple.

1.3.6 ETFs im Vergleich zu Tagesgeld und Festgeld

Tagesgeld und Festgeld sind sehr sichere Anlageformen, bieten aber nur geringe Renditen. Sie eignen sich vor allem für kurzfristige Geldanlagen oder als Teil einer konservativen Anlagestrategie. ETFs können in diesem Segment eine ernst zu nehmende Anlagealternative darstellen. Es gibt zahlreiche ETFs, die den Anlagehorizont von Tagesgeld und Festgeld nachbilden und dabei auf sehr kurz laufende Unternehmens- und Staatsanleihen setzen. Diese können höhere Renditen haben als die jeweiligen Tages- und Festgeldsätze in den einzelnen Ländern. Zudem besteht die Möglichkeit, dass diese ETFs zusätzlich in Fremdwährungsanleihen investieren, wodurch potenzielle Währungsgewinne erzielt werden können. Diese können gerade in diesem Segment für einen zusätzlichen Rendite-Boost sorgen. Jedoch müssen natürlich die entsprechenden Risiken mit in Betracht gezogen werden.

1.3.7 ETFs im Vergleich zu Krypto-Assets

Krypto-Assets wie Bitcoin oder Ethereum sind eine relativ neue Anlageform mit hohem Renditepotenzial, aber auch sehr hohem Risiko. Sie sind sehr volatil und eignen sich nicht für jeden Anleger. Vielen Investoren mangelt es am Verständnis der dahinterliegenden Blockchain-Technologie und den damit verbundenen Notwendigkeiten von

Wallets und den Spezifikationen an den Kryptomärkten. Ein ETF kann natürlich nicht die Preisrisiken eines Krypto-Assets ausschalten, aber er kann deren Handelbarkeit vereinfachen, da der Krypto-ETF wie jeder andere ETF auch über die Handelsplätze gehandelt werden kann. Kryptisch bleibt in diesem Fall nur der Name des ETFs.

1.3.8 Grundsätzliche Vorteile von ETFs über alle Anlageklassen hinweg

Die grundsätzlichen Vorteile von ETFs lassen sich zuallererst in der klaren Konzeption und deren Handelbarkeit ausmachen. Daraus folgt auch direkt die hohe Kosteneffizienz, denn die niedrigen Gebühren führen zu einem echten Vorteil der ETFs. ETFs haben in der Regel deutlich niedrigere Kostenquoten (Total Expense Ratio, TER) als aktiv gemanagte Fonds. Dies liegt daran, dass sie einen Index passiv nachbilden und kein teures Fondsmanagement benötigen.

Beispiel: Während aktiv gemanagte Fonds oft Gebühren von 1–2 % pro Jahr verlangen, liegen die Kosten vieler ETFs bei nur 0,1–0,5 %.

Ein wesentlicher Vorteil kann die klare Struktur der ETFs sein. Dies gilt nicht grundsätzlich für alle ETFs, aber für eine große Anzahl. ETFs, die einen Index abbilden, sind immer transparent darin, in welche Wertpapiere sie investiert sind. Anleger können täglich nachvollziehen, welche Aktien, Anleihen oder anderen Vermögenswerte im jeweiligen ETF enthalten sind.

Vergleich: Bei aktiv gemanagten Fonds ist die Zusammensetzung oft weniger transparent, da Fondsmanager ihre Strategien nicht börsentäglich offenlegen müssen. Die Offenlegung erfolgt bestenfalls in einem Monatsbericht, oft jedoch nur quartalsweise oder sogar nur einmal im Jahr.

Die hohe Flexibilität der ETFs ist ebenfalls ein wichtiger Punkt. Da die ETFs an den Börsen gehandelt werden, können Sie diese börsentäglich wie Aktien während der Handelszeiten bequem kaufen oder verkaufen. Dies bietet Anlegern mehr Kontrolle über den Zeitpunkt ihrer Transaktionen und eine höhere Preistransparenz. Bei den aktiv gemanagten Fonds ist dies nicht der Fall und sowohl die Preistransparenz als auch die Handelsmöglichkeiten stehen den ETFs nach. Klassische Investmentfonds werden oft nur einmal täglich zum Nettoinventarwert (NAV) gehandelt, was weniger Flexibilität bietet. ETF-Anteile hingegen können während der Handelszeiten bequem an den Handelsplätzen gehandelt werden.

Durch die Abbildung eines Index bieten ETFs eine sofortige Diversifikation über viele Wertpapiere, Themen, Regionen oder Sektoren hinweg. Zwar müssen sich Anleger auch mit den jeweiligen ETFs und deren Eigenschaften auseinandersetzen, erzielen jedoch sofort die gewünschte Diversifikation. Bei Einzelaktien ist das Risiko höher, da die Performance stark von der Entwicklung einzelner Unternehmen abhängt. Wenn ein Investor eine breite Streuung in seinem Depot erreichen will, ist der Researchaufwand entsprechend größer und die damit verbundenen Transaktionskosten höher. Ein ETF kann an dieser Stelle viel Zeit und Geld sparen.

Je nach Anlageland und Steuersitz des Investors kann bei der ETF-Anlage auch eine Steuereffizienz entstehen. ETFs sind oft steuereffizienter als aktiv gemanagte Fonds, da sie seltener Wertpapiere innerhalb des Fonds verkaufen und damit weniger steuerpflichtige Ereignisse generieren. Es können auch steuerliche Ausnahmen für ETFs und REITS erzielt werden, die Ausschüttungen und andere Kapitalerträge für die ETF-Anleger begünstigen. Dieses Themengebiet ist jedoch sehr kompliziert und hängt von vielen Einflussfaktoren ab. Es soll an dieser Stelle nur der Vollständigkeit halber Erwähnung finden.

1.3.9 Nachteile von ETFs

Wie bei jeder Anlageform gibt es auch bei ETFs Vor- und Nachteile. Die begrenzte Flexibilität bei der Indexauswahl ist mit Sicherheit der größte Nachteil bei der ETF-Anlage. Da ETFs einen Index passiv abbilden, können sie nicht von Marktineffizienzen profitieren. Anleger, die auf aktive Strategien setzen möchten, sind mit ETFs möglicherweise nicht optimal bedient. Es zeichnet sich jedoch ein erkennbarer Wandel in der ETF-Industrie ab und aktiv gemanagte ETFs nehmen in der jüngsten Vergangenheit stark zu. Aktiv gemanagte Fonds können gezielt in unterbewertete Wertpapiere investieren und so potenziell höhere Renditen erzielen.

Bei einer ETF-Anlage bleibt immer das Marktrisiko bestehen. ETFs sind den gleichen Marktschwankungen ausgesetzt wie der Index, den sie abbilden. In turbulenten Marktphasen kann dies zu erheblichen Verlusten führen, denen aktiv gemanagte Fonds durch andere Gewichtungen, höhere Cashbestände und Hedgingstrategien entgegenwirken können. Das kann gerade bei ETFs im Geldmarktsegment zu unangenehmen Abweichungen bei der Gesamtrendite führen. Anleihen oder Festgeld bieten oft eine stabilere, wenn auch niedrigere Rendite.

Ein oft nicht beachtetes Risiko stellt das Liquiditätsrisiko bei speziellen ETFs dar. Während große, etablierte ETFs wie der SPDR S&P 500 sehr liquide sind, können kleinere oder spezialisierte ETFs (z. B. Schwellenländer- oder Nischen-ETFs) mit geringem Handelsvolumen höhere Spreads (Spanne zwischen Ankaufs- und Verkaufskurs des ETFs) und Liquiditätsrisiken aufweisen. Diese Auswirkungen zeigen sich dann oftmals erst während stattfindender Marktanomalien und asymmetrischer Nachfrage- und Angebotssituationen im betroffenen Markt.

Die teilweise vorherrschende Komplexität bei speziellen ETFs sollte zusätzlich nicht unterschätzt werden. So schön die große Auswahl an ETF-Spezialitäten auch ist, als umso komplexer und riskanter können sich die Produkte bei genauerer Betrachtung herausstellen. Dies betrifft insbesondere die Leveraged und Inverse ETFs. Diese ETFs, die auf Hebelwirkung oder gegenläufige Entwicklungen setzen, sind komplex und für langfristige Anlagen oft ungeeignet.

Auch das weite Feld der sogenannten synthetischen ETFs ist in der Vergangenheit immer wieder Thema negativer Schlagzeilen gewesen. ETFs, die Derivate zur Indexabbildung verwenden, bergen zusätzliche Risiken, etwa das Kontrahentenrisiko. Bei Marktverwerfungen wie bei der Finanzmarktkrise 2007/2008 spielte dieses Risiko eine sehr wichtige Rolle.

In manchen Zeiten kommt es zu bestimmten Fokussierungen vieler Investoren auf illiquide oder marktenge Märkte. Das können ganze Länder wie Emerging Markets oder Branchen wie Halbleiter oder Biotechnologie sein. Wenn zu viele Investorengelder in diese kleinen Marktnischen fließen, kann dies bei plötzlichen Abflüssen große und ausgedehnte Kursverluste bewirken. Diese hohe Konzentration einiger ETFs auf bestimmte Branchen oder Länder kann also zu Klumpenrisiken führen.

Auch der bereits beschriebene Tracking-Error stellt bei den passiven Anlageinstrumenten ein latentes Risiko dar. Es besteht, wenn der ETF in seiner Wertentwicklung vom abgebildeten Index beziehungsweise der Benchmark abweicht.

1.3.10 Abschlussbetrachtung

Nachfolgend noch einmal die Kernpunkte beim Vergleich von ETFs mit anderen Anlageformen:

1. **ETFs vs. Einzelaktien**
   - **Vorteile von ETFs:** breite Diversifikation, geringeres Risiko, weniger Zeitaufwand für Recherche.
   - **Nachteile von ETFs:** keine Möglichkeit, den Markt zu schlagen, begrenzte Flexibilität bei der Auswahl von Einzelwerten.
   - **Für wen geeignet?** ETFs eignen sich für Anleger, die eine breite Streuung und geringen Aufwand bevorzugen. Einzelaktien sind besser für Anleger, die sich aktiv mit Unternehmen beschäftigen und höhere Risiken eingehen möchten.

2. **ETFs vs. aktiv gemanagte Fonds**
   - **Vorteile von ETFs:** niedrigere Kosten, höhere Transparenz, steuereffizienter.
   - **Nachteile von ETFs:** keine aktive Anlagestrategie, die den Markt schlagen könnte.
   - **Für wen geeignet?** ETFs sind ideal für Anleger, die kosteneffizient und passiv investieren möchten. Anleger, die auf das Können eines Fondsmanagers setzen wollen, wählen aktiv gemanagte Fonds.
3. **ETFs vs. Anleihen**
   - **Vorteile von ETFs:** höhere Renditechancen, breite Diversifikation.
   - **Nachteile von ETFs:** höhere Volatilität und Risiken im Vergleich zu Anleihen.
   - **Für wen geeignet?** ETFs eignen sich für risikobereite Anleger mit langfristigem Anlagehorizont. Anleihen sind besser für konservative Anleger, die Stabilität und regelmäßige Zinsen bevorzugen.
4. **ETFs vs. Immobilien**
   - **Vorteile von ETFs:** höhere Liquidität, geringerer Kapitalbedarf, keine laufenden Verwaltungsaufgaben.
   - **Nachteile von ETFs:** keine physischen Vermögenswerte, keine Mieteinnahmen.
   - **Für wen geeignet?** ETFs sind ideal für Anleger, die flexibel und ohne großen Aufwand investieren möchten. Immobilien eignen sich für Anleger, die langfristig in Sachwerte investieren möchten.

ETFs bieten eine Vielzahl von Vorteilen, allerdings besitzen sie auch ihre Grenzen, insbesondere wenn es um spezialisierte Strategien oder die Bewältigung von Marktrisiken geht.

Der Vergleich mit anderen Anlageformen zeigt, dass ETFs nicht immer die beste Wahl sind, sondern je nach Anlageziel, Risikobereitschaft und Zeitaufwand unterschiedliche Instrumente sinnvoll sein können. In den folgenden Kapiteln werden wir uns damit beschäftigen, wie Sie ETFs optimal in Ihr Portfolio integrieren und welche Strategien sich für verschiedene Anlegertypen eignen.

Die Vor- und Nachteile von ETFs auf einen Blick

Die Vorteile von ETFs	Risiken und Nachteile von ETFs
Niedrige Verwaltungskosten	Marktrisiko
Keine Ausgabeaufschläge	Kontrahentenrisiko bei synthetischen ETFs
Keine Minimum-Ordergrößen	Geld-Brief-Spanne bei Kauf und Verkauf
Fortlaufender Handel	Wechselkursrisiken
Diversifikation	Tracking-Error
Hohe Transparenz	Keine Outperformance möglich
Sondervermögen bietet Schutz	

Kapitel 2

Wie die ETF-Anlage funktioniert

ETFs sind ein faszinierendes Finanzinstrument, das die Vorteile von Aktien und Fonds vereint. In diesem Kapitel tauchen wir gemeinsam tiefer in die Mechanik von ETFs ein und beleuchten die zentralen Aspekte, die ihr Funktionieren ausmachen: die Rolle von Indexfonds und passivem Management, die Unterscheidung zwischen synthetischen und physischen ETFs, die Bedeutung von Tracking-Error und Replikationsmethoden sowie die Rolle von Börsenhandel und Marketmakern.

2.1 Die Rolle von Indexfonds und passivem Management

ETFs sind eng mit dem Konzept der Indexfonds verbunden. Ein Indexfonds bildet die Wertentwicklung eines bestimmten Index nach, etwa des DAX oder des S&P 500. Im Gegensatz zu aktiv gemanagten Fonds, bei denen ein Fondsmanager versucht, den Markt zu schlagen, verfolgen Indexfonds einen passiven Ansatz. Das bedeutet, sie replizieren schlicht die Zusammensetzung und Performance des zugrunde liegenden Index.

Indexfonds können grundsätzlich sowohl in Form traditioneller Investmentfonds als auch als ETFs existieren. Während klassische Indexfonds regelmäßig nur einmal täglich mit dem Emittenten direkt gehandelt werden, sind Indexfonds in Form von ETFs während der gesamten Börsenhandelszeit an den entsprechenden Handelsplätzen handelbar, was ihre Liquidität und Flexibilität erhöht.

Das Prinzip des passiven Managements basiert auf der Strategie, einen Index möglichst exakt nachzubilden, anstatt aktiv Anlageentscheidungen zu treffen. Diese Methode minimiert die Handelskosten und reduziert die Managementgebühren erheblich im Vergleich zu aktiv gemanagten Fonds.

Aktive Fondsmanager versuchen dagegen, durch Marktanalysen und individuelle Wertpapierauswahl eine Überrendite (Alpha) zu erzielen. Dies ist jedoch mit höheren Kosten verbunden und gelingt langfristig nur wenigen Managern. Studien zeigen, dass passiv verwaltete Fonds in vielen Fällen besser abschneiden als aktiv gemanagte Fonds, insbesondere nach Abzug der Gebühren.

Mit zunehmender Digitalisierung und neuen Innovationen dürfte sich das Segment weiterentwickeln und noch mehr Anleger für sich gewinnen. Die Themenansätze Nachhaltigkeit, KI und datengetriebene Strategien sowie tokenisierte Indexfonds werden zukünftig verstärkt in den Anlagehorizont rücken.

2.2 Wie funktioniert die Indexabbildung (Replikation)?

Sie haben bisher lesen können, dass ETFs die Wertentwicklung eines Index nachbilden. Aber wie gehen die ETF-Anbieter dabei vor? Die Grundlage bildet die Replikationsmethode. Sie bestimmt, wie ein ETF die Wertentwicklung eines Index nachvollzieht. Dabei kommen 3 Hauptmethoden zur Anwendung:

- die physische vollständige Replikation,
- die optimierte Sampling-Replikation und
- die synthetische Replikation.

Zum einen werden die beiden physischen Replikationen angewendet, bei der der ETF die im Index enthaltenen Wertpapiere direkt kauft. Dies kann entweder vollständig (vollständige Replikation) oder teilweise (Sampling) erfolgen. Zum anderen wird auch oft die synthetische Replikation genutzt. Dabei verwendet der ETF Derivate wie Swaps, um die Wertentwicklung des Index nachzubilden, ohne die zugrunde liegenden Wertpapiere zu besitzen.

Synthetische und physische ETFs

Wie Sie erfahren haben, repliziert der ETF bei der physischen Version die Wertentwicklung eines Index durch den direkten Kauf der zugrunde liegenden Wertpapiere. Er hält also genau die Aktien oder Anleihen, die auch im Index enthalten sind, und versucht, deren Gewichtungen möglichst genau nachzubilden. Es wird dabei in 2 Hauptarten der physischen Replikation unterschieden:

Bei der vollständigen Replikation kauft der ETF alle Wertpapiere des Index in den jeweiligen Gewichtungen. Diese Methode ist besonders bei großen und liquiden Indizes wie dem S&P 500 oder dem MSCI World üblich. Bei den optimierten oder partiell replizierten ETFs werden die zugrunde liegenden Benchmarks nur in Teilen nachgebildet. Insbesondere bei Indizes mit vielen Titeln (z. B. MSCI Emerging Markets) kann es ineffizient sein, alle Werte zu kaufen. Stattdessen wird eine Stichprobe von Wertpapieren gehalten, die den Index möglichst genau abbildet. Diese Methode reduziert die Transaktionskosten, kann aber zu minimalen Abweichungen (Tracking-Error) bei der Benchmarknachbildung führen.

ETFs, die eine Benchmark nicht durch direkte Investitionen in deren Bestandteile, sondern über einen Tauschvertrag (Swap) abbilden, werden als synthetische ETFs bezeichnet. Dabei wird ein sogenannter Swap-Kontrakt zwischen dem ETF und einer Gegenpartei – häufig eine Investmentbank oder ein anderes Finanzinstitut – abgeschlossen, der ihm die Rendite des Index zusichert. In diesem Kapitelabschnitt werde ich detailliert erläutern, wie ein solcher Swap-Kontrakt zur Nachbildung einer Benchmark konzipiert wird, welche Mechanismen dabei eine Rolle spielen und welche Chancen und Risiken für Anleger bestehen.

Die Konstruktion der synthetischen ETFs wird über ein sogenanntes „Substitutionsportfolio" erreicht, das aus anderen Wertpapieren besteht als der eigentliche Index. Ein Swap-Kontrakt wird mit einer Gegenpartei abgeschlossen, die sich verpflichtet, die Performance des Index zu liefern. Der Swap wird regelmäßig angepasst, um die Indexentwicklung möglichst genau nachzubilden. Ein Swap ist ein Derivat, das den Austausch von Zahlungsströmen zwischen 2 Vertragsparteien regelt. In einem ETF-Kontext wird meist ein Total Return Swap (TRS) verwendet. Dieser ermöglicht es dem ETF-Anbieter, die Wertentwicklung einer Benchmark zu replizieren, ohne die zugrunde liegenden Wertpapiere physisch erwerben zu müssen.

Die Hauptakteure in einem swapbasierten ETF sind:

- ETF-Anbieter: der Emittent des ETFs, der den Swap mit einer Bank abschließt.
- Swap-Gegenpartei: in der Regel eine große Investmentbank, die dem ETF-Anbieter die Benchmark-Performance garantiert.
- Investoren: Anleger, die Anteile des ETFs erwerben und von der Wertentwicklung der Benchmark profitieren wollen.

Die Konstruktion eines swapbasierten ETFs erfolgt in mehreren Schritten: Zuerst muss die Auswahl der Benchmark erfolgen. Dafür definiert der ETF-Anbieter eine Benchmark, beispielsweise den MSCI World Index, deren Wertentwicklung nachgebildet werden soll. Dann wird der Swap vereinbart. Der ETF-Anbieter und die Swap-Gegenpartei schließen einen Vertrag ab, in dem sich die Bank verpflichtet, dem ETF die Wertentwicklung der Benchmark zu liefern.

Im Gegenzug zahlt der ETF eine Gebühr (Swap-Spread) und liefert die Rendite eines alternativen Portfolios, das nicht mit der Benchmark übereinstimmen muss. Dieses Substitutivportfolio dient als Sicherheit, um Risiken zu minimieren, und kann aus Aktien, Anleihen oder anderen liquiden Finanzinstrumenten bestehen.

Die Berechnung und Abrechnung der Swap-Zahlungen erfolgt zur Berechnung der ETF-Anteilswerte. Der ETF vergleicht regelmäßig (täglich oder wöchentlich) die Performance der Benchmark mit der Performance des Sicherheitenportfolios. Die Differenz wird durch den Swap-Mechanismus ausgeglichen:

- Hat die Benchmark besser abgeschnitten als das Portfolio, zahlt die Bank die Differenz an den ETF.
- Hat das Portfolio eine höhere Rendite erzielt, zahlt der ETF die Differenz an die Bank.

Dadurch erhält der ETF exakt die Benchmark-Performance.

Es gibt grundsätzlich 2 verschiedene Varianten von swapbasierten ETFs. Bei den Unfunded Swaps hält der ETF kein Sicherheitenportfolio. Stattdessen verlässt er sich vollständig auf die Performance-Zahlungen der Bank. Dieses Modell birgt ein höheres Kontrahentenrisiko. Bei der Funded-Swaps-Variante wird ein Sicherheitenportfolio gehalten, um das Kontrahentenrisiko zu minimieren. Die Sicherheiten werden meist bei einer unabhängigen Verwahrstelle hinterlegt.

Swapbasierte ETFs bieten eine effiziente Möglichkeit, Benchmarks abzubilden, insbesondere wenn eine physische Replikation schwierig oder teuer wäre. Sie unterliegen jedoch spezifischen Risiken, insbesondere im Hinblick auf Kontrahentenausfälle und Transparenz. Die EU-Verordnung sieht vor, dass die Swap-Exposures auf maximal 10 % des Fondsvermögens begrenzt werden müssen, dies gilt es zusätzlich zu beachten. Daher sollten Anleger die Struktur und Absicherung solcher ETFs genau prüfen, bevor sie investieren.

Grundsätzlich sind physische ETFs besser geeignet, wenn:
- Transparenz und Sicherheit wichtiger sind als minimale Kosten,
- es um liquide Indizes mit gut handelbaren Aktien geht,
- langfristig orientierte Anleger das Kreditrisiko vermeiden möchten.

Synthetische ETFs dagegen sind besser geeignet, wenn:
- exakte Indexnachbildung (z. B. in exotischen Märkten) erforderlich ist,
- niedrigere Kosten eine Rolle spielen,
- Märkte abgebildet werden sollen, die über physische ETFs nicht effizient investierbar sind.

2.3 Börsenhandel und Marketmaking von ETF-Anteilen

Dieser Buchabschnitt erläutert die Mechanismen des Börsenhandels mit ETFs, die Bedeutung des Marketmaking und wie sich diese Faktoren auf die Effizienz und Kostenstruktur der ETF-Anlage auswirken.

Der Börsenhandel mit ETF-Anteilen stellt einen wichtigen Aspekt der ETF-Anlage dar. ETFs kombinieren Merkmale von klassischen Investmentfonds und Aktien. Während aktive Fonds über die Fondsgesellschaft ge- und verkauft werden, sind ETFs jederzeit an Börsen und Handelsplätzen handelbar. Dies bietet Anlegern Vorteile – beispielsweise Transparenz, da durch die börsliche Notierung Preise und Handelsvolumen jederzeit einsehbar sind. Theoretisch können Anleger ETF-Anteile intraday kaufen und verkaufen, wenn es ökonomisch betrachtet sinnvoll ist. Dabei sorgen die engen Geld-Brief-Spannen und die ausbleibenden Ausgabeaufschläge, die bei den klassischen Fonds üblich sind, für eine erhebliche Kostenersparnis im Gegensatz zu den klassischen Fondsanlagen.

Um zu verstehen, wie die ETF-Anteile emittiert und gehandelt werden, kommt man nicht am „Create & Redeem"-Verfahren vorbei. Dabei spielen Marketmaker und autorisierte Teilnehmer wichtige Schlüsselrollen im Arbitrage-Prozess von ETFs. Wenn große Preisabweichungen zwischen dem Nettoinventarwert (NAV) des ETF und dem Marktpreis entstehen, nutzen diese autorisierten Handelsteilnehmer das „Create & Redeem"-Verfahren.

Im Creation-Prozess kaufen sie die zugrunde liegenden Wertpapiere und tauschen sie gegen neue ETF-Anteile. Im Umkehrschluss geben die Marketmaker und autorisierten Teilnehmer beim Redemption-Prozess ETF-Anteile an die Fondsgesellschaft zurück und erhalten die Basiswerte. Dieser Gesamtmechanismus sorgt für eine enge Kopplung des ETF-Preises an den tatsächlichen Wert des zugrunde liegenden Index.

Neben der Slippage (dazu sogleich in Kapitel 2.3.1) nehmen auch noch andere Faktoren Einfluss auf die Anlegerkosten. Dabei sollte immer der Bid-Ask-Spread Beachtung finden. Marketmaker bestimmen die Geld- und Briefkurse, wodurch sich ein Spread ergibt. Ein enger Spread reduziert die impliziten Handelskosten für Anleger. Ein weiter Bid-Ask-Spread erhöht die Handelskosten für die Investoren im Umkehrschluss. Ein effizienter Marketmaking-Prozess minimiert den Tracking-Error, indem Preisabweichungen zwischen dem ETF und seinem Index durch die beschriebenen Arbitrage-Prozesse im Creation- und Redemption-Prozess reduziert werden. Durch potenzielle Arbitrage-Chancen nehmen auch die anderen Marktteilnehmer wichtige Funktionen in der Bildung eines gut funktionierenden und liquiden Marktes für die ETF-Anteile ein. Durch Ineffizienzen zwischen ETF-Preis und NAV entstehen Arbitrage-Möglichkeiten für institutionelle Investoren, was langfristig zur Marktstabilität beiträgt.

Wie man sehr gut erkennen kann, sind der Börsenhandel und das Marketmaking essenzielle Bestandteile eines effizienten ETF-Handelssystems. Während die Handelbarkeit Anlegern Flexibilität bietet, sorgen Marketmaker für enge Spreads und eine enge Kopplung des ETF-Preises an den zugrunde liegenden Index. Ein fundiertes Verständnis dieser Mechanismen hilft Anlegern, Handelskosten zu minimieren und bessere strategische Entscheidungen zu treffen.

2.3.1 Die Rolle des Marketmakers und die Slippage

Um den Handel in den ETF-Anteilen an den Handelsplätzen immer liquide halten zu können, spielt das Marketmaking eine wichtige Rolle. Marketmaker sind Finanzinstitute oder spezialisierte Handelsfirmen, die als Liquiditätsanbieter auftreten. Sie stellen kontinuierlich Kauf- und Verkaufskurse für die ETF-Anteile und sorgen dadurch für eine effiziente Preisbildung an den Handelsplätzen.

Die Marketmaker erfüllen 2 zentrale Aufgaben.

Wie bereits beschrieben verhindern sie durch ständiges Bereitstellen von An- und Verkaufspreisen illiquide Situationen an den entsprechenden Handelsplätzen.

Die Preisbildung und das Spread-Management der Marketmaker ermöglichen enge Geld-Brief-Spannen, wodurch Anleger kosteneffizient handeln können. Auch die sogenannte Slippage wird dadurch stark eingeengt und in weiten Teilen und bei intakten Marktphasen verhindert.

Die Slippage ist ein essenzielles Konzept im ETF-Handel und beschreibt die Differenz zwischen dem erwarteten und dem tatsächlich ausgeführten Preis eines Wertpapiers. Diese Abweichung entsteht insbesondere durch Marktvolatilität, Liquidität des gehandelten ETFs sowie durch die Struktur und Effizienz des jeweiligen Handelsplatzes. Sie wirkt sich direkt auf die Handelskosten und damit auf die Performance einer ETF-Strategie aus.

Beispiel: Ein Investor möchte einen ETF auf den MSCI World zu einem Kurs von 100 Euro kaufen. Durch Marktschwankungen und unzureichende Liquidität wird die Order jedoch erst zu 100,50 Euro ausgeführt. Die Slippage beträgt somit 0,50 %.

Die Slippage ist ein unvermeidbarer Bestandteil des ETF-Handels, kann jedoch durch geeignete Strategien signifikant reduziert werden. Eine bewusste Orderplatzierung, der richtige Handelszeitpunkt und der Vergleich zwischen verschiedenen Handelsplätzen tragen dazu bei, die Handelskosten zu optimieren und somit die Gesamtperformance einer ETF-Strategie zu verbessern.

2.3.2 Orderarten im ETF-Handel

Beim Handel mit ETFs können ähnlich wie bei der Aktienanlage verschiedene Orderarten genutzt werden. Zum einen können Sie unlimitierte sog. Market-Orders verwenden. Dabei wird der jeweilige Kauf oder Verkauf zum nächstbesten Preis ausgeführt und nicht limitiert.

Die Limit-Orders stellen das genaue Gegenstück zu den Market-Orders da. Bei der Platzierung dieser Orderarten wird jeweils ein maximaler Kauf- oder minimaler Verkaufspreis für die Order festgesetzt. Besonders interessant sind die Möglichkeiten zum Einsatz von Stop-Loss-Orders. Dabei wird der automatische Verkauf bei Unterschreiten einer Preisgrenze ausgelöst. Die Stop-Buy-Order kann dafür genutzt werden, um sich in einen Trade oder in eine Position einstoppen zu lassen. Der Kauf einer Position in einem ETF wird bei Erreichen eines bestimmten Preises ausgelöst.

Die Wahl der richtigen Orderart ist entscheidend, um die Kosten zu minimieren und ungewollte Preisabweichungen zu vermeiden. Manche Börsenplätze bieten abhängig von der Technologisierung und Art des Handelssystems noch weitere Orderarten an. Auch der Broker oder die Bank spielen bei der Orderauswahl eine Rolle, da es nicht ausreicht, wenn die Handelsplätze die Orderarten anbieten, diese jedoch bei den Finanzintermediären nicht im Repertoire für den Kunden vorhanden sind.

2.4 Die Bedeutung von Tracking-Error und Replikationsmethoden

ETFs sind darauf ausgelegt, einen bestimmten Index möglichst genau abzubilden. Allerdings kommt es in der Praxis oft zu Abweichungen zwischen der tatsächlichen Wertentwicklung eines ETFs und seiner Benchmark. Diese Abweichungen werden als Tracking-Error bezeichnet. Der Tracking-Error misst also, wie genau ein ETF den Index abbildet. Ein niedriger Tracking-Error bedeutet, dass der ETF die Wertentwicklung des Index sehr genau nachvollzieht. Beeinflusst wird der Tracking-Error einerseits durch die Kosten eines ETFs, insbesondere die Total Expense Ratio (TER). Niedrige Kosten sind daher ein wichtiges Qualitätsmerkmal. Zudem sagen sie aus, wie gut die Creation- und Redemption-Phase in dem Betrachtungsraum war – ein gutes und wichtiges Kriterium zur ETF-Auswahl, da der Tracking-Error ebenfalls einen Kostenfaktor für den Investor darstellt. Andererseits spielt die Wahl der Replikationsmethode eine entscheidende Rolle dabei, wie gut ein ETF den Zielindex nachvollzieht. In diesem Kapitelabschnitt werden daher die Ursachen des Tracking-Errors erläutert sowie der Einfluss der Replikationsmethode auf ihn vorgestellt.

Beim Tracking-Error handelt es sich um eine statistische Kennzahl, die die Standardabweichung der Differenz zwischen der Rendite des

ETFs und der Rendite des Indexes beschreibt. Der Tracking-Error (TE) wird häufig anhand der folgenden Formel berechnet:

$$TE=\sqrt{(1/n)}\ \sum_{(i=1)}^{n}(rETF,i-rIndex,i)^{2}$$

Dabei gilt:

rETF,i= Rendite des ETFs im Zeitraum
rIndex,i= Rendite der Benchmark im Zeitraum
n= Anzahl der Perioden

Je niedriger der Tracking-Error, desto besser folgt der ETF seinem Index. Ein hoher Tracking-Error deutet darauf hin, dass es systematische Abweichungen gibt, die möglicherweise durch strukturelle oder kostenseitige Faktoren verursacht werden.

Der Tracking-Error kann durch mehrere Faktoren beeinflusst werden. An erster Stelle steht die Replikationsmethode als Hauptursache, also die Art und Weise, wie der ETF den Index nachbildet (physisch oder synthetisch). Dies kann teilweise zu erheblichen Abweichungen führen. Daraus folgend müssen die Verwaltungsgebühren, Transaktionskosten und steuerliche Belastungen angeführt werden, da sie die Rendite des ETFs im Vergleich zur Benchmark verringern. Zusätzlich führen die Handels- und Abwicklungsmechanismen, wie der Cash Drag, zu weiteren potenziellen Abweichungen von der gewählten Benchmark. Denn ETFs halten manchmal Bargeldreserven, um Dividenden auszuschütten oder Neuinvestitionen zu finanzieren. Dies kann zu Abweichungen von der Benchmark in Form von Untergewichtungen führen, wenn der Index selbst keine liquiden Mittel in der Berechnung vorsieht.

Dividenden- und Steuerzahlungen führen ebenfalls zu Abweichungen von der Benchmark, da diese in Form der Opportunitätskosten und Steuern keine Berücksichtigung in der Benchmarkberechnung finden können. Gerade die Behandlung von Dividendenzahlungen,

Quellensteuerabzügen und Erstattungen können zu diesem Unterschied zur Index-Performance führen. Speziell bei den synthetischen ETFs können die gewählten Optimierungsmethoden einen Tracking-Error hervorrufen. Denn manche ETFs investieren nur in eine Auswahl der Indexwerte, was zu Abweichungen von der Benchmark führen kann.

Zuletzt spielt die Marktliquidität der einzelnen Indexwerte eine Rolle bei der Tracking-Error-Entstehung. Wenn beispielsweise bestimmte Wertpapiere im Index nur schwer handelbar sind, kann es zu Abweichungen beim Rebalancing des ETFs durch die Slippage bei den Einzelwerten kommen.

Einfluss der Replikationsmethodik auf den Tracking-Error

Bei der vollständigen Replikation kauft der ETF alle Wertpapiere des Index in exakt der gleichen Gewichtung. Dadurch kann eine sehr präzise Nachbildung des Index (geringer Tracking-Error) und eine höhere Transparenz erreicht werden, da Anleger direkt in die Indexwerte investieren. Es resultiert daraus direkt ein geringeres Kontrahentenrisiko, da keine Derivate eingesetzt werden. Oft entstehen jedoch höhere Transaktionskosten, insbesondere bei Indizes mit vielen oder illiquiden Titeln, und es kann insbesondere Schwierigkeiten bei Indizes mit kleinen, schwer handelbaren Aktien (z. B. Schwellenländer-Indizes) geben. Diese Methode wird daher oft für liquide, gut zugängliche Indizes wie den S&P 500 oder den DAX genutzt.

Bei der optimierten Sampling-Replikation (Teilreplikation) wird, statt alle Indexwerte zu kaufen, nur in eine repräsentative Auswahl der Titel investiert. Diese Methode wird häufig für breit gestreute Indizes mit vielen Einzelwerten genutzt, wie den MSCI World oder den FTSE Emerging Markets. Dadurch entstehen geringere Transaktionskosten, da weniger Wertpapiere gehandelt werden, und es ermöglicht eine gute Nachbildung ansonsten nur schwer replizierbarer Indizes. Der höhere Tracking-Error stellt dabei den größten Nachteil dar, da nicht alle

Werte des Index gehalten werden. Es erfordert eine algorithmische Modellierung, um eine möglichst genaue Nachbildung des gewählten Index beziehungsweise der Benchmark zu gewährleisten.

Die vollständige synthetische Replikation (swapbasierte ETFs) habe ich schon beschrieben und stelle sie nur noch einmal der Vollständigkeit halber dar. Bei der synthetischen Replikation kauft der ETF nicht die tatsächlichen Indexwerte, sondern schließt einen Total Return Swap mit einer Investmentbank ab. Die Bank garantiert dem ETF die Performance des Index und erhält im Gegenzug die Rendite eines separaten Sicherheitenportfolios.

Die sehr präzise Indexnachbildung (niedriger Tracking-Error) führt zu günstigeren Nachbildungen auch exotischer Anlagemärkte oder Indizes mit illiquiden Werten.

Zusätzlich sind steuerliche Vorteile möglich, da Dividendeneinnahmen oft effizienter behandelt werden. Das Kontrahentenrisiko sollte nicht unterschätzt werden, falls die Swap-Gegenpartei ausfällt, denn dann kann es zu erheblichen Verlusten kommen. Diese Methode ist besonders bei Schwellenländer-ETFs oder Rohstoff-ETFs verbreitet, da physische Replikation dort oft teuer oder unmöglich ist.

Der Tracking-Error ist eine entscheidende Kennzahl zur Bewertung der Qualität eines ETFs. Während eine vollständige physische Replikation oft die genaueste Nachbildung ermöglicht, können optimierte oder synthetische Replikationsmethoden in spezifischen Marktsegmenten kosteneffizienter sein. Anleger sollten daher beim Kauf eines ETFs nicht nur auf die Kosten achten, sondern auch auf die Replikationsmethode und den historischen Tracking-Error, um die beste Wahl für ihre Anlagestrategie zu treffen.

2.5 Warum man in ETFs investieren sollte

ETFs eignen sich für nahezu jeden Anlegertyp – vom Anfänger bis zum Profi. Für Einsteiger bieten sie eine gute Möglichkeit, in den Aktienmarkt einzusteigen, ohne sich mit der Auswahl einzelner Aktien beschäftigen zu müssen. Erfahrene Anleger schätzen ETFs hingegen für ihre Flexibilität und die Möglichkeit, gezielt in ein Bündel von Aktien zu investieren.

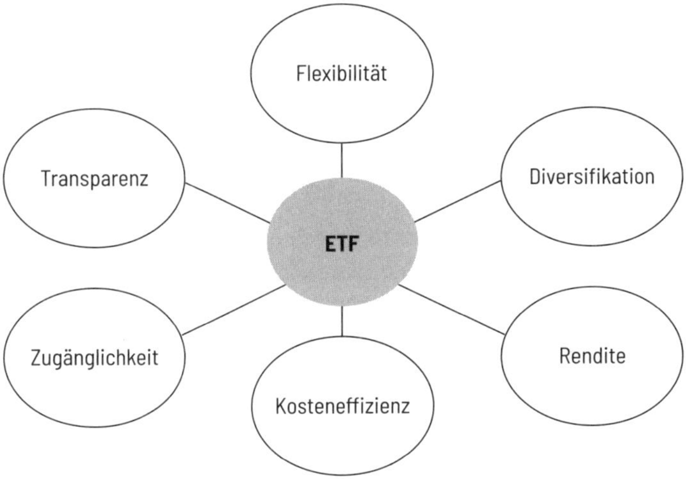

1. **Diversifikation:** ETFs ermöglichen es Ihnen, mit einem einzigen Investment in eine Vielzahl von Unternehmen, Branchen oder sogar Ländern zu investieren. Diese Diversifikation reduziert das Risiko, da Verluste in einem Bereich durch Gewinne in einem anderen ausgeglichen werden können.
2. **Kosteneffizienz:** Da ETFs passiv verwaltet werden, fallen deutlich geringere Gebühren an als bei aktiv gemanagten Fonds. Diese niedrigen Kosten können langfristig einen erheblichen Unterschied bei der Rendite ausmachen.

3. **Flexibilität:** ETFs können jederzeit während der Börsenzeiten gekauft und verkauft werden. Diese Flexibilität ermöglicht es Ihnen, schnell auf Marktveränderungen zu reagieren.
4. **Zugang zu globalen Märkten:** Mit ETFs können Sie gut umsetzbar in internationale Finanzmärkte investieren. Ob Sie in Schwellenländer, Technologieunternehmen oder Rohstoffe investieren möchten – es gibt wahrscheinlich einen ETF, der Ihren Anlagezielen entspricht.
5. **Langfristige Renditechancen:** Historisch gesehen haben breit gestreute Indizes wie der S&P 500 oder der MSCI World über lange Zeiträume hinweg stabile Renditen erzielt. Durch die Investition in ETFs, die diese Indizes abbilden, können Sie von dieser langfristigen Wertentwicklung profitieren.
6. **Transparenz:** Da ETFs einen Index abbilden, ist immer klar, in welche Wertpapiere investiert wird.

Trotz ihrer vielen Vorteile gibt es auch einige Nachteile und Risiken, die Anleger beachten sollten:

- **Marktrisiko:** Da ETFs einen Index abbilden, sind sie den gleichen Marktschwankungen ausgesetzt wie der Index selbst.
- **Liquiditätsrisiko:** Obwohl ETFs in der Regel sehr liquide sind, kann es bei weniger gehandelten ETFs zu höheren Spreads kommen.
- **Komplexität bei speziellen ETFs:** Leveraged ETFs, inverse ETFs oder ETFs mit synthetischer Replikation können komplex sein und sind nicht für alle Anleger geeignet.

ETFs können ein mächtiges Werkzeug für Anleger sein, die in verschiedene Anlageklassen investieren möchten. Sie bieten Ihnen die Möglichkeit, von der Wertentwicklung ganzer Indizes zu profitieren. In den folgenden Kapiteln werde ich tiefer in die verschiedenen Arten von ETFs eintauchen, Strategien für den Portfolio-Aufbau vorstellen und praktische Tipps für den Einstieg in die Welt der ETFs geben.

Kapitel 3

Die wichtigsten ETF-Arten

Ich bin in Kapitel 2 schon auf die verschiedenen Anlagemöglichkeiten bei einer ETF-Anlage eingegangen. Die bekanntesten und erfolgreichsten ETF-Arten sind mit Abstand die Aktien-ETFs. Wenn man nun diese Anlageprodukte für die eigenen Spar- und Investitionsaktivitäten nutzen will, sollte man vorher verstehen, wie diese ETFs funktionieren und wo die Stärken und Schwächen liegen.

ETFs und insbesondere Aktien-ETFs haben sich in den letzten Jahrzehnten als beliebte Anlageinstrumente etabliert. Aktien-ETFs replizieren meist bekannte Indizes wie den MSCI World, den S&P 500 oder den DAX und bieten Anlegern so eine breite Marktabdeckung mit geringerem Risiko im Vergleich zur Einzelaktienauswahl. Aber nicht nur die Aktien-ETFs erleben derzeit eine Hochphase – auch Anleihe- und Rohstoff-ETFs werden immer beliebter.

3.1 Aktien-ETFs

Grundsätzlich lassen sich Aktien-ETFs nach der Art und Weise ihrer Benchmark-Replikation in physische und synthetische ETFs einteilen. Bei der physischen Replikation kauft der ETF-Anbieter die im Index enthaltenen Aktien proportional zu ihrer Gewichtung im Index. Dies kann entweder vollständig (Full Replication) oder durch eine optimierte Auswahl (Sampling) geschehen. Bei der synthetischen Replikationsvariante nutzt der ETF Swaps (Tauschgeschäfte) mit Banken oder anderen Finanzinstituten, um die Indexrendite zu erhalten, und verzichtet auf den Kauf der entsprechenden Aktien. Dies kann in manchen Segmenten oder bei schwer zugänglichen Indizes kosteneffizienter sein, birgt jedoch ein latentes Kontrahentenrisiko. Es ist wichtig, diese Unterschiede zu verstehen, da sich daraus verschiedene Risiken aus der ETF-Anlage ableiten lassen.

Bei der Anlage in Aktien-ETFs gilt in der Regel eine niedrigere Verwaltungskostenstruktur im Vergleich zu aktiv gemanagten Fonds. Die Gesamtkostenquote (Total Expense Ratio, TER) liegt meist zwischen 0,05 und 0,5 %. Daneben entstehen zusätzlich Handelskosten, etwa durch den Spread zwischen Kauf- und Verkaufskursen und mögliche Börsenhandelsgebühren des Brokers oder der Bank. Als Anleger in Aktien-ETFs können Sie von der potenziellen Dividendenpolitik des ETF-Managements profitieren. Dabei behandeln Aktien-ETFs die Erträge aus Dividenden auf 2 Arten: Ausschüttende ETFs zahlen Dividenden regelmäßig an die Anleger aus. Thesaurierende ETFs reinvestieren Dividenden direkt, wodurch sich der Wert des Fondsanteils kontinuierlich und über die Haltedauer erhöht.

Aktien-ETFs geben zusätzlich die Möglichkeit, in verschieden breite Marktindizes zu investieren. Die verschiedenen ETFs bilden unterschiedlich große Indizes ab und bieten dadurch eine breite Diversifikation. Das kann etwa der MSCI World sein, welcher als weltweiter Aktienindex mit rund 1.500 Unternehmen aus entwickelten Ländern sehr breit diversifiziert ist. Beim S&P 500 liegt der Anlagefokus auf den 500 größten US-Unternehmen.

ETFs auf den DAX 40 fokussieren sich durch ihr Anlageziel auf die größten börsennotierten Unternehmen Deutschlands. Sie können jedoch auch gezielt auf Sektor- und Themen-ETFs setzen, die sich auf bestimmte Branchen oder Megatrends konzentrieren. Dabei kann es zu einer Mischung bei den Anlageländern oder Unternehmensgrößen kommen, da dann der Anlagefokus beispielsweise auf Technologie (etwa Nasdaq-100-ETFs), Gesundheitswesen oder Nachhaltigkeit (ESG-ETFs) liegt.

Der Anlagefokus kann sich auch auf den Anlagestil und weniger auf die Branche oder den Sektor konzentrieren. Die sogenannten Faktor-ETFs basieren auf wissenschaftlichen Erkenntnissen über die Bewertung einzelner Unternehmen und investieren gezielt in Aktien mit bestimmten Merkmalen. Dabei steht dann entweder der Value-Ansatz mit Fokus auf unterbewertete Unternehmen oder der Growth-Ansatz mit Investition in wachstumsstarke Firmen beziehungsweise der Cashflows erzielende ETF, welcher sich auf Unternehmen mit hohen Ausschüttungen konzentriert, im Vordergrund.

Was all diese Anlagevehikel in Form der beschriebenen Aktien-ETFs vereint: die niedrigen Verwaltungsgebühren und keine Ausgabeaufschläge. Durch die Börsennotierung können ETFs jederzeit gehandelt werden und zeichnen sich durch eine hohe Liquidität aus. Da die zugrunde liegenden Indizes bekannt sind, ist die Strategie der ETFs leicht nachvollziehbar.

Diese Konstruktionen lassen Aktien-ETFs jedoch nicht als vollkommen risikolos dastehen. Sie sind wie Direktanlagen in Aktien ebenfalls den allgemeinen Marktbewegungen ausgesetzt und können in Krisenzeiten starke Verluste erleiden. Zusätzlich kann ein hoher Tracking-Error ein Ärgernis sein. Auch können je nach Wohnsitzland steuerliche Nachteile bei der Thesaurierung von Dividenden auftreten und sollten vor der ETF-Auswahl Berücksichtigung finden.

Grundsätzlich sind Aktien-ETFs als Baustein einer langfristigen Anlagestrategie gut geeignet. Speziell für langfristig orientierte Anleger bieten Aktien-ETFs eine solide Grundlage für den Vermögensaufbau. Durch regelmäßige Investitionen, beispielsweise über einen Sparplan, lassen sich Kursschwankungen glätten und langfristig attraktive Renditen erzielen. Die Auswahl der richtigen ETFs hängt von individuellen Anlagezielen, der Risikobereitschaft und dem Anlagehorizont ab.

Ein gut diversifiziertes Portfolio könnte etwa aus globalen ETFs, Sektor-ETFs und Faktor-ETFs bestehen, um verschiedene Marktsegmente und Anlagestrategien abzudecken. Aktien-ETFs sind ein effizientes und kostengünstiges Instrument zur Partizipation an den Aktienmärkten. Sie ermöglichen sowohl Privatanlegern als auch institutionellen Investoren eine flexible und diversifizierte Anlagestrategie. Die Wahl zwischen physischer und synthetischer Replikation, verschiedenen Indexstrategien und Kostenstrukturen sollte gut überlegt sein, um die bestmöglichen Anlageentscheidungen zu treffen.

3.2 Anleihe-ETFs

Anleihe-ETFs (Bond-ETFs) sind ebenfalls eine bedeutende Anlageklasse innerhalb des ETF-Universums. Sie bieten Investoren die Möglichkeit, breit diversifiziert in Anleihen zu investieren, ohne einzelne Schuldverschreibungen erwerben zu müssen. Besonders für sicherheitsorientierte Anleger oder als Stabilisierungselement innerhalb eines Portfolios haben Anleihe-ETFs damit hohe Relevanz. Es ist also lohnenswert, sich mit diesem Anlageprodukt genauer auseinanderzusetzen.

Anleihe-ETFs replizieren die Wertentwicklung eines Anleihe-Index. Diese Indizes enthalten eine Vielzahl von Anleihen mit unterschiedlichen Laufzeiten, Bonitäten und Emittenten. Die Nachbildung erfolgt entweder physisch, indem der ETF tatsächlich in die Anleihen investiert, oder synthetisch über Derivate. Es gibt viele Wesenszüge der Anleihe-ETFs, welche denjenigen von Aktien-ETFs grundsätzlich ähnlich sind. Auch die Anleihe-ETFs lassen sich nach verschiedenen Kriterien klassifizieren. Dabei kann unterschieden werden:

- nach der Art der Emittenten (Staatsanleihen, Unternehmensanleihen, kommunale Anleihen etc.),
- nach der Bonität der Emittenten (Investment-Grade-Anleihen, High-Yield-Anleihen etc.),
- nach der Laufzeit (kurz-, mittel- oder langfristige Anleihen),
- nach dem Währungsraum (inländische oder internationale Anleihen) und
- nach der Zinszahlungsart (festverzinsliche oder variabel verzinsliche Anleihen).

Durch die Nutzung von Anleihe-ETFs kann eine breite Risikostreuung über verschiedene Anleihen und Emittenten hinweg erzielt werden. Ein einzelner ETF kann mehrere Hundert Anleihen enthalten, was das Emittentenrisiko senkt. Solch eine Anlage ist für einen Privatanleger zumeist nicht möglich, da es bei der Anlage in Anleihen oft Mindestanlagesummen von 1.000, 10.000 oder sogar 1.000.000 Euro gibt. Wollte sich der Privatanleger also ein breit diversifiziertes Anleiheportfolio von 20 Anleihen aufbauen, müsste er mindestens 20.000 Euro Investitionsvolumen aufbringen.

Ein weiterer wesentlicher Vorteil ist die hohe Liquidität der Anleihe-ETFs. Während Einzelanleihen oft wenig liquide sind und über Banken oder Broker gehandelt werden müssen, bieten Anleihe-ETFs den Vorteil der Börsennotierung mit laufender Handelbarkeit während der Börsenzeiten. Dies kann als ausgleichendes Momentum wirken und die fehlende Liquidität an den Anleihemärkten zum Teil überkompensieren. Der Kostenvorteil sollte ebenfalls nicht unberücksichtigt bleiben. Verglichen mit aktiv gemanagten Rentenfonds sind Anleihe-ETFs kosteneffizient, da sie eine passive Indexnachbildung verfolgen und dadurch geringere Verwaltungsgebühren aufweisen. Auch im Vergleich zum Aufbau eines individuellen Anleiheportfolios kann ein Anleihe-ETF oft die bessere Wahl sein.

Da auch bei Anleihe-ETFs die Zusammensetzung des ETFs regelmäßig veröffentlicht wird, können Anleger die enthaltenen Anleihen jederzeit nachvollziehen und verfügen über eine gute Transparenz. Obwohl Anleihe-ETFs oft als risikoärmer als Akten-ETFs gelten, sollte das Zinsänderungsrisiko nicht vernachlässigt werden. Anleihen reagieren empfindlich auf Zinsänderungen durch die jeweiligen Notenbanken. Steigende Zinsen führen in der Regel zu fallenden Anleihekursen und somit zu einem Wertverlust des ETFs.

Was passiert, wenn sich die Zinsen ändern?

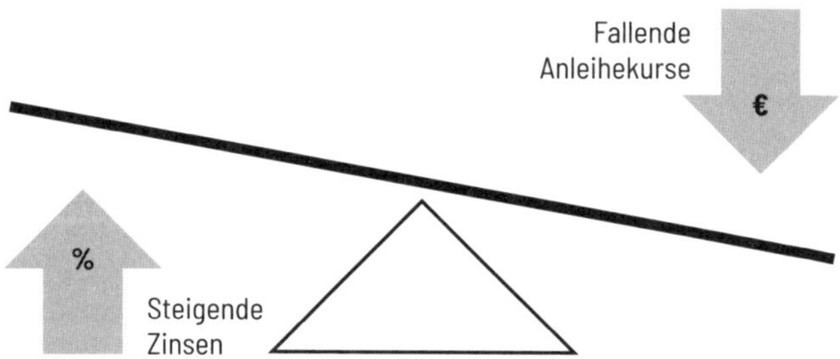

Auch das Kreditrisiko spielt speziell bei Unternehmensanleihen eine wesentliche Rolle. Je nach Bonität der Emittenten besteht das Risiko eines Zahlungsausfalls. High-Yield-Anleihen haben ein höheres Kreditrisiko als Investment-Grade-Anleihen. Daher weisen sie oftmals höhere Zinskupons auf, um das eingegangene Risiko für den Investor zu kompensieren.

Internationale Anleihe-ETFs können zusätzlich Währungsschwankungen unterliegen, sofern keine Währungsabsicherung erfolgt. Das sollte bei der Auswahl des ETFs beachtet werden. Oft legen Anleihe-ETFs in verschiedenen Währungsräumen an und so können dann Anleihen beispielsweise in den Währungen CHF (Schweizer Franken,) JPY (Japanischer Yen) oder GBP (Britisches Pfund) enthalten sein.

In Krisenzeiten kann es zu Liquiditätsengpässen kommen, wenn die Nervosität an den Finanzmärkten sehr groß ist. Zuletzt waren die US-Hypothekenbank-Krise in den Jahren 2007/2008 und die Eurokrise im Jahr 2011 solche Ereignisse. Insbesondere bei weniger liquiden Anleihen kann es dann zu einem gestörten Markt kommen und die Anleihen dann zeitweise nicht handelbar sein. Dies führt zu höheren Spreads zwischen den Ankaufs- und Verkaufspreisen der Anleihen, was die Handelskosten nicht unwesentlich erhöht. Während der Hypothekenbank-Krise haben insbesondere die Pfandbriefe unter einer starken Illiquidität gelitten. Teilweise wurde keine Liquidität mehr zur Verfügung gestellt und die Pfandbriefe waren phasenweise nicht mehr handelbar.

Wie Aktien-ETFs nutzen auch die Anleihe-ETFs verschiedene Methoden, um den zugrunde liegenden Index nachzubilden. Bei der physischen Replikation der Anleihe-Benchmark erfolgt ein direkter Kauf der Anleihen, die auch im Index enthalten sind. Bei der optimierten Sampling-Methode wird eine repräsentative Auswahl der Anleihen ermittelt und diese in dem ETF abgebildet. Das spart Kosten und wird speziell bei der Replikation von bestimmten Laufzeiten genutzt. Bei der synthetischen Replikation nutzen die ETFs Swaps zur Indexabbildung.

Besonders sind Anleihe-ETFs für konservative Anleger geeignet, die ein regelmäßiges Einkommen durch Zinszahlungen und eine Stabilisierung des Portfolios anstreben. In einem ausgewogenen Portfolio helfen Anleihe-ETFs dabei, die Volatilität zu reduzieren und die Wertentwicklung abzusichern. Mittels gezielter Allokationen in den verschiedenen Laufzeitsegmenten oder Bonitätsklassen können Anleger auf Marktveränderungen reagieren und dadurch ihre eigene Marktmeinung einbringen.

Anleihe-ETFs bieten eine effiziente Möglichkeit, um in festverzinsliche Wertpapiere zu investieren. Sie verbinden Liquidität, Diversifikation und niedrige Kosten mit der Flexibilität des Börsenhandels. Anleger sollten jedoch die Zins- und Kreditrisiken im Blick behalten und ihre Anlagestrategie entsprechend ausrichten. Je nach Marktumfeld und individueller Risikobereitschaft können verschiedene Anleihe-ETFs in ein gut diversifiziertes Portfolio integriert werden.

Vorteile der Anleihe-ETFs

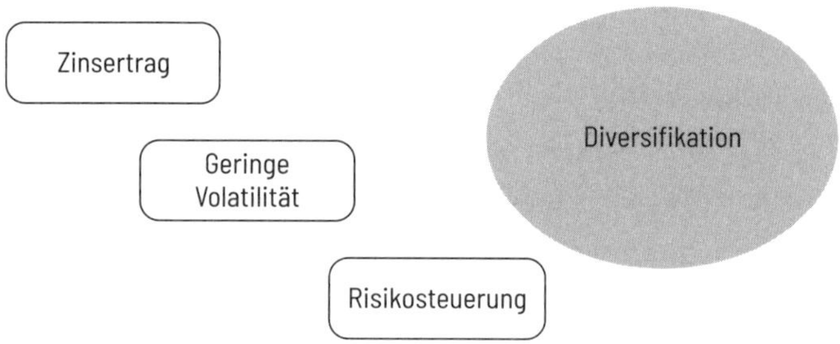

3.3 Rohstoff-ETFs

Rohstoffe bilden die Grundlage der Weltwirtschaft und sind für zahlreiche Industriezweige essenziell. Die Rohölsorten gelten als Schmierstoff der globalen Wirtschaft und Edelmetalle werden unter anderem in der Schmuck-, Technologie- und Autoproduktion benötigt. Durch ETFs können Anleger in Rohstoffe investieren, ohne die physischen Güter selbst kaufen oder Terminkontrakte verwalten zu müssen. In diesem Kapitelabschnitt werde ich kurz auf die Funktionsweise, die Vor- und Nachteile sowie verschiedene Strategien von Rohstoff-ETFs eingehen.

Im Gegensatz zu Aktien-ETFs, die direkt in Unternehmensanteile investieren, basieren Rohstoff-ETFs meist auf Terminkontrakten (Futures)

oder besitzen physische Bestände des jeweiligen Rohstoffs. Je nach Struktur lassen sie sich in 2 Hauptkategorien unterteilen. Die physisch besicherten Rohstoff-ETFs halten den Rohstoff direkt, wie beispielsweise Gold-ETFs, die tatsächlich physisches Gold in Tresoren hinterlegen. In Deutschland kann es allerdings keinen wirklich reinen Gold-ETF geben, da die OGAW/UCITS-Richtlinien ETFs und Fonds eine Mindestdiversifikation vorschreiben, wonach durch die sogenannte Ausstellerregel mindestens 16 Komponenten in einem ETF oder Fonds enthalten sein müssen. Oftmals handelt es sich also bei den Gold-ETFs entweder nicht um ETFs im herkömmlichen Sinn oder es sind noch andere Anlagevehikel neben dem Gold mit in dem betroffenen ETF enthalten.
Bei den synthetischen oder Futures-basierten Rohstoff-ETFs werden die Preisentwicklungen eines Rohstoffs durch den Einsatz von Futures-Kontrakten (Swaps, Forwards etc.) repliziert, zumal viele Rohstoffe aus Lagerhaltungs- und Transportgründen nicht direkt gehalten werden können (etwa Öl oder Weizen).

Rohstoff-ETFs haben in puncto Vermögensanlage viele Vorteile. Sie bieten durch die geringe Korrelation zu den Aktien- und Anleihemärkten und einen hohen Bezug zur globalen Wirtschaftsentwicklung gute Möglichkeiten zur Diversifikation. Viele Rohstoffe steigen im Wert, wenn die Inflation anzieht, da sie in der realen Wirtschaft einen substanziellen Nutzen haben. Die Rohstoffpreise spiegeln die Entwicklungen in den vielen Volkswirtschaften wider und sind daher besonders sensitiv gegenüber Preis- und Konjunkturveränderungen. Anders als physische Rohstoffe wie Gold, Silber, Erdöl oder Weizen sind ETFs an der Börse jederzeit handelbar und ermöglichen eine flexible Portfolioverwaltung. Rohstoffe können natürlich ebenfalls an den Terminmärkten oder mittels verbriefter Derivate gehandelt werden, dies empfiehlt sich jedoch nur für sehr erfahrene Anleger mit dem richtigen Verständnis und Maß zu den eingegangenen Risiken.

Wo Licht ist, gibt es bekanntlich auch Schatten und so sollten die Risiken und Herausforderungen bei Rohstoff-ETFs nicht außer Acht gelassen werden. Die sogenannten Rolleffekte bei Futures können insbesondere bei den synthetischen Rohstoff-ETFs böse Spuren hinterlassen. Da Futures-Kontrakte regelmäßig erneuert werden müssen (Rollover), kann es zu zusätzlichen Kosten durch Contango (höhere Preise für spätere Liefertermine) oder Backwardation (niedrigere Preise für spätere Liefertermine) kommen. Die synthetisch erstellten ETF-Baskets werden mittels Futures-Kontrakten nachgebildet. Da diese Kontrakte in der Laufzeit begrenzt sind, die ETF-Anlage jedoch nicht, müssen die zugrunde liegenden Termingeschäfte während der Laufzeit erneuert werden. Dabei spielen dann die erwähnten Preisunterschiede zwischen den Futures-Kontrakten eine wesentliche Rolle. Die unterschiedlichen Preisniveaus spiegeln maßgeblich die Erwartungshaltung der Marktteilnehmer über die Angebot- und Nachfragesituation an den Terminmärkten in den betroffenen Rohstoffen wider.

Da die Rohstoffpreise sehr stark mit der globalen Konjunkturentwicklung verwoben sind, führen konjunkturelle oder geopolitische Nachrichten oftmals zu höherer Volatilität bei den Rohstoffen. Die Rohstoffpreise können stark schwanken, was dann auch zu erheblichen Kursschwankungen bei den Rohstoff-ETFs führt. Nicht zuletzt bestehen regulatorische Risiken. Vorschriften zur Rohstoffspekulation oder Handelsrestriktionen können Einfluss auf die Wertentwicklung nehmen. So gab es in der jüngsten Vergangenheit immer wieder Bestrebungen, die Spekulation auf Lebensmittelpreise (Weizen, Mais, Soja, Zucker, Schweinehälften, Rinder, gefrorener Orangensaft etc.) zu unterbinden. Aber auch in den Energieträgermärkten gab es schon die ein oder andere Anregung zur Einschränkung von spekulativen Geschäften. Diese meist politischen Vorgänge führen zu Verunsicherung an den Terminmärkten und können negativ auf die Preise der betroffenen Rohstoffe wirken.

Um den Überblick etwas zu vereinfachen, möchte ich an dieser Stelle des Buchs eine grobe Unterscheidung der Rohstoff-ETFs nach Anlageklassen vornehmen. Rohstoff-ETFs lassen sich grundsätzlich in 4 verschiedene Kategorien einteilen:

Edelmetalle: Gold-, Silber-, Platin- oder Palladium-ETFs	sind bei Anlegern als Absicherung gegen wirtschaftliche Krisen und Inflation beliebt
Energieträger: Öl- und Gas-ETFs	ermöglichen Investitionen in fossile Brennstoffe, sind stark von geopolitischen Entwicklungen beeinflusst
Industriemetalle: Kupfer, Aluminium oder Nickel-ETFs	bieten Investoren Zugang zu Märkten, die stark von der globalen Bau- und Technologieindustrie abhängen
Agrarrohstoffe: Weizen-, Mais- oder Sojabohnen-ETFs	sind von Wetterbedingungen, Ernteerträgen und politischen Handelsrestriktionen abhängig

Welche Strategien eignen sich nun am besten für den Einsatz von Rohstoff-ETFs und wie kann ein Privatanleger diese am besten umsetzen?

Als erste Strategie können Rohstoff-ETFs zur Absicherung (Hedging) benutzt werden. Investoren kaufen Rohstoff-ETFs, um sich etwa gegen Inflation oder wirtschaftliche/geopolitische Unsicherheiten abzusichern. Sie können Rohstoff-ETFs auch für die strategische Allokation nutzen. Rohstoffe können nicht nur zum Hedging genutzt, sondern auch zyklisch gehandelt werden, da sie oft von makroökonomischen Trends beeinflusst werden. Das bedeutet, dass Sie neben der Anlage in Aktien beispielsweise auch durch Investitionen in Energieträger oder Agrarrohstoffe von globalen konjunkturellen Aufschwungphasen profitieren können.

Als langfristige Beimischung kann durch den Einsatz von Rohstoff-ETFs eine länderunabhängige zyklische Strategie umgesetzt werden. Einige Investoren halten gern einen kleinen Teil ihrer Portfolios in

Rohstoff-ETFs zur Diversifikation der Gesamtrisiken. Dabei kann es von Vorteil sein, auch innerhalb der Rohstoff-ETF-Klasse noch einmal zu diversifizieren und in verschiedene Rohstoffe zu investieren.

Rohstoff-ETFs bieten eine spannende Möglichkeit, in eine stark fundamental geprägte Anlageklasse zu investieren. Sie bringen jedoch spezifische Risiken mit sich, die es zu berücksichtigen gilt. Eine fundierte Strategie und das Verständnis der zugrunde liegenden Marktmechanismen sind essenziell für eine erfolgreiche Investition in diese Assetklasse. Mit den vorgestellten Aktien-, Anleihe- und Rohstoff-ETFs besitzen Sie einen Grundbaustein für den individuellen Vermögensaufbau und gleichzeitig erschließt sich Ihnen ein riesiges Universum an Kombinationsmöglichkeiten mit und zwischen diesen ETF-Arten. Wenn Sie jedoch spezialisierter und fokussierter vorgehen möchten und vielleicht nicht die Zeit für eine ausgiebige Analyse- und Researchtätigkeit besitzen, können Sie auf die folgenden Spezial-ETF-Formen zurückgreifen. Diese speziellen ETF-Arten geben Anlegern die Möglichkeit, auf Gegebenheiten und besondere Bedürfnisse besser einzugehen.

3.4 Sektor- und Themen-ETFs

Ein weiteres Gebiet der ETF-Anlage tat sich in den letzten Jahren auf: Sektor- und Themen-ETFs bieten Anlegern die Möglichkeit, gezielt in spezifische Wirtschaftsbereiche oder Zukunftsthemen zu investieren. Während Sektor-ETFs einzelne Branchen wie Technologie oder Gesundheitswesen abbilden, fokussieren sich Themen-ETFs auf übergreifende Trends wie künstliche Intelligenz, erneuerbare Energien oder den demografischen Wandel. Speziell in Bezug auf das Impact Investing sind diese Anlagevehikel verstärkt in den Fokus gerückt. Impact Investing ist eine Anlagestrategie, die darauf abzielt, nicht nur finanzielle Renditen zu erzielen, sondern gleichzeitig positive soziale oder ökologische Veränderungen zu fördern. Im Kontext von ETFs bietet diese Anlageklasse Investoren die Möglichkeit, Kapital in Unternehmen oder Projekte zu stecken, die messbare Auswirkungen auf Themen wie Klimaschutz, Bildung, Gesundheit oder soziale Gerechtigkeit haben. Der Ansatz kombiniert die Liquidität und Diversifikation von ETFs mit einem ethischen Bewusstsein, wodurch er sich ideal für Anleger eignet, die ihre Werte mit ihren finanziellen Zielen in Einklang bringen möchten.

Der Aufbau eines Impact-ETFs erfolgt ähnlich wie bei traditionellen ETFs: Ein Fondsmanager wählt eine Gruppe von Wertpapieren aus, die bestimmte Kriterien erfüllen, jedoch basiert die Auswahl nicht nur auf finanzieller Performance, sondern auch auf Umwelt-, Sozial- und Governance-Kriterien (ESG) sowie spezifischen Impact-Zielen. Beispiele sind ETFs, die in erneuerbare Energien, faire Arbeitsbedingungen oder nachhaltige Infrastruktur investieren. Die Transparenz wird durch regelmäßige Berichte über die erzielten sozialen und ökologischen Effekte gewährleistet, was die Nachverfolgbarkeit der Impact-Ziele ermöglicht.

Beim individuellen Vermögensaufbau spielen Impact-ETFs eine zunehmend wichtigere Rolle, insbesondere in einer Zeit, in der Nachhaltigkeit an Bedeutung gewinnt. Sie bieten eine Möglichkeit, langfristig Vermögen aufzubauen, während gleichzeitig positive Beiträge zur Gesellschaft geleistet werden. Die Renditen können denen konventioneller ETFs ähneln, obwohl die Kosten (etwa 0,2–0,6 % jährlich) aufgrund der zusätzlichen Analyse oft etwas höher sind. Für den Vermögensaufbau eignen sich Impact-ETFs besonders als Teil eines diversifizierten Portfolios, kombiniert mit breiten Markt-ETFs, um Risiken zu streuen. Anleger sollten jedoch die spezifischen Impact-Ziele prüfen, da nicht alle ETFs gleich wirksam sind, und sich der Möglichkeit bewusst sein, dass kurzfristige Renditen zugunsten langfristiger Wirkung beeinflusst werden können. In diesem Abschnitt werde ich die Eigenschaften, Chancen und Risiken dieser spezialisierten ETFs erläutern.

3.4.1 Sektor-ETFs

Sektor-ETFs bieten Investoren die Möglichkeit, in Unternehmen einer bestimmten Branche zu investieren. Sie folgen meist bekannten Indizes wie dem MSCI World Information Technology Index oder dem S&P 500 Energy Sector Index. Die Auswahlkriterien basieren auf den Branchenklassifikationen von Indexanbietern wie MSCI oder S&P Dow Jones Indices.

In den letzten Jahren waren zum Beispiel die Sektor-ETFs im Bereich Technologie sehr stark nachgefragt. Diese ETFs haben ihre Investitionen in Unternehmen wie Apple, Microsoft und Nvidia getätigt und damit vom Cloud-Boom oder auch vom Megatrend KI profitiert.

Gesundheits-ETFs fokussieren sich auf Pharma-, Biotech- und Medizintechnikunternehmen. In ihnen sind unter anderem die großen Pharmaunternehmen aus den einzelnen Subindizes vertreten.

Energie-ETFs decken mit der Auswahl an Unternehmen sowohl fossile als auch erneuerbare Energiesektoren ab. Hierauf muss man besonders achten, wenn die ESG-konforme Anlage im Vordergrund stehen soll.

Finanz-ETFs enthalten Banken, Versicherer und Vermögensverwalter. Sie orientieren sich an den Banken- und Finanzensubindizes der großen Leitindizes wie dem Euro Stoxx Banks etc.

Sektor-ETFs profitieren von der direkten Partizipation an potenziellen Wachstumsbranchen. Es gibt an den Börsen immer wieder Zeiten, in denen nur wenige Branchen den Gesamtmarkt beeinflussen – egal ob dies zum Beginn des KI-Megatrends die Aktien der sogenannten Magnificent Seven in den USA waren, die zeitweise fast 30 % der Marktkapitalisierung im S&P 500 ausmachten, oder in Europa die großen Luxusunternehmen wie LVMH (das zeitweise das wertvollste börsennotierte Unternehmen in Europa war), Hermes und L'Oréal, die zusammen 15 % der Marktkapitalisierung des Euro Stoxx 50 ausmachten. Wenn Sie einen Fokus auf diese Branchen hätten legen wollen, dann wären Sie um einen Sektor- oder Branchen-ETF nicht herumgekommen.

Natürlich gibt es auch einige Nachteile, die in Kauf genommen werden müssen. Die geringere Diversifikation ist ein klarer Risikofaktor. Zudem sind oftmals weniger Unternehmen in den Branchen-/Sektor-ETFs enthalten als bei den breiteren Markt-ETFs. Das führt zu einer höheren Konzentration des eingesetzten Kapitals auf nur wenige Unternehmen aus einem Sektor oder Branche, der dann aber den gewünschten gezielten Anlagefokus mit der Möglichkeit zur taktischen Allokation besitzt.

Die fehlende Diversifikation lässt die zyklische Abhängigkeit einzelner Branchen bei den Branchen- und Sektoren-ETFs zu einem Problem werden. Branchen und Sektoren unterliegen ebenfalls Konjunktur- und Technologiezyklen. Das zeigte sich gut in den Branchen Automotive und Halbleiter. Die Elektrifizierung im Automobilbereich hat zu einer Disruption in der Branche geführt und sowohl bei den Autoherstellern als auch den Zulieferunternehmen tiefe Spuren hinterlassen. Vorangetrieben wurde diese Entwicklung durch regulatorische Entwicklungen und hohen politischen Druck auf die Branche. Aber auch in der Technologiewelt haben Unternehmen zunehmend Schwierigkeiten, mit den Neuerungen und Veränderungen Schritt zu halten. Grundsätzlich führen die latenten Unsicherheiten zu höherer Volatilität im Vergleich zu breiter gestreuten ETFs.

3.4.2 Themen-ETFs

Eine Abgrenzung von Branchen- und Sektoren-ETFs zu Themen-ETFs ist nicht einfach. Es hat sich jedoch herausgestellt, dass die Themen-ETFs noch selektiver auf Zukunftstrends setzen. Dabei kann es auch zu Überschneidungen bei Branchen und Sektoren kommen, da die Unternehmen zwar in unterschiedlichen Bereichen tätig sind, aber das gleiche Thema abdecken.

Themen-ETFs verfolgen dabei oft eine an Megatrends orientierte Anlagestrategie. Sie umfassen Unternehmen aus verschiedenen Branchen, die an einem spezifischen Zukunftsthema arbeiten. Beispiele für Themen-ETFs sind künstliche Intelligenz, Nachhaltigkeit, Brands, Gesundheit oder Blockchain-Technologie. In Bezug auf die künstliche Intelligenz (AI-ETFs) wird beispielsweise in Unternehmen investiert, die führend im Bereich maschinelles Lernen und Automatisierung sind. Das können Unternehmen aus den Branchen Hardware, Software oder Elektronik sein.

Bei der sauberen Energie (Clean-Energy-ETFs) liegt der Fokus auf Solar-, Wind- und Wasserstofftechnologien. Dabei kommen dann etwa die Branchen Energieversorger, Windkraftanlagenhersteller und Software in Betracht. E-Mobilität und Batterietechnologie (EV-ETFs) enthalten Unternehmen aus der Elektrofahrzeug- und Lithiumbatteriebranche. Die Struktur der Themen-ETFs kann oft sehr heterogen sein. Es muss verstärkt auf die Zusammensetzung der ETFs geachtet werden. Denn die Emittenten der ETFs können ein komplett anderes Verständnis für das Thema haben, als sie als Investor eventuell annehmen.

Die Chancen und Risiken von Themen-ETFs ähneln in den Grundzügen denen der Branchen- und Sektoren-ETFs. Hierbei gibt es jedoch einen wesentlichen Vorteil, sie können teilweise wesentlich früher an strukturellen Wachstumsfeldern partizipieren. Der starke Fokus auf innovative Technologien und die Möglichkeit, diese in das Portfolio zu integrieren, heben Themen-ETFs von klassischen ETFs ab. Zudem haben Sie die Möglichkeit, eine diversifizierte Zusammensetzung innerhalb eines Trendbereichs zu erreichen. Sie können beispielsweise in verschiedene Themen-ETFs investieren, die sich zwar auf ein Thema fokussieren, aber anders zusammengesetzt sind. Dadurch erreichen Sie sowohl in der Vielfalt als auch der Gewichtung einzelner ETF-Komponenten eine individuellere Portfoliogewichtung.

Die Risiken bei Investments in Themen-ETFs liegen in der höheren Unsicherheit durch schnelle Marktveränderungen, die sich teilweise dramatisch auswirken können. Auch die Gefahr von potenziellen

Blasenbildungen bei Trendthemen sollte nicht unbeachtet bleiben. Oft führen hohe Nachfragen nach speziellen Investmentthemen zu Überbewertungen in ganzen Branchen. Das konnte sehr gut in den Jahren 2021/2022 bei den ESG-konformen Unternehmen beobachtet werden. Die starke Nachfrage nach diesem Thema von den Investoren führte zu absurden Bewertungsständen bei den wenigen Unternehmen, die die ESG-Kriterien erfüllen konnten. Auch die hohe Abhängigkeit von regulatorischen Entwicklungen muss Berücksichtigung finden. Es kann abrupt zu starken Veränderungen in einzelnen Investment-Themengebieten kommen, wenn dies politisch forciert wird. Diese Thematik bleibt latent im Investmentsektor vorhanden und nimmt an Intensität zu, je nischiger und spitzer der Investmentbereich wird.

Welche Auswahlkriterien können für die passende Selektion von Sektor- und Themen-ETFs herangezogen werden?

Bevor Anleger in Sektor-/Themen-ETFs investieren, sollten sie einige Aspekte prüfen. Bei indexbasierten ETFs muss geklärt werden, welche Benchmark verfolgt wird und wie transparent die Methodik ist. Zudem spielt die Höhe der Kostenquote (TER) eine nicht unwesentliche Rolle, wie Sie später noch erfahren werden. Es sind höhere Kostenquoten bei spezialisierten ETFs möglich, da mehr Verwaltungsaufwand notwendig ist und die Nachfrage oftmals geringer ausfällt. Die teilweise geringere Liquidität und dünnere Handelsvolumen können Einfluss auf die Handelbarkeit der ETFs und den Spread haben. Diese dezidierten Risiken haben Auswirkungen auf die Performance-Historie der betroffenen ETFs. Somit sollte sich vor dem Investment angesehen werden, wie sich der ETF in verschiedenen Marktphasen geschlagen hat.

Insgesamt lässt sich jedoch festhalten, dass es Sektor- und Themen-ETFs Anlegern ermöglichen, gezielt auf bestimmte Branchen oder Zukunftstrends zu setzen. Sie bieten Chancen auf überdurchschnittliche Renditen, bergen aber auch höhere Risiken als breit gestreute

ETFs. Eine sorgfältige Analyse der Anlagestrategie, der Indexkonstruktion und der langfristigen Perspektiven ist essenziell, um fundierte Anlageentscheidungen treffen zu können.

3.5 Smart-Beta- und faktororientierte ETFs

Während klassische ETFs meist darauf abzielen, einen Index passiv nachzubilden, hat sich mit den sogenannten Smart-Beta- und faktororientierten ETFs ein Segment entwickelt, das aktivere Strategien verfolgt, um Marktineffizienzen auszunutzen. In diesem Kapitel werde ich die Grundlagen von Smart-Beta- und faktororientierten ETFs, deren Merkmale, Chancen und Risiken sowie die verschiedenen Strategien und deren Einsatzmöglichkeiten beleuchten.

Zuerst sollte man die Funktionsweise der Smart-Beta-ETFs verstehen und dafür werde ich eine Definition und Abgrenzung zu klassischen ETFs vornehmen.

Smart-Beta-ETFs sind eine Mischform aus passivem und aktivem Management. Sie weichen von der klassischen Marktkapitalisierungsgewichtung ab und nutzen alternative Gewichtungsschemata oder Faktoren, um eine höhere Rendite oder ein besseres Risiko-Rendite-Profil zu erzielen. Dabei lassen sie sich in 2 Hauptkategorien unterteilen:

Bei den gewichtungsbasierten Smart-Beta-ETFs wird der Index nicht nach Marktkapitalisierung gewichtet, sondern nach Kriterien wie Dividendenrendite, fundamentalen Kennzahlen oder Gleichgewichtung der Titel. Es erfolgt also eine asymmetrische Gewichtung der Indexkomponenten nicht nach deren Indexgewichtung, sondern nach extern festgelegten Faktoren. Dabei kommen spezielle Anlagecharakteristiken wie Dividendenrenditen, Branchenzugehörigkeit oder Bewertungen stärker zum Tragen.

Bei den faktororientierten ETFs werden wissenschaftlich belegte Renditefaktoren wie Value, Momentum, Low Volatility, Size oder

Quality zur Gewichtung der einzelnen Anlagevehikel herangezogen. Der Faktor-ETF orientiert sich zwar weiterhin an einem Index, gewichtet die Einzelkomponenten jedoch nach externen Faktoren.

In den vergangenen Jahren rückten wichtige Anlagestrategien von Smart-Beta-ETFs besonders in den Vordergrund. Zum einen konnte die Value-Strategie an Popularität gewinnen. Die Smart-Value-ETFs investieren in unterbewertete Unternehmen, die anhand fundamentaler Kennzahlen wie Kurs-Gewinn-Verhältnis (KGV) oder Kurs-Buchwert-Verhältnis (KBV) als günstig erscheinen. Diese Strategie basiert auf der Annahme, dass sich unterbewertete Aktien langfristig überdurchschnittlich entwickeln.

Nicht unwesentlich populärer ist die Momentum-Strategie. Dabei setzen die Momentum-ETFs auf Aktien, die in der Vergangenheit eine starke Kursentwicklung aufwiesen, da sie oft weiter im Aufwärtstrend bleiben. Diese Strategie nutzt psychologische Marktmechanismen aus, um Renditen zu maximieren. Es hat sich in der Investmentpraxis herausgestellt, dass der Gesamtmarkt teilweise bis zu 70 % seiner Zeit trendlos ist und Trendaktien in den Trendphasen oftmals wesentlich besser performen als die Gesamtmärkte. Dabei bedingt natürlich der eine Aspekt oftmals den anderen. In trendlosen Gesamtmarktphasen können Trendaktien natürlich besser performen und diese wiederum Auslöser für einen Gesamtmarkttrend sein.

Die Low-Volatility-Strategie ist insbesondere bei institutionellen Investoren immer beliebter geworden. Hierbei werden Aktien mit geringer Volatilität bevorzugt. Die Strategie basiert auf der Annahme, dass stabiler im Gesamtmarkt liegende Aktien langfristig eine bessere risikoadjustierte Rendite liefern. Insbesondere reduziert sie das Verlustrisiko im Gesamtportfolio erheblich und führt zu einer ruhigeren Performance-Entwicklung des Gesamtportfolios.

Bei der sogenannten Size-Strategie fokussieren sich die Size-ETFs auf kleinere Unternehmen (die sogenannten Small Caps), die tendenziell höhere Wachstumsraten und langfristig höhere Renditen bieten, aber auch ein höheres Risiko bergen. Kleinere Unternehmen fliegen oftmals unter dem Radar der Großinvestoren und haben dadurch noch mehr Entwicklungspotenzial bei der Kursperformance. Es bestehen jedoch klare spezifische Risiken, da die geringe Kapitalisierung der Unternehmen oft auch schnell zu Problemen bei der Kapitalbeschaffung führen kann.

Dagegen steht dann beispielsweise die Quality-Strategie. Diese Strategie filtert Unternehmen nach Kriterien wie hoher Eigenkapitalrendite, stabilen Gewinnmargen oder geringer Verschuldung. Ziel ist es, qualitativ hochwertige Unternehmen mit nachhaltiger Wertschöpfung auszuwählen. Dabei kann es dann zu einer Mischung von Big und Small Caps kommen, da die Filterkriterien nichts mit den Marktkapitalisierungen der Unternehmen zu tun haben, sondern vielmehr mit deren Bewertungs- und Bonitätskriterien.

Bei den Smart-Beta-ETFs lassen sich die Vorteile relativ schnell und selbsterklärend ableiten. Sie haben oft ein besseres Risiko-Rendite-Profil. Durch die spezifischen Faktorinvestments in den ETFs können etwa die Volatilität reduziert und langfristig Überrenditen herausgearbeitet werden. Zum anderen stellen sie eine kosteneffiziente Alternative zu den klassischen aktiven Fonds dar. Smart-Beta-ETFs sind günstiger als aktiv gemanagte Fonds, bieten aber potenziell bessere Renditen als klassische passive ETFs. Abgerundet werden die Vorteile durch die wissenschaftlich fundierte Allokation der Einzelkomponenten der Smart-Beta-ETFs. Die zugrunde liegenden Faktoren sind durch empirische Studien belegt und dadurch quantifizierbar. Das wird sich in den kommenden Jahren durch den Einsatz von künstlicher Intelligenz in diesem Bereich noch stärker zeigen. Ich gehe auf diese Thematik zum Schluss des Buchs noch genauer ein.

Die latenten Risiken sollten bei dieser ETF-Gruppierung jedoch nicht außer Acht gelassen werden. Die ausgewählten Faktorzyklen müssen nicht zukünftig das bringen, was sie in der Vergangenheit erzielt hatten. Nicht alle Faktoren liefern jederzeit Überrenditen; es gibt Phasen, in denen bestimmte Strategien schlechter performen. Das kündigt sich vorher nicht an und kann sich je nach Marktlage und Sentiment relativ schnell ändern. Small Caps müssen nicht immer in Haussephasen gut performen. Es gab auch Marktphasen, in denen der Gesamtmarkt lediglich von einer kleinen Gruppe von Mega Caps getragen wurde und mit Small Caps keine Marktrendite erzielt werden konnte. In der Vergangenheit zeigte sich sehr oft ein anderer Ablauf, der sich aber nicht wiederholte.

Die Komplexität der Smart-Beta-ETFs kann schnell das Finanzverständnis der interessierten Investoren überfordern. Sie sind in der Konzeption komplexer als klassische ETFs und daher müssen Anleger sich teilweise erst in die zugrunde liegenden Strategien einarbeiten. Das kann gerade für Investmentnovizen eine große Herausforderung darstellen und mit viel zeitlichem Aufwand verbunden sein. Gerade bei der Performance-Entwicklung können die höheren Handelskosten einen Bremsfaktor darstellen. Durch eine aktivere Umschichtungspolitik durch die Smart-Beta-Ansätze kann es prinzipiell zu einer höheren Kostenstruktur durch die vermehrten Transaktionen kommen. Dieser Aspekt sollte bei der Performance-Betrachtung und Auswahl mitberücksichtigt werden

Wie können potenzielle Investoren nun aber bei der Auswahl der passenden Smart-Beta- ETFs vorgehen beziehungsweise welche Auswahlkriterien können für die Anlage in Smart-Beta-ETFs herangezogen werden?

Da die Smart-Beta-ETFs oftmals nicht direkt miteinander vergleichbar sind, sollten Anleger bei der Auswahl eines Smart-Beta-ETFs auf die folgenden Punkte achten:

Schauen sie sich zuerst die Indexmethodik an, also welche Faktoren oder Gewichtungsmethoden werden bei der Smart-Beta-ETF-Komposition angewendet? Verstehen Sie die Hintergründe und können Sie sich mit der Einzeltitelauswahl anfreunden?

Dann sollten sie sich die Kostenstruktur genau ansehen. Wie hoch sind die laufenden Kosten (TER) und die Transaktionskosten, passen die Kostenfaktoren mit der erzielten Gesamtrendite zusammen und welches Risiko gehen Sie dabei ein?

Bei den Smart-Beta-ETFs kann es hilfreich sein, wenn Sie sich die historische Performance und die Faktorzyklen im Nachgang ansehen. Dabei sollten Sie genau darauf achten, wie sich der ETF in verschiedenen Marktphasen entwickelte. Beachten sie jedoch, dass die Smart-Beta-ETFs nicht statisch anlegen, sondern eine Anlagestrategiedynamik besitzen. Die Titelauswahl kann zukünftig also komplett anders ausfallen und in ähnlichen Marktphasen eine andere Performance erzielt werden.

Auch bei den Smart-Beta-ETFs sollte die Liquidität und das Handelsvolumen beachtet werden. Wie leicht ist der ETF handelbar und können Sie ihre gewählte Positionsgröße auch wieder ohne große Slippage verkaufen? Slippage bezeichnet wie bereits erwähnt die Differenz zwischen dem erwarteten Kurs eines ETFs, zu dem ein Anleger einen Kauf- oder Verkaufsauftrag platziert, und dem tatsächlichen Ausführungskurs, zu dem der Trade schließlich abgewickelt wird. Diese Abweichung entsteht häufig aufgrund von Marktvolatilität, geringer Liquidität oder Verzögerungen bei der Auftragsausführung. Im Kontext von ETFs, die an Börsen gehandelt werden, kann Slippage besonders dann auftreten, wenn große Volumen gehandelt werden oder der Markt außerhalb der regulären Handelszeiten volatil ist. Der Mechanismus hängt mit der Funktionsweise von ETFs zusammen: Da sie wie Aktien an der Börse gehandelt werden, sind die Kurse von Angebot und Nachfrage abhängig, und der Nettoinventarwert (NAV) wird erst nach Handelsschluss festgelegt. Bei illiquiden ETFs oder in Zeiten hoher Marktschwankungen, etwa durch geopolitische Spannungen, kann die Spread-Differenz zwischen Kauf- und Verkaufspreis (Bid-Ask-Spread) erheblich sein, was das Slippage-Risiko erhöht.

Für den Vermögensaufbau ist es wichtig, Slippage zu minimieren, da sie die Rendite beeinträchtigen kann. Anleger können dies durch den Einsatz von Limit-Orders anstelle von Market-Orders erreichen, um den

Kurs festzulegen, zu dem sie bereit sind, den ETF zu kaufen oder zu verkaufen. Slippage ist besonders relevant für Anleger mit großen Positionen, während langfristige Investoren die Auswirkungen oft als geringer empfinden, da kurzfristige Kursabweichungen über die Zeit ausgeglichen werden können. Dennoch sollten Anleger die Marktbedingungen überwachen, insbesondere in volatilen Phasen, und die Handelszeiten sowie die Liquidität des jeweiligen ETFs berücksichtigen, um die unerwarteten zusätzlichen Kosten in Form der Slippage zu vermeiden.

Smart-Beta- und faktororientierte ETFs bieten insgesamt eine spannende Möglichkeit, klassische passive Anlagestrategien mit gezielten Optimierungen zu kombinieren, und bereichern die Anlageproduktpalette der ETFs erheblich. Sie ermöglichen es Investoren, bestimmte Marktineffizienzen zu nutzen und potenziell höhere Renditen zu erzielen, erfordern jedoch ein tiefer gehendes Verständnis der jeweiligen Strategien. Wer die Mechanismen dieser ETFs kennt und sich der Faktorzyklen bewusst ist, kann Smart-Beta-ETFs gezielt in sein Portfolio integrieren und langfristig von deren Vorteilen profitieren.

3.6 Aktive ETFs

Aktive ETFs stellen eine innovative Weiterentwicklung der traditionellen, passiv gemanagten ETFs dar. Die Smart-Beta-ETFs stellen eine Unterkategorie der aktiven ETFs dar und haben in der jüngsten Vergangenheit durch ihre Variantenvielfalt an Beliebtheit bei den Investoren gewonnen. Im Gegensatz zu ihren passiven Pendants, die einen Index wie den MSCI World oder DAX möglichst exakt nachbilden, verfolgen aktive ETFs eine anlagestrategische Vorgehensweise, die darauf abzielt, den Referenzindex zu übertreffen.

Ihr Aufbau basiert auf einer flexiblen Portfoliozusammensetzung, die von einem Fondsmanagement aktiv gesteuert wird. Dabei dient ein Index als Ausgangspunkt oder Benchmark, von der bewusst abgewichen wird – etwa durch Über- oder Untergewichtung bestimmter Wertpapiere, Ausschluss unattraktiver Titel oder Integration neuer Positionen, die im Index nicht enthalten sind. Diese Variante wird insbesondere bei den Smart-Beta-ETFs verstärkt umgesetzt. Diese aktive Anpassung wird durch ein Team von Analysten oder computergesteuerte Algorithmen unterstützt, die regelmäßig Märkte und Unternehmen analysieren, um bestenfalls renditeoptimierte Entscheidungen zu treffen. Die Kostenstruktur liegt zwar über der von passiven ETFs (meist 0,2–0,8 % jährlich), bleibt jedoch deutlich unter denen aktiv gemanagter Fonds (oft 1,5–2,5 %). Wie passive ETFs werden auch aktive ETFs an der Börse gehandelt, was ihnen hohe Liquidität und tägliche Transparenz verleiht.

Im Kontext des Vermögensaufbaus bieten aktive ETFs eine attraktive Option, insbesondere für Anleger, die bereit sind, ein höheres Risiko einzugehen, um möglicherweise überdurchschnittliche Renditen zu erzielen. Ihre Verwendung eignet sich besonders für langfristige Strategien, da das aktive Management potenziell Schwankungen ausgleichen oder Marktlagen nutzen kann. Dennoch ist auch bei den aktiven ETFs Vorsicht geboten und es sollte nicht blind investiert werden. Studien haben gezeigt, dass nur ein kleiner Anteil der aktiven ETFs konstant besser abschneidet als ihre Benchmarks, was die Erfolgswahrscheinlichkeit einschränkt. Dasselbe Phänomen war bereits im Vorfeld bei den aktiv gemanagten Fonds zu beobachten gewesen.

Für den Vermögensaufbau können sie dennoch als sinnvolle Ergänzung genutzt werden, etwa durch Integration in ein diversifiziertes Portfolio, das auch kostengünstige Index-ETFs umfasst. Diese Strategie ist auch als Core-Satellite-Strategie bekannt und Gegenstand eines anderen Kapitels dieses Buchs. Zudem erfordern die aktiven ETFs eine sorgfältige Auswahl, da etwa Themen-ETFs oder spezialisierte Smart-Beta-Ansätze höhere Kosten und Risiken mit sich bringen können. Anleger sollten ihre Risikobereitschaft und ihren Anlagehorizont genau abwägen, um aktive ETFs in ihren Vermögensaufbau effektiv zu integrieren.

3.7 ELTIFs

ELTIFs (European Long-Term Investment Funds) repräsentieren eine spezialisierte Anlageklasse innerhalb der europäischen Finanzlandschaft, die darauf abzielt, langfristige Investitionen in illiquide Vermögenswerte wie Infrastruktur, Immobilien oder Private Equity zu fördern. ELTIFs sind ein Fondsmodell, das Anlegern ermöglicht, in Unternehmen und Projekte zu investieren, die langfristiges Kapital benötigen. Diese Fonds sollen dazu beitragen, die europäische Realwirtschaft zu stärken, indem sie Finanzmittel außerhalb des Bankensektors mobilisieren.

Im Gegensatz zu traditionellen ETFs, die oft passiv einen Index abbilden, sind ELTIFs aktiv gemanagte ETFs und verfolgen eine Strategie, die über die bloße Nachbildung einer Benchmark hinausgeht. Ihr Aufbau basiert auf einer sorgfältig kuratierten Portfoliozusammensetzung, die von Fondsmanagern dynamisch angepasst wird. Diese Manager nutzen tiefgehende Analysen, um in illiquide Anlageklassen zu investieren, die ein hohes Renditepotenzial bieten, aber auch längere Sperrfristen (oft 5–10 Jahre) aufweisen. ELTIFs unterliegen strengen regulatorischen Vorgaben der EU-Verordnung 2015/760, die Mindestanlagesummen, Diversifikationsanforderungen und Rückgabebedingungen festlegt.

Für die meisten klassischen Privatanleger kommen diese ETF-Varianten vorerst nicht in Betracht, da die vielen Anforderungen über diejenigen üblicher Anlageprodukte im Privatanlegerbereich hinausgehen. Dennoch möchte ich an dieser Stelle die ELTIFs der Vollständigkeit halber weiter vorstellen. Ich gehe davon aus, dass sich in diesem Segment noch einiges ändern wird und dadurch ELTIFs eventuell auch als Produkt für Privatanleger von Interesse werden könnten.

So legt die EU-Verordnung fest, dass ein ELTIF einen Mindestkapitalbetrag von 1 Mio. € aufweisen muss, bevor er den Betrieb aufnehmen darf (Artikel 20). Dieser Betrag dient dazu, die finanzielle Stabilität und Seriosität des Fonds zu gewährleisten. Für Anleger bedeutet dies, dass in der Regel nur institutionelle Investoren oder vermögende Privatkunden mit ausreichendem Kapital Zugang erhalten, da kleinere Summen oft nicht akzeptiert werden. Zudem müssen Emittenten sicherstellen, dass mindestens 70 % des Kapitals in langfristige illiquide Anlagen wie Infrastrukturprojekte oder ungelistete Unternehmen (Artikel 13) fließen, was die Mindestanlageschwelle für qualifizierte Anlagen unterstreicht. Diese Hürde schützt Anleger vor übermäßigem Risiko, erfordert jedoch eine sorgfältige Planung im Vermögensaufbau, da nur Kapital mit langfristigem Anlagehorizont sinnvoll eingesetzt werden kann. Um Risiken zu streuen und eine einseitige Abhängigkeit von einzelnen Anlagen zu vermeiden, schreibt die Verordnung vor, dass maximal 10 % des ELTIF-Vermögens in Anlagen eines einzelnen Emittenten oder Projekts investiert werden dürfen (Artikel 14). Für illiquide Vermögenswerte gilt eine Obergrenze von 20 %, wobei der Gesamtwert der Anlagen, die 5 % des ELTIF-Vermögens überschreiten, 40 % des Gesamtvermögens nicht übersteigen darf. Diese Diversifikationsregeln zwingen Fondsmanager, ein breit gefächertes Portfolio zu erstellen, was die Stabilität erhöht, aber auch die Flexibilität bei der Anlagewahl einschränkt.

Für ETF-Anleger bedeutet dies, dass ELTIFs weniger volatil sein könnten als konzentrierte Einzelanlagen, jedoch eine sorgfältige Analyse der Portfolioschwerpunkte erforderlich ist, um die Auswirkungen auf den Vermögensaufbau zu verstehen. Die Rückgabebedingungen sind ein zentraler Aspekt der ELTIF-Regulierung, da sie die Illiquidität dieser Fonds widerspiegeln. ELTIFs sind nicht täglich handelbar wie klassische ETFs, und die Verordnung erlaubt keine Rückgabeansprüche vor Ablauf der festgelegten Laufzeit (Artikel 16), die in der Regel zwischen 5 und 10 Jahren liegt. Eine vorzeitige Rückgabe ist nur unter strengen Bedingungen möglich, etwa durch einen separaten Liquiditätsmechanismus, der maximal 20 % des Fondsvermögens umfassen darf und den Anlegern einen kontrollierten Ausstieg ermöglicht. Dieser Mechanismus muss im Prospekt klar definiert sein und kann etwa durch Sekundärmärkte oder Rückkaufprogramme umgesetzt werden. Für den Vermögensaufbau bedeutet dies, dass ELTIFs nur für Anleger geeignet sind, die ihr Kapital langfristig binden können, und dass eine frühzeitige Liquidität planmäßig berücksichtigt werden muss, um Flexibilität im Portfolio zu wahren.

Diese europäischen regulatorischen Vorgaben machen ELTIFs zu einer spezialisierten Anlageklasse, die sich vor allem für institutionelle Anleger oder vermögende Privatkunden eignet, die bereit sind, illiquide Anlagen mit potenziell höheren Renditen zu akzeptieren. Die Mindestanlagesummen und Diversifikationsanforderungen schützen vor übermäßiger Risikokonzentration, während die Rückgabebedingungen eine langfristige Perspektive erzwingen. Im Kontext eines ETF-basierten Vermögensaufbaus sollten ELTIFs daher höchstens als Ergänzung zu liquiden ETFs in Betracht gezogen werden, um eine ausgewogene Risiko-Rendite-Struktur zu schaffen. Anleger sollten die Prospekte der jeweiligen ELTIFs genau prüfen und sich der Sperrfristen bewusst sein, da diese die individuelle finanzielle Planbarkeit beeinflussen könnten.

Die Kosten sind höher als bei passiven ETFs (typischerweise 1–2 % jährlich), was auf die aktive Verwaltung und die Komplexität der Anlagen zurückzuführen ist, jedoch bieten sie Anlegern Zugang zu Märkten, die sonst schwer erreichbar wären.

Im Vermögensaufbau können ELTIFs eine zunehmend wichtigere Rolle einnehmen, insbesondere für institutionelle Anleger und vermögende Privatkunden, die langfristig denken und bereit sind, Kapital für längere Zeiträume zu binden. Ihre Verwendung eignet sich ideal für den Aufbau von Vermögen über Jahrzehnte, da sie durch Investitionen in wachstumsstarke Sektoren wie erneuerbare Energien oder soziale Infrastruktur stabile Renditen generieren können. Die illiquide Natur erfordert jedoch Geduld, was sie weniger geeignet für kurzfristige Strategien macht. Studien zeigen, dass ELTIFs in Zeiten niedriger Zinsen eine attraktive Alternative zu Anleihen darstellen können, da sie höhere Erträge versprechen. Für den Vermögensaufbau sollten sie in ein diversifiziertes Portfolio integriert werden, kombiniert mit liquiden

Anlagen wie ETFs, um Flexibilität zu wahren. Eine sorgfältige Beratung ist essenziell, um die Risiken illiquider Märkte und die Sperrfristen mit den individuellen Zielen abzustimmen.

3.8 Laufzeit-ETFs

Laufzeit-ETFs, auch als festverzinsliche oder Target-Maturity-ETFs bekannt, stellen eine spezielle Anlageklasse dar, die sich durch eine definierte Laufzeit und einen Fokus auf festverzinsliche Wertpapiere auszeichnet. Im Gegensatz zu traditionellen ETFs, die oft unbegrenzt existieren und einen Index kontinuierlich nachbilden, haben Laufzeit-ETFs ein festgelegtes Enddatum, an dem sie automatisch liquidiert oder in den Nennwert der zugrunde liegenden Anleihen umgewandelt werden. Ihr Aufbau basiert auf einem Portfolio aus Anleihen – meist staatlichen oder hochwertigen Unternehmensanleihen –, die alle die gleiche Reifezeit haben, die mit der Laufzeit des ETFs übereinstimmt. Diese ETFs bieten eine vordefinierte Rendite, die an die Zinssätze der enthaltenen Anleihen gekoppelt ist, und minimieren das Zinsrisiko durch die natürliche Amortisierung während der Laufzeit. Die Kosten sind vergleichsweise niedrig (ca. 0,1–0,3 % jährlich), ähnlich wie bei passiven ETFs, da sie keine aktive Verwaltung im klassischen Sinne erfordern. Anleger können sie an der Börse wie Aktien kaufen und verkaufen, wobei die Liquidität je nach Emittent und Marktbedingungen variieren kann.

Im Vermögensaufbau eignen sich Laufzeit-ETFs besonders für konservative Anleger, die Planbarkeit und Stabilität suchen. Sie sind ideal für die strukturierte Anlage von Kapital mit einem klaren Zeithorizont, etwa zur Finanzierung eines Studienplatzes oder für den Beginn einer Pension oder Rentenzeit, da die Rendite zum Ende der Laufzeit vorhersehbar ist. In einem Umfeld niedriger Zinsen bieten sie eine Alternative zu Sparbüchern oder Laufzeitkonten mit höheren Erträgen, insbesondere wenn die Laufzeit mit den persönlichen Zielen übereinstimmt.

Ihre Verwendung kann den Vermögensaufbau unterstützen, indem sie eine Absicherung gegen Marktschwankungen bieten, allerdings sollte auch diese ETF-Form mit diversifizierten Anlagen wie Aktien-ETFs kombiniert werden, um das Risiko zu streuen. Ein potenzielles Risiko liegt in der Verfrühung des Verkaufs, da der Wert vor Ablauf von Zinsänderungen beeinflusst werden kann. Daher sollten Anleger die Laufzeit sorgfältig mit ihren finanziellen Plänen abstimmen. Die Integration in eine individuelle Vermögensaufbaustrategie kann durchaus Sinn machen, wie ich es Ihnen zu einem späteren Zeitpunkt in diesem Buch in einem weiteren Kapitel aufzeigen werde.

Laufzeit-ETFs auf einen Blick

ETFs mit fester Laufzeit
ETFs mit fester Laufzeit bieten einen einfachen Zugang zu einem Korb von Anleihen mit ähnlichen Fälligkeitsdaten mittels einer Transaktion. Geschätzte Rendite für ein bestimmtes Fälligkeitsdatum.
Privatanleger können wie bei jedem anderen ETF den ETF zum aktuellen Marktwert vor dem Fälligkeitstermin verkaufen.
Die Auswirkungen volatiler Märkte werden während der Laufzeit neutralisiert.
Längere Haltedauer erhöht die Wahrscheinlichkeit, dass die geschätzte Rendite bei Fälligkeit erzielt wird. Vorhersehbare Rendite für die Investitionsphase.

3.9 Target-Retirement-ETFs

Target-Retirement-ETFs, auch bekannt als Ziel-Rentenzeitpunkt-ETFs, Zielaltersfonds oder Lifecycle-Fonds, sind eine spezielle Art von ETFs, die darauf ausgelegt sind, Privatanlegern eine unkomplizierte, automatisierte Lösung für den Vermögensaufbau bis zum Rentenalter zu bieten. Diese ETFs verfolgen eine sogenannte „Glide Path"-Strategie, also eine dynamische Allokation der Vermögenswerte, die sich mit der Zeit verändert. Ziel ist es dabei, frühzeitig ein renditeorientiertes Portfolio mit höherem Aktienanteil aufzubauen und dieses im Zeitverlauf zunehmend in risikoärmere Anlagen wie Anleihen umzuschichten, ohne dass der Anleger selbst tätig werden muss. Diese Fonds passen also die Vermögensallokation automatisch an den Lebenszyklus des Anlegers an, indem sie mit der Zeit konservativer werden. Target-Retirement-ETFs verwalten dafür ein Portfolio aus Aktien, Anleihen und manchmal anderen Anlageklassen (z. B. Immobilien- oder Geldmarkt-ETFs), welches sich mit der Zeit dynamisch anpasst. Ein Target-Retirement-ETF agiert in der Regel wie ein Dachfonds, der in andere ETFs investiert. Dabei werden oft Aktien-ETFs und Anleihe-ETFs des gleichen Anbieters kombiniert. Die Aktien-ETFs sorgen für Wachstumschancen in der Ansparphase und die Anleihe-ETFs für Stabilität und Kapitalerhalt in der Entnahmephase.

Der Name des ETFs enthält oft das Zieljahr, etwa „Target Retirement 2050 ETF“, was bedeutet, dass der Fonds für Anleger optimiert ist, die um das Jahr 2050 in Rente gehen möchten. Zu Beginn investiert der ETF stark in renditeorientierte Anlagen, beispielsweise 80–90 % in Aktien-ETFs (wie MSCI World oder FTSE Emerging Markets) und 10–20 % in Anleihe-ETFs. Mit Annäherung an das Zieldatum (Rentenalter) verschiebt der Fonds die Allokation schrittweise zu sichereren Anlagen, etwa auf 40 % Aktien und 60 % Anleihen/Cash zum Rentenbeginn. Nach dem Zieldatum bleibt die Allokation oft stabil oder wird noch konservativer, um Kapital zu schützen. Der ETF investiert in ein breites Portfolio, oft bestehend aus anderen ETFs (z. B. globale Aktien-ETFs, Anleihe-ETFs), um geografische und sektorale Risiken zu minimieren. Der ETF-Fondsmanager passt die Allokation ohne Eingriff des Anlegers an, was den Verwaltungsaufwand minimiert. Sie investieren lediglich regelmäßig, etwa über einen Sparplan, und der ETF übernimmt das Rebalancing und die Anpassung der Risikostufe. Privatanleger müssen sich nicht um die Portfolioverwaltung, Rebalancing oder Anpassung der Risikostufe kümmern, der ETF übernimmt alle Aufgaben. Der „Glide Path“ reduziert das Risiko von Markteinbrüchen an den Aktienmärkten kurz vor oder in der Rentenphase, indem er den Aktienanteil senkt.

Oft sind Target-Retirement-ETFs sehr breit diversifiziert, weil sie in Tausende von Unternehmen und Anleihen weltweit investiert sind, was das Risiko einzelner Anlageklassen minimiert. In der Ansparphase sorgt ein hoher Aktienanteil, der von historischen Renditen von jährlich 6–8 % profitiert, für Gewinne, während die spätere Umschichtung Sicherheit bietet. Für Privatanleger besteht eine gute Zugänglichkeit, da kein tiefes Finanzwissen erforderlich ist. Sie würden einfach den ETF auswählen, der ihrem Rentenjahr entspricht, und dann regelmäßig investieren. Ein Nachteil ist die eingeschränkte Flexibilität. Das bedeutet, dass die vorgegebene „Glide Path"-Strategie, also der Autopilot, nicht immer zu Ihren individuellen Zielen passt, etwa bei früherem Renteneintritt oder höherer Risikotoleranz. Dann müssen die höheren Kosten im Vergleich zu Einzel-ETFs Erwähnung finden.

Die Qualität der ETF-Allokation hängt vom Fondsanbieter ab. Achten Sie darauf, denn manche ETFs könnten je nach Anbieterphilosophie zu konservativ oder zu riskant sein. Da der ETF quasi auf Autopilot unterwegs ist, gibt es nur begrenzte Möglichkeiten zur Anpassung an aktuell vorherrschende Marktbedingungen. Der „Glide Path" folgt einem festgelegten Plan und reagiert nicht auf kurzfristige Marktveränderungen wie Zinserhöhungen oder Krisen. Die konservative Allokation im Rentenalter (z. B. 70 % Anleihen) reduziert das Wachstumspotenzial, was bei langer Rentenphase die Kaufkraft gefährden kann. Target-Retirement-ETFs bieten keine Kapital- oder Rentengarantie. Ein Börsencrash kurz vor oder nach dem Ruhestand kann die Vermögenswerte trotz reduzierten Risikos empfindlich treffen. Viele Target-ETFs stammen zudem von US-Anbietern, die in Deutschland steuerlich ungünstig sein können oder teilweise nicht zum Vertrieb zugelassen sind. Sie sollten unbedingt auf in Deutschland zugelassene UCITS-Produkte achten.

Target-Retirement-ETFs sind interessant für Berufseinsteiger oder junge Sparer, die frühzeitig für den Ruhestand vorsorgen wollen, oder für Anleger mit begrenztem Finanzwissen, die dennoch breit gestreut und systematisch investieren möchten. Auch generell passiv orientierte Anleger, die eine automatische Risikosteuerung wünschen, oder die klassischen Sparplan-Investoren, die langfristig und regelmäßig investieren wollen, können mittels der Target-Retirement-ETFs ihre ETF-Depots breiter aufstellen. Die größte Herausforderung liegt derzeit in der Auswahl geeigneter Produkte auf dem europäischen Markt. Doch es ist ein Trend zur Vereinfachung des Investierens in diesem Segment erkennbar, sodass diese ETFs auch in Deutschland an Bedeutung gewinnen dürften. Target-Retirement-ETFs sind eine hervorragende Wahl für Privatanleger, die eine simple, automatisierte Lösung für den langfristigen Vermögensaufbau suchen. Durch sorgfältige Auswahl eines passenden ETFs, regelmäßige Investitionen und die Kombination mit einem Notfallfonds können Privatanleger ein robustes, altersgerechtes Portfolio aufbauen, das Sicherheit und Wachstum vereint.

3.10 TIPS-ETFs

In Zeiten wirtschaftlicher Unsicherheit, steigender Preise und schwankender Finanzmärkte suchen viele Privatanleger nach Möglichkeiten, ihr Kapital vor Kaufkraftverlust zu schützen. Eine interessante, aber oft unterschätzte Lösung bietet sich in Form von sogenannten TIPS-ETFs an. TIPS-ETFs (Treasury Inflation-Protected Securities Exchange Traded Funds) sind eine spezialisierte Anlageklasse, die Privatanlegern ermöglicht, ihr Portfolio gegen Inflation abzusichern. Diese ETFs investieren in inflationsgeschützte Staatsanleihen, primär US-amerikanische Treasury Inflation-Protected Securities (TIPS), die von der US-Regierung emittiert werden. Ähnliche Instrumente existieren in anderen Ländern – wie inflationsindexierte Anleihen im Euroraum (z. B. Eurozone Inflation-Linked Bonds). Für Privatanleger, die langfristig Vermögen aufbauen oder in der Rentenphase Kaufkraft erhalten wollen, bieten TIPS-ETFs eine attraktive Option.

Der Hauptunterschied der TIPS zu herkömmlichen Anleihen liegt in der Anpassung an die Inflation. So wird der Nennwert der gehaltenen Anleihe regelmäßig (z. B. monatlich) an den Verbraucherpreisindex (CPI) angepasst. Steigt die Inflation, erhöht sich der Kapitalwert, fällt sie (Deflation), sinkt er. Die Zinsen der gehaltenen Wertpapiere basieren auf dem angepassten Kapitalwert, was höhere Auszahlungen bei steigender Inflation bedeutet. Die TIPS-ETFs bündeln diese Anleihen in einem börsennotierten Fonds, sodass Privatanleger die Möglichkeit bekommen, über einen Broker zu investieren, ohne einzelne inflationsgeschützte Anleihen kaufen zu müssen. TIPS-ETFs schützen die Kaufkraft, da Kapital und Zinsen an die Inflation gekoppelt sind. Dies ist besonders wichtig in Zeiten hoher Inflation, wie 2022/2023, als die Inflation im Euroraum zeitweise 10 % erreichte.

Die Ausschüttungen der TIPS-ETFs (aus den inflationsgeschützten Zinszahlungen) werden bei thesaurierenden ETFs automatisch reinvestiert, was einen Vorteil für den langfristigen Vermögensaufbau darstellt. Da TIPS meist von Regierungen mit hoher Bonität (z. B. USA, Deutschland) emittiert werden, ist das Ausfallrisiko minimal im Vergleich zu Unternehmensanleihen. TIPS-ETFs haben eine niedrige Korrelation mit Aktien und herkömmlichen Anleihen, was die Gesamtvolatilität eines Portfolios reduziert. Klare Nachteile von TIPS-ETFs liegen in der Tatsache, dass die Basisrendite oft wesentlich niedriger ist als bei anderen Anleihen. Zudem zählen die TIPS-ETFs zu den Spezial-ETFS und weisen sehr häufig höhere Kosten auf als herkömmliche Anleihe-ETFs. Wie andere Anleihen sind auch TIPS-ETFs empfindlich gegenüber steigenden Zinsen, da höhere Zinsen den Marktwert der Anleihen senken. In seltenen Fällen von Deflation kann der Nennwert von TIPS sinken, was die Rendite reduziert. Die Renditechancen sind durch den sehr defensiven Charakter der gehaltenen Anleihen begrenzt. Dadurch bieten TIPS-ETFs keinen Zugang zu hohen Wachstumschancen wie Aktien-ETFs, was in starken Börsenphasen nachteilig ist.

Weiter gilt zu beachten, dass TIPS sich an der US-Inflation und nicht an der Eurozone oder deutschen Inflationsraten orientieren. Für Euro-Anleger kann der Inflationsschutz also nur begrenzt passen. Für europäische Anleger, die TIPS-ETFs in US-Dollar (USD) kaufen, besteht zusätzlich ein Wechselkursrisiko – es sei denn, der TIPS-ETF ist währungsgesichert. Für Privatanleger bieten die TIPS-ETFs Zugang zu einem ansonsten schwer erreichbaren Marktsegment mit relativ niedrigen Kosten und hoher Flexibilität. Besonders interessant sind sie für Anleger mit Inflationssorgen.

Wer demnach einen Teil seines Portfolios gezielt gegen Kaufkraftverlust absichern möchte, sollte sich mit den TIPS-ETFs beschäftigen. Auch für Ruheständler oder sicherheitsorientierte Investoren, also Personen mit geringerer Risikobereitschaft oder erhöhtem Kapitalerhaltungsbedarf, sind TIPS-ETFs von Nutzen. Investoren mit USD-Bedarf oder Ausgaben in USD profitieren von dem TIPS-ETF-Ansatz. Wer ohnehin USD-Ausgaben plant (z. B. bei Auswanderung oder Studiengebühren) kann TIPS-ETFs als passenden Baustein nutzen, um den Kaufkraftverlust des USD auszugleichen. Trotz aller Nachteile können TIPS-ETFs gezielt im Portfolio eingesetzt und damit ein wertvolles Fundament zur Stabilisierung und Absicherung Ihrer Geldanlage gelegt werden. Mittels einer gezielten Integration in der Anspar-, Vor-Renten- oder Rentenphase, etwa 10–25 % Anteil am Portfolio, können Sie von TIPS-ETFs profitieren, ohne dass die Rendite übermäßig beeinträchtigt wird. Mit sorgfältiger Auswahl und regelmäßiger Überwachung bieten TIPS-ETFs eine solide Grundlage für einen inflationsgeschützten Vermögensaufbau.

Teil II

STRATEGIEN UND PLANUNG

Der Erfolg der ETFs beruht auf einer Kombination aus niedrigen Kosten, breiter Diversifikation und direkter Handelbarkeit. Doch während ETFs als Anlageinstrument eine hohe Effizienz bieten, bleibt die eigentliche Herausforderung für Anleger die Entwicklung einer fundierten Anlagestrategie. Denn ohne eine klare Planung und ein durchdachtes Vorgehen bei der Vermögensbildung kann selbst die beste Auswahl an ETFs nicht die gewünschten Anlageziele erreichen.

Dieser Buchabschnitt nimmt sich der zentralen Frage an, wie man eine erfolgreiche Anlagestrategie mit ETFs entwickelt. Dabei gehe ich auf die wichtigsten Grundpfeiler genauer ein, die jeder Anleger berücksichtigen sollte.

Jede erfolgreiche Strategie beginnt mit einer klaren Definition der individuellen Ziele. Soll das ETF-Portfolio der langfristigen Vermögensbildung dienen? Wird es zur Altersvorsorge eingesetzt oder soll es eine passive Einkommensquelle generieren? Ebenso wichtig ist das persönliche Risikoprofil: Ein risikoaverser Anleger wird eine andere ETF-Zusammensetzung wählen als jemand mit hoher Risikotoleranz.

Die wohl wichtigste Entscheidung bei der ETF-Anlage ist zudem die Verteilung des Kapitals auf verschiedene Anlageklassen. Eine ausgewogene Mischung aus Aktien-, Anleihe- und Rohstoff-ETFs kann helfen, Risiken zu streuen und das Portfolio stabil zu halten. Auch geografische Diversifikation ist entscheidend: Globale ETFs reduzieren das Risiko einzelner Länder oder Märkte. Aber auch dabei gilt es auf potenzielle Fallstricke zu achten.

Dann werden wir etwas tiefer in die Konstruktion der verschiedenen ETFs einsteigen, denn nicht alle ETFs sind gleich. Erwähnt sei hier nur der Unterschied zwischen physisch replizierenden und synthetischen ETFs. Zudem spielt der Tracking-Error eine zentrale Rolle bei der Auswahl des passenden Produkts. Speziell die niedrigen Gebühren von

ETFs sind einer ihrer größten Vorteile gegenüber aktiv gemanagten Fonds. Dennoch sollten Anleger nicht nur die Total Expense Ratio (TER) betrachten, sondern auch andere Faktoren wie Transaktionskosten und steuerliche Aspekte in ihre Strategie einbeziehen.

Jede erfolgreiche ETF-Strategie ist zu 100 % kein einmaliges Investment, sondern ein kontinuierlicher Prozess. Durch regelmäßiges Rebalancing – das Anpassen der Portfoliogewichtungen – kann das Risikoprofil konstant gehalten werden. Zudem erfordert der langfristige Erfolg an den Finanzmärkten Disziplin, Geduld und die Fähigkeit, emotionale Entscheidungen zu vermeiden. Darauf bin ich bereits in meinen beiden anderen Büchern genauer eingegangen und werde das Thema in diesem Buch nur streifen.

Die Anlage mit ETFs hat viele Vorteile, doch der Schlüssel zum Erfolg liegt in einer durchdachten Strategie. Anleger, die ihre Ziele klar definieren, eine kluge Asset-Allokation wählen und auf eine langfristige Planung setzen, haben die besten Chancen, ihre finanziellen Wünsche zu verwirklichen und langfristig erfolgreich zu sein. In den folgenden Abschnitten werden diese Prinzipien im Detail erläutert, um eine fundierte Grundlage für eine erfolgreiche ETF-Anlagestrategie zu schaffen.

Kapitel 4

Grundregeln der Geldanlage

Es lassen sich kaum spezifische Abgrenzungen von einer klassischen ETF-Anlage zu den Anlagen in Aktien darstellen. Dennoch gilt es einige Besonderheiten und Prinzipien zu beachten. In diesem Buchteil werde ich darauf genauer eingehen, um typische Fehler darzustellen und damit Sie Ihr Portfolio optimal auf Ihre individuellen Ziele ausrichten können.

4.1 Was gilt es zu beachten?

Der erste Schritt einer erfolgreichen Anlagestrategie ist die Definition Ihrer persönlichen Anlageziele. Sie sollten sich fragen:

- Möchte ich langfristig Vermögen aufbauen (z. B. für die Altersvorsorge)?
- Soll das Investment eine regelmäßige Einkommensquelle bieten?
- Suche ich eine kurz- oder mittelfristige Anlage mit hoher Liquidität?

Je nach Zielsetzung wird sich daraus die Wahl der passenden ETFs ableiten. Während breit diversifizierte Aktien-ETFs für den langfristigen Vermögensaufbau ideal sind, könnten Dividenden-ETFs für Anleger, die passive Einnahmen generieren möchten, besser geeignet sein.

Kurzfristig orientierte Anleger sind am besten im Bereich der Anleihe-, Geldmarkt- oder Laufzeit-ETFs aufgehoben.

Essenziell ist in jedem Fall die Bestimmung Ihrer individuellen Risikotoleranz und des Anlagehorizonts. Risikobereitschaft und Anlagedauer sind entscheidende Faktoren bei der ETF-Auswahl. Grundsätzlich kann festgestellt werden:

- **Bei einem längeren Anlagehorizont ist eine höhere Aktienquote möglich:** Wer über Jahrzehnte investiert, kann zwischenzeitliche Marktschwankungen besser aussitzen und somit eine höhere Rendite anstreben.
- **Bei einem kürzeren Anlagehorizont sollte eine konservativere Strategie verfolgt werden:** Wer das Geld in wenigen Jahren benötigt, sollte stärker auf risikoärmere Anlageklassen wie Anleihen setzen und dabei die Aktienquote möglichst gering halten.

Die individuelle Risikotoleranz bestimmt, in welchem Umfang die Schwankungen des Portfolios emotional ertragen werden können. Ein zu hohes Risiko kann dazu führen, dass Anleger in Krisenzeiten unüberlegte Verkäufe tätigen und sich während des Anlagezeitraums permanent unwohl fühlen.

Bei einer höheren Risikotoleranz ist eine **höhere Aktienquote möglich:** Wer sich des Risikos einer Anlage in Aktien bewusst ist, kann auch bei der ETF-Anlage einen höheren Aktienanteil in Betracht ziehen.

Bei einer niedrigen Risikotoleranz sollte eine **geringe bis keine Aktienquote** gewählt werden: Vermeiden Sie es, bei einer niedrigen Risikotoleranz in Aktien-ETFs zu investieren. Die erzielten Renditen helfen Ihnen nicht dabei, die emotionale Achterbahnfahrt zu kompensieren. Investment- und Anlagestrategien sollten mit einem guten Gefühl einhergehen.

Einer der wesentlichen Aspekte bei der Geldanlage ist die Diversifikation. Denn dies bedeutet, Risiken intelligent zu streuen. Ganze Lehrbücher beschäftigen sich mit diesem Thema und über die letzten Jahrhunderte zeigte sich, dass eine intelligente Streuung der Anlagevehikel nicht nur zum Erhalt des Vermögens beiträgt, sondern zusätzlich ansehnliche Renditen erzielt werden können.

Nun entspricht genau einer der Vorteile von ETFs der Möglichkeit, mit nur einer Investition eine breite Streuung über verschiedene Unternehmen, Branchen und Regionen zu erreichen. Doch auch dabei sollte auf die grundlegenden Diversifikationsprinzipien geachtet werden.

Ich habe Ihnen bereits im ersten Abschnitt kurz die einzelnen ETF-Arten vorgestellt und Ihnen die wesentlichen Diversifikationsmöglichkeiten innerhalb der jeweiligen ETF-Anlagearten aufgezeigt. Sie können nun jedoch auch diese verschiedenen ETF-Arten miteinander mischen und erneut eine Risikostreuung erreichen. Ich werde zu einem späteren Zeitpunkt noch ausführlicher auf die Strategiemöglichkeiten eingehen.

Bei der globalen Diversifikation können Sie gezielt auf weltweit investierende ETFs (z. B. MSCI World) setzen und dabei sogar noch Aktien- mit Anleihe-ETFs mischen, um das Risiko einzelner Länder oder Regionen zu minimieren.

Auch bei der Branchenstreuung gibt es die Möglichkeit, über den Tellerrand hinaus Aktien-, Anleihe- und Rohstoff-ETFs miteinander zu kombinieren. Da unterschiedliche Wirtschaftssektoren unterschiedlich auf Konjunkturzyklen reagieren, können Sie das Risiko wiederum mit verschiedenen Anlagen in den entsprechenden ETFs reduzieren oder auch erhöhen. Sollten Sie beispielsweise auf den Automotive-Sektor setzen wollen, kann es sinnvoll sein, Unternehmensanleihe-ETFs oder Rohstoff-ETFs in den Rohstoffen Erdöl und Lithium in Betracht zu ziehen. Dadurch verfolgen Sie weiterhin Ihr Anlageziel, von einem Konjunkturaufschwung in diesem Sektor zu partizipieren, streuen jedoch Ihr Anlagerisiko über die verschiedenen Anlageklassen hinweg.

Denn die Kombination verschiedener Anlageklassen, also eine Mischung aus Aktien-, Anleihe- und Rohstoff-ETFs, kann die Gesamtvolatilität Ihres individuellen Portfolios erheblich reduzieren.

Ein gut diversifiziertes Portfolio schützt vor extremen Verlusten einzelner Anlagen oder Unternehmensanteile und hält oft die langfristige

Rendite stabil. Es sollte jedoch auch darauf geachtet werden, dass die Diversifizierung nicht zu stark und zu oft betrieben wird, da dadurch ein Großteil der potenziellen zukünftigen Rendite verhindert wird. Aber auch darauf werde ich zu einem späteren Zeitpunkt dieses Buchs noch genauer eingehen.

Grundsätzlich gilt es bei jeder Art der ETF-Anlage die Kosten im Blick zu behalten. Einer der größten Vorteile von ETFs gegenüber aktiv gemanagten Fonds sind die niedrigen Kosten. Dennoch sollten Anleger genau hinschauen:

- **Total Expense Ratio (TER):** Die jährliche Verwaltungsgebühr des ETFs sollte möglichst niedrig sein.
- **Handelskosten:** Beim Kauf und Verkauf können Gebühren anfallen – insbesondere bei häufigem Umschichten.
- **Steuereffekte:** Die steuerliche Behandlung von ETFs unterscheidet sich je nach Fondsart und Wohnsitzland.

Geringe Kosten führen langfristig zu einer besseren Performance, da Gebühren die Rendite direkt schmälern. Das macht die folgende Grafik deutlich, die 2 identische Anlagen mit unterschiedlichen Kostenstrukturen darstellt:

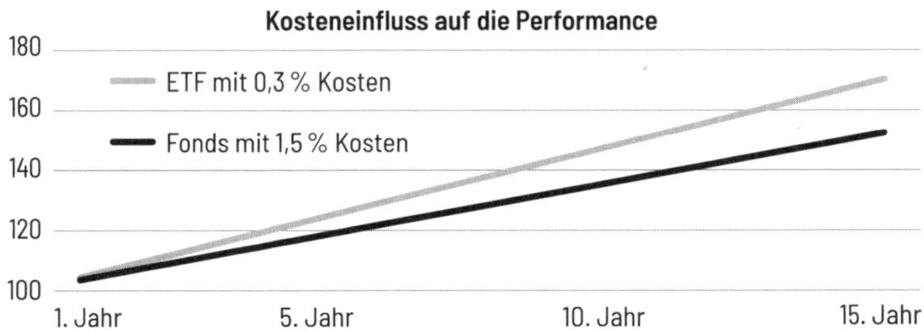

Der Chart zeigt 2 gleichlaufende Anlageprodukte mit einer jährlichen Performance von 5 %. Die schwarze Linie stellt den Netto-Performance-Verlauf eines fiktiven Fonds mit einer annualisierten Kostenbasis von 1,5 % dar und die graue Linie stellt den Netto-Performance-Verlauf eines fiktiven ETFs mit einer annualisierten Kostenbasis von 0,3 % über eine Laufzeit von 15 Jahren dar. Der Performance-Unterschied liegt am Ende des Betrachtungszeitraums bei 18 %. Beim Fonds steht eine Rendite von circa 52,5 % zu Buche und der ETF konnte eine Gesamtrendite von 70,5 % erzielen. Gerade über längere Betrachtungszeiträume sind die Kosten enorm und schmälern so die Rendite des Investors erheblich.

Regelmäßiges Investieren – der Cost-Average-Effekt

Market-Timing – also der Versuch, den perfekten Einstiegszeitpunkt zu finden – ist nicht nur für Privatanleger fast unmöglich. Eine bewährte Strategie ist deshalb das regelmäßige Investieren, etwa durch einen Sparplan.

Der Vorteil liegt auf der Hand. Durch die regelmäßigen Einzahlungen (z. B. monatlich) kauft man mal teurer, mal günstiger, was das Risiko eines falschen Einstiegs insgesamt minimiert. Der daraus entstehende langfristige Effekt ist nicht von der Hand zu weisen. Der sogenannte Cost-Average-Effekt führt nämlich dazu, dass über die Zeit ein durchschnittlicher Einstandskurs erzielt wird, was die Auswirkungen von Marktschwankungen abmildert. Zudem können Sie bestenfalls vom sogenannten Zinseszinseffekt profitieren. Die Kombination der beiden Effekte kann zu einem Supervermögenseffekt führen. Sie können sich 2 exemplarische Ergebnisse in den unten stehenden Tabellen ansehen.

Zunächst die Herleitung zur Ergebnistabelle 1:

Für die Ergebnistabelle 1 habe ich eine Einmalanlage von 10.000 € mit einem Sparplan von 100 € monatlich über 100 Monate verglichen, sowohl ohne als auch mit Zinseszinseffekt. Das soll zum einen den Zinseszinseffekt aufzeigen als auch den Effekt eines Sparplans. Bei dem Beispiel bin ich von einer annualisierten Rendite von 8 % und einer Volatilität von 7 % ausgegangen. Da die Volatilität in der Regel gerade bei risikobehafteten Anlagen wie Aktien oder Fonds relevant ist, habe ich die Berechnungen unter dieser Annahme durchgeführt.

Definition der Annahmen

- **Einmalanlage:** 10.000 € zu Beginn
- **Sparplan:** 100 € monatlich über 100 Monate, insgesamt 10.000 €
- **Laufzeit:** 100 Monate (ca. 8,33 Jahre)
- **Annualisierte Rendite:** 8 % pro Jahr
- **Volatilität:** 7 % pro Jahr
- **Zinseszinseffekt:** Sowohl eine einfache Verzinsung (ohne Zinseszins) als auch eine Verzinsung mit Zinseszinseffekt.
- **Anlagevehikel:** Die Rendite wurde kontinuierlich mit Zinseszins berechnet, wie es bei Fonds oder ETFs üblich ist.

Berechnungsmethode

- **Ohne Zinseszinseffekt:** Hier wird die Rendite linear auf die eingezahlten Beträge angewendet, ohne dass die erwirtschafteten Erträge reinvestiert werden. Dies ist eher theoretisch, da die meisten Anlagen mit Zinseszins arbeiten.
- **Mit Zinseszinseffekt:**
  - Für die **Einmalanlage**: Nutzung der Formel für den Zinseszins.
  - Für den **Sparplan**: Nutzung der Formel für die Endsumme einer Rentenrechnung mit Zinseszins.
- **Monatliche Rendite**: Die annualisierte Rendite von 8 % wird auf die monatliche Rendite umgerechnet.
- **Volatilität:** Die Volatilität von 7 % wird für die Ergebnistabelle nicht direkt simuliert, da dies eine den Rahmen sprengende stochastische Modellierung (Monte-Carlo-Simulation) erfordern würde.

Berechnungen

- **Einmalanlage mit Zinseszins:**
  - Anfangswert: 10.000 €
  - Laufzeit: 100 Monate
  - Monatliche Rendite: r= 0,006434
  - Endwert: 18.906,25 €

- **Einmalanlage ohne Zinseszins:**
  - Einfache Verzinsung: 16.664 €
- **Sparplan mit Zinseszins:**
  - Monatliche Einzahlung: 100 €
  - Endwert nach 100 Monaten: 15.152,50 €
- **Sparplan ohne Zinseszins:**
  - Gesamte Einzahlungen: 10.000 €
  - Rendite: Jede Einzahlung wird linear verzinst, abhängig von der verbleibenden Laufzeit. Die monatliche Rendite von 0,6434 % wird pro Monat auf die eingezahlten Beträge angewendet.
    Gesamtrendite = Summe der Renditen für jede Einzahlung = 13.254,50 €

Ergebnistabelle 1: Beispielhafte Werte für einige Monate

Monat	Einmalanlage (Zinseszins)	Einmalanlage (ohne Zinseszins)	Sparplan (Zinseszins)	Sparplan (ohne Zinseszins)
0	10.000,00 €	10.000,00 €	0,00 €	0,00 €
50	13.889,50 €	13.217,00 €	6.400,50 €	5.817,25 €
100	18.906,25 €	16.664,00 €	15.152,50 €	13.254,50 €

Herleitung zur Ergebnistabelle 2:

Für Ergebnistabelle 2 wurde angenommen, dass die Rendite mit einer Volatilität von 7 % erzielt wurde. Das bedeutet, dass die Rendite auch schwanken kann. In den aktuellen Beispielen sind die Endrenditen zufälligerweise durch die zusätzliche Volatilität leicht angestiegen. Sie hätten sich natürlich auch entsprechend verringern können.

Ergebnistabelle 2:

Monat	Einmalanlage (Zinseszins)	Einmalanlage (ohne Zinseszins)	Sparplan (Zinseszins)	Sparplan (ohne Zinseszins)
0	10.000,00 €	10.000,00 €	0,00 €	0,00 €
1	10.139,67 €	10.090,55 €	100,97 €	100,91 €
50	14.012,34 €	13.225,67 €	6.421,45 €	5.819,23 €
100	19.023,45 €	16.789,12 €	15.234,67 €	13.312,89 €

Was bei den Beispielen gut zu erkennen ist: Der Unterschied zwischen der Einmalanlage + Zinseszinseffekt zu dem Sparplan mit Zinseszinseffekt ist nicht so groß – je nach Betrachtungsvergleich zwischen 20 und etwa 25 %. Natürlich wirkt der Zinseszinseffekt bei der Einmalanlage gleich von Anfang an, aber es muss berücksichtigt werden, dass beim Sparplan lediglich 100 € pro Monat investiert werden. Das bedeutet, dass aus der Risikosicht in den ersten 3 Jahren lediglich circa 3.600 € im Risiko stehen – gegenüber 10.000 € bei der Einmalanlage. Berücksichtigt man zudem, dass die angenommene durchschnittliche Volatilität zu Beginn der Anlagezeit bei den 10.000 € ein potenzielles Verlustrisiko von 700 € ergibt, während es beim Sparplan lediglich circa 70 € sind, bekommt die ganze Betrachtung noch eine ganz andere Blickrichtung. Unterschätzen Sie nie die beiden wichtigsten Helfer beim langfristigen Vermögensaufbau, nämlich:

Langfristig denken und keine Panik aufkommen lassen

Ein häufiger Fehler von Anlegern ist es, in Krisenzeiten unbedacht zu handeln und dann oftmals panisch zu verkaufen. Märkte durchlaufen immer wieder Phasen von Rückgängen, doch langfristig zeigt die Geschichte: Die großen Indizes haben sich über Jahrzehnte hinweg stets erholt. Hierbei schlage ich noch einmal eine Brücke zu dem vorherigen Rechenbeispiel. Je nach Ansparzeitpunkt steht in solchen Krisenzeiten ein Teil Ihres Vermögens im Risiko. Wenn Sie aber mittels eines Sparplans Ihr

Vermögen aufbauen, dann sind Sie sogar froh, wenn Ihnen die Möglichkeit geboten wird, noch einmal günstiger in Ihr ausgesuchtes Anlagevehikel zu investieren. Daher sollten Sie nun zusätzliche Regeln betrachten.

- **Grundsätzlich wichtig:** Investieren Sie nur Geld, das Sie langfristig nicht benötigen.
- **Psychologischer Aspekt:** Emotionale Entscheidungen können Renditen zerstören – daher ist Disziplin gefragt.
- **Langfristiges Denken:** Wer langfristig investiert und Marktschwankungen aushält, wird mit hoher Wahrscheinlichkeit eine positive Rendite erzielen.

Sparpläne tragen zum langfristigen Vermögensaufbau bei

Einsatz in der Praxis	Sparplan	Einmalanlage
Merkmale	· Regelmäßige Anlage von Geld	· Einmalanlage einer großen Investment-summe
Vorteile	· Vermögensaufbau schon mit geringen Sparbeträgen · Cost-Average-Effekt · Nutzt Kursschwankungen aus	· Märkte steigen oft langfristig · Langfristig kann eine Einmalanlage ertragreicher sein · Renditevergleich bezieht sich immer auf die Vergangenheit
Nachteile	· Erfordert Disziplin und Durchhaltevermögen · Flexibilität kann zum Aufhören verführen (Unterbrechungen, Auszahlungen etc.)	· Höhere Liquidität zu Beginn notwendig · Lange Bindungsdauer · Hohe Stresstoleranz notwendig · Volatilität an den Finanzmärkten

Bei Ihren Anlageaktivitäten sollten Sie immer darauf achten, dass Sie einen „kleinen“ Bestand an Liquidität auf der hohen Kante haben. Investieren Sie nur das Geld, das Sie über den gesamten Anlagezeitraum entbehren wollen oder können. Als Faustregel kann man festhalten, dass Sie etwa 3 Monatsausgaben an Liquidität auf einem Konto halten sollten. Dann bereiten Ihnen auch Krisenzeiten an den Finanzmärkten keine großen Kopfschmerzen.

Mit Sparplänen Vermögen aufbauen – langfristig zum Erfolg

- Regelmäßig anlegen
- Flexibilität nutzen
- Idealer Einstieg bereits mit geringen Beträgen
- Erweiterung des Anlageuniversums mit der Anlagezeit
- Aufteilung auf verschiedene Anlageklassen
- Unterschiedliche Ausführungszeitpunkte nutzen
- Notliquidität

4.1.1 Rebalancing – das Portfolio regelmäßig überprüfen

Das Thema Rebalancing ist eines der kontroversesten Themen, das es im Finanzbereich gibt. Mich haben immer wieder Zuschriften von Anlegern erreicht, die Kritik am Rebalancing übten. Dabei drehte es sich immer um das Thema, kein gutes Geld schlechtem hinterherzuwerfen. Darum geht es beim Rebalancing auch nicht, sondern lediglich um die Überprüfung, ob Ihre Ausgangsanlageidee noch den festgelegten Kriterien folgt. Auch wenn ETFs als passive Investments gelten, bedeutet das nicht, dass man sein Portfolio völlig vernachlässigen sollte. Mit der Zeit können sich durch Kursveränderungen die Gewichtungen verschieben.

- **Ziel des Rebalancings:** Die ursprünglich festgelegte Struktur wiederherstellen, falls dies Ihrer aktuellen Anlagephilosophie noch entspricht. Hierbei spielt beispielsweise die Altersfrage eine wesentliche Rolle.
- **Beispiel:** Falls Aktien stark gestiegen sind und nun 80 % des Portfolios ausmachen, kann ein Verkauf von Aktien-ETFs und die

Umschichtung in Anleihe-ETFs das ursprüngliche Verhältnis von 70 % Aktien und 30 % Anleihen wiederherstellen.

Rebalancing: Anpassung des Depots an die gewählte Ausgangsallokation

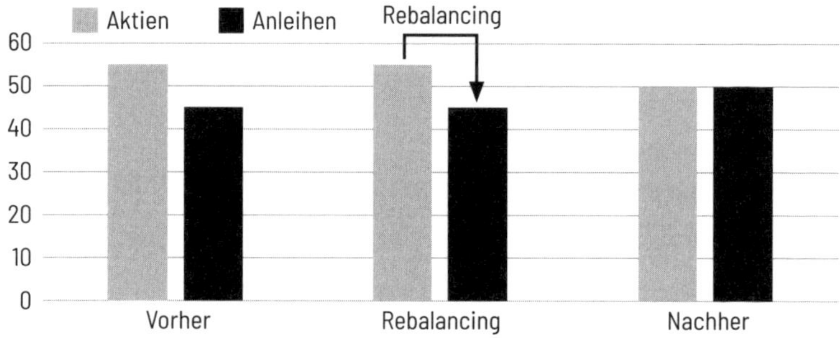

Regelmäßiges Rebalancing sorgt für eine konstante Risikostruktur im Portfolio, wenn es Ihren entsprechenden aktuellen Anlageideen entspricht. Das Rebalancing ist kein Muss, sondern lediglich eine Möglichkeit zur Überprüfung des Portfolios. Im institutionellen Anlagebereich ist das Rebalancing unumgänglich, da es die Befolgung der Anlagerichtlinien sicherstellt und dadurch Rechtsrisiken minimiert. Rebalancing ist also eine sehr sinnvolle Anlageregel und sollte beachtet werden.

4.1.2 Die Grundregeln der Geldanlage mit ETFs

ETFs sind grundsätzlich ein ideales Instrument für den nachhaltigen Vermögensaufbau – doch sie erfordern eine durchdachte Anlagestrategie – im Folgenden fasse ich die wichtigsten Anlageprinzipien zusammen:

- **Anlageziele definieren:** Was möchte ich mit meiner Investition erreichen?
- **Risikoprofil bestimmen:** Wie viel Schwankungen kann ich aushalten?
- **Diversifikation nutzen:** Streuung über verschiedene Märkte, Branchen und Anlageklassen.

- **Kosten minimieren:** Niedrige Gebühren maximieren die Rendite.
- **Langfristig denken:** Panikverkäufe vermeiden und konsequent investieren.
- **Regelmäßige Investitionen:** Sparpläne helfen, den Markt nicht timen zu müssen.
- **Rebalancing einbeziehen:** Das Portfolio in regelmäßigen Abständen anpassen.

Wer diese Grundprinzipien berücksichtigt, schafft eine solide Basis für eine erfolgreiche ETF-Anlagestrategie und kann langfristig von den Erträgen des Kapitalmarkts profitieren.

4.2 Klassische Fehler bei der ETF-Geldanlage

Bei der ETF-Anlage lassen sich zehn klassische Fehler herausarbeiten, die einen langfristigen Anlageerfolg mittels ETFs konterkarieren. Wenn man sich diese Fehler genauer ansieht, wirken sie zuerst relativ profan – sie haben aber im Hinblick auf die Erzielung langfristiger Renditen massive und schwerwiegende Folgen. Dabei geht es nicht vorrangig darum, eine Benchmark zu schlagen oder besser als andere Anleger zu sein, sondern darum, eine ausreichend hohe Rendite erzielen zu können, um die investierte Zeit entsprechend bezahlt zu bekommen.

4.2.1 Fehlende Strategie

Ein häufiger Fehler ist das Investieren ohne klare Strategie. Viele Anleger kaufen ETFs, ohne sich vorher Gedanken über ihre finanziellen Ziele, ihren Anlagehorizont oder ihre Risikotoleranz zu machen. Oft werden die ETFs gekauft, die gerade von der Masse gekauft werden, und damit haben Sie ganz schnell eine Blackbox in Ihrem Depot. Es ist verführerisch, sich mit den meistgehandelten ETFs eines Brokers oder eines ETF-

Anbieters zu beschäftigen und dadurch eine vermeintliche Abkürzung nehmen zu können. Doch dies ist leider nicht sinnvoll. Das, was für andere eventuell gut und hilfreich ist, muss nicht Ihnen und Ihren Anlagebedürfnissen entsprechen. Oftmals rücken Werbeaktionen und Marketingkampagnen diese ETFs in den Fokus der Anleger, sodass eine erhöhte Nachfrage nach diesen Anlageprodukten entsteht.
Definieren Sie daher zuerst Ihre Anlageziele möglichst genau. Wollen Sie für die Rente sparen, ein Eigenheim finanzieren oder langfristig Vermögen aufbauen? Daraus folgt direkt die Festlegung des Anlagehorizonts. Kurzfristige Anleger, die vielleicht ihr Geld nur „zwischenparken" wollen, sollten risikoärmer investieren als langfristige Anleger, die mit Mitte 20 für den Ruhestand sparen wollen. An dieser Stelle denken viele ETF-Anleger genau entgegengesetzt. Wenn sie kurzfristig anlegen, erwarten sie, dass sich das Geld möglichst schnell vermehren soll, und greifen daher oft auf risikoreichere ETFs zurück. Bei der langfristigen Anlage tritt dann auf einmal der Risikoaspekt in den Vordergrund und die ETFs werden sehr konservativ gewählt. Das ist nicht grundsätzlich verkehrt, führt aber sehr häufig nicht zum gewünschten Erfolg.

Daher sollten Sie eine passende Asset-Allokation wählen. Verteilen Sie Ihr Kapital auf verschiedene ETF-Anlageklassen wie in ETFs auf Aktien, Anleihen oder Rohstoffe. Dadurch bekommen Sie eine breitere Diversifikation und behalten dennoch Ihr Portfolio im Blick.

4.2.2 Überdiversifikation: Zu viele ETFs im Portfolio

Diversifikation ist ein wichtiges Prinzip der Geldanlage, aber zu viele ETFs können kontraproduktiv sein. Ein Portfolio mit 20 verschiedenen ETFs führt oft zu unnötiger Komplexität und Überschneidungen.

Wie können Sie Überdiversifikation vermeiden?

- Konzentrieren Sie sich auf wenige, breit gestreute ETFs, die verschiedene Märkte und Regionen abdecken.

- Vermeiden Sie Doppelungen: Prüfen Sie, ob sich die ETFs in Ihrem Portfolio überschneiden (z. B. 2 ETFs auf den MSCI World und den Nasdaq 100 / S&P 500).

4.2.3 Falsches Verständnis von Risiko und Rendite

Viele ETF-Anleger unterschätzen oder überschätzen das Risiko ihres Investments. Nur weil Sie in einen breit gestreuten ETF investiert haben, bedeutet dies beispielsweise nicht, dass Sie immun gegen Kursverluste sind. Das Gleiche gilt auch für Branchen- und Themen-ETFs. Nur weil Sie in einen Megatrend investiert haben, bedeutet dies nicht, dass es nicht zu größeren und ausgedehnteren Kurskorrekturen kommen kann.

Auf der anderen Seite unterschätzen Menschen oftmals den langfristigen Erfolg und überschätzen die kurzfristigen Renditemöglichkeiten. Das hängt mit der mangelnden Wahrnehmung von Zeit zusammen, ist aber gerade im Investmentsektor ein echter Killer für den langfristigen Vermögensaufbau.

Typische Fehler/Fehleinschätzungen

- ETFs als „sichere“ Anlage betrachten, obwohl Aktien-ETFs deutlichen Schwankungen unterliegen.
- Zu konservative Anlage in Anleihe-ETFs, obwohl langfristig eine höhere Aktienquote sinnvoll wäre.
- Fokus auf kurzfristige Entwicklungen anstatt auf langfristige Trends.

Wie können Sie diese Fehler vermeiden?

- Machen Sie sich bewusst, dass Aktien-ETFs Schwankungen unterliegen, aber langfristig hohe Renditen bringen.
- Wählen Sie eine Mischung aus Aktien- und Anleihe-ETFs passend zur eigenen Risikoneigung.
- Halten Sie an Ihrer Strategie fest und lassen Sie sich nicht von kurzfristigen Marktereignissen ablenken.

4.2.4 Ignoranz gegenüber Kosten: Die versteckten Gebühren

Ich habe Ihnen bereits die Magie des kostenbewussten Anlegens/Vermögensaufbaus dargelegt. Schauen Sie sich noch einmal die Grafik „Kosteneinfluss auf die Performance“ an: ETFs sind zwar kostengünstig, aber nicht kostenlos. Neben der laufenden Gesamtkostenquote (TER) können auch Handelskosten, Spreads und Steuern die Rendite schmälern.

Wie vermeiden Sie diese Kostenfalle am besten?

- Vergleichen Sie die TER verschiedener ETFs miteinander.
- Achten Sie auf niedrige Handelskosten, etwa durch die Wahl eines kostengünstigen Brokers.
- Beachten Sie steuerliche Aspekte, insbesondere bei ausschüttenden ETFs.

Versuch des Market-Timings: **Es gibt keinen perfekten Einstiegspunkt.**

Viele Anleger versuchen, den Markt zu timen, um günstig einzusteigen. Doch Studien zeigen, dass dies langfristig selten gelingt und oft zu verpassten Chancen führt.

Wie vermeiden Sie diesen Anlagefehler?

- Nutzen Sie den Cost-Average-Effekt: Investieren Sie regelmäßig einen festen Betrag, unabhängig von der Marktlage. Ich habe Ihnen bereits anhand eines Rechenbeispiels gezeigt, dass Sie langfristig mit einem Sparplan nicht unbedingt abgeschlagen hinten liegen.
- Bleiben Sie diszipliniert und lassen Sie sich nicht von kurzfristigen Marktschwankungen verunsichern. Halten Sie weiter an Ihrer Anlagestrategie fest, wenn sich die Grundparameter nicht verändert haben. Gesamtmarktschwankungen gehören zur Geldanlage dazu wie das Salz in der Suppe.

4.2.5 Emotionale Entscheidungen: Gier frisst Hirn

Emotionen sind der größte Feind des Anlegers. Angst vor Verlusten oder Gier nach schnellen Gewinnen führen oft zu irrationalen Entscheidungen. Wer kennt das nicht – die Panik vor Kursverlusten oder die Angst, eine Chance zu verpassen. Bleiben Sie daher unbedingt Herr über Ihre eigenen Entscheidungen. Lassen Sie sich nicht von Ihren Emotionen leiten, sondern überprüfen Sie die Faktenlage und lassen Sie auf jeden Fall schlussendlich Ihren Kopf die Entscheidungen treffen. Eine klare und durchdachte Strategie ist unverzichtbar für einen erfolgreichen langfristigen Vermögensaufbau an den Finanzmärkten.

Wie vermeiden Sie Impulsreaktionen?

- Halten Sie sich an Ihre Strategie und überprüfen Sie Ihr Portfolio nur in regelmäßigen Abständen.
- Vermeiden Sie es, auf kurzfristige Marktbewegungen zu reagieren.
- Denken Sie langfristig: Kurzfristige Schwankungen sind normal und gehören zum Investieren dazu.

Mit diesen 3 Leitlinien können Sie sich bereits aus dem Gedankenkarussell oder dem impulsiven Handeln befreien. Am Anfang wird es Ihnen noch Mühe bereiten, aber mit jeder erfolgreichen Umsetzung wird es Ihnen zunehmend leichter fallen, die Emotionen in den Griff zu bekommen.

4.2.6 Falsche Benchmark: Äpfel mit Birnen vergleichen

Einige Anleger wollen ihren individuellen Anlageerfolg messen und suchen sich dahingehend Möglichkeiten. Oder sie versuchen zu antizipieren, wie groß die Möglichkeiten an den Finanzmärkten zur Vermögensbildung sind, und suchen entsprechende Beispiele heraus. Dabei werden jedoch oft handwerkliche Fehler gemacht. Sich die Performance des DAX heranzuziehen, um ein mit US-Technologieaktien gewichtetes ETF-Portfolio zu vergleichen, funktioniert nicht. Auf der anderen Seite vergleichen Anleger ihre ETF-Performance mit falschen Benchmarks. Noch schwerwiegender sind Vergleiche mit Einzelaktien oder spekulativen Investments wie Derivate oder Hedgefonds. Das führt zu unrealistischen Erwartungen und falschen Performance-Darstellungen.

Wie können Sie diesen Fehler vermeiden?

- Vergleichen Sie Ihre ETFs mit der richtigen Benchmark, etwa einem breiten Marktindex wie dem MSCI World oder S&P 500. Schauen Sie in den Prospekten Ihrer ETFs nach, auf welche Benchmark sich das Anlageprodukt bezieht.
- Setzen Sie sich realistische Renditeziele, die der historischen Marktperformance entsprechen. Sie können mit einem DAX-ETF nicht die gleiche Performance erzielen wie mit einem Investment in eine Einzelaktie oder einen themen- bzw. länderbezogenen ETF. Auch die Risikoparameter sind vollkommen anders und spiegeln ein komplett anderes Chance-Risiko-Verhältnis wider.
- Gehen Sie bei Ihren individuellen Zielen bei der Vermögensbildung immer eher konservativ vor und rechnen Sie sich die Ziele nicht schön. Sie werden am Ende sehen, ob Ihre Erwartungen getroffen wurden. Es gibt dazu viele wissenschaftliche Untersuchungen, welche Renditeziele an den Finanzmärkten realistisch und erzielbar sind. Zweistellige Renditen pro Jahr gehören nicht dazu und stellen tendenziell die Ausnahme dar. Das sollten Sie wissen, wenn Sie mit der Vermögensbildung beginnen.

4.2.7 Nicht thesaurieren

Bei ausschüttenden ETFs erhalten Anleger regelmäßige Ertragszahlungen. Wer diese nicht reinvestiert, verpasst den Zinseszinseffekt und damit langfristiges Wachstum. Ich habe Ihnen diesbezüglich zum Beginn dieses Kapitels ein Beispiel gezeigt. Die Varianten (Einmalinvestment und Sparplan) ohne thesaurierenden Ansatz bleiben bei der Gesamtperformance teilweise weit hinter denen der thesaurierenden Möglichkeiten zurück. Der Zinseszinseffekt entfaltet erst nach einigen Jahren seine ganze Wirkung und dies sollte bei der Vermögensbildung berücksichtigt werden. Es hängt natürlich wesentlich vom Alter des Investors bei Beginn der Anlagemaßnahmen ab, ob solch eine Strategie sinnbehaftet ist. Auch das Risikoempfinden ist maßgeblich, um persönlich entscheiden zu können, das ganze Anlagevermögen latent im Risiko zu haben. Ich gehe darauf zu einem späteren Zeitpunkt des Buchs noch genauer ein.

Wie vermeiden Sie den Thesaurierungsfehler?

- Reinvestieren Sie die Ausschüttungen automatisch oder manuell. Hierbei haben Sie zusätzlich die Möglichkeit, einen Teil der Ausschüttungen aus dem Anlagevermögen zu nehmen. Sie können dadurch den Zinseszinseffekt zu einem Teil nutzen und trotzdem einen passiven Einkommensstrom erzeugen.
- Erwägen Sie, zumindest einen Teil der Anlagen in thesaurierende ETFs zu investieren, die die Ausschüttungen automatisch in den ETF reinvestieren. Auch hierbei gibt es die Möglichkeit, einen Teil des Vermögens in ausschüttende ETFs und den anderen in thesaurierende ETFs zu stecken.

4.2.8 Vernachlässigung von Steuern

Ich bin kein Steuerberater und werde es auch tunlichst vermeiden, Ihnen irgendwelche Steuertipps oder Ratschläge zu geben. Mit dem Thema Steuern sollten Sie sich jedoch im Zusammenhang mit der Vermögensanlage beschäftigen. Denn die abzuführenden Steuern können die Renditen Ihrer Anlagen erheblich schmälern, insbesondere bei ausschüttenden ETFs oder beim Verkauf von Anteilen. Zudem gilt es länderspezifische Steuern zu berücksichtigen. Es gibt Länder, in denen auf Dividenden zusätzliche Steuerzahlungen fällig werden, die sich bei der Betrachtung eines Performance-Index nicht erkennen lassen. Dazu sollten Sie sich die Prospekte der Anlageprodukte ansehen und gegebenenfalls mit einem Steuerberater sprechen. Die Steuer sollte einerseits nicht zu stark im Vordergrund stehen und dadurch nicht grundsätzlich ein Showstopper für Ihre Vermögensbildung sein. Anderseits sollte sie auch nicht zu einem zu ausgeprägten steuereffizienten Vorgehen führen. Viele steuerbegünstigte Produkte haben sich im Nachgang als Steuerfalle herausgestellt und wurden ein sehr teures Abenteuer für viele Investoren. Berücksichtigen Sie die notwendigen Steuerzahlungen und zur Verfügung stehenden Freibeträge bei Ihrer individuellen Anlagestrategie, ist Ihnen schon sehr geholfen. Es gibt viele legale Steuertricks, um gerade zu Beginn der Investmentkarriere einen Großteil der Steuerzahlungen vermeiden zu können.

Wie vermeiden Sie Steuerfallen?

- Informieren Sie sich über die steuerliche Behandlung Ihrer ETFs.
- Nutzen Sie Freibeträge und steuerliche Vorteile, etwa mögliche Verlustvorträge und andere Verrechnungstöpfe.
- Beschäftigen Sie sich mit der Steuerthematik Ihres gewählten Anlagelandes. Informieren Sie sich über mögliche Doppelbesteuerungsabkommen, eventuelle Transaktionssteuern, Sondersteuern auf Abgaben et cetera.

Die Steuerthematik hört sich im Vorfeld oft komplizierter an, als sie im Nachgang tatsächlich ist. Auch hierbei gilt: Vorbeugen ist besser als Nachsorge!

4.2.9 Zu wenig Geduld: Kurzfristiges Denken

ETFs sind ideal für langfristige Anleger, doch viele investieren mit kurzfristiger Perspektive und verkaufen bei ersten Verlusten. Auch an dieser Stelle noch einmal der Hinweis, dass die Menschen kurzfristige Erfolge überschätzen und langfristige unterschätzen. Diese Wahrnehmungsverzerrung hemmt oft den langfristigen Erfolg in der Vermögensbildung an den internationalen Finanzmärkten.

Wie vermeiden Sie diese Wahrnehmungsverzerrung?
Bleiben Sie geduldig und denken Sie in Jahren oder Jahrzehnten, nicht in Tagen oder Wochen. Verstehen Sie, dass Marktschwankungen normal sind und langfristig ausgeglichen werden. Dies kann manchmal auch Jahre dauern, aber oft erholen sich die betroffenen Finanzmärkte wieder. Das zeigte sich bereits zu Zeiten der Asienkrise in den Jahren 1997/1998, als manche Aktienindizes in Asien bis zu 90 % ihres Werts verloren und diese Verluste in den folgenden 20 Jahren wieder aufholen konnten. Ein greifbareres Beispiel ist die Platzierung der dritten Tranche der Deutschen Telekom im Jahr 2000 zu einem Preis von 66,50 €. Diese Platzierung war die dritte, nachdem die erste (1996) zu 14,57 € und die zweite (1999) zu 39,50 € stattfand. Nach 25 Jahren haben die Aktienkäufer dieser dritten Tranche ihren Einsatz durch die Dividendenzahlungen der Deutschen Telekom und die bisherigen Kursgewinne wieder hereinholen können.

4.2.10 Fehlende regelmäßige Überprüfung

Einige Anleger kaufen ETFs und überprüfen ihre erstmalige Anlagestrategie nie mehr. Doch auch ein ETF-Portfolio sollte regelmäßig überprüft und angepasst werden. Der Megatrend, den Sie vielleicht vor einigen Monaten oder Jahren für sich erkannt haben, kühlt sich ab oder wurde durch andere Technologien oder anderes Konsumverhalten abgelöst. Zum Beispiel ist ein bestimmter Finanzmarkt heißgelaufen und steht inmitten einer längst überfälligen Konsolidierung. Es gibt viele Gründe, um das eigene ETF-Portfolio regelmäßig zu kontrollieren. Das bedeutet jedoch nicht, dass Sie auch gleichzeitig agieren und in Aktionismus verfallen müssen. Selbst wenn ein Thema oder ein Markt bereits gut gelaufen ist und Sie bestenfalls schöne Gewinne erzielt haben, können oder sollten Sie Ihrer gewählten Anlagestrategie weiter treu bleiben. Die regelmäßige Überprüfung trägt nur dazu bei, nicht vor einer bösen Überraschung zu stehen, wenn sich die gewählte Anlagestrategie komplett gegen Sie drehen sollte. Der Automotive-Sektor ist dafür ein gutes Beispiel. Zu Beginn der flächendeckenden Elektrifizierung vieler Autobauer sind die Aktienkurse dieser Unternehmen stark angestiegen. Mit dem zunehmenden Sättigungsgrad und teilweise ausbleibenden Erfolg der elektrifizierten Automodelle mussten viele Aktien der Autobauer herbe Kursverluste hinnehmen. Genau diese Kursverluste können Sie bei Ihrer Überprüfung zum Teil eindämmen.

Wie vermeiden Sie diese Kursverluste?

- Überprüfen Sie Ihr Portfolio mindestens einmal im Jahr. Besser ist es, einmal im Quartal einen kurzen Check Ihrer getroffenen Anlagestrategie zu vollziehen. Sind die Themen noch en vogue? Wie haben sich Ihre Anlagen entwickelt und würden Sie auch zum Zeitpunkt der Überprüfung noch an Ihrer Ausgangsstrategie festhalten?
- Passen Sie Ihre Asset-Allokation an, wenn sich Ihre Lebensumstände oder Ihre Ziele ändern. Hat sich etwas in Ihrem Lebensumfeld geändert? Benötigen Sie vielleicht absehbar Geld für größere Anschaffungen oder Ausbildungen? Erwarten Sie Nachwuchs oder wollen Sie umziehen?
- Über die Zeit kann sich die Gewichtung der ETFs im Portfolio verändern. Ohne Anpassung kann das Risiko ungewollt steigen. Hier gilt es mit Blick auf das wichtige Thema Rebalancing genau hinzuschauen. Ist eine ETF-Position durch einen positiven Anlagerfolg zu schwergewichtig geworden und Sie fühlen sich damit nicht mehr wohl? Oder haben Sie vielleicht ein neues Anlagethema für sich entdeckt? Dann schichten Sie einen Teil Ihrer ETF-Bestände entsprechend um.

Die ETF-Geldanlage ist im Grunde einfach, aber es können Fehler passieren. Indem Sie zumindest die klassischen Anlagefehler vermeiden und eine disziplinierte, langfristig orientierte Anlagestrategie verfolgen, können Sie das volle Potenzial Ihrer Investitionen ausschöpfen. Denken Sie daran: Erfolgreiches Investieren erfordert Geduld, Wissen und die Bereitschaft, aus Fehlern zu lernen. Investieren ist wie ein Marathonlauf und keine Sprintdisziplin.

4.3 Anlageziele definieren

Die Definition klarer Anlageziele ist der Grundstein für eine erfolgreiche ETF-Geldanlage. Dabei spielt der Zeithorizont – also die Dauer, über die Sie investieren möchten – eine entscheidende Rolle. Er beeinflusst nicht nur die Wahl der ETFs, sondern auch Ihre Risikotoleranz und die Strategie, die Sie verfolgen sollten. In diesem Kapitel erfahren Sie, wie Sie Ihre Anlageziele unter Berücksichtigung des Zeithorizonts definieren und warum dies für Ihren Anlageerfolg entscheidend ist.

4.3.1 Warum ist der Zeithorizont so wichtig?

Der Zeithorizont bestimmt, wie lange Ihr Geld investiert bleibt, um Ihr Ziel zu erreichen. Stellen Sie sich vor, dass Sie in den Urlaub fahren wollen und nicht wissen, in welches Land oder welche Art von Urlaub Sie eigentlich anstreben. Denken Sie, dass Sie dann aktiv werden und eine Reise antreten? Oder noch schlimmer: Sie gehen in ein Reisebüro und lassen sich eine Reise von jemand anderem aussuchen. Wie groß ist die Wahrscheinlichkeit, dass dieser Urlaub Ihren Ansprüchen und Voraussetzungen gerecht werden würde? Genauso verhält es sich auch mit der Geldanlage und den daraus entstehenden Fragen. Machen Sie sich im Vorfeld Gedanken über:

- **Anlagezeitraum:** Wie lange und worauf wollen Sie Ihre Anlagestrategie ausrichten? Ausbildung, Altersvorsorge, Anschaffungen, Ausbildung der Kinder etc.

- **Höhe der anzulegenden Beträge:** Wie viel Geld wollen Sie anlegen und in welchen zeitlichen Intervallen soll dies erfolgen (mittels Sparplänen in regelmäßigen Sparraten oder durch eine Einmalanlage)?
- **Wahl der ETFs:** Kurzfristige Anleger setzen auf sicherere Anlagen, langfristige Anleger können risikoreichere ETFs wählen.
- **Risikotoleranz:** Je länger der Zeithorizont, desto mehr Risiko können Sie eingehen, da kurzfristige Schwankungen ausgeglichen werden können.
- **Strategie:** Langfristige Anleger profitieren vom Zinseszinseffekt und Marktwachstum, während kurzfristige Anleger auf Stabilität achten sollten.

4.3.2 Die 3 Zeithorizonte im Überblick

Die Anlagezeiträume und die damit verbundenen Anlageziele lassen sich grob in 3 klassische Kategorien unterteilen:

a) Kurzfristige Anlageziele (1–3 Jahre)

- **Beispiele:** Aufbau eines Notgroschens, Sparen für eine geplante Anschaffung (z. B. Auto, Urlaub).
- **Empfohlene ETFs:** Geldmarkt-ETFs, kurz laufende Anleihe-ETFs oder inflationsgeschützte ETFs.
- **Risikoprofil:** Geringes Risiko, da kurzfristige Schwankungen vermieden werden sollen.
- **Strategie:** Sicherheit und Liquidität stehen im Vordergrund. Vermeiden Sie volatile Anlagen wie Aktien-ETFs.

b) Mittelfristige Anlageziele (5–10 Jahre)

- **Beispiele:** Sparen für eine Immobilienanzahlung, Finanzierung einer Ausbildung oder eines Sabbaticals.
- **Empfohlene ETFs:** Mischung aus Aktien-ETFs (z. B. MSCI World) und Anleihe-ETFs (z. B. globale Unternehmensanleihen).
- **Risikoprofil:** Ausgewogenes Risiko, da mittelfristige Schwankungen verkraftet werden können.

- **Strategie:** Kombinieren Sie Wachstum (Aktien) mit Stabilität (Anleihen), um Risiken zu streuen.

c) Langfristige Anlageziele (15+ Jahre)

- **Beispiele:** Altersvorsorge, Vermögensaufbau für finanzielle Freiheit, langfristige Vermögensbildung.
- **Empfohlene ETFs:** Breit gestreute Aktien-ETFs wie MSCI World, MSCI Emerging Markets oder S&P 500.
- **Risikoprofil:** Höheres Risiko, da langfristige Marktschwankungen ausgeglichen werden können.
- **Strategie:** Nutzen Sie den Zinseszinseffekt und investieren Sie überwiegend in Wachstums-ETFs. Thesaurierende ETFs sind hier besonders geeignet.

Sie sehen, dass Sie dieses Thema gut in den Griff bekommen können und dass es sich nicht um Raketenwissenschaft handelt. Nur wenn Ihnen vorher Ihr Anlageziel bewusst ist, können Sie daraus auch den Anlagezeitraum ableiten. Das schützt Sie vor überstürzten Entscheidungen und falschen Renditeerwartungen – insbesondere schärft es Ihr Risikoprofil.

4.3.3 Der Zinseszinseffekt: Warum Zeit Ihr größter Verbündeter ist

Der Zinseszinseffekt ist, wie bereits festgestellt, einer der mächtigsten Faktoren beim Vermögensaufbau. Er beschreibt, wie sich Ihre Renditen über die Zeit exponentiell vermehren, da nicht nur das investierte Kapital, sondern auch die erzielten Gewinne weiterverzinst werden. Ich zeige Ihnen durch ein einfaches Beispiel noch einmal die Wirkung des Zinseszinseffekts isoliert betrachtet auf.

Beispiel: Investition von 10.000 € in einen ETF mit einer durchschnittlichen Rendite von 7 % pro Jahr

- nach 10 Jahren: ca. 19.670 €
- nach 20 Jahren: ca. 38.700 €
- nach 30 Jahren: ca. 76.120 €

Je länger Ihr Zeithorizont, desto stärker profitiert Ihr Vermögen vom Zinseszinseffekt. Nach bereits 10 Jahren haben Sie durch diesen Effekt die Möglichkeit, Ihr eingesetztes Kapital zu verdoppeln. Natürlich tragen Sie mit jeder Geldanlage auch Risiken und können Kursverluste erleiden. Dennoch besteht ein erhebliches Vermögensbildungspotenzial allein durch den Zinseszinseffekt.

4.3.4 Risikotoleranz und Zeithorizont

Diese Kombination der beiden wichtigsten Anlagekriterien sollte nicht vernachlässigt werden. Der Anlagezeitraum spielt nicht nur bei Derivaten eine wichtige Rolle, sondern sollte auch Ihr Anlageverhalten und die individuelle Risikotoleranz mitbestimmen, denn Ihr Zeithorizont beeinflusst maßgeblich, wie viel Risiko Sie eingehen können. Grundsätzlich lässt sich das folgendermaßen herunterbrechen:

- **Kurzfristige Anleger** sollten risikoarm investieren, da sie keine Zeit haben, Verluste auszugleichen.
- **Langfristige Anleger** können höhere Risiken eingehen, da kurzfristige Schwankungen langfristig ausgeglichen werden.

Zudem hat jeder Anleger eine individuelle Risikotoleranz. Sie hängt von der individuellen finanziellen Sicherheit, den persönlichen Zielen und der emotionalen Stabilität ab. Auch dabei lassen sich grobe Grenzlinien einziehen:

- **Konservativer Anleger** (wenig Risiko) → **50 % Anleihen, 50 % Aktien**
- **Moderater Anleger** (mittleres Risiko) → **70 % Aktien, 30 % Anleihen**
- **Dynamischer Anleger** (hohes Risiko) → **100 % Aktien-ETFs**

Wer sein Risiko falsch einschätzt, kann in Krisen zu emotionalen Fehlentscheidungen neigen. In stürmischen Börsenphasen werden die Portfolios einem ungewollten Stresstest unterzogen und dieser geht dann auch nicht spurlos an den Anlegern vorbei. Eine schrittweise

Anpassung hilft, das eigene Profil und die richtige Balance und Risikotoleranz kennenzulernen. Das Gleiche gilt auch bei der Verteilung zwischen Wachstumsaktien und Value-Titeln. Wachstumsaktien neigen in Korrekturphasen zu größeren Kursrückgängen als Value-Titel. Auch bei dieser Vermögensaufteilung wird man schnell seine individuelle Risikotoleranz kennenlernen.

Beispielportfolios:

- **Kurzfristig:** 80 % Anleihe-ETFs, 20 % Geldmarkt-ETFs
- **Mittelfristig:** 60 % Aktien-ETFs, 40 % Anleihe-ETFs
- **Langfristig:** 90 % Aktien-ETFs, 10 % Anleihe-ETFs

Das sind beispielhaft potenzielle Portfolio-Aufstellungen für die jeweilige Anlagedauer. Die Grenzen sind bei diesen Beispielen natürlich schwimmend und können sich auch überlappen. Ich gebe Ihnen noch weitere Praxisbeispiele an die Hand, damit Sie sich ein besseres Bild über potenzielle Anlagestrategien im ETF-Bereich machen können.

Anlageziele und Zeithorizonte: Praktische Beispiele

a) Altersvorsorge: Ein Anleger, circa 20 bis 25 Jahre alt, in der Ausbildung oder kurz nach Abschluss, möchte für seine spätere Rente vorsorgen.

- **Zeithorizont:** 30 Jahre
- **Ziel:** 500.000 € für die Rente
- **Strategie:** langfristige Anlage in breit gestreute Aktien-ETFs (z. B. MSCI World, MSCI Emerging Markets)
- **Sparrate pro Monat:** 500 bis 600 €
- **Beispielportfolio:** 90 % Aktien-ETFs, 10 % Anleihe-ETFs
- **Erwartbare Rendite:** 5,5–8,5 % p. a.

b) Immobilienkauf: Eine junge Familie will sich auf absehbare Zeit eine Immobilie kaufen.

- **Zeithorizont:** 10 Jahre
- **Ziel:** 100.000 € für eine Anzahlung

- **Strategie:** ausgewogene Mischung aus Aktien- und Anleihe-ETFs
- **Sparrate pro Monat:** 600 bis 700 €
- **Beispielportfolio:** 60 % Aktien-ETFs, 40 % Anleihe-ETFs
- **Erwartbare Rendite:** 4–6 % p. a.

Nach 10 Jahren (120 Monaten) kommen mit einer monatlichen Einzahlung von 600 € und einer jährlichen Rendite von 6 % (mit Zinseszinseffekt) am Ende des Sparplans etwa 97.702,20 € zusammen.

c) Notgroschen: Ein Anleger möchte sich mehr finanziellen Freiraum verschaffen und sich ein kleines finanzielles Polster zulegen.

- **Zeithorizont:** 1–3 Jahre
- **Ziel:** 20.000 € für unvorhergesehene Ausgaben
- **Strategie:** Sicherheit und Liquidität stehen im Vordergrund
- **Sparrate pro Monat:** 500 €
- **Beispielportfolio:** 100 % Geldmarkt-ETFs oder kurz laufende Anleihe-ETFs
- **Erwartbare Rendite:** 1–3 % p. a.

4.3.5 Automatisierung und Strategieanpassungen

Eine einstmals durchdachte ETF-Strategie sollte kein starres Konstrukt sein. Wer langfristig investiert, sollte seine Strategie regelmäßig überprüfen und anpassen. Sie haben bei den obigen Beispielen gesehen, wie schnell sich größere Anlagesummen ansparen lassen. Dabei macht es durchaus Sinn, sich die entsprechenden Ausgangsstrategien in regelmäßigen Abständen anzusehen und sie zu überprüfen. Ich will Ihnen an dieser Stelle zusätzlich einige nützliche Hinweise geben, wie es Ihnen leichter fällt, Ihre individuelle Strategie passend umzusetzen:

Beginnen Sie am besten früh: Je früher Sie investieren, desto stärker profitiert Ihr Vermögen vom Zinseszinseffekt. Egal mit welchem Alter Sie sich für eine Vermögensbildung entscheiden – jeder Tag zählt.

Nutzen Sie automatische Sparpläne: Viele Banken und Broker bieten bereits automatische Sparpläne an. Lassen Sie Ihren ETF-Sparplan bequem automatisch besparen. Das vermeidet Market-Timing und stellt eine garantierte regelmäßige Besparung Ihrer Anlagestrategie sicher. Regelmäßige Investitionen (z. B. monatlich) helfen, den Cost-Average-Effekt zu nutzen und Risiken zu streuen.

Quartalsweise Überprüfung: Sind Sie auf dem richtigen Weg?

Rebalancing durchführen: Überprüfen Sie alle 1–2 Jahre, ob sich die Gewichtung verändert hat. Passen Sie gegebenenfalls Ihre Sparpläne an oder überlegen Sie sich, ob Sie vielleicht auch andere Themen, Sektoren oder Branchen berücksichtigen wollen.

Strategische Anpassungen vornehmen: Ändern sich Ihre Lebensumstände oder haben Sie neue Ziele (z. B. Familiengründung, Ruhestand), sollte auch die Strategie aktualisiert werden. Dann gilt es, die entsprechenden Gewichtungen von Aktien- und Anleihebeständen anzupassen. Nichts ist stetiger als der Wandel.

Bleiben Sie immer diszipliniert dabei: Halten Sie sich an Ihre jeweils aktuelle Strategie, auch bei Marktschwankungen.

Ihr Zeithorizont und Ihre Anlageziele sind nicht statisch. Lebensumstände ändern sich und Ihre Strategie sollte entsprechend angepasst werden. Die Definition Ihrer Anlageziele unter Berücksichtigung des Zeithorizonts ist der Schlüssel zu einer erfolgreichen ETF-Geldanlage. Indem Sie Ihre Ziele klar formulieren, Ihre Risikotoleranz berücksichtigen und Ihre Strategie an Ihre Anlagedauer anpassen, legen Sie den Grundstein für langfristigen Anlageerfolg. Denken Sie daran: Zeit ist Ihr größter Verbündeter – nutzen Sie sie weise!

4.4 So finden Sie den passenden ETF

Die Auswahl des richtigen ETFs ist für Privatanleger entscheidend, um eine langfristig erfolgreiche Anlagestrategie verfolgen zu können. Angesichts der Vielzahl an verfügbaren ETFs kann die Entscheidung jedoch überfordern. Bisher haben Sie bereits einige der wichtigsten Aspekte und Eigenschaften der ETF-Anlage erfahren und nun will ich Ihnen noch einige Kriterien mitgeben, die Sie bei Ihrer individuellen ETF-Auswahl berücksichtigen können.

Zuerst sollten Sie sich überlegen, welche Ziele Sie mit Ihrer ETF-Anlage verfolgen. Möchten Sie langfristig Vermögen aufbauen, regelmäßige Erträge erzielen oder Ihr Portfolio diversifizieren? Ihre Ziele bestimmen, ob Sie beispielsweise in Aktien-, Anleihe- oder Rohstoff-ETFs investieren sollten. Prüfen Sie im Anschluss Ihre Risikobereitschaft. Denn jeder ETF hat ein spezifisches Risikoprofil. Während Aktien-ETFs auf globale Indizes wie den MSCI World oft breit diversifiziert und moderat riskant sind, können spezialisierte ETFs, wie solche auf Schwellenländer oder bestimmte Branchen, volatiler sein. Bewerten Sie, wie viel Risiko Sie eingehen möchten. Auch die Kosten spielen gerade für den langfristigen Anlageerfolg eine wesentliche Rolle. Die Gesamtkostenquote eines ETFs ist ein entscheidender Faktor, da sie Ihre Rendite langfristig beeinflusst. Vergleichen Sie die Kosten verschiedener ETFs, die denselben Index abbilden. Günstige ETFs haben oft eine TER von unter 0,2 % pro Jahr. Prüfen Sie außerdem, welchen Index der ETF abbildet (z. B. MSCI World, S&P 500) und ob er physisch direkt in die Werte des Index investiert oder synthetisch über Derivate repliziert wird. Physische ETFs sind für die meisten Privatanleger transparenter und weniger komplex.

Weitere wesentliche Aspekte sind die Fondsgröße und Liquidität des ausgesuchten ETFs. Wählen Sie ETFs mit einem hohen Fondsvolumen (mindestens 100 Mio. €) und guter Handelsliquidität. Dies reduziert das Risiko von Preisschwankungen und erleichtert den Kauf oder Verkauf. Zusätzlich sollten Sie vor der ETF-Anlage für sich klären und entscheiden, ob Sie einen ausschüttenden ETF (Dividenden werden ausgezahlt) oder einen thesaurierenden ETF (Dividenden werden reinvestiert) bevorzugen. Thesaurierende ETFs sind für langfristige Anleger steuerlich oft vorteilhafter. Zu beachten sind zudem die Anbieterauswahl und das Domizil des ETF-Emittenten. Bekannte Anbieter wie iShares, Amundi oder Vanguard bieten oft zuverlässige Produkte. Das Fondsdomizil (z. B. Irland oder Luxemburg) kann steuerliche Auswirkungen haben, die Sie vorher berücksichtigen sollten.

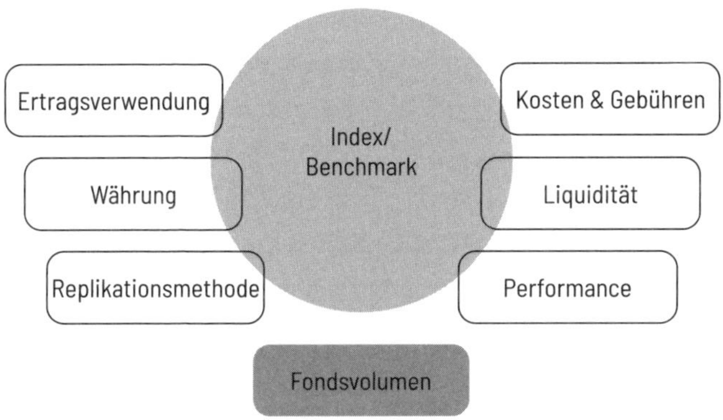

Kapitel 5
Anlageziele und Risikoprofil

Die ETF-Geldanlage bietet eine flexible und kostengünstige Möglichkeit, um Vermögen aufzubauen. Doch bevor Sie investieren, ist es entscheidend, dass Sie Ihre Anlageziele und Ihr individuelles Risikoprofil definieren. Nur so können Sie die passenden ETFs auswählen und eine Strategie entwickeln, die zu Ihrer finanziellen Situation und Ihren Zielen passt. In diesem Kapitel erfahren Sie, wie Sie Ihre Anlageziele mit Ihrem Risikoprofil in Einklang bringen und welche Risikoprofile typische ETF-Anleger haben.

5.1 Anlageziele und Risikoprofil: Warum sie zusammengehören

Im vorherigen Buchabschnitt haben Sie vieles über die Definition der individuellen Anlageziele erfahren. Aber Anlageziele und Ihr individuelles Risikoprofil sind 2 Seiten derselben Medaille. Das bedeutet, dass Sie sich nun auch mit dem Thema Risiko tiefgehender auseinandersetzen müssen.

- **Anlageziele** definieren: Was möchten Sie erreichen (z. B. Altersvorsorge, Immobilienkauf, passives Einkommen)?
- **Risikoprofil** bestimmen: Wie viel Risiko können und wollen Sie eingehen, um diese Ziele zu erreichen?

Beide Faktoren beeinflussen Ihre ETF-Auswahl und Ihre Anlagestrategie. Ein klares Verständnis Ihrer Ziele und Ihrer Risikotoleranz hilft Ihnen, fundierte Entscheidungen zu treffen und emotionalen Fehlern vorzubeugen. Dafür gibt es ein bewährtes Modell zur Risikoprofilschärfung, welches ich Ihnen an dieser Stelle vorstellen möchte.

5.2 Die 3 Säulen des Risikoprofils

Ihr Risikoprofil setzt sich aus 3 zentralen Elementen zusammen, die zusammengenommen den Grundstein für Ihre individuelle Anlagestrategie bilden.

Zuerst gilt es, Ihre individuelle Risikotoleranz zu finden – Sie müssen also eine Antwort auf die folgende Frage finden:

- **Definition:** Wie viel Risiko sind Sie bereit, einzugehen?
- **Faktoren:** Persönlichkeit, finanzielle Situation, Erfahrung mit Investments.
- **Beispiel:** Ein risikoscheuer Anleger bevorzugt stabile Anlagen wie Anleihe-ETFs, während ein risikofreudiger Anleger in volatile Aktien-ETFs investiert.

Erst an zweiter Stelle tritt dann die Risikokapazität. Hier werden oft die meisten Fehler begangen. Nur weil jemand viel Geld zur Verfügung hat, bedeutet das nicht, dass an den Finanzmärkten wild agiert werden muss. Und wer nur wenig Geld zur Verfügung hat, muss den Börsen nicht fernbleiben. Deswegen muss Ihre individuelle Risikokapazität bestimmt werden. Dabei sollten Sie folgende Fragestellungen beantworten können:

- **Definition:** Wie viel Risiko können/wollen Sie finanziell tragen?
- **Faktoren:** Einkommen, Vermögen, finanzielle Verpflichtungen.

- **Beispiel:** Ein Anleger mit hohem Einkommen und geringen Schulden kann mehr Risiko eingehen als jemand mit geringem Einkommen und hohen Verpflichtungen.

Und beim Punkt des Zeithorizonts sind wir wieder bei den Anlagezielen angekommen. Finden Sie eine Antwort auf die folgende Ausgangsfrage im Verhältnis zu Ihren Antworten auf die Risikotoleranz und -kapazität.

- **Definition:** Wie lange können Sie Ihr Geld investieren?
- **Faktoren:** Alter, Anlageziele, Lebensumstände.
- **Beispiel:** Langfristige Anleger können mehr Risiko eingehen, da sie kurzfristige Schwankungen aussitzen können.

Um das Thema für Sie noch griffiger zu gestalten, stelle ich Ihnen nun ein paar typische Risikoprofile von ETF-Anlegern vor, die sich aus den vorherigen Fragestellungen zur Risikotoleranz, zur Risikokapazität und zum Zeithorizont herleiten lassen. Vielleicht finden Sie sich ja in dem einen oder anderen Beispiel wieder?

Ich teile zur besseren Anschaulichkeit die ETF-Anleger grob in 3 Risikoprofile ein. Jedes Profil hat spezifische Merkmale und erfordert eine angepasste Anlagestrategie.

Als Erstes haben wir den konservativen Anleger. Seine Merkmale sind:

- Geringe Risikotoleranz
- Bevorzugung von Sicherheit und Stabilität
- Kurz- bis mittelfristiger Zeithorizont

Sich daraus ergebende typische Ziele könnten sein: Notgroschen, kurzfristige Sparziele (z. B. Urlaub, Auto). Dieser Anlegertypus sollte bevorzugt anlegen in:

- Geldmarkt-ETFs
- Kurz laufende Anleihe-ETFs
- Inflationsgeschützte ETFs (z. B. TIPS)

Ein Beispielportfolio könnte folgendermaßen aussehen: 80 % Anleihe-ETFs, 20 % Geldmarkt-ETFs.

Beispielportfolio

- **Ziel:** 20.000 € in 2 Jahren
- **Risikoprofil:** konservativ (kurzfristiger Zeithorizont, geringe Risikotoleranz)
- **Strategie:** Investition in Geldmarkt-ETFs und kurz laufende Anleihe-ETFs

Als Zweites gibt es den moderaten Anleger. Seine Merkmale sind:

- Ausgewogene Risikotoleranz
- Strebt nach Wachstum bei akzeptablem Risiko
- Mittelfristiger Zeithorizont (5–15 Jahre)

Sich daraus ergebende typische Ziele könnten sein: Immobilienkauf, Bildungskosten, mittelfristige Vermögensbildung. Dieser Anlegertypus sollte bevorzugt anlegen in:

- Breit gestreute Aktien-ETFs (z. B. MSCI World, S&P 500)
- Anleihe-ETFs (z. B. globale Unternehmensanleihen)

Ein Beispielportfolio könnte folgendermaßen aussehen: 60 % Aktien-ETFs, 40 % Anleihe-ETFs.

Beispielportfolio

- **Ziel:** 100.000 € in 10 Jahren
- **Risikoprofil:** moderat (mittelfristiger Zeithorizont, ausgewogene Risikotoleranz)
- **Strategie:** Mischung aus Aktien-ETFs (60 %) und Anleihe-ETFs (40 %)

Als Drittes gibt es den aggressiven Anleger oder besser den wachstumsorientierten Investor. Seine Merkmale sind:

- Hohe Risikotoleranz
- Strebt nach maximalem Wachstum
- Langfristiger Zeithorizont (15+ Jahre)

Sich daraus ergebende typische Ziele könnten sein: Altersvorsorge, langfristiger Vermögensaufbau, finanzielle Freiheit. Dieser Anlegertypus sollte bevorzugt anlegen in:

- Breit gestreute Aktien-ETFs (z. B. MSCI World, MSCI Emerging Markets)
- Sektor-ETFs (z. B. Technologie, erneuerbare Energien)
- Small-Cap-ETFs (z. B. MSCI World Small Cap).

Ein Beispielportfolio könnte folgendermaßen aussehen: 90 % Aktien-ETFs, 10 % Anleihe-ETFs.

Beispielportfolio

- **Ziel:** 500.000 € in 30 Jahren
- **Risikoprofil:** aggressiv (langfristiger Zeithorizont, hohe Risikotoleranz)
- **Strategie:** Investition in breit gestreute Aktien-ETFs (z. B. MSCI World, MSCI Emerging Markets)

Es gibt einige praktische Tipps, wie Sie Ihr Risikoprofil finden und bewerten können. Dabei kann Ihnen kaum jemand anderes helfen, da es eine individuelle und sehr persönliche Einschätzung ist. Fragen Sie sich, wie Sie auf Verluste reagieren würden. Können Sie kurzfristige Schwankungen verkraften? Was sagt Ihr Bauchgefühl zu der angestrebten Anlagestrategie? Gehen Sie dafür in die Selbstreflexion. Wichtig ist, dass Sie nachts ruhig und entspannt schlafen können. Viele Broker und Finanzportale bieten kostenlose Risikotests an, mit denen Anleger ihr Risikoprofil und ihre Risikowahrnehmung bestimmen können. Unter Umständen können diese Tests vollkommen neue und bisher nicht bekannte Seiten an Ihnen aufdecken. Zu guter Letzt hilft Ihnen eine solide Diversifikation beim ersten Schritt in die eigene Anlagestrategie. Streuen Sie die Risiken, indem Sie in verschiedene Anlageklassen (Aktien, Anleihen, Rohstoffe) investieren. Fragen Sie sich, in welchen Anlegertypus Sie sich einordnen, und beginnen Sie mit kleinen Investmentschritten. Aller Anfang ist schwer, aber der erste Schritt muss irgendwann gemacht werden.

Ihr Risikoprofil und Ihre Anlageziele werden sich im Laufe der Zeit ändern. Planen Sie auch unter diesen Gesichtspunkten regelmäßige Überprüfungen mit ein. Da es aber eher ein langsamer Prozess ist, reicht es aus, wenn Sie diese Überprüfung beispielsweise einmal jährlich vornehmen. Dabei sollten Sie insbesondere prüfen, ob Ihre Strategie noch zu Ihren Zielen und Ihrer Risikotoleranz passt. Haben sich Ihre Lebensumstände verändert und sollten Sie eventuell Anpassungen vornehmen? Gerade bei neuen Lebensumständen (wie Gehaltserhöhung, Familienzuwachs etc.) oder veränderten Zielen ist dies ratsam. Das hat weniger mit den Anlagezielen als vielmehr mit Ihrer individuellen Risikokapazität und Risikotoleranz zu tun.

Wichtige Fragen vor der Anlageentscheidung

Anlageziele (z. B. 70/20/10-Regel etc.)	Aufteilung auf Assetklassen
Anlagehorizont	Diversifikation
Risikotragfähigkeit	Langfristigkeit
Anlageuniversum	

Indem Sie Ihre Ziele klar formulieren, Ihr Risikoprofil bestimmen und Ihre Strategie an Ihren Zeithorizont anpassen, legen Sie den Grundstein für einen langfristigen Anlageerfolg mit ETFs.

5.3 Langfristige vs. kurzfristige Anlageziele

Die ETF-Geldanlage bietet Anlegern die Möglichkeit, sowohl kurzfristige als auch langfristige Ziele zu verfolgen. Doch die Strategie, die Sie wählen, hängt maßgeblich von Ihrem Zeithorizont ab. In diesem Kapitel erfahren Sie, wie Sie Ihre Anlageziele je nach Zeithorizont definieren, welche ETFs sich für kurzfristige und langfristige Ziele eignen und wie Sie Ihre Strategie optimal anpassen.

Zuerst sollte die Frage geklärt werden, warum der Zeithorizont so entscheidend ist. Der Zeithorizont – also die Dauer, für die Sie investieren möchten – beeinflusst die:

- **ETF-Wahl:** Kurzfristige Anleger setzen auf sicherere Anlagen, langfristige Anleger können risikoreichere ETFs wählen.
- **Risikotoleranz:** Je länger der Zeithorizont, desto mehr Risiko können Sie eingehen, da kurzfristige Schwankungen ausgeglichen werden können.
- **Strategie:** Langfristige Anleger profitieren vom Zinseszinseffekt und Marktwachstum, während kurzfristige Anleger auf Stabilität achten müssen.

5.3.1 Kurzfristige Anlageziele (1–3 Jahre)

Kurzfristige Ziele erfordern eine andere Herangehensweise als langfristige. Hier steht die Sicherheit des Kapitals im Vordergrund, da wenig Zeit bleibt, um Verluste auszugleichen.

a) Typische Ziele

- Aufbau eines Notgroschens
- Sparen für eine geplante Anschaffung (z. B. Auto, Urlaub)
- Kurzfristige Rücklagen für unvorhergesehene Ausgaben

b) Empfohlene ETFs

- **Geldmarkt-ETFs:** bieten hohe Liquidität und geringes Risiko

- **Kurz laufende Anleihe-ETFs:** stabil und weniger anfällig für Zinsänderungen
- **Inflationsgeschützte ETFs:** schützen vor Kaufkraftverlust (z. B. TIPS)

5.3.2 Mittelfristige Anlageziele (5–10 Jahre)

Mittelfristige Ziele liegen zwischen kurzfristiger Sicherheit und langfristigem Wachstum. Hier ist eine ausgewogene Strategie gefragt.

a) Typische Ziele

- Immobilienkauf
- Bildungskosten (z. B. Studium der Kinder)
- Finanzierung eines Sabbaticals

b) Empfohlene ETFs

- **Aktien-ETFs:** z. B. MSCI World, S&P 500
- **Anleihe-ETFs:** z. B. globale Unternehmensanleihen
- **Gemischte ETFs:** Kombination aus Aktien und Anleihen

c) Strategie

- **Ausgewogenes Risiko:** Kombinieren Sie Wachstum (Aktien) mit Stabilität (Anleihen).
- **Flexibilität:** Passen Sie Ihre Strategie an, wenn sich Ihre Ziele oder der Zeithorizont ändern.
- **Beispielportfolio:** 60 % Aktien-ETFs, 40 % Anleihe-ETFs

5.3.3 Langfristige Anlageziele (15+ Jahre)

Langfristige Ziele bieten mehr Spielraum für Risiko und Wachstum. Hier steht der Vermögensaufbau im Vordergrund und kurzfristige Schwankungen können ausgeglichen werden.

a) Typische Ziele

- Altersvorsorge
- Langfristiger Vermögensaufbau
- Finanzielle Freiheit durch passives Einkommen

b) Empfohlene ETFs

- **Breit gestreute Aktien-ETFs:** z. B. MSCI World, S&P 500, MSCI Emerging Markets
- **Sektor-ETFs:** z. B. Technologie, erneuerbare Energien
- **Small-Cap-ETFs:** z. B. MSCI World Small Cap

c) Strategie

- **Wachstum und Rendite:** Nutzen Sie den Zinseszinseffekt und investieren Sie überwiegend in Aktien-ETFs.
- **Höheres Risiko:** Kurzfristige Schwankungen sind normal und werden langfristig ausgeglichen.
- **Beispielportfolio:** 90 % Aktien-ETFs, 10 % Anleihe-ETFs

5.3.4 Praktische Tipps für jeden Zeithorizont

a) Kurzfristige Anleger

- **Tipp:** Setzen Sie auf Sicherheit und Liquidität. Vermeiden Sie volatile Anlagen.
- **Empfehlung:** Nutzen Sie Geldmarkt-ETFs oder kurz laufende Anleihe-ETFs.

b) Mittelfristige Anleger

- **Tipp:** Streuen Sie Risiken durch eine ausgewogene Mischung aus Aktien- und Anleihe-ETFs.
- **Empfehlung:** Investieren Sie regelmäßig, um den Cost-Average-Effekt zu nutzen.

c) Langfristige Anleger

- **Tipp:** Nutzen Sie den Zinseszinseffekt und investieren Sie überwiegend in Wachstums-ETFs.
- **Empfehlung:** Bleiben Sie diszipliniert und lassen Sie sich nicht von kurzfristigen Schwankungen verunsichern.

Wege zum Vermögensaufbau

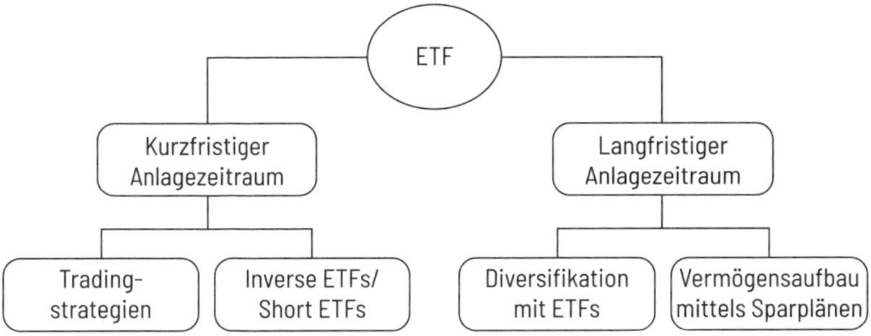

Ob kurzfristige Sicherheit oder langfristiges Wachstum – die ETF-Geldanlage bietet für jeden Zeithorizont passende Lösungen. Indem Sie Ihre Ziele klar definieren, Ihre Strategie an Ihren Zeithorizont anpassen und regelmäßig überprüfen, legen Sie den Grundstein für eine erfolgreiche und stressfreie Investition. Denken Sie immer daran: Die richtige Balance zwischen Risiko und Rendite ist der Schlüssel zum Anlageerfolg und die Zeit spielt dabei für Sie.

5.4 Risikotoleranz und Diversifikation

Die ETF-Geldanlage bietet Anlegern die Möglichkeit, ihr Portfolio breit zu diversifizieren und Risiken zu streuen. Doch wie viel Diversifikation ist sinnvoll und wie lässt sie sich mit der individuellen Risikotoleranz in Einklang bringen? In diesem Kapitel beleuchte ich das Spannungsfeld zwischen Risikotoleranz und Diversifikation und zeige Ihnen auf, wie Sie eine ausgewogene Strategie entwickeln, die zu Ihren Anlagezielen passt.

5.4.1 Risikotoleranz: Die persönliche Komfortzone

Die Risikotoleranz beschreibt, wie viel Risiko ein Anleger bereit ist, einzugehen. Sie hängt von folgenden Faktoren ab:

- **Persönlichkeit:** Sind Sie risikoscheu oder risikofreudig?
- **Finanzielle Situation:** Wie viel Kapital können Sie verlieren, ohne Ihre Lebensqualität zu beeinträchtigen?
- **Anlageerfahrung:** Haben Sie bereits Erfahrung mit volatilen Märkten?

Beispiele:

- **Ein konservativer Anleger** bevorzugt Sicherheit und Stabilität (z. B. Anleihe-ETFs).
- **Ein aggressiver Anleger** strebt nach hohen Renditen und akzeptiert kurzfristige Verluste (z. B. Aktien-ETFs).

5.4.2 Diversifikation: Risiken streuen, Rendite optimieren

Diversifikation ist eine der wichtigsten Strategien, um Risiken zu minimieren und stabile Renditen zu erzielen, und bedeutet, Ihr Kapital auf verschiedene Anlageklassen, Branchen, Regionen und Unternehmen zu verteilen. Der Grundgedanke lautet: Wenn eine Anlage schlecht abschneidet, können andere Anlagen im Portfolio dies ausgleichen. Dieses Prinzip basiert auf der Erkenntnis, dass nicht alle Anlagemärkte, Branchen oder Unternehmen gleichzeitig in die gleiche Richtung laufen. Während beispielsweise Technologieaktien in einer Krise leiden, können Konsumgüter oder Gesundheitsunternehmen stabil bleiben. Stellen Sie sich Ihr Portfolio wie einen Gemüsegarten vor: Wenn Sie nur Tomaten pflanzen und ein Schädling diese zerstört, verlieren Sie Ihre gesamte Ernte. Pflanzen Sie hingegen Tomaten, Karotten, Salat und Kräuter, wird ein Schädlingsproblem mit einer Pflanzenart nicht Ihre Gesamternte ruinieren. Diversifikation ist wie ein Sicherheitsnetz:

Sie schützt Ihr Portfolio vor extremen Verlusten, indem Sie die Abhängigkeit von einer einzelnen Anlage reduziert.

Die Idee der Diversifikation wurde durch Harry Markowitz in den 1950er-Jahren populär. Er zeigte, dass ein breit gestreutes Portfolio das Risiko senken kann, ohne die erwartete Rendite übermäßig zu beeinträchtigen. Für Privatanleger ist dies besonders wichtig, da niemand die Zukunft der Kursentwicklungen genau vorhersagen kann. ETFs machen es einfacher, dieses Prinzip umzusetzen, da sie oft Hunderte oder Tausende von Wertpapieren in einem einzigen Fonds bündeln.

5.4.3 Warum ETFs ideal für Diversifikation sind

Schon ein einziger ETF kann eine enorme Diversifikation bieten, da er viele verschiedene Unternehmen oder Anleihen enthält. Zum Beispiel umfasst ein MSCI-World-ETF über 1.500 Unternehmen aus verschiedenen Ländern und Branchen – von Technologie über Gesundheit bis hin zu Finanzen. Dadurch wird das Risiko, das mit einzelnen Unternehmen verbunden ist (z. B. Insolvenz oder schlechte Geschäftszahlen), stark reduziert.

Darüber hinaus ermöglichen ETFs eine Diversifikation über verschiedene Anlageklassen und Regionen hinweg. Sie können in Aktien-ETFs, Anleihe-ETFs, Rohstoff-ETFs oder Immobilien-ETFs (REITs) investieren und so Ihr Portfolio noch breiter streuen. Diese Flexibilität macht ETFs zu einem idealen Werkzeug für Anleger, die ein ausgewogenes Verhältnis zwischen Risiko und Rendite anstreben.

Angenommen, Sie investieren ausschließlich in einen Technologie-ETF. Wenn der Tech-Sektor aufgrund einer Marktkorrektur einbricht, leidet Ihr gesamtes Portfolio. Investieren Sie jedoch in einen globalen Aktien-ETF (z. B. MSCI World), einen Anleihe-ETF (z. B. auf Staatsanleihen) und einen Rohstoff-ETF (z. B. Gold), können Verluste in einem Bereich durch Gewinne oder Stabilität in anderen Bereichen ausgeglichen werden. So wächst Ihr Vermögen langfristig stabiler.

Die Diversifikation Ihrer Anlagen können Sie mittels ETFs auf verschiedenen Ebenen umsetzen:

Wenn Sie innerhalb einer Anlageklasse (z. B. Aktien) Streuung erreichen möchten, investieren Sie in ETFs, die verschiedene Branchen abdecken, wie Technologie, Gesundheit, Konsumgüter oder Energie. Ein Sektor-ETF wie der „iShares Stoxx Europe 600 Technology" konzentriert sich auf eine Branche, während ein breiter ETF wie der „Vanguard FTSE All-World" viele Sektoren abdeckt.

Beispiel zur Diversifikation: Kombinieren Sie einen Technologie-ETF mit einem Konsumgüter-ETF, um branchenspezifische Risiken zu reduzieren.

Wenn Sie über verschiedene Anlageregionen hinweg diversifizieren wollen, investieren Sie in ETFs, die verschiedene geografische Anlagemärkte wie Nordamerika, Europa, Asien oder Schwellenländer abdecken. Ein MSCI-Emerging-Markets-ETF ergänzt beispielsweise einen MSCI-World-ETF, der vor allem entwickelte Volkswirtschaften umfasst.

Beispiel zur Diversifikation: Ein Portfolio mit 60 % MSCI World, 20 % Euro Stoxx Technologie und 20 % MSCI Emerging Markets deckt sowohl etablierte als auch wachstumsstarke Anlagemärkte ab.

Zusätzlich können Sie über eine Streuung über die einzelnen Anlageklassen hinweg nachdenken und dafür Aktien-ETFs mit Anleihe-ETFs, Rohstoff-ETFs oder Immobilien-ETFs kombinieren. Anleihe-ETFs (z. B. iShares Core Global Aggregate Bond) bieten Stabilität, während Aktien-ETFs höhere Renditechancen bieten.

Beispiel zur Diversifikation: Ein klassisches Portfolio könnte 60 % Aktien-ETFs, 30 % Anleihe-ETFs und 10 % Gold-ETFs umfassen.

Aber auch auf der zeitlichen Ebene lassen sich effektive und interessante Diversifikationsmöglichkeiten nutzen. Zum einen können Sie den Cost-Average-Effekt durch einen ETF-Sparplan nutzen, bei dem Sie regelmäßig (z. B. monatlich) einen festen Betrag investieren. Dies reduziert das Risiko, zu ungünstigen Zeitpunkten große Summen zu investieren. Zum anderen können Sie verschiedene Laufzeit-ETFs miteinander kombinieren oder Aktien-ETFs mit Anleihe-ETFs, die sich auf verschiedene Anleihelaufzeiten konzentrieren. Dadurch erreichen Sie eine Mischung aus langfristiger Anlage und zwischenzeitlichen Zahlungsströmen. Die Kombinationsmöglichkeiten sind hierbei nahezu unbegrenzt und lassen sich ideal an die persönliche Situation anpassen.

Beispiel zur Diversifikation: Ein monatlicher Sparplan von 200 € in einen MSCI-World-ETF verteilt das Marktrisiko über die Zeit.

Bis hierhin haben Sie bereits vieles über Anlageziele, Risikotoleranz und Diversifikation gelesen. Möglicherweise erkennen Sie jetzt den Wald vor lauter Bäumen nicht mehr. Um Ihnen in dieser Situation zu helfen, möchte ich Ihnen an dieser Stelle schon einige praktische Hinweise zur Umsetzung mitgeben, wie Sie ein diversifiziertes ETF-Portfolio aufbauen können.

Um ein diversifiziertes ETF-Portfolio zu erstellen, sollten Sie folgende Schritte befolgen:

1. **Klären Sie Ihre individuellen Ziele und Risikobereitschaft:** Überlegen Sie, ob Sie auf langfristiges Wachstum (mehr Aktien-ETFs) oder auf Stabilität (mehr Anleihe-ETFs) Wert legen. Jüngere Anleger mit langer Laufzeit können risikoreicher investieren, während ältere Anleger oft sicherere Anlagen bevorzugen.
2. **Schaffen Sie eine breite Investmentbasis:** Beginnen Sie etwa mit einem global diversifizierten ETF wie dem MSCI World oder dem FTSE All-World, der Hunderte von Unternehmen aus verschiedenen Ländern und Branchen umfasst.
3. **Fügen Sie Stück für Stück Ergänzungen hinzu:** Ergänzen Sie spezifische ETFs, beispielsweise für Schwellenländer,

Anleihen oder Rohstoffe, um zusätzliche Diversifikation zu erreichen.

4. **Legen Sie Ihre individuelle Portfolio-Allokation fest:** Eine gängige Regel ist die 60/40-Aufteilung (60 % Aktien, 40 % Anleihen). Für jüngere Anleger könnte eine 80/20-Aufteilung oder 70/30-Einteilung sinnvoll sein.
5. **Regelmäßiges Rebalancing:** Überprüfen Sie Ihr Portfolio jährlich/quartalsweise, um die ursprüngliche Gewichtung (z. B. 60/40) wiederherzustellen, falls ein Teil überproportional wächst oder schrumpft.
6. **Behalten Sie die Kosten im Blick:** Wählen Sie ETFs mit niedrigen Gesamtkostenquoten aus, z. B. unter 0,2 %, um die Gesamtrendite Ihrer Anlagen nicht durch Gebühren zu schmälern.

Ein ETF-Beispielportfolio könnte dann so aussehen:

- 50 % MSCI World (globale Aktien, entwickelte Märkte)
- 20 % MSCI Emerging Markets (Schwellenländer)
- 20 % iShares Core Global Aggregate Bond (globale Anleihen)
- 10 % iShares Gold Trust (Rohstoffe)

Dieses Beispielportfolio bietet eine breite Streuung über Regionen, Branchen und Anlageklassen hinweg und ist für langfristige Anleger interessant.

Vorteile der Diversifikation mit ETFs auf einen Blick:

- **Risikoreduktion:** Verluste in einem Bereich (z. B. Technologie) werden durch Stabilität in anderen Bereichen (z. B. Anleihen) abgefedert.
- **Einfache Umsetzung:** ETFs ermöglichen Diversifikation mit nur wenigen Fonds, was Zeit und Aufwand spart.
- **Kosteneffizienz:** ETFs haben niedrige Verwaltungsgebühren im Vergleich zu aktiv gemanagten Fonds.

- **Flexibilität:** Anleger können ETFs für nahezu jede Anlageklasse, Region oder Branche finden.

Die Diversifikation ist aber kein Allheilmittel. Sie schützt nicht vollständig vor Drawdowns in Ihrem Depot, wenn etwa alle Anlageklassen gleichzeitig fallen, wie es 2008 oder 2020 vorkam. Zudem kann eine zu starke Diversifikation die Rendite verwässern, da besonders erfolgreiche Anlagen weniger Gewicht im Portfolio haben. Auch hier wirkt das Spannungsfeld zwischen Risikotoleranz und Diversifikation, denn die individuelle Risikotoleranz steht in einem komplexen Wechselverhältnis zur Diversifikation.

- **Zu wenig Diversifikation** erhöht das Risiko von Verlusten, da das Portfolio anfällig für Schwankungen in einzelnen Märkten oder Sektoren ist.
- **Zu viel Diversifikation** kann die Rendite schmälern und das Portfolio unnötig komplex machen.

Beispiel:

- Ein risikoscheuer Anleger, der nur in Anleihe-ETFs investiert, minimiert zwar das Risiko, verpasst aber möglicherweise die höheren Renditen von Aktien-ETFs.
- Ein risikofreudiger Anleger, der nur in einen einzigen Sektor-ETF investiert, geht ein hohes Risiko ein, da der Sektor stark schwanken kann.

Der Schlüssel ist ein ausgewogenes Maß: breit genug, um Risiken zu minimieren, aber fokussiert genug, um von Wachstumschancen zu profitieren.

Diversifikation ist das Herzstück einer erfolgreichen ETF-Anlagestrategie. Indem Sie Ihr Kapital auf verschiedene Branchen, Regionen und Anlageklassen verteilen, reduzieren Sie das Risiko und erhöhen die Stabilität ihres Portfolios. ETFs sind das perfekte Werkzeug dafür, da sie kostengünstig, breit gestreut und flexibel sind. Ob Sie nun in globale Aktien, Anleihen oder Rohstoffe investieren – mit einer durchdachten Diversifikation können Sie langfristig Vermögen aufbauen, ohne alles auf eine Karte zu setzen. Beginnen Sie mit einem soliden Basis-ETF, ergänzen Sie gezielt weitere Fonds und überprüfen Sie regelmäßig Ihre Strategie, um auf Kurs zu bleiben. Ich gehe kurz etwas genauer auf eine ausgewogene Strategie ein, die viele Aspekte einer Risikostreuung und Renditeoptimierung enthält – und zugleich die richtige Balance findet.

Um Risikotoleranz und Diversifikation in Einklang zu bringen, können Sie die folgenden Schritte beachten:

a) Definieren Sie Ihre Risikotoleranz

- **Selbstreflexion:** Fragen Sie sich, wie Sie auf Verluste reagieren würden. Können Sie kurzfristige Schwankungen verkraften?
- **Risikotests:** Viele Broker und Finanzportale bieten kostenlose Risikotests an, mit denen Sie Ihr Profil bestimmen können.

b) Wählen Sie eine passende Asset-Allokation

- **Konservativ:** 80 % Anleihe-ETFs, 20 % Geldmarkt-ETFs
- **Moderat:** 60 % Aktien-ETFs, 40 % Anleihe-ETFs
- **Aggressiv:** 90 % Aktien-ETFs, 10 % Anleihe-ETFs

c) Diversifizieren Sie innerhalb der Anlageklassen

- Aktien-ETFs: Investieren Sie in breit gestreute Indizes wie MSCI World oder S&P 500.
- Anleihe-ETFs: Wählen Sie eine Mischung aus staatlichen und Unternehmensanleihen.
- Regionen und Sektoren: Streuen Sie Risiken durch Investitionen in verschiedene Regionen und Branchen.

d) Vermeiden Sie Überdiversifikation

An dieser Stelle werden einige Leser vielleicht überfordert sein, aber eigentlich ist es ganz einfach: Wenn Sie bereits einen breit aufgestellten Aktien-ETF haben, dann brauchen Sie nicht noch einen zusätzlich zu kaufen. Fokussieren Sie sich dann auf einen Anleihe-ETF. Wenn Sie jedoch einen Sektor-, Branchen-, Länder-ETF haben, sollten Sie über einen zusätzlichen breiter aufgestellten Aktien-ETF nachdenken, der Ihnen dieses eine spezifische Risiko aus Ihrem Portfolio abmildert.

Merken Sie sich am besten die Ein-Hand-Regel: Berücksichtigen Sie bei der ETF-Anlage nicht mehr als 5 verschiedene ETFs in Ihrem Portfolio. Zu Beginn der Vermögensbildung sollten Sie sich für einen breit aufgestellten Aktien-ETF entscheiden. Wenn Sie ein kleines Vermögen angespart haben, nehmen Sie einen weiteren ETF hinzu und teilen damit das Gesamtrisiko auf. Je weiter Sie vorankommen, desto breiter stellen Sie sich automatisch durch die neu aufgenommenen ETFs und das quartalsweise/jährliche Rebalancing auf.

- **Konzentration auf wenige, breit gestreute ETFs:** Zu viele ETFs führen zu Überschneidungen, höheren Kosten und erhöhen die Komplexität in Ihrem Portfolio.
- **Beispiel:** Ein Portfolio mit einem MSCI-World-ETF und einem Anleihe-ETF ist oft ausreichend diversifiziert.

5.4.4 Praktische Beispiele für ausgewogene Portfolios

a) Konservativer Anleger

Der konservative Anleger strebt aufgrund seiner persönlichen Lebenssituation (Lebensphase, Alter, berufliche Ausrichtung etc.) nach einem auf Sicherheit und Stabilität fokussierten Vermögensaufbau. Lieber lässt er ein paar Renditechancen aus, die Hauptsache ist für ihn, dass sein Kapital gesichert ist und das Vermögen langsam und stetig wächst.

- **Ziel:** Sicherheit und Stabilität
- **Portfolio:** 80 % Anleihe-ETFs, 20 % Geldmarkt-ETFs
- **Beispiel-ETF:** Core Global Aggregate Bond

b) Moderater Anleger

Der moderate Anlegertyp ist etwas mutiger als der konservative, nimmt die eine oder andere Renditechance wahr, bleibt jedoch zugleich sehr vorsichtig und auf Sicherheit bedacht. Der Aktienanteil ist entsprechend stärker vertreten und nimmt einen wahrnehmbaren Teil seines Portfolios ein.

- **Ziel:** ausgewogenes Wachstum bei akzeptablem Risiko
- **Portfolio:** 60 % Aktien-ETFs, 40 % Anleihe-ETFs
- **Beispiel-ETFs:** Vanguard FTSE All-World, iShares Core Global Aggregate Bond

c) Aggressiver/wachstumsorientierter Anleger

Der aggressive bzw. wachstumsorientierte Anlegertypus ist meist vollständig in Aktien investiert und stark auf Renditeoptimierung fokussiert. Das muss nicht zugleich bedeuten, dass jeglicher „heißer Tipp" im Portfolio vertreten ist, sondern lediglich, dass die Aktienquote im Portfolio zwischen 90 und 100 % liegen kann. Dabei können die ausgewählten ETFs sich durchaus auf etablierte Leitindizes wie DAX 40, S&P 500 und Co beziehen.

- **Ziel:** maximale Rendite bei hohem Risiko
- **Portfolio:** 90 % Aktien-ETFs, 10 % Anleihe-ETFs
- **Beispiel-ETFs:** iShares MSCI World, iShares MSCI Emerging Markets

Tipps für Ihre Investmentpraxis:

Egal in welcher Anlegerkategorie Sie sich persönlich wiederfinden, es gilt die folgenden Praxistipps zu beherzigen, um an den Finanzmärkten nachhaltig erfolgreich sein und bleiben zu können.

- **Bleiben Sie diszipliniert:** Halten Sie sich an Ihre Strategie, auch bei Marktschwankungen und unruhigen Marktphasen.
- **Nutzen Sie Sparpläne:** Regelmäßige Investitionen (z. B. monatlich) helfen, den Cost-Average-Effekt zu nutzen und Risiken zu streuen.

- **Informieren Sie sich:** Bleiben Sie über Marktentwicklungen und neue ETF-Angebote auf dem Laufenden. Das bedeutet nicht, dass Sie börsentäglich die Wirtschaftsnachrichten studieren müssen, sondern lediglich bei Ihrem Rebalancing-Termin die ETF-Landschaft nach Neuerungen durchsuchen sollten.

Die Balance zwischen Risikotoleranz und Diversifikation ist der Schlüssel zu einer erfolgreichen ETF-Geldanlage. Indem Sie Ihre Risikotoleranz klar definieren, Ihr Portfolio sinnvoll diversifizieren und regelmäßig überprüfen, können Sie Risiken minimieren und stabile Renditen erzielen. Denken Sie immer daran: Die richtige Mischung aus Sicherheit und Wachstum ist der perfekte Weg zum individuellen langfristigen Anlageerfolg. Damit Sie auch ein Werkzeug zur optimalen Portfoliozusammenstellung an die Hand bekommen, gehe ich im folgenden Kapitelabschnitt auf die Asset-Allokation beziehungsweise den Portfolio-Aufbau genauer ein.

Kapitel 6

Portfolio-Aufbau mit ETFs

Der Aufbau eines ETF-Portfolios ist eine der effektivsten Methoden, um langfristig Vermögen aufzubauen. Doch wie baut man ein Portfolio auf, das zu den eigenen Anlagezielen und der Risikotoleranz passt? In diesem Kapitel erfahren sie, wie Sie Schritt für Schritt ein ETF-Portfolio erstellen, das Ihre finanziellen Ziele unterstützt.

6.1. Die Grundlagen der Asset-Allokation – der Bauplan für Ihre Vermögensbildung

Wenn Sie ein Haus bauen, beginnen Sie nicht mit dem Dach, sondern mit einem soliden Fundament und einem durchdachten Bauplan. In der Welt der Geldanlage ist die Asset-Allokation – die strategische Aufteilung Ihres Kapitals auf verschiedene Anlageklassen wie Aktien, Anleihen, Immobilien oder Rohstoffe – genau dieser Bauplan. Sie bestimmt, wie Ihr Vermögen wächst, wie stabil es bleibt und wie gut es auf Marktschwankungen vorbereitet ist. Asset-Allokation ist mehr als nur eine Verteilung von Geld; sie ist eine bewusste Entscheidung darüber, wie Sie Risiko und Rendite in Einklang bringen. In diesem Kapitel tauchen wir gemeinsam in die Grundlagen der Asset-Allokation ein, beleuchten ihre historische Entwicklung, erklären, wie sie hergeleitet wird, und zeigen, wie Sie sie praktisch für Ihre Vermögensanlage anwenden können.

Asset-Allokation ist demnach die Kunst und die Wissenschaft, Ihr Anlagekapital auf verschiedene Anlageklassen zu verteilen, um Ihre finanziellen Ziele zu erreichen, während Sie das Risiko kontrollieren. Die Asset-Allokation gibt dem Spannungsfeld zwischen Ihren Anlagezielen und Ihrer Risikotoleranz einen festen Rahmen. Zu den zur Verfügung stehenden Anlageklassen gehören:

- **Aktien:** Unternehmensanteile, die Wachstum und höhere Renditen versprechen, aber auch volatil sind
  Merkmale: hohes Risiko, hohe Renditechancen
  ETFs: breit gestreute Indizes wie MSCI World, S&P 500, MSCI Emerging Markets
  Rolle im Portfolio: Wachstum und langfristige Rendite
- **Anleihen:** Schuldtitel, die regelmäßige Zinsen zahlen und Stabilität bieten
  Merkmale: geringeres Risiko, stabile Erträge
  ETFs: globale oder regionale Anleihe-ETFs (z. B. iShares Core Global Aggregate Bond)
  Rolle im Portfolio: Stabilität und regelmäßige Erträge
- **Immobilien:** unbeweglicher Besitz oder Immobilienfonds, die Mieteinnahmen und Wertsicherung bieten
  Merkmale: stabile Erträge, Inflationsschutz
  ETFs: Immobilien-ETFs (z. B. iShares Global REIT)
  Rolle im Portfolio: Diversifikation und regelmäßige Erträge
- **Rohstoffe:** für die industrielle Produktion geeignete Ausgangsstoffe, die aus der Natur gewonnen werden, beispielsweise Erdöl oder Edelmetalle
  Merkmale: Schutz vor Inflation, Diversifikation
  ETFs: Gold-ETFs (z. B. Invesco Physical Gold) oder breite Rohstoff-ETFs
  Rolle im Portfolio: Risikostreuung und Inflationsschutz
- **Kryptowährungen:** digitale oder virtuelle Währungen, die auf kryptografischen Technologien basieren und dezentral über

Blockchain-Netzwerke abgewickelt werden, z. B. Bitcoin, Ethereum und Solana
Merkmale: geringe Korrelation zu Aktien und Anleihen
ETFs: ETPs, ETCs, ETFs
Rolle im Portfolio: Risikostreuung und Renditepotenzial
- **Liquidität:** Tagesgeld oder Festgeld für Sicherheit und Flexibilität

Die Asset-Allokation legt fest, wie viel Prozent Ihres Portfolios in jede dieser Anlageklassen fließen. Ein junges Paar, das für die Altersvorsorge spart, könnte beispielsweise 70 % in Aktien, 20 % in Anleihen und 10 % in Immobilien investieren, während ein Rentner 40 % in Anleihen, 30 % in Aktien und 30 % in Liquidität halten könnte. Die passende Aufteilung hängt von Ihren individuellen Zielen, Ihrer Risikobereitschaft und Ihrem Anlagehorizont ab.

Warum Asset-Allokation wichtig ist

Die Idee, Vermögen auf verschiedene Anlagen zu verteilen, ist nicht neu, aber ihre systematische Erforschung begann im 20. Jahrhundert. In den 1950er-Jahren legte der Ökonom Harry Markowitz den Grundstein mit seiner Modernen Portfoliotheorie (MPT). Markowitz erkannte, dass Anleger nicht nur nach der höchstmöglichen Rendite streben sollten, sondern nach dem besten Verhältnis von Rendite zu Risiko.

Markowitz' Arbeit war revolutionär, weil sie zeigte, dass die richtige Mischung von Anlagen entscheidend ist. Zum Beispiel können Aktien und Anleihen unterschiedliche Bewegungen zeigen – wenn Aktien fallen, bleiben Anleihen oft stabil. Diese Erkenntnis führte zur Entwicklung der Effizienzgrenze, einer theoretischen Linie, die in einem Rendite-Risiko-Diagramm das optimale Verhältnis von erwarteter Rendite und Risiko für ein Portfolio darstellt. In den 1980er-Jahren kam eine bahnbrechende Studie von Brinson, Hood und Beebower ergänzend zu dem Ergebnis, dass über 90 % der Renditeunterschiede von Portfolios auf die Asset-Allokation zurückzuführen sind, nicht auf die Auswahl einzelner Wertpapiere oder den Zeitpunkt von Käufen und Verkäufen. Wie stark die Performance eines Fonds schwankt, hängt also im Wesentlichen von der Mischung seiner Anlageklassen ab. Diese Erkenntnis machte die Asset-Allokation zum Herzstück der modernen Geldanlage.

In den folgenden Jahrzehnten wurde die Asset-Allokation durch neue Anlageklassen (z. B. ETFs, Kryptowährungen) und Technologien wie Robo-Advisors weiterentwickelt. Heute ist sie sowohl für Privatanleger als auch für institutionelle Investoren ein unverzichtbares Werkzeug.

Die Asset-Allokation wird durch eine Kombination aus persönlichen Zielen, Risikobereitschaft und Marktbedingungen entwickelt.

Ein gut strukturiertes ETF-Portfolio basiert auf 3 Säulen:

- **Anlageziele:** Was möchten Sie erreichen (z. B. Altersvorsorge, Immobilienkauf, passives Einkommen)?
- **Risikotoleranz:** Wie viel Risiko sind Sie bereit einzugehen?
- **Zeithorizont:** Wie lange können Sie Ihr Geld investieren?

Dieses 3-Säulen-Modell kann in mehrere Schritte unterteilt werden:

1. **Ziele definieren:** Überlegen Sie, warum Sie investieren. Möchten Sie 30 Jahre für die Rente sparen, in 10 Jahren ein Haus kaufen oder kurzfristig ein finanzielles Polster aufbauen? Langfristige Ziele erlauben riskantere Anlagen wie Aktien, während kurzfristige Ziele stabilere Anlagen wie Anleihen erfordern.
2. **Risikobereitschaft einschätzen:** Wie viel Verlust können Sie verkraften? Ein junger Anleger mit stabilem Einkommen kann Marktschwankungen eher aushalten als jemand kurz vor der Rente. Fragebögen, wie sie von Banken oder Robo-Advisors angeboten werden, helfen, Ihr Risikoprofil zu bestimmen.
3. **Anlagehorizont festlegen:** Je länger Ihre Anlagezeit, desto mehr können Sie von riskanteren, aber renditestärkeren Anlagen wie Aktien profitieren, da Sie Marktschwankungen aussitzen können.

4. **Anlageklassen auswählen:** Basierend auf Ihren Zielen und Ihrer Risikobereitschaft wählen Sie Anlageklassen aus. Aktien bieten Wachstum, Anleihen Stabilität, Rohstoffe Inflationsschutz und Immobilien Diversifikation.
5. **Gewichtung bestimmen:** Entscheiden Sie, wie viel Prozent in jede Anlageklasse fließen. Eine klassische Aufteilung sind 60 % Aktien und 40 % Anleihen, aber dies variiert je nach Profil.
6. **Marktbedingungen berücksichtigen:** Wirtschaftliche Faktoren wie Zinsen, Inflation oder Wachstumsaussichten können die Gewichtung beeinflussen. In Zeiten hoher Inflation könnten Rohstoffe oder inflationsgeschützte Anleihen (z. B. TIPS) attraktiver sein.

Die Herleitung der Asset-Allokation ist ein Balanceakt: Sie streben nach einer Mischung, die Ihre Ziele unterstützt, Ihr Risiko begrenzt und auf die aktuelle Marktlage abgestimmt ist.

Die praktische Umsetzung der Asset-Allokation ist dank moderner Finanzprodukte wie ETFs einfacher denn je. Hier nun ein Schritt-für-Schritt-Ansatz für die Entwicklung und Umsetzung Ihrer eigenen Asset-Allokation:

1. Ihr Anlegerprofil erstellen

Definieren Sie Ihre Anlageziele

- Beispiele:
  - Altersvorsorge: 500.000 € in 30 Jahren
  - Immobilienkauf: 100.000 € in 10 Jahren
  - Passives Einkommen: 1.000 € monatliche Dividenden

Beispiel: Anna, 35 Jahre alt, möchte 25 Jahre für die Rente sparen. Sie hat ein stabiles Einkommen und toleriert moderate Verluste.
Ihr Profil: mittlere Risikobereitschaft, langer Anlagehorizont
Ihr Ziel: Vermögensaufbau mit Fokus auf Wachstum

2. Eine Basisallokation wählen

Bestimmung der Risikotoleranz

- **Konservativ:** geringe Risikotoleranz, Fokus auf Sicherheit
- **Moderat:** ausgewogene Risikotoleranz, Balance zwischen Sicherheit und Wachstum
- **Aggressiv:** hohe Risikotoleranz, Fokus auf maximale Rendite

Auswahl der Asset-Allokation

Die Asset-Allokation beschreibt, wie Sie Ihr Kapital auf verschiedene Anlageklassen verteilen. Typische Allokationen sind:

- **Konservativ:** 80 % Anleihen, 20 % Aktien
- **Moderat:** 60 % Aktien, 40 % Anleihen
- **Aggressiv:** 90 % Aktien, 10 % Anleihen

Auswahl der passenden ETFs

- Aktien-ETFs: breit gestreute Indizes wie MSCI World, S&P 500, MSCI Emerging Markets
- Anleihe-ETFs: globale oder regionale Anleihe-ETFs (z. B. iShares Core Global Aggregate Bond)
- Rohstoff-ETFs: Gold-ETFs (z. B. Invesco Physical Gold) oder breite Rohstoff-ETFs
- Immobilien-ETFs: Immobilien-ETFs (z. B. iShares Global REIT)

Diversifizierung innerhalb der Anlageklassen

- Regionen: Investieren Sie in Industrieländer (z. B. MSCI World) und Schwellenländer (z. B. MSCI Emerging Markets).
- Sektoren: Streuen Sie Risiken durch Investitionen in verschiedene Branchen (z. B. Technologie, Gesundheitswesen, Energie)
- Unternehmensgrößen: Kombinieren Sie Large-Cap-ETFs (z. B. S&P 500) mit Small-Cap-ETFs (z. B. MSCI World Small Cap).

Für Anna könnte eine Allokation von 70 % Aktien, 20 % Anleihen und 10 % Immobilien passen. Die Aktien bieten Wachstum, Anleihen Stabilität und Immobilien Diversifikation.
Beispielhafte Umsetzung mit ETFs:
- 50 % MSCI World (globale Aktien, entwickelte Märkte)
- 20 % MSCI Emerging Markets (Schwellenländer)
- 20 % iShares Core Global Aggregate Bond (globale Anleihen)
- 10 % iShares Global REIT (Immobilienfonds)

3. ETFs oder andere Instrumente nutzen
   - ETFs sind ideal, da sie kostengünstig und breit diversifiziert sind. Ein MSCI-World-ETF deckt über 1.500 Unternehmen ab, wodurch das Risiko einzelner Aktien minimiert wird.
   - Alternative: direkte Anleihen, Immobilienfonds oder Rohstoff-ETFs wie Gold

   Vermeiden Sie Überdiversifikation, konzentrieren Sie sich auf wenige, breit gestreute ETFs: Zu viele ETFs führen zu Überschneidungen und erhöhen die Komplexität.
   Beispiel: Ein Portfolio mit einem MSCI-World-ETF und einem Anleihe-ETF ist oft ausreichend diversifiziert.

4. Regelmäßiges Rebalancing
   Märkte verändern sich. Ihre Allokation kann daher aus dem Gleichgewicht geraten, ein ETF-Portfolio ist kein „Set it and forget it"-Produkt. Wenn Aktien stark steigen, könnten sie plötzlich 80 % statt 70 % Ihres Portfolios ausmachen. Durch Rebalancing – Verkauf von übergewichteten und Kauf von untergewichteten Anlagen – stellen Sie die ursprüngliche Aufteilung wieder her.
   Beispiel: Anna überprüft Ihr Portfolio jährlich und verkauft Anteile Ihres MSCI-World-ETFs, wenn dieser über 50 % liegt, um Anleihen aufzustocken.

5. Anpassung an Lebensphasen
   Mit zunehmendem Alter oder veränderten Zielen passen Sie Ihre Allokation an.
   Beispiel: 10 Jahre vor ihrer Rente könnte Anna zur Senkung des Risikos ihren Aktienanteil auf 50 % reduzieren und Anleihen auf 40 % erhöhen.

6. Kosten und Steuern beachten
   - Wählen Sie ETFs mit niedrigen Gesamtkostenquoten, zum Beispiel unter 0,3 %, um langfristige Renditen zu maximieren.
   - In Deutschland unterliegen Erträge der Kapitalertragsteuer. Thesaurierende ETFs reinvestieren Erträge automatisch, was steuerlich vorteilhaft sein kann.

Die Asset-Allokation ist der Bauplan, der Ihre Geldanlage strukturiert und lenkt. Von ihrer historischen Wurzel in der Modernen Portfoliotheorie bis zur heutigen Anwendung mit kostengünstigen ETFs hat sie sich als unverzichtbares Werkzeug für Anleger etabliert. Indem Sie Ihre Ziele, Risikobereitschaft und den Anlagehorizont berücksichtigen, können Sie ein Portfolio aufbauen, das Wachstum, Stabilität und Flexibilität vereint. Beginnen Sie mit einer Anfangsallokation wie 60 % Aktien und 40 % Anleihen, nutzen Sie ETFs für eine breite Diversifikation und passen Sie Ihre Strategie regelmäßig an. Mit einer durchdachten Asset-Allokation legen Sie schnell den Grundstein für langfristigen Vermögensaufbau – sicher, stabil und zielgerichtet.

Die Vorteile einer guten Asset-Allokation im Überblick

- **Risikostreuung:** Durch die Aufteilung auf verschiedene Anlageklassen reduzieren Sie das Risiko von Verlusten.
- **Renditeoptimierung:** Eine ausgewogene Mischung kann langfristig stabile Renditen erzielen.
- **Anpassungsfähigkeit:** Eine kluge Asset-Allokation hilft Ihnen, Marktschwankungen besser zu verkraften.

6.2 Diversifikation über Regionen, Sektoren und Anlageklassen

Diversifikation ist eines der wichtigsten Prinzipien bei der Geldanlage. Dennoch ist es nicht immer einfach, den richtigen Weg für eine passende Diversifikation zu finden, und zudem bleibt oft die Frage bestehen, ob man jetzt alles richtig gemacht hat und gut genug positioniert ist. Grundsätzlich soll Ihnen die Diversifikation dabei behilflich sein, Risiken zu streuen und stabile Renditen zu erzielen – das ist die Grundfunktionalität bei der ganzen Übung. Mittels der ETF-Geldanlage können Sie Ihr Portfolio über Regionen, Sektoren und Anlageklassen diversifizieren. In diesem Kapitel erfahren Sie, wie Sie diese 3 Ebenen der Diversifikation nutzen, um ein ausgewogenes und widerstandsfähiges ETF-Portfolio aufzubauen.

Die Idee hinter der Diversifikation ist simpel: Nicht alle Anlagen entwickeln sich gleichzeitig in die gleiche Richtung. Wenn eine Anlageklasse, Region oder ein Sektor schwächelt, können andere dies ausgleichen.

Es gibt jedoch noch weitere wesentliche Aspekte für Ihre individuelle Anlagestrategie, etwa die Erlangung von Stabilität/Robustheit. Ein diversifiziertes Portfolio ist weniger anfällig für Marktschwankungen und gibt Ihrem Anlageportfolio dadurch eine gewisse Robustheit oder Stabilität. Zudem spielt die Renditeoptimierung eine wichtige Rolle. Das bedeutet nicht, dass Sie kurzfristig die bestmögliche Rendite, sondern langfristig stabile Renditen erzielen. Bei der Vermögensbildung steht immer die langfristige stabile Renditeerzielung im Vordergrund. Schnellschüsse und kurzfristige hohe Renditen können eigentlich nur durch Tradingansätze erzielt werden – die aber nicht Inhalt dieses Buchs sind.

6.2.1 Diversifikation über Regionen

Kommen wir nun zu der essenziellen Antwort auf die Fragestellung, wie die Diversifikation über Regionen vorgenommen werden kann. Während die Diversifikation über Anlageklassen wie Aktien, Anleihen oder Rohstoffe das Risiko senkt, geht die geografische Diversifikation noch einen Schritt weiter, denn sie verteilt Ihr Anlagekapital über verschiedene Länder und Regionen, bestenfalls weltweit. Kein Land oder Markt entwickelt sich dauerhaft gleich, und wirtschaftliche, politische oder kulturelle Unterschiede können dazu führen, dass einige Regionen boomen, während andere stagnieren. Während die USA in den 2010er-Jahren durch Technologieunternehmen wie Apple oder Amazon dominierten, erlebten Schwellenländer wie Indien oder Brasilien in anderen Perioden ein starkes Wachstum. Gleichzeitig können geopolitische Ereignisse wie Handelskonflikte oder Wahlen einzelne Volkswirtschaften belasten, während andere stabil bleiben. In den frühen 2020er-Jahren führten steigende Zinsen in den USA zu Rückgängen bei Technologieaktien, während der europäische Wirtschaftsraum, der stärker auf traditionelle Industrien setzte, stabiler war. Ein Anleger, der nur in US-Aktien investiert hätte, hätte höhere Verluste erlitten als jemand mit einem global diversifizierten Portfolio.

Durch die Streuung über mehrere Regionen reduzieren Sie das Risiko, dass ein Rückschlag in einem Land Ihr gesamtes Portfolio gefährdet. ETFs sind perfekt für die geografische Diversifikation geeignet, da sie kostengünstig, breit gestreut und flexibel sind. Ein einziger ETF kann Hunderte oder Tausende von Unternehmen in einer Region abbilden, wodurch das Risiko einzelner Aktien minimiert wird. Zum Beispiel deckt ein MSCI-World-ETF über 1.500 Unternehmen aus 23 entwickelten Ländern ab, während ein MSCI-Emerging-Markets-ETF Unternehmen aus wachstumsstarken Schwellenländern wie China, Indien oder Südafrika umfasst. Anleger können mit wenigen ETFs ein globales Portfolio aufbauen, ohne komplexe Analysen einzelner Märkte durchführen zu müssen. Zusätzlich bieten ETFs Zugang zu spezifischen Regionen oder Ländern wie Japan, Europa oder Lateinamerika sowie zu breiten globalen Indizes. Sie sind an Börsen handelbar, haben niedrige Verwaltungsgebühren (oft unter 0,3 % pro Jahr) und können über Sparpläne ab kleinen Beträgen (z. B. 25 € monatlich) bespart werden. Diese Eigenschaften machen ETFs zu einem bevorzugten Werkzeug für Privatanleger, die eine geografische Diversifikation effizient umsetzen möchten.

Vorteile der geografischen Diversifikation auf einen Blick:

- **Risikoreduktion:** Sie können Verluste in einer Region (z. B. USA bei einer Rezession) durch Gewinne in anderen Wirtschaftsregionen und Ländern (z. B. Asien) ausgleichen.
- **Wachstumschancen:** Sie profitieren von dynamischen Wachstumsräumen (beispielsweise Schwellenländer), die ein höheres Wirtschaftswachstum als entwickelte Märkte bieten. Das macht gerade in Phasen des globalen starken Konjunkturwachstums Sinn.
- **Währungsdiversifikation:** Investitionen in ausländische Märkte (z. B. US-Aktien in Dollar) können vor Währungsschwankungen des Euro schützen beziehungsweise Ihnen zusätzliche Ertragschancen bieten, wenn die ausländischen Währungen im Außenwert zum Euro steigen.
- **Einfachheit:** Mit wenigen ETFs decken Sie ganze Regionen ab, ohne einzelne Aktien oder Branchen analysieren zu müssen.
- **Flexibilität:** Sie können die Gewichtung von Regionen (z. B. mehr Schwellenländer, USA, Europa, China, Japan etc.) an Ihre Einschätzungen oder Markttrends anpassen.

Trotz der vielen Vorteile birgt die geografische Diversifikation natürlich auch Herausforderungen:

- **Währungsrisiko:** Schwankungen zwischen Euro und anderen Währungen (z. B. US-Dollar) können die Rendite beeinflussen. Das Pendel kann natürlich in beide Richtungen ausschlagen und was Ihnen auf der einen Seite Vorteile liefern kann, kann auch gegen Sie laufen. Sie können jedoch mit währungsgesicherten ETFs dieses Problem abmildern, was allerdings zusätzliche Hedging-Gebühren erzeugt.
- **Regionale Risiken:** Geopolitische Spannungen wie Handelskriege oder politische Instabilität können bestimmte Volkswirtschaften

stärker belasten. Dann wirken sich die Spannungen in diesen Ländern und Regionen negativ auf Ihre Gesamtrendite aus.
- **Kosten:** ETFs für Nischenmärkte (z. B. Afrika) haben oft höhere Gebühren als globale ETFs. Das hängt damit zusammen, dass diese Produkte keine Massenprodukte sind und die Lizenzkosten zum Teil wesentlich höher als die von etablierten Finanzmärkten sind. Es muss immer eine Kosten-Nutzen-Abschätzung vorgenommen werden.
- **Überdiversifikation:** Zu viele ETFs können die Rendite verwässern und die Verwaltung erschweren. Achten Sie darauf, dass Sie sich nicht verzetteln und zu viele Regionen und Länder bedenken wollen.

Geografische Diversifikationen können leicht umgesetzt werden. Privatanleger können ein Portfolio aus ETFs aufbauen, das verschiedene Regionen abdeckt. Typische Regionen und passende ETFs sind etwa:
- **Entwickelte Märkte (z. B. USA, Europa, Japan)**
  - MSCI World: umfasst ca. 1.500 Unternehmen aus 23 entwickelten Ländern, TER ca. 0,2 %; Deckung: ca. 70 % USA, 5 % Japan, 25 % Rest der Welt
  - S&P 500: Fokus auf 500 führende US-Unternehmen, TER ca. 0,07 %
  - Stoxx Europe 600: umfasst 600 Unternehmen aus Europa, TER ca. 0,2 %
- **Schwellenländer (z. B. China, Indien, Brasilien)**
  - MSCI Emerging Markets: umfasst über 1.400 Unternehmen aus Schwellenländern, TER ca. 0,18 %
- **Spezifische Länder oder Regionen**
  - MSCI Japan: Fokus auf japanische Unternehmen, TER ca. 0,12 %
  - MSCI Pacific ex Japan: Australien, Hongkong, Singapur, TER ca. 0,2 %

Ein einfaches Beispielportfolio für geografische Diversifikation könnte so aussehen:

- 60 % MSCI World (entwickelte Märkte)
- 20 % MSCI Emerging Markets (Schwellenländer)
- 10 % Stoxx Europe 600 (Europa)
- 10 % iShares Gold Trust (Rohstoffe als Inflationsschutz)

Dieses Portfolio bietet eine breite Aufteilung, bleibt übersichtlich und kann über einen Sparplan schnell und gut umgesetzt werden.

Wie finden Sie nun die passenden ETFs für eine individuell passende regionale Diversifikation? Privatanleger müssen keine hochkomplexen Ansätze verfolgen, um geografische Diversifikation zu analysieren und umzusetzen. Der folgende einfache, praxisnahe Analyseansatz kann Ihnen dabei helfen, ein geografisch diversifiziertes ETF-Portfolio zu erstellen:

1. **Klären Sie Ihre individuellen Ziele und persönliche Risikobereitschaft**
    - Fragen Sie sich: Was ist mein Anlageziel (z. B. Altersvorsorge, Vermögensaufbau)? Wie lange ist mein Anlagehorizont (z. B. 20 Jahre)? Wie viel Risiko toleriere ich?
    - Beispiel: Ein 40-jähriger Anleger mit mittlerer Risikobereitschaft und 25 Jahren Anlagehorizont kann mehr in Schwellenländer investieren, die volatiler, aber wachstumsstark sind. Eine 60-jährige Anlegerin sollte vielleicht stärker auf die etablierten Länder (USA, Europa) setzen.
2. **Verstehen Sie die globalen Marktanteile Ihrer Anlageprodukte**
    - Es ist nicht überall das drin, was draufsteht. Informieren Sie sich über die Gewichtung Ihrer Anlageprodukte. So wird der MSCI World Index bereits seit mehreren Jahren von den USA dominiert (etwa 70 %, Stand 2025), während Schwellenländer im MSCI ACWI (All Country World Index) etwa 10–15 % ausmachen. Da macht es dann natürlich Sinn, das Schwergewicht USA mit anderen ETFs etwas abzumildern. Das spielt auch bei den Branchen und Sektoren noch einmal eine wichtige Rolle.
    - Tipp: Nutzen Sie kostenlose Ressourcen wie die Websites von MSCI oder ETF-Anbietern (z. B. iShares, Vanguard), um die

Marktanteile der einzelnen Länder und Regionen in den Anlageprodukten zu prüfen.

3. **Bewerten Sie die Regionen nach Rendite und Risiko**
   - Dieser Punkt könnte für manche Leser etwas schwieriger sein. Es erfordert etwas Fleiß und Lust, Daten zur Bewertung der Renditen und Risiken zusammenzutragen. Dafür vergleichen Sie die historischen Renditen und die Volatilität (Schwankungen) von den infrage kommenden Regionen. Sie werden sehen, dass sich grob folgendes Bild ergeben wird: Entwickelte Finanzmärkte (z. B. USA) bieten Stabilität, Schwellenländer höheres Wachstum, aber mehr Risiko.
   - Beispiel: Der MSCI-World-ETF hatte von 2015 bis 2025 eine durchschnittliche Jahresrendite von etwa 7 %, der MSCI-Emerging-Markets-ETF von etwa 8 %, aber mit höheren Schwankungen.
   - Sie können die Tools von großen Ratingagenturen wie Morningstar oder anderen Onlineportalen nutzen, um die Rendite- und Risikokennzahlen von ETFs zu analysieren. Dabei stellen Sie diese in einer Tabelle nebeneinander dar und vergleichen die Renditen mit den eingegangenen latenten Risiken, der Volatilität. Grob lässt sich festhalten: Je höher die Renditen und je niedriger die dabei eingegangene Volatilität waren, desto besser stellt sich das Risiko-Rendite-Ratio für Sie dar.
4. **Berücksichtigen Sie wirtschaftliche Trends**
   - Prüfen Sie makroökonomische Faktoren wie Zinsentwicklungen, Inflation oder Wachstumsaussichten. In Zeiten hoher US-Zinsen könnten europäische Aktien attraktiver sein, während die Unternehmen aus den Schwellenländern bei globalem Wachstum stärker profitieren.
   - Tipp: Lesen Sie Finanznachrichtenportale wie Bloomberg oder Beiträge auf Plattformen wie X, um aktuelle Trends zu verstehen. Oft ist dabei weniger mehr. Sie benötigen kein Volkswirt-

schaftsstudium, um die erhobenen Daten auswerten zu können. Oft reicht es aus, wenn Sie sich mit einigen Berichten zu den Ländern und Regionen beschäftigen. Setzen Sie dabei auf honorige und spezialisierte Anbieter. Es macht keinen Sinn, sich solche Informationen von Massenmedien oder nicht spezialisierten Quellen zu beschaffen. Oft sind auch Researchberichte von Investmentbanken und großen Vermögensverwaltern wie BlackRock, Amundi und Vanguard sehr hilfreich.

Regionen im Überblick:

- **Nordamerika:** starke Wirtschaft, hohe Marktkapitalisierung.
- **Europa:** diversifizierte Märkte, stabile politische Rahmenbedingungen.
- **Asien-Pazifik:** hohes Wachstumspotenzial, insbesondere in Schwellenländern wie China und Indien.
- **Lateinamerika:** höhere Volatilität, aber attraktive Wachstumschancen.

5. **Festlegung der Portfolio-Allokation**
   - Basierend auf Ihrem Profil, Ihren Daten, Fakten und Ihrer Analyse legen Sie nun die Gewichtung fest. Eine gute Faustregel für Anfänger: 70 % entwickelte Märkte, 20 % Schwellenländer, 10 % Nischenmärkte oder Rohstoffe. Wenn Sie Zweifel in Bezug auf ein Land, eine Region haben, entscheiden Sie sich lieber gegen die Beimischung und für Ihr Bauchgefühl.
   - Beispiel: Ein risikofreudiger Anleger könnte 50 % MSCI World, 30 % MSCI Emerging Markets und 20 % MSCI Japan wählen.
6. **Die Auswahl der passenden ETFs**
   - Ab jetzt werden die Auswahlkriterien wesentlich greifbarer. Wählen Sie ETFs mit niedrigen Kosten (TER unter 0,3 %), hohem Fondsvolumen (über 500 Mio. €) und bestmöglich physischer Replikation.
   - Schreiben Sie sich Ihre infrage kommenden ETFs auf und vergleichen Sie diese ETFs auf spezialisierten Plattformen

oder bei Ihrem Broker. Sie finden dort meist die notwendigen Informationen.

7. **Regelmäßiges Rebalancing**
   - Überprüfen Sie Ihr Portfolio quartalsweise oder jährlich, um gegebenenfalls die ursprüngliche Gewichtung wiederherzustellen. Wenn Schwellenländer stark steigen, verkaufen Sie Anteile und investieren dann in untergewichtete Regionen. Dadurch stellen Sie Ihr gewünschtes Risiko-Rendite-Profil wieder her.
   - Beispiel: Wenn der MSCI-Emerging-Markets-ETF auf 30 % steigt, reduzieren Sie auf 20 % und stocken den MSCI-World-ETF auf.
8. **Achten Sie auf potenzielle Währungsrisiken**
   - Für deutsche Anleger ist das Währungsrisiko (z. B. Euro vs. US-Dollar) relevant. Währungsgesicherte ETFs (z. B. MSCI World EUR Hedged) reduzieren dieses Risiko, kosten aber mehr (TER ca. 0,5 %).
   - Tipp: Für langfristige Anleger ist das Währungsrisiko oft weniger kritisch, da es sich über die Zeit ausgleicht. Es hängt natürlich auch wesentlich von der Anlagesumme ab. Bei wenigen Hundert Euro Anlagesumme macht das Währungsrisiko weniger aus, als wenn Sie bereits im Bereich von mehreren Zehntausend Euro liegen. Die Balance zwischen bewusstem Risiko und Renditechance muss stimmig sein.

Beispielanalyse und Umsetzung für einen klassischen Privatanleger

Szenario: Lisa, 45 Jahre, möchte bei mittlerer Risikobereitschaft für die Rente in 20 Jahren sparen. Sie hat ein monatliches Budget von 300 €.

- **Schritt 1: Ziele**
  Langfristiger Vermögensaufbau, Fokus auf Wachstum mit moderatem Risiko.
- **Schritt 2: Marktanteile**
  Lisa recherchiert und stellt fest, dass die USA 70 % des MSCI World ausmachen, Schwellenländer aber höheres Wachstum bieten.

- **Schritt 3: Rendite/Risiko**
  Sie vergleicht historische Daten: MSCI World (7 % Rendite, 15 % Volatilität), MSCI Emerging Markets (5 % Rendite, 20 % Volatilität).
- **Schritt 4: Trends**
  Lisa liest, dass Schwellenländer (z. B. Indien) durch Digitalisierung wachsen, während Europa von stabilen Dividenden profitiert.
- **Schritt 5: Allokation**
  Lisa entscheidet sich für:
  - 60 % entwickelte Märkte (180 € monatlich)
  - 20 % Schwellenländer (60 €)
  - 20 % Europa (60 €)
- **Schritt 6: ETF-Auswahl**
  Lisa wählt:
  - MSCI World
  - MSCI Emerging Markets
  - Stoxx Europe 600
- **Schritt 7: Rebalancing**
  Lisa plant, jährlich zu prüfen, ob die Gewichtung stimmt.
- **Schritt 8: Währungsrisiko**
  Lisa akzeptiert das Währungsrisiko, da ihr Anlagehorizont lang ist.

Geografische Diversifikation mittels ETFs ist ein mächtiges Werkzeug, um Risiken zu minimieren und globale Wachstumschancen zu nutzen. Mit ETFs wie dem MSCI World oder MSCI Emerging Markets können Privatanleger ein optimales Portfolio aufbauen, das entwickelte Volkswirtschaften, Schwellenländer und spezifische Regionen abdeckt. Der vorgestellte Analyseansatz – von der Zieldefinition über Marktanalysen bis zum Rebalancing – ermöglicht es auch Anfängern, eine fundierte Strategie zu entwickeln. Beginnen Sie mit einem breiten Basis-ETF, ergänzen Sie gezielt weitere Regionen und passen Sie Ihr Portfolio regelmäßig an, um langfristig stabil und erfolgreich zu investieren.

6.2.2 Diversifikation über Sektoren

Neben der Diversifikation über Länder und Regionen können Sie auch mit Sektoren eine ähnliche Risikostreuung erreichen. Denn die sektorale Diversifikation hilft, das Risiko zu reduzieren, das mit der Entwicklung einzelner Branchen verbunden ist. Jeder Sektor – von Technologie über Gesundheit bis Energie – hat einzigartige Treiber, Chancen und Risiken, die sich unterschiedlich auf die Performance auswirken. ETFs, die spezifische Sektoren abbilden, ermöglichen es Privatanlegern, gezielt in Branchen zu investieren und ein ausgewogenes Portfolio aufzubauen. Sektoren-Diversifikation bedeutet, Ihr Kapital auf verschiedene Branchen der Wirtschaft zu verteilen, wie Technologie, Finanzen, Gesundheit oder Konsumgüter. Der Grundgedanke ist, dass Sektoren unterschiedliche wirtschaftliche Zyklen durchlaufen. Während Technologieunternehmen in Zeiten von Innovation boomen, können Versorger oder Konsumgüter in Rezessionen stabiler sein. Durch die Streuung über Sektoren reduzieren Sie das Risiko, dass ein Rückschlag in einer Branche Ihr gesamtes Portfolio belastet.

Ein Beispiel: In den frühen 2020er-Jahren führten steigende Zinsen zu Rückgängen bei Technologieaktien, während Energieunternehmen von hohen Ölpreisen profitierten. Ein Anleger, der nur in Technologie-ETFs investiert war, erlitt Verluste, während ein diversifiziertes Portfolio mit Energie- und Gesundheits-ETFs stabiler blieb. Sektoren-Diversifikation schützt vor branchenspezifischen Krisen und ermöglicht es, von unterschiedlichen Wachstumstreibern zu profitieren.

ETFs sind hervorragend für die Sektoren-Diversifikation geeignet, da sie gut zugänglich sind. Ein Sektor-ETF bündelt Dutzende oder Hunderte von Unternehmen einer Branche, wodurch das Risiko einzelner Aktien minimiert wird. Beispielsweise umfasst ein Technologie-ETF wie der iShares Stoxx Europe 600 Technology Unternehmen wie SAP oder ASML, während ein Gesundheits-ETF wie der Xtrackers MSCI World Health Care Unternehmen wie Pfizer oder Novartis abbildet. Mit wenigen ETFs können Anleger ein Portfolio aufbauen, das mehrere Sektoren abdeckt, ohne tiefgehende Einzelanalysen durchführen zu müssen.

Im Folgenden stelle ich die wichtigsten Wirtschaftssektoren vor, wie sie oft nach dem Global Industry Classification Standard (GICS) kategorisiert werden, und beleuchte ihre Chancen und Risiken.

Branche	Beschreibung	Chancen	Risiken
Technologie	Umfasst Unternehmen, die Software, Hardware, Halbleiter oder IT-Dienstleistungen entwickeln (z. B. Apple, Microsoft, Nvidia).	Hohe Wachstumsraten durch Innovationen wie künstliche Intelligenz, Cloud-Computing oder 5G. Technologieunternehmen dominieren globale Märkte und bieten langfristig starke Renditen.	Hohe Volatilität durch schnelle Innovationszyklen und Zinsempfindlichkeit. Rückschläge bei einzelnen Unternehmen (z. B. Skandale) können den Sektor belasten.
Gesundheit	Umfasst Pharmaunternehmen, Biotech-Firmen und Medizintechnik (z. B. Pfizer, Novartis, Roche).	Stabile Nachfrage durch alternde Bevölkerung und Gesundheitsausgaben. Biotech-Innovationen (z. B. mRNA-Technologien) bieten Wachstumspotenzial.	Regulatorische Hürden (z. B. Zulassungsverzögerungen) und hohe Entwicklungskosten. Einzelereignisse wie gescheiterte Studien können Aktien belasten.
Finanzen	Umfasst Banken, Versicherungen und Finanzdienstleister (z. B. JPMorgan, Allianz, Visa).	Profitieren von steigenden Zinsen und wirtschaftlichem Wachstum. Fintech-Innovationen (z. B. digitale Zahlungen) bieten Wachstum.	Anfällig für Rezessionen, Kreditrisiken, Zinsänderungen und regulatorische Änderungen. Bankenkrisen können den Sektor stark treffen.

Konsumgüter (defensiv)	Umfasst Unternehmen, die Grundbedarfsgüter wie Lebensmittel oder Haushaltsprodukte herstellen (z. B. Nestlé, Procter & Gamble).	Stabile Nachfrage, auch in Rezessionen, und hohe Dividendenrenditen. Defensiver Charakter schützt in Krisen.	Geringeres Wachstumspotenzial im Vergleich zu Technologie. Anfällig für steigende Rohstoffkosten oder Inflation.
Konsumgüter (zyklisch)	Umfasst Unternehmen für Luxusgüter, Autos oder Freizeit (z. B. LVMH, Tesla, Adidas).	Starkes Wachstum in Boomphasen und bei steigendem Konsumentenvertrauen. Luxusmarken profitieren von wachsender Mittelschicht in Schwellenländern.	Sehr konjunkturabhängig. Rezessionen oder sinkendes Einkommen können die Nachfrage drastisch reduzieren.
Energie	Umfasst Öl, Gas und erneuerbare Energien (z. B. ExxonMobil, Vestas, Shell).	Hohe Nachfrage nach fossilen Brennstoffen in Schwellenländern und Wachstum bei erneuerbaren Energien durch Klimaziele.	Volatilität durch Ölpreisschwankungen und geopolitische Spannungen. Übergang zu erneuerbaren Energien kann traditionelle Unternehmen belasten.
Versorger (Utilities)	Umfasst Strom-, Wasser- und Gasversorger (z. B. E.on, RWE).	Stabile Erträge und hohe Dividenden durch regulierte Märkte. Defensiver Sektor mit geringer Volatilität.	Geringes Wachstumspotenzial und Anfälligkeit für regulatorische Änderungen oder steigende Energiekosten.
Industrie	Umfasst Maschinenbau, Luftfahrt und Bauwesen (z. B. Siemens, Boeing, Caterpillar).	Profitieren von Infrastrukturinvestitionen und globalem Wirtschaftswachstum.	Zyklisch und anfällig für Rezessionen oder Lieferkettenprobleme.

Materialien (Grundstoffe)	Umfasst Bergbau, Chemie und Rohstoffverarbeitung (z. B. BHP, BASF).	Nachfrage nach Rohstoffen in Schwellenländern und bei Infrastrukturprojekten. Nutzen von steigenden Rohstoffpreisen.	Hohe Volatilität durch Rohstoffpreise und Umweltregulierungen.
Kommunikationsdienste	Umfasst Telekommunikation, Medien und soziale Netzwerke (z. B. Deutsche Telekom, Meta, Netflix).	Wachstum durch Digitalisierung, Streaming und 5G-Ausbau. Stabile Einnahmen aus Abonnements.	Hohe Konkurrenz und regulatorische Risiken (z. B. Datenschutz). Anfällig für technologische Disruption.
Immobilien	Umfasst Immobilienfonds und -entwickler (z. B. Vonovia, Prologis).	Stabile Mieteinnahmen und Inflationsschutz. Nachfrage nach Gewerbe- und Logistikimmobilien wächst.	Zinsempfindlich, da steigende Zinsen Finanzierungskosten erhöhen. Regionale Marktkrisen können belasten.

Beispiel-ETFs zu den einzelnen Branchen

Branche	Beispiel-ETF
Technologie	iShares Stoxx Europe 600 Technology (ISIN: DE000A0H08Q4)
Gesundheit	Xtrackers MSCI World Health Care (ISIN: IE00BM67HK77)
Finanzen	iShares MSCI World Financials (ISIN: IE00BJ5JP097)
Konsumgüter (defensiv)	iShares Stoxx Europe 600 Food & Beverage (ISIN: DE000A0H08H3)
Konsumgüter (zyklisch)	iShares MSCI World Consumer Discretionary (ISIN: IE00BJ5JP212)

Energie	iShares MSCI World Energy (ISIN: IE00BJ5JP105)
Versorger (Utilities)	iShares Stoxx Europe 600 Utilities (ISIN: DE000A0Q4R02)
Industrie	iShares MSCI World Industrials (ISIN: IE00BJ5JP659)
Materialien (Grundstoffe)	iShares Stoxx Europe 600 Basic Resources (ISIN: DE000A0F5UK5)
Kommunikationsdienste	iShares MSCI World Communication Services (ISIN: IE00BJ5JP436)
Immobilien	iShares Developed Markets Property Yield (ISIN: IE00B1FZS350)

Wie ich bereits dargelegt habe, liegt der Reiz der sektoralen Diversifikation in der Risikoreduktion. Verluste in einem Sektor (z. B. Technologie) werden durch Stabilitäts- oder sogar Wachstumsphasen in anderen (z. B. Versorger) ausgeglichen. Sie können sich zudem speziell vor zyklischen, also konjunkturellen Risiken absichern. Die Kombination von zyklischen (z. B. Konsumgüter) und defensiven (z. B. Gesundheit) Sektoren gleicht Konjunkturschwankungen aus und verhilft Ihnen zu einer stabilen und ausgewogenen Renditeentwicklung in Ihrem Portfolio. Sie können jedoch zugleich auch gezielt auf Wachstumschancen setzen und so eine Art Performance-Turbo in Ihrem Portfolio installieren. Denn der Zugang zu wachstumsstarken Sektoren wie Technologie oder Gesundheit lässt sich mittels ETFs sehr leicht darstellen. Dabei haben Sie gleich auf mehreren Ebenen eine sehr hohe Flexibilität bei Ihrer individuellen Asset-Allokation. Sie als Anleger können nämlich die Sektoren nach Ihrer individuellen Überzeugung oder vorherrschenden Trends gewichten (z. B. mehr Energie bei steigenden Ölpreisen).

Es gibt natürlich auch sehr spezielle Herausforderungen bei der Sektoren-Diversifikation. So haben Sie es entsprechend mit sektorspezifischen Risiken zu tun. Das heißt, dass jeder Sektor einzigartige Risiken (z. B. regulatorische Hürden im Gesundheitssektor) hat, die vorher analysiert und eingeschätzt werden müssen. Leider haben die Sektoren-ETFs oftmals höhere Kosten als breite Indizes wie der MSCI World (0,2 %). Das hängt mit dem höheren Aufwand bei der Erstellung der ETFs und den teilweise höheren Lizenzgebühren für die Nutzung bzw. Erstellung der Indizes zusammen. Passen Sie zudem auf, dass Sie nicht der Versuchung des Market-Timings unterliegen. Sektoren basierend auf kurzfristigen Trends zu wählen, kann zu Verlusten führen. Ebenso möglich: Sie verpassen einen Trend, weil Sie auf bessere Einstiegsmöglichkeiten gewartet haben. Nicht unterschätzt werden sollte die Komplexität bei der Auswahl und Gewichtung von Sektoren. Diese Tätigkeit erfordert mehr Analyseaufwand als ein Investment in einem global fokussierten ETF.

Doch wie können Sie nun eine für Sie passende sektorale Diversifikation finden?

Privatanleger können mit einem systematischen Ansatz eine sektorale Diversifikation herleiten, die ihren Zielen entspricht. Der folgende Prozess ist praxisnah und für Anleger mit begrenztem Zeitaufwand geeignet.

1. **Anlageziele und Risikobereitschaft definieren**
   - Klären Sie Ihren Anlagehorizont (z. B. 5, 10, 20 Jahre), Renditeziele und Risikotoleranz.
   - Beispiel: Ein 30-jähriger Anleger mit hoher Risikobereitschaft und 15-jährigem Horizont kann zyklische Sektoren wie Technologie übergewichten.
   - Fragen: Möchten Sie Wachstum (z. B. Technologie) oder Stabilität (z. B. Versorger)? Wie viel Verlust können Sie verkraften?
2. **Wirtschafts- und Marktanalyse durchführen**
   - Analysieren Sie makroökonomische Faktoren wie Zinsen, Inflation, Wirtschaftswachstum und geopolitische Ereignisse, die Sektoren beeinflussen.

- Ressourcen: Finanzportale (z. B. Bloomberg, Morningstar), ETF-Anbieter (z. B. iShares, Vanguard), X-Beiträge zu Markttrends.

3. **Referenzportfolio prüfen**
   - Nutzen Sie einen breiten Markt-ETF (z. B. MSCI World) als Ausgangspunkt, um die typische Sektorgewichtung zu erreichen. Der MSCI World (Stand 2025) hat beispielsweise 25 % Technologie, 15 % Finanzen, 12 % Gesundheitswesen.
   - Vergleichen Sie diese Gewichtung mit Ihren Präferenzen. Möchten Sie Technologie übergewichten oder defensive Sektoren stärken?
   - Tool: ETF-Factsheets auf justETF oder Morningstar.
4. **Sektoren auswählen**
   - Wählen Sie 4–6 Sektoren, um Diversifikation zu gewährleisten, ohne zu komplex zu werden. Kombinieren Sie zyklische (z. B. Technologie, Industrie) und defensive Sektoren (z. B. Gesundheitswesen, Konsumgüter).
   - Berücksichtigen Sie Megatrends: etwa KI (Technologie), demografischer Wandel (Gesundheitswesen), Energiewende (Energie).
   - Beispiel: Technologie (Wachstum), Gesundheitswesen (Stabilität), Energie (Inflationsschutz), Konsumgüter (Defensive).
5. **Gewichtung festlegen**
   - Verteilen Sie Ihr Kapital basierend auf Risikobereitschaft und Marktanalyse. Faustregel: 10–25 % pro Sektor, maximal 30 % in einem Sektor, um Konzentration zu vermeiden.
   - Beispiel: 25 % Technologie, 20 % Gesundheitswesen, 20 % Finanzen, 15 % Konsumgüter, 10 % Energie, 10 % Versorger.
   - Anpassung: Übergewichten Sie Sektoren mit starkem Potenzial (z. B. Technologie bei Innovationen) und untergewichten Sie schwache (z. B. Immobilien bei hohen Zinsen).

6. **Sektor-ETFs auswählen**
   - Wählen Sie ETFs mit niedrigen Kosten (TER < 0,5 %), hohem Fondsvolumen (> 100 Mio. €) und guter Liquidität (enge Spreads).
   - Tool: ETF-Screener auf justETF oder Börsenwebsites.
7. **Portfolio umsetzen und überwachen**
   - Investieren Sie über einen Sparplan oder Einmalanlagen. Führen Sie jährlich ein Rebalancing durch oder bei starken Abweichungen (etwa wenn ein Sektor mehr als 30 % ausmacht).
   - Beispiel: Verkaufen Sie Anteile eines übergewichteten Sektors (z. B. Technologie nach Rally) und reinvestieren Sie in untergewichtete Sektoren (z. B. Versorger).
   - Monitoring: Nutzen Sie Depot-Tools oder Apps für Performance-Tracking.

Szenario: Max, 35 Jahre, spart für den Vermögensaufbau, Dauer: 20 Jahre, moderate Risikobereitschaft, 500 € monatlich.

- **Schritt 1: Ziele**
  Wachstum mit Stabilität, Fokus auf Megatrends wie KI und Gesundheit.
- **Schritt 2: Marktanalyse**
  Niedrige Zinsen fördern Technologie; demografischer Wandel stärkt Gesundheitswesen; Energiewende bietet Potenzial.
- **Schritt 3: Referenz**
  MSCI World hat 25 % Technologie, 12 % Gesundheitswesen. Max möchte Technologie und Gesundheitswesen übergewichten.
- **Schritt 4: Sektoren**
  Technologie, Gesundheitswesen, Konsumgüter, Energie.
- **Schritt 5: Gewichtung**
  30 % Technologie, 25 % Gesundheitswesen, 25 % Konsumgüter, 20 % Energie.

- **Schritt 6: ETFs**
  - Technologie: iShares Nasdaq 100 (ISIN: IE00B53SZB19)
  - Gesundheitswesen: Vanguard Health Care (ISIN: US92204A5048)
  - Konsumgüter: iShares MSCI World Consumer Staples (ISIN: IE00BJ5JP329)
  - Energie: SPDR S&P Oil & Gas Exploration (ISIN: US78468R5569)
- **Schritt 7: Monitoring**
  Jährliches Rebalancing; Depot-App für Tracking

Ergebnis: Max' Portfolio ist diversifiziert, nutzt Megatrends und balanciert Wachstum mit Stabilität. Bei einer durchschnittlichen Rendite von 7 % p. a. könnte sein Depot in 20 Jahren einen Wert von etwa 260.000 € erreichen (vor Steuern und Inflation).

Sektorale Diversifikation ist ein mächtiges Werkzeug, um Risiken zu minimieren und von wirtschaftlichen Trends zu profitieren. Mit dem vorgestellten Analyseansatz können Privatanleger ein ausgewogenes ETF-Portfolio aufbauen, das ihre Ziele und Marktbedingungen widerspiegelt. Beginnen Sie mit klaren Zielen, analysieren Sie makroökonomische Treiber, wählen Sie maximal 4–6 Sektoren und nutzen Sie kostengünstige ETFs, um Ihr Portfolio aufzubauen. Regelmäßiges Rebalancing und ein Notgroschen sorgen für langfristigen Erfolg. Sektorale Diversifikation macht Ihr Portfolio widerstandsfähiger und flexibel, vergibt dabei aber keine Wachstumschancen – ein Schlüssel zum Vermögensaufbau.

6.2.3 Diversifikation über Anlageklassen

Die Diversifikation über Anlageklassen hilft, das Risiko zu reduzieren, das mit der Entwicklung einzelner Märkte verbunden ist. Dabei spielen die vorher angeführten Ansätze über die Sektoren oder Regionen keine Rolle. Hierbei geht es darum, die Risiken über die einzelnen Anlageklassen zu streuen. Es macht speziell mit Blick auf die Anlagedauer, das Alter und die individuelle Risikoneigung Sinn, einen tiefgehenderen Blick darauf zu werfen.

Die Diversifikation über Anlageklassen zielt darauf ab, Kapital auf verschiedene Vermögensarten wie Aktien, Anleihen, Immobilien oder Rohstoffe zu verteilen, um das Risiko von Verlusten zu reduzieren. Jede Anlageklasse hat spezifische Eigenschaften, die von wirtschaftlichen Faktoren wie Zinsen, Inflation oder Konjunktur beeinflusst werden. Während Aktien in Boomphasen hohe Renditen bieten, können Anleihen in Rezessionen Stabilität liefern. Durch die Kombination verschiedener Anlageklassen wird das Portfolio weniger anfällig für Schwankungen in einer einzelnen Kategorie.

Beispiel: Im Jahr 2022 führten steigende Zinsen zu Rückgängen bei Aktien und Anleihen, während Rohstoffe wie Öl oder Gold an Wert gewannen. Ein Anleger mit einem reinen Aktienportfolio erlitt Verluste, während ein diversifiziertes Portfolio mit Rohstoffen und Immobilien stabiler war. Anlageklassen-Diversifikation gleicht Schwankungen aus und fördert langfristige Stabilität.
Die Vorteile der Anlageklassen-Diversifikation lassen sich relativ leicht darstellen, da sie denen der Sektoren- und Länderdiversifikation sehr stark ähneln.

Natürlich können sie auch mit der Mischung von verschiedenen Anlageklassen eine Risikoreduktion erreichen. Verluste in einer Anlageklasse (z. B. Aktien) werden durch die Stabilität oder bestenfalls Gewinne in anderen Klassen (z. B. Anleihen) ausgeglichen.

Sie haben die Möglichkeit, sich im Gegensatz zur Sektor- und Länderdiversifikation vor Konjunkturrisiken abzusichern. Die Kombination von zyklischen (z. B. Aktien) und defensiven Anlageklassen (z. B. Anleihen) gleicht wirtschaftliche Schwankungen aus. Sie können je nach Gewichtung der Anlageklassen außerhalb von Aktien die Abhängigkeit von konjunkturellen Entwicklungen steuern und vermeiden. Sehr interessant ist auch die Möglichkeit zum Inflationsschutz durch eine entsprechende Asset-Allokation mittels Investments in Rohstoffe und Immobilien, die vor steigenden Preisen schützen, da sie in den Inflationsphasen ebenfalls steigen bzw. teilweise selbst inflationstreibend wirken. Die Einfachheit, mittels ETFs Zugang zu allen Anlageklassen zu bekommen, zeigt die Flexibilität auf, die Anleger haben, um die Gewichtungen der Anlageklassen an die individuelle Risikobereitschaft oder den vorherrschenden Markttrend anpassen zu können.

Die Herausforderungen der Anlageklassen-Diversifikation beziehen sich insbesondere auf die potenziellen Korrelationsrisiken der einzelnen Anlageklassen. In extremen Krisenzeiten (wie z. B. 2008) können mehrere Anlageklassen gleichzeitig fallen. Wenn sich die globale Konjunktur in der Abschwungphase befindet, werden meist Aktien, Anleihen, Rohstoffe und Immobilien zugleich getroffen. Stark spezialisierte ETFs aus dem alternativen Investmentbereich (z. B. Kryptowährungen, Hedgefonds) haben oft wesentlich höhere Kosten als Aktien- oder Anleihe-ETFs. Nicht zuletzt die Komplexität einer ausgewogenen Asset-Allokation erfordert ein tiefgehendes Verständnis für makroökonomische Zusammenhänge.

Anlageklasse	Beschreibung	Chancen	Risiken
Aktien	Umfassen Unternehmensanteile aus verschiedenen Sektoren und Regionen (z. B. Apple, Siemens, Nestlé).	Hohe langfristige Renditen (historisch 7–10 % p. a.), Wachstum durch Unternehmensgewinne und Innovationen. Profitieren von wirtschaftlichem Aufschwung.	Hohe Volatilität, besonders in Rezessionen oder bei geopolitischen Krisen. Einzelne Märkte oder Sektoren können stark schwanken.

➤

Anleihen	Umfassen Staats-, Unternehmens- oder Schwellenländeranleihen mit festen oder variablen Zinsen (z. B. deutsche Bundesanleihen, US-Treasuries).	Stabile Erträge durch Zinszahlungen, geringere Volatilität als Aktien. Defensiver Charakter in Krisen.	Zinssensitiv (steigende Zinsen drücken Anleihekurse). Kreditrisiko bei Unternehmensanleihen oder Schwellenländern. Geringere Renditen (historisch 2–5 % p. a.).
Immobilien	Umfassen Immobilienfonds (REITs) oder Immobilienaktien, die in Wohn-, Gewerbe- oder Logistikimmobilien investieren (z. B. Vonovia, Prologis).	Stabile Mieteinnahmen, Inflationsschutz, hohe Dividenden. Nachfrage nach Logistikimmobilien durch E-Commerce.	Zinsempfindlich, da steigende Zinsen Finanzierungskosten erhöhen. Regionale Immobilienkrisen oder Leerstände können belasten.
Rohstoffe	Umfassen Edelmetalle (z. B. Gold, Silber), Energie (z. B. Öl) oder Agrarprodukte (z. B. Weizen). ETFs investieren oft in Futures oder Rohstoffaktien.	Inflationsschutz, Absicherung gegen geopolitische Krisen (z. B. Gold als sicherer Hafen). Nachfrage in Schwellenländern treibt Preise.	Hohe Volatilität durch Angebot und Nachfrage. Keine laufenden Erträge wie Dividenden oder Zinsen. Futures-ETFs können durch Contango Verluste erleiden.
Alternative Investments	Umfassen Hedgefonds, Private Equity, Kryptowährungen oder Infrastruktur, oft über spezialisierte ETFs zugänglich (z. B. Bitcoin-ETFs, Infrastruktur-ETFs).	Niedrige Korrelation mit Aktien und Anleihen, hohe Renditechancen (z. B. Kryptowährungen in Bullenmärkten). Infrastruktur bietet stabile Erträge.	Hohe Volatilität und Komplexität. Kryptowährungen sind spekulativ, Hedgefonds-ETFs haben hohe Kosten. Eingeschränkte Liquidität möglich.

Branche	Beispiel ETF
Aktien	iShares MSCI World (ISIN: IE00B4L5Y983)
Anleihen	iShares Core Global Aggregate Bond (ISIN: IE00BDBRDM35)
Immobilien	iShares Developed Markets Property Yield (ISIN: IE00B1FZS350)
Rohstoffe	iShares Physical Gold ETC (ISIN: IE00B4ND3602)
Alternative Investments	WisdomTree Bitcoin (ISIN: GB00BJYDH287)

Wie kann ein Analyseansatz für Privatanleger zur Anlageklassen-Diversifikation im Schritt-für-Schritt-Modus aussehen?

1. **Ziele und Risikobereitschaft klären**
   - Definieren Sie Ihr Anlageziel (z. B. Vermögensaufbau, Einkommen), Anlagehorizont und Risikotoleranz.
   - Beispiel: Ein 40-jähriger Anleger mit mittlerer Risikobereitschaft und 20 Jahren Horizont kann 70 % in Aktien und 30 % in Anleihen investieren.
2. **Anlageklassen und Treiber verstehen**
   - Informieren Sie sich über die Eigenschaften und Treiber der Anlageklassen (z. B. Konjunktur für Aktien, Zinsen für Anleihen).
   - Ressourcen: ETF-Anbieter-Websites (z. B. iShares, Vanguard), justETF.
3. **Historische Performance und Risiken prüfen**
   - Vergleichen Sie Renditen und Volatilität über 10–20 Jahre. Aktien: 7–10 % Rendite, 15–20 % Volatilität; Anleihen: 2–5 % Rendite, 5–10 % Volatilität.
   - Tools: Morningstar, justETF.

4. **Makroökonomische Trends berücksichtigen**
   - Analysieren Sie Faktoren wie Zinsen, Inflation oder Konjunktur. Hohe Inflation begünstigt Rohstoffe, steigende Zinsen belasten Immobilien.
   - Quellen: Finanzportale (z. B. Bloomberg), X-Beiträge.
5. **Portfolio-Allokation festlegen**
   - Wählen Sie eine Mischung basierend auf Ihrem Risikoprofil. Faustregel für moderate Risikobereitschaft: 50–60 % Aktien, 30–40 % Anleihen, 5–10 % Rohstoffe/Immobilien, 0–5 % alternative Investments.
   - Beispiel: 50 % Aktien, 30 % Anleihen, 10 % Immobilien, 10 % Gold.
6. **ETFs auswählen**
   - Wählen Sie ETFs mit niedrigen Kosten (TER < 0,5 %), hohem Fondsvolumen (> 500 Mio. €) und physischer Replikation (bei Aktien/Anleihen).
   - Beispiel: iShares MSCI World, iShares Core Global Aggregate Bond.
7. **Regelmäßiges Rebalancing**
   - Überprüfen Sie die Gewichtung mindestens jährlich. Wenn Aktien über die angestrebte Gewichtung steigen, verkaufen Sie Anteile und stocken Anleihen auf.
   - Beispiel: Ziel 50 % Aktien, 30 % Anleihen; nach einem Jahr 60 % Aktien, 25 % Anleihen – Rebalancieren auf Zielallokation.

Beispiel:

Szenario: Lisa, 45 Jahre, spart für die Rente in 20 Jahren, mittlere Risikobereitschaft, 500 € monatlich.

- **Schritt 1: Ziele**
  Vermögensaufbau mit moderatem Risiko.
- **Schritt 2: Anlageklassen**
  Lisa erkennt, dass Aktien Wachstum bieten, Anleihen Stabilität und Gold Inflationsschutz.

- **Schritt 3: Performance**
  Aktien (8 % Rendite, 15 % Volatilität), Anleihen (3 %, 5 %), Gold (5 %, 12 %).
- **Schritt 4: Trends**
  Inflation begünstigt die Anlage in Gold, moderate Konjunkturentwicklung unterstützt Aktien.
- **Schritt 5: Allokation**
  - 50 % Aktien, 30 % Anleihen, 10 % Immobilien, 10 % Gold
- **Schritt 6: ETF-Auswahl**
  Niedrige TER, hohes Volumen
  - 50 % iShares MSCI World (250 €)
  - 30 % iShares Core Global Aggregate Bond (150 €)
  - 10 % iShares Developed Markets Property Yield (50 €)
  - 10 % iShares Physical Gold ETC (50 €)
- **Schritt 7: (Jährliches) Rebalancing**

Beispielportfolios für verschiedene Diversifikationsstrategien

Zum Schluss dieses Kapitelabschnitts führe ich einige Diversifikations-Beispiele an, wie Sie nun die Sektoren mit verschiedenen Ländern und den unterschiedlichen Anlageklassen zusammenführen können.

Wenn Sie ein global diversifiziertes Portfolio aufstellen möchten, könnten Sie die folgende Allokation vornehmen:

- Ziel: breite Streuung über Regionen, Sektoren und Anlageklassen
- Beispiel-ETFs:
  - iShares MSCI World (Aktien, Industrieländer)
  - iShares MSCI Emerging Markets (Aktien, Schwellenländer)
  - iShares Core Global Aggregate Bond (Anleihen)
  - Invesco Physical Gold (Rohstoffe)

Ein sektoral fokussiertes Portfolio, welches sich auf die Wachstumsbranchen Technology, Healthcare und Clean Energy fokussiert, könnte folgendermaßen aufgestellt sein:

- Ziel: Fokus auf Wachstumssektoren
- Beispiel-ETFs:
  - iShares Global Tech (Technologie)
  - iShares Global Healthcare (Gesundheitswesen)
  - iShares Global Clean Energy ETF (Erneuerbare Energien)

Anleger, die ein konservatives Portfolio aufbauen wollen, könnten sich für die folgende Portfolio-Aufteilung entscheiden:

- Ziel: Sicherheit und Stabilität
- Beispiel-ETFs:
  - iShares Core Global Aggregate Bond (Anleihen)
  - iShares Global REIT (Immobilien)
  - Vanguard FTSE All-World (Aktien, breite Streuung)

Diversifikation über Anlageklassen mit ETFs ist ein bewährter Ansatz, um Risiken zu minimieren und Renditechancen zu nutzen. Durch die Kombination von Aktien, Anleihen, Immobilien, Rohstoffen und alternativen Investments schaffen Anleger ein stabiles Portfolio, das für verschiedene Marktszenarien gerüstet ist. Der vorgestellte Analyseansatz ermöglicht Privatanlegern, fundierte Entscheidungen zu treffen – auch ohne tiefgehende Finanzkenntnisse.

6.3 Rebalancing und langfristige Strategien

Ein erfolgreiches ETF-Portfolio erfordert nicht nur eine kluge Auswahl von ETFs, sondern auch eine langfristige Strategie und regelmäßige Anpassungen. Das Rebalancing habe ich bereits mehrfach angesprochen. Da es eine zentrale Rolle bei der Asset-Allokation spielt, werde ich in diesem Kapitel noch einmal genauer darauf eingehen. Durch Rebalancing und eine langfristige Anlagestrategie können Sie Ihr Portfolio optimieren und Ihre individuellen Anlageziele besser erreichen.

Rebalancing bedeutet, die Gewichtung der Anlageklassen in Ihrem Portfolio regelmäßig anzupassen, um die ursprüngliche Asset-Allokation beizubehalten. Durch Marktbewegungen können sich die Gewichtungen verschieben, was zu einem höheren Risiko oder einer suboptimalen Rendite führen kann.

Beispiel:

- **Ausgangsallokation:** 60 % Aktien-ETFs, 40 % Anleihe-ETFs
- **Nach einem Jahr:** Die Aktien-ETFs sind auf 70 % gestiegen, die Anleihe-ETFs auf 30 % gesunken.
- **Rebalancing:** Verkauf von Aktien-ETFs und Kauf von Anleihe-ETFs, um die ursprüngliche Allokation von 60/40 wiederherzustellen.

Durch das Rebalancing wird ein wirksames Risikomanagement sichergestellt und verhindert, dass Ihr Portfolio über die Anlagezeit hinweg zu risikoreich wird. Zudem kann es eine gute Strategie sein, um die Rendite zu optimieren. Durch die gewünschte Balance zwischen Risiko und Rendite behalten Sie Ihre anfangs gewählte Anlagestrategie und damit Ihre Anlageziele und Risikotoleranz bei. Es hilft Ihnen, konsequent und diszipliniert Ihrer Anlagestrategie zu folgen. Zudem erreichen Sie einen systematischen Handel, der emotionale Entscheidungen weitestgehend vermeidet. Ich habe einige Kritik bezüglich des Rebalancing-Vorschlags in meinem ersten Buch bekommen. Der Haupttenor war immer, dass der Anleger durch das Rebalancing tendenziell auf die „lahmen Pferde“ im Stall setzen würde. Diese Betrachtung stimmt so nicht, denn Sie sollten überhaupt keine „lahmen Pferde“ im Stall haben. Durch eine gute Analyse und Balance der einzelnen Anlagekomponenten in Ihrem individuellen Portfolio besitzen Sie hoffentlich nur Gewinnertitel. Durch das Rebalancing fokussieren Sie sich stets auf Ihre Ausgangsallokation. Sie können davon auch abweichen, dann sollte dies jedoch bewusst Ihre eigene Entscheidung und niemals marktgetrieben sein.

Die Häufigkeit des Rebalancings hängt von Ihren Anlagezielen und Ihrer Risikotoleranz ab. Ich habe Ihnen bereits in den anderen Kapiteln die 2 Zeitintervalle – jährlich und quartalsweise – vorgeschlagen. Es kommt grundsätzlich auf Ihre gewählten Anlageprodukte und Anlageklassen an und wie volatil sich die investierten Finanzmärkte verhalten. Typische Intervalle sind jedoch:

- **Jährlich:** einmal im Jahr das Portfolio überprüfen und anpassen.
- **Halbjährlich:** alle 6 Monate das Portfolio überprüfen und anpassen.
- **Bei signifikanten Abweichungen:** Rebalancing, wenn die Gewichtungen um einen bestimmten Prozentsatz (z. B. 5 %) von der Zielallokation abweichen.

Gerade für langfristige Strategien ist das Rebalancing entscheidend und sollte stringent verfolgt werden. Ich gebe Ihnen an dieser Stelle einige klassische Beispielstrategien für die ETF-Geldanlage mit. Zu einem späteren Zeitpunkt in diesem Buch werde ich noch andere Anlagestrategien mittels ETFs vorstellen.

a) Buy-and-Hold-Strategie

- **Beschreibung:** Kaufen Sie ETFs und halten Sie sie langfristig, unabhängig von kurzfristigen Marktschwankungen.
- **Vorteile:** niedrige Transaktionskosten, Steuervorteile, Nutzung des Zinseszinseffekts.
- **Nachteile:** erfordert Geduld und Disziplin.
- **Ziel:** langfristiger Vermögensaufbau.
- **Beispiel-ETFs:**
  - MSCI World (Aktien)
  - Core Global Aggregate Bond (Anleihen)

b) Cost-Average-Effekt-Strategie

Beschreibung: Investieren Sie regelmäßig einen festen Betrag, unabhängig von der Marktlage.

- **Vorteile:** Die Strategie reduziert das Risiko, zu einem ungünstigen Zeitpunkt zu investieren.

- **Nachteile:** geringere Flexibilität bei Marktchancen.
- **Ziel:** regelmäßige Investitionen, um das Risiko zu streuen.
- **Beispiel-ETFs:**
  - FTSE All-World (Aktien)
  - Core Global Aggregate Bond (Anleihen)

c) Core-Satellite-Strategie

- **Beschreibung:** Der „Core" besteht aus breit gestreuten ETFs (z. B. MSCI World), während die „Satelliten" aus spezialisierten ETFs (z. B. Sektor-ETFs) bestehen.
- **Vorteile:** kombiniert Stabilität mit Wachstumschancen.
- **Nachteile:** höhere Komplexität und möglicherweise höhere Kosten.
- **Ziel:** Kombination aus Stabilität und Wachstum.
- **Beispiel-ETFs:**
  - MSCI World (Core, Aktien)
  - Global Tech (Satellite, Technologie)
  - Global Clean Energy (Satellite, erneuerbare Energien)

Rebalancing und langfristige Strategien sind der Schlüssel zu einer nachhaltigen ETF-Geldanlage. Indem Sie Ihr Portfolio regelmäßig überprüfen und anpassen, können Sie Risiken minimieren und langfristig stabile Renditen erzielen. Denken Sie daran: Disziplin und Geduld sind die besten Helfer eines erfolgreichen Anlegers.

Kapitel 7

Passive vs. aktive Anlagestrategien

Die Entscheidung zwischen passiven und aktiven Anlagestrategien ist für Privatanleger von zentraler Bedeutung, da sie Rendite, Kosten und Risiko eines Portfolios maßgeblich beeinflusst. Beide Ansätze haben ihre Vor- und Nachteile, und die richtige Wahl hängt von Ihren Anlagezielen, Ihrer Risikotoleranz und Ihrem Zeithorizont ab. Passive Strategien, die in der Regel über ETFs umgesetzt werden, zielen darauf ab, einen Marktindex nachzubilden, während aktive Strategien versuchen, den Markt durch gezielte Wertpapierauswahl oder Market-Timing zu übertreffen. Dieser Buchabschnitt vergleicht passive und aktive Anlagestrategien speziell für Privatanleger, erklärt, warum passive Strategien oft besser abschneiden, beleuchtet Szenarien, in denen aktive Strategien sinnvoll sein können, und geht der Frage nach, ob aktive ETFs lediglich „alter Wein in neuen Schläuchen" sind. Ein praxisnaher Ansatz hilft Anlegern, die richtige Strategie für ihre Ziele zu wählen.

7.1 Was ist eine passive Anlagestrategie?

Bei einer passiven Anlagestrategie investieren Sie in ETFs, die einen bestimmten Index nachbilden, z. B. den S&P 500. Das Ziel ist es, die Performance des Index so genau wie möglich abzubilden, ohne aktiv in die Auswahl von Einzeltiteln einzugreifen. Dabei halten die ETFs die gleichen Wertpapiere wie der zugrunde liegende Index. Das führt in der direkten Folge zu geringeren Kosten, da die passiven ETFs niedrigere Verwaltungsgebühren haben. Wichtig ist zudem die stets vorhandene Transparenz, denn die Zusammensetzung des ETFs ist klar und nachvollziehbar. Die langfristige Performance ist oft besser als die der meisten aktiv gemanagten ETFs und Anlageprodukte. Studien haben gezeigt, dass passive ETFs besser abschneiden als aktiv gemanagte Fonds.

Die Nachteile sollten jedoch auch wahrgenommen werden. Es ist keine Outperformance möglich, da passive ETFs den zugrunde liegenden Index nicht schlagen können. Dadurch ist auch die Flexibilität der passiven Anlageprodukte begrenzt. Die passiven ETFs haben keine Möglichkeit, auf Marktchancen zu reagieren, da sie strikt der Benchmark folgen.

7.2 Was ist eine aktive Anlagestrategie?

Bei einer aktiven Anlagestrategie versucht ein Fondsmanager, durch gezielte Auswahl von Wertpapieren eine bessere Performance als der Markt zu erzielen. Es gibt auch aktiv gemanagte ETFs, die diesen Ansatz verfolgen.

a) Merkmale

- Aktive Auswahl: Der Fondsmanager wählt Wertpapiere basierend auf Analysen und Prognosen aus.
- Höhere Kosten: Aktiv gemanagte ETFs haben höhere Verwaltungsgebühren.
- Flexibilität: Der Manager kann auf Marktchancen und Risiken reagieren.

b) Vorteile

- Potenzielle Outperformance: Möglichkeit, den Markt zu schlagen.
- Risikomanagement: Der Manager kann Risiken gezielt steuern.

c) Nachteile

- Höhere Kosten: höhere TER und Handelskosten.

- Ungewissheit: keine Garantie, dass der Manager den Markt schlägt.
- Komplexität: schwieriger zu verstehen und zu bewerten.

An dieser Stelle zeige ich Ihnen noch einmal kurz die jeweiligen Kriterien einer passiven und aktiven Anlagestrategie auf. Es ist nicht nur die Chance auf potenziell höhere Gewinne einer aktiven Anlagestrategie gegenüber der passiven. Gerade der Risikoaspekt und die ohnehin fortlaufende Performance der zugrunde liegenden Benchmark werden in der Betrachtung einer passiven Anlage oft unterschätzt.

7.3 Passive vs. aktive Anlagestrategien im Vergleich

Kriterium	Passive Strategie	Aktive Strategie
Kosten	niedrig	hoch
Performance	Abbildung des Index	potenzielle Outperformance
Risikomanagement	begrenzt	flexibel
Transparenz	hoch	gering
Einfachheit	einfach	komplex

Wie können Sie nun den passenden Ansatz finden? Die Wahl zwischen passiven und aktiven Anlagestrategien hängt nicht nur von Ihren Anlagezielen, Ihrer Risikotoleranz und Ihrem Zeithorizont ab. Zusätzlich sollten Sie auch Ihre persönliche berufliche und familiäre Situation berücksichtigen.

Dadurch eignet sich die passive Strategie insbesondere für langfristig orientierte Anleger, die niedrige Kosten und stabile Renditen bevorzugen. Zudem sollten sich beruflich und privat stark eingebundene Anleger eher auf passive ETFs fokussieren. Junge Familien haben meist genug damit zu tun, sich in der neuen Familiensituation und deren

Herausforderungen zurechtzufinden. Ähnliches gilt für Berufsstarter. Es macht keinen Sinn, wenn sich ein angehender Zahnarzt auch noch als proaktiver Anleger versucht. Das ist natürlich nur ein Beispiel, gilt aber für jeden Berufsanfänger. Diese sollten sich auf ihren Beruf konzentrieren und nicht auf Anlagefragen. Das kann sich zwar mit zunehmender Berufserfahrung und Routine ändern, Anlagefragen benötigen aber Zeit und Geduld. Im Vordergrund stehen auf jeden Fall die Altersvorsorge und der langfristige Vermögensaufbau.

Aktive Strategien eignen sich für Anleger, die höhere Renditen erzielen möchten und bereit sind, höhere Kosten und Risiken in Kauf zu nehmen. Anleger mit aktiven Anlagestrategieprodukten sollten sich zumindest 1–2 Mal pro Woche mit den Aktivitäten an den internationalen Finanzmärkten beschäftigen. Darüber hinaus sollten Sie sich mit den gängigen Benchmarks auseinandersetzen und in der Lage sein, die ausgewählten Anlageprodukte mit den Benchmarks vergleichen zu können. Unterschätzen Sie nicht den zusätzlichen zeitlichen Aufwand – der pro Woche schnell 2 bis 5 Stunden betragen kann. Die Anlageziele sind kurzfristiger Natur und zielen auf die Mitnahme von Trends, Dynamiken und speziellen Marktchancen ab.

Eine anfangs ausgewählte Anlagestrategie muss nicht dauerhaft fortgeführt werden, sondern kann natürlich auch an die potenziell veränderten Lebensumstände angepasst werden. Sollten Sie mehr Erfahrung an den Finanzmärkten gesammelt haben und sich Ihr Finanzwissen, etwa durch die Lektüre dieses Buchs, erweitert haben, können Sie von einer passiven in eine aktive oder eine Kombination aus beiden Anlagestrategien wechseln.

7.4 Core-Satellite-Strategie

Die Core-Satellite-Strategie ist Ihnen bereits in Kapitelabschnitt 6.3 über den Weg gelaufen und ich will an dieser Stelle des Buchs die

Gelegenheit nutzen, um die Kernpunkte dieser weitverbreiteten Strategie noch einmal genauer darzustellen.
Viele Anleger kombinieren passive und aktive Strategien, um die Vorteile beider Ansätze zu nutzen. Dieser Vorgang wird als Core-Satellite-Strategie bezeichnet. Der „Kern" des Portfolios besteht aus passiven ETFs, die breit gestreute Indizes abbilden. Die „Satelliten" bei dieser Anlagestrategie bestehen aus aktiv gemanagten ETFs oder Einzeltiteln, die spezielle Chancen nutzen sollen. Die Vorteile liegen zum einen in der Stabilität der Anlagekonstruktion, denn der Kern bietet Stabilität und niedrige Kosten. Zum anderen wird durch die Satelliten Wachstum möglich, da sie höhere Renditen bieten als der konservative Kern. Eine mögliche Umsetzung könnte über die Verwendung des iShares MSCI World (passiv) als Strategiekern und des iShares Global Tech (aktiv) sowie von Einzelaktien aus dem Technologiesektor als Satelliten erfolgen. Es gibt zudem noch weitere Mischstrategien außerhalb der Core-Satellite-Strategie, die passive und aktive ETFs kombinieren.

7.4.1 Thematische Ergänzungsstrategie

Sie können über die thematische Ergänzungsstrategie eine Mischung vornehmen. Diese Strategie nutzt einen passiven ETF als Basis (z. B. MSCI World oder S&P 500), der 60–80 % des Portfolios ausmacht, und ergänzt ihn mit aktiven ETFs, die auf spezifische Zukunftsthemen wie künstliche Intelligenz, erneuerbare Energien oder Biotechnologie setzen (20–40 %). Die aktiven ETFs zielen auf Wachstumssektoren mit hohem Renditepotenzial ab. Denn aktive ETFs wie der ARK Genomic Revolution können von Megatrends profitieren, die überdurchschnittliche Renditen liefern (z. B. 30–50 % in Bullenmärkten). Die Stabilität in der Anlagestrategie bekommen Sie durch die konservativere Basis. Der passive ETF sorgt für Diversifikation und reduziert das Risiko thematischer Fehlentscheidungen. Ihnen ist jederzeit die Möglichkeit gegeben, die Strategie flexibel anzupassen. Anleger können Themen nach Überzeugung oder Trends wählen (z. B. Klimawandel, Digitalisierung etc.).

Die Risiken sollten Ihnen ebenfalls bekannt sein, denn es kann bei dieser Anlagestrategie zu einer höheren Volatilität kommen. Thematische ETFs sind oft spezialisiert und können stark schwanken (ARK-ETFs fielen 2021–2022 z. B. um über 60 %). Zudem hängt der Erfolg aktiver ETFs von den Entscheidungen und Fähigkeiten des Fondsmanagers ab. Zu guter Letzt sind noch die mit der Strategie verbundenen höheren Kosten zu erwähnen: Aktive ETFs haben oft höhere Verwaltungskosten als passive ETFs.

7.4.2 Taktische Allokationsstrategie

Die taktische Allokationsstrategie kombiniert passive ETFs (50–70 %) mit aktiven ETFs (30–50 %), die basierend auf kurz- bis mittelfristigen Markttrends oder makroökonomischen Entwicklungen (z. B. Zinsen, Inflation) ausgewählt werden. Dabei passen Sie die Gewichtung dynamisch an, um von Marktchancen zu profitieren, etwa durch Übergewichtung von Finanz-ETFs bei steigenden Zinsen oder Rohstoff-ETFs bei Inflation. Sie merken bereits, dass bei diesen Anlagestrategien Ihre aktive Mitgestaltung und Marktmeinung gefragt sind. Durch proaktive Marktanpassungen mittels der aktiven ETFs ermöglicht die Anlagestrategie, auf Trends wie steigende Rohstoffpreise oder Sektorenrotation zu reagieren. In Bezug auf das Risikomanagement bieten der passive ETF oder auch mehrere passive ETFs eine stabile Basis, während die aktiven ETFs gezielte Renditechancen ermöglichen. Das ergibt ein enormes Potenzial für Outperformance gegenüber der gewählten Benchmark oder einem klassischen passiven Ansatz.

Taktische Anpassungen können den Markt schlagen, wenn Trends korrekt erkannt werden. Daraus ergeben sich aber auch schon die potenziellen Risiken, beispielsweise können Market-Timing-Fehler begangen werden. Falsche Einschätzungen von Trends können zu

Verlusten führen. Nicht unwesentlich ist der damit verbundene höhere zeitliche Aufwand, denn die Strategie erfordert regelmäßige Marktanalysen und Anpassungen der Portfoliokomponenten. Und auch bei dieser Anlagestrategie sind die höheren Transaktionskosten und gegebenenfalls Steuern zu beachten: Durch das häufige Umschichten erhöhen sich die Transaktionskosten und dies kann zusätzliche steuerliche Belastungen auslösen.

7.4.3 Risikoparität-Strategie

Sie können die Mischformen der passiven und aktiven Anlagestrategien auch von der Risikoseite angehen und dies mittels der Risikoparität-Strategie mit aktiven Akzenten umsetzen. Diese Strategie verteilt das Risiko mithilfe passiver ETFs (60–80 %) gleichmäßig über die ausgewählten Anlageklassen (Aktien, Anleihen, Rohstoffe) und ergänzt sie mit aktiven ETFs (20–40 %), die in spezifischen Märkten oder Sektoren Alpha generieren sollen. Ziel ist ein Portfolio, das unabhängig von Marktrichtungen stabile Renditen liefert, etwa durch aktive Anleihe-ETFs für Zinschancen oder aktive Rohstoff-ETFs für Inflationsschutz. Diese Strategie zielt insbesondere auf schwierige makroökonomische Handelsphasen ab, in denen spezielle Risikofaktoren abgesichert werden sollen. Der Charme liegt in der Möglichkeit, eine Risikobalance erwirken zu können. Die gleichmäßige Risikoverteilung reduziert die Abhängigkeit von einer Anlageklasse und sichert damit eine stabilere Renditeverteilung. Die passiven ETFs sorgen für Konstanz, während aktive ETFs gezielte Chancen nutzen.

Diese Anlagestrategie zielt insbesondere auf den Inflations- und Zinsschutz ab. Die aktiven ETFs können auf makroökonomische Veränderungen reagieren und die Anlagestrategie entsprechend eingestellt werden. Es handelt sich hierbei um eine relativ komplexe Anlagestratege, die ein gewisses Marktverständnis und Finanzwissen voraussetzt. Die Risikoparität erfordert ein tiefgehendes Verständnis für die Korrelationen der Anlageklassen untereinander und die verschiedenen Volatilitäten als Reaktion auf die Marktszenarien. Diese Strategie priorisiert ganz eindeutig die Stabilität Ihrer Renditeerwartungen, was das grundsätzliche Wachstumspotenzial einschränken kann. Wenn Sie sich gegen Marktrisiken und potenzielle Unsicherheiten mittels aktiven Vorgehens absichern wollen, werden Sie zwangsläufig auf potenzielle Renditechancen verzichten müssen. Es wird Ihnen kaum gelingen, jedes Mal genau den richtigen Zeitpunkt für Ihre Umschichtungen zu treffen. Das wird langfristig Rendite kosten. Auch bei dieser risikooptimierten Anlagestrategie handelt es sich um ein proaktives, mittels aktiver ETFs umgesetztes Vorgehen, das die Gesamtkosten im Vergleich zu rein passiv gesteuerten Portfolios erhöht.

Die passiven und aktiven ETF-Mischstrategien bieten demnach folgende Vorteile:

- Die Balance zwischen Stabilität und Rendite – die passiven ETFs bieten Diversifikation, aktive ETFs zusätzlich Chancen auf Outperformance.
- Eine gewisse Flexibilität zur individuellen Nachjustierung – Anleger können Strategien an Marktbedingungen oder Überzeugungen anpassen.
- Eine relative Kosteneffizienz – ETFs haben niedrigere Kosten als aktiv gemanagte Fonds oder Einzelaktien und bieten zudem eine gute Grunddiversifikation.
- Die einfache Zugänglichkeit zu ETF-Anlagen – Sparpläne ermöglichen sogar Investitionen mit kleinen Sparbeträgen und bieten dadurch ein hohes Maß an Streuung.
- Eine hohe Transparenz und insbesondere die nachhaltige Klarheit – ETFs müssen regelmäßig ihre Bestände offenlegen, was den Anlegern Vertrauen vermittelt und eine permanente Transparenz schafft.

Es gibt aber auch mit den aktiven Anlagestrategien verbundene Herausforderungen, die Sie berücksichtigen sollten:

- Es fallen höhere Kosten durch die Verwendung aktiver ETFs an. Aktive ETFs haben höhere Verwaltungskosten als passive, was die Rendite schmälern kann, wenn die Benchmark nicht überboten werden kann.
- Die Performance der aktiv gemanagten ETFs hängt von den Fähigkeiten des Fondsmanagements ab.
- Die Komplexität der damit verbundenen Analysetätigkeit und der Zeitaufwand sollten nicht unterschätzt werden. Die Auswahl und Gewichtung der einzelnen Anlagestrategiekomponenten erfordert mehr Analyse als ein rein passives ETF-Portfolio.
- Es besteht ein latentes Market-Timing-Risiko. Taktische Anpassungen können fehlschlagen, wenn Trends falsch eingeschätzt werden oder zu lange gewartet wird. Dann verlieren Sie Performance, die Sie unter Umständen nicht mehr einholen können.
- Zuletzt dürfen die steuerlichen Auswirkungen nicht unterschlagen werden. Häufiges Umschichten kann Kapitalertragsteuer auslösen, die beim Verkauf der ETF-Bestände sofort fällig wird und Ihre Rendite mindert.

Ich gebe Ihnen auch in diesem Buchabschnitt eine Kurzanleitung mit auf dem Weg, wie Sie als klassischer Privatanleger eine für Sie passende Mischstrategie mit einem einfachen, praxisnahen individuellen Ansatz entwickeln können:

1. **Klären Sie Ihre individuellen Ziele und Ihre Risikobereitschaft**
    - Definieren Sie Ihr Anlageziel (z. B. Wachstum, Stabilität), Ihren Anlagehorizont und Ihre Risikotoleranz.
    - Beispiel: Ein 35-jähriger Anleger mit hoher Risikobereitschaft kann die thematische Ergänzungsstrategie wählen.

2. **Verstehen Sie die Treiber und Dynamik Ihrer Strategien**
   - Informieren Sie sich über die Eigenschaften der Strategien (z. B. thematische ETFs für Wachstum, taktische Allokation für Flexibilität).
   - Ressourcen: ETF-Anbieter-Websites (z. B. iShares, ARK Invest).
3. **Prüfen Sie die mit Ihrer Strategieumsetzung verbundenen Kosten und schauen Sie sich die historische Performance an**
   - Vergleichen Sie die Renditen und die Volatilität von passiven und aktiven ETFs über 5–10 Jahre. Passive ETFs liefern stabile 7–10 % p. a., aktive ETFs wie ARK können 20–50 % in guten Jahren, in schlechten Jahren aber auch starke Verluste bringen.
   - Tools: Morningstar.
4. **Berücksichtigen Sie Markttrends und Marktthemen**
   - Analysieren Sie makroökonomische Faktoren (z. B. Zinsen, Inflation) oder Megatrends (z. B. KI, Klimawandel), um passende und Ihrer Risikotoleranz entsprechende aktive ETFs auszuwählen.
   - Quellen: Bloomberg, Finanzportale, X-Beiträge.
5. **Legen Sie Ihre Portfolio-Allokation fest**
   - Wählen Sie eine Strategie und verteilen Sie das Kapital entsprechend. Faustregel: 60–80 % passive ETFs für Stabilität, 20–40 % aktive ETFs für Renditepotenzial.
   - Beispiel thematische Ergänzung: 70 % passiv, 30 % aktiv; taktische Allokation: 50 % passiv, 50 % aktiv.
6. **ETF-Auswahl**
   - Wählen Sie ETFs mit niedrigen Kosten, hohem Anlagevolumen/AUM (> 100 Mio. EUR) und klaren Anlagestrategien. Achten Sie auch auf die Umsetzung der Strategien, die etwa mittels Derivaten oder in physischer Form erfolgt. Ziehen Sie physische Anlageformen bestenfalls vor.
   - Beispiele: iShares MSCI World, ARK Innovation.

7. **Regelmäßiges Monitoring und Rebalancing:**
   - Überprüfen Sie quartalsweise, halbjährlich oder jährlich die Performance und Gewichtung. Passen Sie z. B. halbjährlich die Allokation an, um Ihre individuelle Zielstrategie zu halten.
   - Beispiel: Wenn aktive ETFs 50 % ausmachen (Ziel: 30 %), verkaufen und in passive ETFs reinvestieren.
8. **Halten Sie Liquidität vor:**
   - Halten Sie bestenfalls 3–6 Monatsausgaben als Liquidität vor, um Zwangsverkäufe zu vermeiden. Nichts ist schlimmer und hat oft sehr ungünstige Folgen, als wenn Sie durch nicht vorhersehbare Umstände zu Notverkäufen Ihrer ETFs gezwungen werden.

Zur besseren Veranschaulichung zeige ich Ihnen ein Beispiel auf:
Szenario: Paul, 32 Jahre, will 15 Jahre lang 300 € monatlich für den Vermögensaufbau sparen. Er hat eine hohe Risikobereitschaft.

- **Schritt 1: Ziele**
  Wachstum durch Megatrends nutzen.
- **Schritt 2: Strategie**
  Paul wählt die thematische Ergänzungsstrategie.
- **Schritt 3: Performance**
  MSCI World (8 % Rendite, 15 % Volatilität), ARK-ETFs (20 % Rendite, 30 % Volatilität).
- **Schritt 4: Trends**
  KI und erneuerbare Energien sind vielversprechend.
- **Schritt 5: Allokation**
  - 70 % passiver Welt-ETF
  - 20 % technologische Innovation
  - 10 % saubere Energie
- **Schritt 6: ETF-Auswahl**
  - iShares Core MSCI World (210 €, ISIN: IE00B4L5Y983, TER 0,20 %)
  - ARK Innovation (60 €, ISIN: US00214Q1040, TER 0,75 %)

    - Global X CleanTech (30 €, ISIN: IE00BMH5YL08, TER 0,50 %)
- **Schritt 7: Rebalancing**
  Halbjährlich
- **Schritt 8: Notgroschen**
  Paul hält 5.000 € in Form von Tagesgeld als Liquiditätsreserve vor.

Passive und aktive ETF-Mischstrategien bieten Privatanlegern eine kraftvolle Möglichkeit, Stabilität und Rendite zu verbinden. Die thematische Ergänzungsstrategie nutzt Megatrends, die taktische Allokationsstrategie passt sich dynamisch an die Entwicklungen der Finanzmärkte an, und die Risikoparität-Strategie sorgt für Balance. Der vorgestellte Analyseansatz hilft, die passende Strategie zu wählen und umzusetzen. Beginnen Sie mit einer klaren Zielsetzung, kombinieren Sie kostengünstige passive und gezielte aktive ETFs, und rebalancieren Sie regelmäßig, um langfristig erfolgreich zu investieren.

Die Wahl zwischen passiven und aktiven Anlagestrategien ist eine der wichtigsten Entscheidungen bei der ETF-Geldanlage. Beide Ansätze haben ihre Vor- und Nachteile, und die richtige Wahl hängt von Ihren individuellen Anlagezielen und Ihrer individuellen Situation ab. Indem Sie die Vor- und Nachteile abwägen und gegebenenfalls eine Kombination aus beiden Strategien wählen, können Sie ein Portfolio aufbauen, das zu Ihren Bedürfnissen passt. Denken Sie daran: Die beste Strategie ist die, die sie langfristig diszipliniert verfolgen können, ohne schlaflose Nächte in Kauf nehmen zu müssen.

7.5 Warum passive Strategien oft besser abschneiden

Studien zeigen, dass passive ETFs oft besser abschneiden als aktiv gemanagte Fonds. In diesem Kapitel erfahren Sie, warum das so ist und welche Vorteile passive Strategien bieten. Wie bereits dargelegt, investieren Sie bei einer passiven Anlagestrategie in ETFs, die einen bestimmten Index nachbilden. Das Ziel ist es, die Performance des Index so genau wie möglich abzubilden, ohne aktiv in die Auswahl von Einzeltiteln einzugreifen. Am bekanntesten und sehr beliebt sind dabei die Vertreter aus der MSCI-World-Serie. Der MSCI World Index ist ein Index, der große und mittelgroße Unternehmen aus 23 Industrieländern abbildet. Aber auch der marktbreite US-Aktienindex S&P 500 hat stark an Beliebtheit zugelegt. Er ist ein US-Aktienindex, der die 500 größten Unternehmen in den USA abbildet.

Warum schneiden nun passive Strategien oft besser ab als die aktiven Vertreter der Branche?

Das liegt zum einen an der Kostenstruktur und den damit verbundenen niedrigen Kosten. Passive ETFs haben deutlich niedrigere Gebühren als aktiv gemanagte Fonds. Insbesondere bei sehr langen Anlagehorizonten kann es so sehr schnell zu hohen Kostenblöcken kommen. Die Verwaltungskosten eines passiven MSCI-World-ETFs betragen oft nicht mal 0,1 % oder sogar weniger, während aktiv gemanagte Fonds oft Gebühren von mindestens 1 % oder mehr haben können. Es liegt in der Natur der Anlagekonstruktion, dass die Handelskosten niedriger sind. Passive ETFs handeln seltener, was die Transaktionskosten reduziert. Sie replizieren lediglich die ausgewählte Benchmark und behalten die Gewichtung der einzelnen Indexkomponenten bei.

Die Transparenz und Vorhersehbarkeit der ETF-Zusammensetzungen sind wesentliche Merkmale, wenn Sie sich mit der ETF-Anlage beschäftigen. Sie kaufen das, was Sie über den gesamten Anlagezeitraum auch haben wollen. Bei den aktiv gemanagten ETFs kann es während der Laufzeit zu Veränderungen bei der ETF-Positionierung kommen. Das zieht sich dann nicht über die Branchen und Sektoren, sondern betrifft vielmehr die Zusammensetzung der einzelnen Branchen-ETFs zum Erreichen der Überperformance bei den Anlagezielen. Des Weiteren kommt es gerade im Fondssektor häufig zu langen Verzögerungen bei der Publizierung der jeweiligen Fonds- und ETF-Portfolios. Diese werden oftmals nicht börsentäglich, sondern eher wöchentlich, monatlich oder quartalsweise vorgenommen. Der Vorhersehbarkeit der ETF-Performance liegt die Tatsache zugrunde, dass die Performance des ETFs der des Index folgt, was den Anlegern wiederum eine Art „Planungssicherheit“ bietet.

Ich bin zu Beginn dieses Buchabschnitts auf die zuverlässigere langfristige Performance von passiven Anlageprodukten eingegangen. Studien haben wiederholt und eindrucksvoll belegt, dass die passiven Anlageprodukte besser in der Performance-Entwicklung sind als 90 % der aktiv gemanagten Anlageprodukte. Untersuchungen wie die von SPIVA (S&P Indices Versus Active) zeigen, dass die Mehrheit der aktiv gemanagten Fonds ihren Benchmark-Index langfristig nicht schlägt. Genau genommen schaffen es weniger als 10 % der aktiv gemanagten Fonds, über einen Zeitraum von 15 Jahren ihre Benchmark in Form von Aktienindizes in der Performance-Entwicklung zu schlagen. Zuletzt möchte ich noch einmal hervorheben, dass es durch die Konstruktion des passiven Anlageansatzes zu keinen Managementfehlern kommen kann. Das bedeutet, dass die Nachbildung der Benchmark Fehlallokationen und damit verbundene Risiken größtenteils ausschließt. Passive ETFs sind nicht von den Fehlern oder der Überzeugung eines Fondsmanagers abhängig. Es gibt natürlich das Problem des Tracking-Errors, aber dieser ist im Verhältnis zu den potenziellen Risiken einer falschen Aktienauswahl vernachlässigbar.

Ich möchte an dieser Stelle die Kritik an passiven Anlagestrategien nicht unterschlagen. Da wäre zum einen die begrenzte Flexibilität bei der Anpassung der Anlagestrategie zu nennen. Die passiven ETFs folgen bekanntlich stur der zugrunde liegenden Benchmark und haben keinen Spielraum, um die Gewichtungen der Einzelkomponenten zu verändern, auf Marktchancen oder Risiken zu reagieren oder gar auf andere potenzielle Unternehmen auszuweichen. Das sollte immer im Hinterkopf behalten werden. Denn die Chance auf eine mögliche

Outperformance zur Benchmark wird latent vergeben. Passive ETFs können den Index konstruktionsbedingt nicht schlagen.

Ein weiterer Nachteil liegt in der teilweise hohen Marktkonzentration, denn die passiven ETFs sind oft stark in großen Unternehmen investiert, was zu einer Konzentration des Risikos führen kann. Denken Sie nur an die großen US-Indizes, die teilweise stark von den Mega Caps der US-Technologiekonzerne dominiert und beeinflusst worden sind. Eine Handvoll von Unternehmen lenken das Schicksal und die Geschicke der großen US-Aktienindizes. Es handelt sich hierbei um ein Paradoxon, denn dadurch entstehende Marktverzerrungen kommen durch die zunehmende Popularität passiver ETFs zustande. Diese investieren in die favorisierten Indizes und führen bei den Indextiteln zu teilweise enormen Kapitalzuflüssen, was wiederum zu den beschriebenen Marktverzerrungen führen kann. Ein passendes Beispiel hierfür ist der MSCI World und das Problem mit der sehr hohen US-Gewichtung. Wer als passiver Anleger einen ETF auf den MSCI World Index kauft, weil er denkt, dass er dadurch eine breite Streuung in seiner Anlagestrategie erreichen würde, ist auf dem falschen Weg. Durch die enormen Marktbewertungen der großen US-Unternehmen haben diese eine Gewichtung von derzeit teilweise über 70 %. Das bedeutet, dass Anleger von passiven ETF-Produkten auf den MSCI World Index eigentlich zu über 70 % in US-Unternehmen investiert haben. Es ist also nicht immer das drin, was auf den Anlageprodukten draufsteht.

Grundsätzlich lässt sich das Fazit ziehen, dass passive Anlagestrategien zahlreiche Vorteile bieten, darunter niedrige Kosten, Transparenz und langfristige stabile Renditen. Studien zeigen, dass passive ETFs oft besser abschneiden als aktiv gemanagte Fonds. Indem Sie Ihre Anlageziele klar definieren, die passenden ETFs auswählen und regelmäßig überprüfen, können Sie die Vorteile passiver Strategien optimal nutzen. Denken Sie daran: Die beste Strategie ist die, die Sie langfristig diszipliniert verfolgen können.

7.6 Wann aktive Anlagestrategien sinnvoll sein können

Aber auch aktive Strategien können für die langfristige Anlage sinnvoll sein, denn bekanntlich bestätigen Ausnahmen die Regel. Aktiv gemanagte ETFs oder Fonds können in bestimmten Märkten oder unter speziellen Bedingungen Vorteile bieten. In diesem Kapitelabschnitt gehe ich genauer darauf ein, wann aktive Strategien eine sinnvolle Ergänzung oder Alternative zu passiven ETFs sein können.

Bei einer aktiven Anlagestrategie versucht ein Fondsmanager, durch gezielte Auswahl von Wertpapieren eine bessere Performance als der Markt zu erzielen. Aktiv gemanagte ETFs oder Fonds nutzen Analysen, Prognosen und Markteinschätzungen, um Überrenditen zu erzielen. Die Merkmale von aktiven Anlageprodukten liegen auf der Hand. Der Fondsmanager wählt Wertpapiere basierend auf Analysen und Prognosen aus und versucht sowohl durch eine Selektion der Anlagevehikel als auch über die Gewichtung der Anlagekomponenten die Benchmark zu schlagen. Das gibt den aktiv gemanagten Anlageprodukten eine größere Flexibilität, denn der Fondsmanager kann auf Marktchancen und Risiken reagieren. Insbesondere bei den Sektor-ETFs haben sich aktiv gemanagte Anlageprodukte hervorgetan. Der Fokus liegt dann auf speziellen Branchen wie Technologie oder Gesundheitswesen. Aber auch bei den thematischen ETFs haben die aktiv gemanagten Produkte einen Vorteil, da sie in Trends wie erneuerbare Energien oder künstliche Intelligenz investieren können und dadurch wesentlich beweglicher und agiler in der Strategieumsetzung sind. Das eröffnet zusätzlich die Möglichkeit, mittels Investitionen in Schwellenländer oder Small-Cap-Unternehmen in Nischenmärkten unterwegs zu sein.

Der aktive Strategieansatz eröffnet andere und teilweise spezialisierte Anlagemöglichkeiten und kann eine Bereicherung darstellen – etwa für Core-Satellite-Ansätze. Dafür können beispielsweise Investments in engen oder ineffizienten Märkten als Beimischung in Erwägung gezogen werden. In effizienten Märkten (z. B. von großen Industrieländern) sind alle Informationen bereits in den Preisen enthalten, was es schwierig macht, den Markt zu schlagen. In ineffizienten Märkten (z. B. Schwellenländer, Small Caps) gibt es jedoch mehr Möglichkeiten für aktive Manager, Überrenditen zu erzielen. In Deutschland konzentrieren sich 70 bis 80 % des kompletten Handelsvolumens ausschließlich auf die DAX-40-Unternehmen. Der Fokus auf Unternehmen aus dem MDAX oder SDAX ist daher sehr überschaubar. Die Nischenmärkte, die von großen Indizes oft nicht abgedeckt werden, können von aktiven Fondsmanagern mittels gezielter Auswahl von Wertpapieren zur Erzeugung von Alpha ausgenutzt werden. Ein aktiv gemanagter Small-Cap-ETF kann in kleinen, weniger beachteten Unternehmen hohe Wachstumspotenziale identifizieren. Gut informierte und vernetzte Fondsmanager haben in diesen Segmenten hohe Chancen, Überrenditen für ihre Investoren zu erzielen. Das kann auf der Makroebene auch auf Schwellenländer-ETFs übertragen werden. Ein guter Fondsmanager kann durch gezielte Auswahl von Unternehmen aus den Emerging Markets eine bessere Performance erzielen als ein passiver Index-ETF.

Ebenfalls interessant sind solche Ansätze bei speziellen Sektoren oder Themen. In bestimmten Sektoren oder bei speziellen Themen können aktive Manager durch fundierte Analysen und Marktkenntnisse Vorteile erzielen. Hier geht es speziell darum, ein ausgezeichnetes Know-how und Branchenverständnis für die Allokation von Unternehmen nutzen zu können. Ein aktiv gemanagter Technologie-ETF kann dadurch von der Expertise des Fondsmanagers profitieren, um die besten Unternehmen in diesem schnelllebigen Sektor auszuwählen. In diesen Anlagemärkten haben die Fondsmanager oft die Möglichkeit, den Markt zu schlagen, indem sie unterbewertete Wertpapiere identifizieren und überbewertete meiden. Auch in Marktphasen mit hoher Volatilität profitieren aktiv gemanagte Anlageprodukte in Teilen von der schnellen und flexiblen Anlagepolitik der Manager. In diesen Marktphasen mit hoher Volatilität oder Marktturbulenzen können aktive Manager flexibel reagieren und Risiken besser steuern. Während einer Finanzkrise oder Rezession kann ein aktiver Manager defensivere Positionen einnehmen, um Verluste zu minimieren, oder die bestehenden Anlagepositionen durch Hedgegeschäfte absichern beziehungsweise die Cashquote hochsteuern. Zudem kann ein aktiv gemanagter ETF Derivate nutzen, um das Portfolio gegen Marktrisiken abzusichern.

An dieser Stelle sollte noch einmal auf die Nachteile aktiver Anlagestrategien eingegangen werden. Aktiv gemanagte ETFs haben oft wesentlich höhere Verwaltungsgebühren und Handelskosten als passive ETFs. Es gibt zudem keine Garantien, dass die Fondsmanager von aktiven ETFs den jeweiligen Markt schlagen. Wie bereits geschrieben, haben Studien gezeigt, dass die Mehrheit der aktiv gemanagten Fonds ihren Benchmark-Index langfristig nicht schlagen kann. Aktiv gemanagte ETFs sind oft komplexer und schwerer zu verstehen als passive ETFs. Hier ist auch das Thema Transparenz noch einmal erwähnenswert. Die Strategie und die Auswahlkriterien des Managers sind oft nicht transparent und die Investoren müssen dem Fondsmanager von aktiven Anlageprodukten bedingungslos vertrauen. Indem Sie die Vor- und Nachteile abwägen und gegebenenfalls eine Kombination aus passiven und aktiven Strategien wählen, können Sie ein individuelles Portfolio aufbauen, das zu Ihren Bedürfnissen passt.

7.7 Aktive ETFs – alter Wein in neuen Schläuchen?

Zuweilen werden aktive ETFs lediglich als „alter Wein in neuen Schläuchen" bezeichnet. Sind aktive ETFs also tatsächlich innovativ oder stellen sie doch nur traditionelle aktive Fonds in einem moderneren Format dar?

Zur Beantwortung dieser Frage gilt es zunächst einmal die Gemeinsamkeiten mit traditionellen aktiven Fonds herauszuarbeiten. Beide

Anlagegattungen haben das Ziel der Outperformance. Wie aktive Fonds versuchen aktive ETFs, den Markt outzuperformen, was laut SPIVA-Studie (2024) nur etwa 20 % der aktiven Fonds über 5 Jahre schaffen. Erweitert man den Zeitraum auf über 10 Jahre, dann fällt das Ergebnis noch wesentlich ernüchternder aus. Aktive ETFs stehen vor der gleichen Herausforderung, da die Finanzmärkte effizient sind und Informationen schnell eingepreist werden. Der Erfolg hängt stark von den Fähigkeiten des Fondsmanagers ab. Ein Beispiel ist der ARK Innovation ETF, der 2020 über 150 % Rendite erzielte, aber 2021–2022 über 60 % verlor, was die Abhängigkeit von Cathie Woods Entscheidungen zeigt.

Aktive ETFs haben höhere Verwaltungskosten als passive ETFs, was die Rendite schmälert. Diese aktiven ETFs oder Fonds müssen dann eine höhere Rendite erwirtschaften, um mit einem passiven ETF in der Renditebetrachtung gleichziehen zu können. Weiterhin besteht das latente Risiko von Fehlentscheidungen und Fehlallokationen. Falsche Positionierungen in Sektoren oder Unternehmen können ähnlich wie bei traditionellen Fonds zu hohen Kursverlusten führen und die Performance des aktiv gemanagten Anlageprodukts nachhaltig beeinträchtigen. Je nach Konstitution des Fondsmanagements und Konstrukt des Anlagevehikels ziehen sich manche Anlagefehler teilweise über mehrere Jahre hinweg und beeinträchtigen dadurch die Rendite der Anleger.

Aber auch innerhalb der Produktgruppe der aktiven Anlagevehikel gibt es nennenswerte Innovationen und Unterschiede zwischen ETFs und Fonds. Aktive ETFs sind oft günstiger als traditionelle aktive gemanagte Fonds, da sie weniger Vertriebskosten haben und effizienter verwaltet werden können. Diese Kosteneffizienz macht sich langfristig stark bemerkbar und stellt eine echte Konkurrenzsituation zwischen den beiden Anlageprodukten dar. Viele aktive ETFs veröffentlichen täglich ihre Bestände – im Gegensatz zu traditionellen Fonds, die oft nur quartalsweise berichten. Dies erhöht die Nachvollziehbarkeit für Anleger und führt zu einer wünschenswerten Transparenz bei der ETF-

Zusammenstellung. Aktive ETFs sind in der Vielzahl wie passive ETFs börsengehandelt und für Sparpläne nutzbar, was sie für Privatanleger zugänglicher macht. Bei den aktiv gemanagten Fonds kann es teilweise noch zu komplizierten Transaktionswegen kommen, die entweder direkt über die Kapitalanlagegesellschaft oder eine Bank führen. Nicht alle aktiven Fonds werden auch wie ETFs an den Börsen gehandelt. An dieser Stelle sei noch einmal auf die starke Spezialisierungsmöglichkeit, Flexibilität und Möglichkeit zur Ausbildung von Nischenstrategien durch aktive ETFs hingewiesen. Die aktiven Anlageprodukte können sich oft wesentlich besser auf spezifische Themen wie KI, Blockchain oder nachhaltige Energie fokussieren, die passive ETFs seltener abdecken. Beispielsweise gibt es gerade im Kryptosektor einige Anbieter, die gezielt auf Kryptounternehmen setzen. Aktive ETFs und Fonds können schneller auf Marktveränderungen reagieren, etwa durch Umschichtung in Krisen, was bei passiven ETFs nicht möglich ist.

Aktive ETFs sind keine Revolution, sondern eine Evolution. Sie bieten die gleichen Chancen (Outperformance) und Risiken (Managerfehler, höhere Kosten) wie traditionelle aktive Fonds, aber in einem moderneren, kostengünstigeren und transparenteren Format. Die ETF-Struktur macht sie attraktiver, besonders für thematische Investments, doch die grundlegende Herausforderung – konsistente Outperformance – bleibt ungelöst. Der Spruch „alter Wein in neuen Schläuchen" trifft teilweise zu, da die Kernidee aktiven Managements gleich bleibt, aber die Verpackung (Börsenhandel, Transparenz) neue Möglichkeiten eröffnet. Aktive ETFs sind nicht „besser" oder „schlechter" als passive ETFs, sondern für spezifische Zwecke geeignet. Für langfristigen Vermögensaufbau sind passive ETFs aufgrund niedriger Kosten und stabiler Renditen vorzuziehen. Aktive ETFs sind sinnvoll für Anleger, die in Nischen investieren oder kurzfristige Marktchancen nutzen wollen sowie eine hohe Risikobereitschaft haben. Sie sollten jedoch nur 10–30 % eines Portfolios ausmachen, um Risiken zu begrenzen.

Ich möchte Ihnen an dieser Stelle noch einmal ein paar besondere Punkte anführen, worauf Privatanleger bei der Produktauswahl im Bereich der aktiven ETFs achten sollten. Grundsätzlich erfordert die Auswahl eines aktiven ETFs Sorgfalt, da die Qualität und Eignung stark variieren.

Ihr 7-Punkte-Plan zur passenden aktiven ETF-Auswahl

1. **Prüfung von Strategie und Fokus des ETFs**
   Sie sollten die Anlagestrategie des ETFs verstehen. Ist er auf ein Thema (z. B. KI, ESG) oder einen Sektor fokussiert? Stimmt die Strategie mit Ihren Überzeugungen und Zielen überein?
2. **Kostenanalyse**
   Wählen Sie ETFs mit geringen Verwaltungsgebühren, da hohe Kosten die Rendite schmälern. Vergleichen Sie diese ETFs mit passiven Alternativen, um ein Gefühl für die Kostensituation zu bekommen.
3. **Bewertung der Fondsmanager und deren Track Record**
   Prüfen Sie die Erfahrung des Managements und die historische Performance. Ein starker Track Record (z. B. 3–5 Jahre Outperformance) ist ein gutes Zeichen, aber keine Garantie. Wie lange arbeitet das Fondsmanagement bereits für die Gesellschaft und managt den aktiven ETF? Wo hat das Fondsmanagement vorher gearbeitet und wie war die dortige Leistung?
4. **Prüfung des Fondsvolumens und der Liquidität an den Handelsplätzen**
   Wählen Sie ETFs mit einem Fondsvolumen von über 100 Mio. € und engen Spreads (< 0,3 %), um Liquiditätsrisiken zu minimieren. Kleinere ETFs fallen durch weite An- und Verkaufskurse auf, die schlussendlich Ihre Transaktionskosten erhöhen.
5. **Einschätzung Ihrer individuellen Risikotoleranz und Volatilität**
   Prüfen Sie die historische Volatilität und maximalen Verluste (Drawdowns) bei dem ausgewählten Anlageprodukt. Dazu können Sie einen Chart nutzen und die größten Kursrückgänge sowie die

Schwankungsfreudigkeit abschätzen. Aktive ETFs sind oft auf Sektoren und Segmente konzentriert und dadurch volatiler als passive.

Beispiel:

Der ARK Innovation ETF hatte 2021–2022 einen Drawdown von über 60 %, während der MSCI World im gleichen Zeitraum nur um 25 % fiel.

6. **Berücksichtigung der Marktbedingungen**

   Aktive ETFs eignen sich besser in ineffizienten Märkten (z. B. Schwellenländer) oder bei klaren Trends (z. B. KI oder erneuerbare Energien). In effizienten Märkten wie den USA sind passive ETFs oft besser.

7. **Planung der Portfolio-Integration**

   Auch bei der Portfolioplanung und Integration von aktiven ETFs gilt es einige Aspekte zu beachten. Es kann ratsam sein, die aktiven ETFs auf 10–30 % des Portfolios zu begrenzen, um die Risiken und Volatilität zu kontrollieren. Kombinieren Sie diese mit passiven ETFs für mehr Stabilität.

7.8 Für welchen Anlegertyp sind aktive ETFs interessant?

Wie ich dargestellt habe, weichen aktive ETFs von der klassischen Idee ab, lediglich einen Index passiv abzubilden. Stattdessen treffen Fondsmanager oder regelbasierte Systeme aktive Entscheidungen über die Zusammensetzung des Portfolios – sei es durch taktische Allokation, Auswahl einzelner Titel, Risikomanagement oder andere Strategien. Bei der Auswahl sollten Anleger auf Strategie, Kosten, Fondsmanager, Volumen, Risiko und Marktbedingungen achten. Mit dem vorgestellten Ansatz können Privatanleger aktive ETFs gezielt nutzen, ohne ihre finanzielle Stabilität zu gefährden.

Folgende Anlegertypen können in diesem Zusammenhang unterschieden werden:

1. **Der informierte, aber nicht überaktive Anleger**

   Wer sich regelmäßig über wirtschaftliche Entwicklungen informiert, eine Meinung zu bestimmten Marktphasen hat, aber nicht selbst aktiv traden will, könnte in aktiven ETFs die ideale Balance finden: mehr Steuerung als bei rein passiven Produkten – ohne den Aufwand eines Einzelinvestments.

   Beispiel:

   Claudia, 42, Wirtschaftsingenieurin, interessiert sich für Marktzyklen und glaubt, dass Value-Aktien in den nächsten Jahren besser abschneiden als Tech-Titel. Sie entscheidet sich für einen aktiven ETF mit Fokus auf unterbewertete Qualitätsaktien – gesteuert durch ein erfahrenes Managementteam.

2. **Der thematisch orientierte Investor**

   Anleger, die gezielt auf bestimmte Zukunftsthemen setzen wollen (z. B. künstliche Intelligenz, Wasserstoff, Biotechnologie), finden in aktiven ETFs eine strukturierte Möglichkeit, diese Trends zu bespielen – oft mit gezielter Einzeltitelauswahl, die ein klassischer Index nicht leisten kann.

   Beispiel:

   Jonas, 29, IT-Spezialist, ist überzeugt vom Potenzial generativer KI. Statt auf einen breiten Tech-Index zu setzen, investiert er in einen aktiv gemanagten ETF, der ausschließlich in Unternehmen mit hoher Innovationskraft im Bereich KI investiert und regelmäßig durch ein Analystenteam überprüft und angepasst wird.

3. **Der ESG-orientierte Anleger mit hohen Ansprüchen**

   Während klassische ESG-ETFs meist pauschal einige Unternehmen ausschließen, gehen viele aktive ESG-ETFs einen Schritt weiter: Sie setzen auf tiefgehende Nachhaltigkeitsanalysen, aktiven Dialog mit Unternehmen („Engagement") und individuelle Gewichtungen nach ethischen Kriterien.

Beispiel:
Sabine, 51, Lehrerin, möchte ihr Vermögen nach strengen sozialen und ökologischen Kriterien investieren. Ein aktiver ESG-ETF mit aktivem Research und einem konkreten Engagement-Prozess entspricht eher ihren Werten als ein rein regelbasierter ESG-Indexfonds.

4. **Der „Outperformance"-Suchende mit Risikoakzeptanz**
Manche Anleger suchen gezielt nach Fonds, die langfristig eine höhere Rendite als der Markt erzielen. Aktive ETFs können – wenn sie gut gemanagt sind – diese Hoffnung erfüllen. Wichtig sind hier realistische Erwartungen und ein längerer Anlagehorizont.
Beispiel:
Markus, 55, Unternehmer, hat bereits ein solides Basisportfolio aus passiven ETFs. Zusätzlich investiert er 10 % seines Vermögens in einen aktiv gemanagten Dividenden-ETF, der gezielt dividendenstarke Qualitätsunternehmen identifiziert – in der Hoffnung auf langfristige Outperformance und regelmäßige Ausschüttungen.

Für wen sind aktive ETFs weniger geeignet?

- Komplett passive Anleger, die möglichst einfache, kostengünstige und breit diversifizierte Strategien verfolgen.
- Kleinanleger mit geringem Zeitbudget, die sich nicht mit Fondsstrategien auseinandersetzen möchten.
- Kostenbewusste Minimalisten, da aktive ETFs in der Regel teurer sind als passive.

Aktive ETFs sind kein Ersatz für die klassische ETF-Basisanlage – aber eine interessante Ergänzung für alle, die gezielt Themen setzen, ethische Kriterien stärker gewichten oder selektiv auf Performance-Chancen setzen wollen. Sie bieten Flexibilität, Kompetenz und Struktur, ohne die Nachteile klassischer aktiv gemanagter Fonds vollständig zu übernehmen.

Damit sind aktive ETFs ideal für den reflektierten Anlegertyp, der informiert handelt, aber sich nicht täglich mit Einzelwerten beschäftigen möchte.

Teil III

PRAKTISCHE UMSETZUNG

Sie haben nun die Grundlagen für eine erfolgreiche ETF-Anlage an die Hand bekommen und verstanden, wie ETFs funktionieren und welche Möglichkeiten es gibt, in Kombination mit verschiedenen Anlagestrategien einen erfolgreichen Vermögensaufbau zu betreiben. Doch wie setzt man die finale Entscheidung, in ETFs zu investieren, in die Praxis um? Dieses Kapitel soll Sie Schritt für Schritt durch die praktische Umsetzung einer ETF-Strategie führen. Diese fängt bei der Auswahl der passenden ETFs an und geht über die Kontoeröffnung bis hin zur langfristigen Pflege Ihres Portfolios.

Kapitel 8

Praktische Umsetzung der ETF-Auswahl

8.1 Grundaspekte für die ideale Umsetzung

Wenn Sie die folgenden Punkte bei der ETF-Auswahl beherzigen, haben Sie ausgezeichnete Chancen, den richtigen ETF für Ihren individuellen Vermögensaufbau zu bestimmen. Grundsätzlich lassen sich 7 zentrale Aspekte bestimmen, die – in einen klaren Anlagefahrplan eingebettet – eine optimale ETF-Auswahl ermöglichen:

- Anlageziel
- Anlagehorizont
- Risikotragfähigkeit
- Anlageuniversum
- Diversifikation
- Langfristigkeit
- Aufteilung der Anlageklassen

Und hier nun der Anlagefahrplan:

a) Ziele definieren und Anlagestrategie festlegen

Bevor Sie mit dem Investieren beginnen, sollten Sie sich über Ihre finanziellen Ziele im Klaren sein. Fragen Sie sich: Möchten Sie für den Ruhestand sparen, ein Haus kaufen oder einfach Ihr Vermögen langfristig vermehren? Die Antwort bestimmt Ihren Anlagehorizont und Ihre Risikobereitschaft.

- **Kurzfristige Ziele (1–5 Jahre):** Hier könnten Anleihe-ETFs oder ETFs mit geringer Volatilität sinnvoll sein.
- **Langfristige Ziele (10+ Jahre):** Aktien-ETFs, insbesondere auf breite Indizes wie den MSCI World oder den S&P 500, bieten Wachstumspotenzial.

Legen Sie außerdem fest, ob Sie eine aktive oder passive Strategie verfolgen möchten. Die meisten ETF-Investoren wählen einen passiven Ansatz, bei dem sie einen oder mehrere Indizes abbilden und langfristig halten – das sogenannte „Buy and Hold".

b) Die richtigen ETFs auswählen

Die Auswahl der ETFs ist ein entscheidender Schritt. Hier sind die wichtigsten Kriterien:

- **Indexauswahl:** Entscheiden Sie sich für einen Index, der Ihre Ziele widerspiegelt. Wollen Sie auf globale Aktien setzen, kommt der MSCI World infrage, mit einem Fokus auf deutsche Unternehmen der DAX.
- **Kosten (TER):** Wählen Sie ETFs mit niedrigen laufenden Kosten, idealerweise unter 0,2 % pro Jahr.
- **Replikationsmethode:** Physische ETFs kaufen die im Index enthaltenen Wertpapiere direkt, während synthetische ETFs Derivate nutzen. Physische ETFs sind für die meisten Anleger die sicherere Wahl.
- **Fondsgröße und Liquidität:** Größere ETFs (z. B. über 1 Milliarde € Fondsvolumen) sind oft liquider und haben engere Spreads (Differenz zwischen An- und Verkaufspreis).
- **Ausschüttend oder thesaurierend:** Thesaurierende ETFs reinvestieren Dividenden automatisch – ideal für langfristiges Wachstum. Ausschüttende ETFs zahlen Dividenden aus, was für Einkommenssuchende nützlich ist.

Ein Beispiel: Für ein global diversifiziertes Portfolio könnten Sie den ETF iShares Core MSCI World UCITS (TER: 0,20 %) wählen.

c) Depotkonto eröffnen

Spätestens wenn Sie sich für eine passende Anlagestrategie und die entsprechenden ETFs entschieden haben, sollten Sie sich mit dem Thema Depot beschäftigen. Um ETFs kaufen, besparen und verwalten zu können, benötigen Sie ein Depotkonto bei einer Bank oder einem Onlinebroker. Die Vielzahl der Anbieter ist groß. Sie sollten sich daher eine Bank aussuchen, die Ihren Ansprüchen am nächsten kommt und Ihre persönlichen Anforderungen an einen guten Finanzdienstleister erfüllt. Achten Sie bei ihrer Auswahl insbesondere auf folgende Punkte:

- **Kostenstruktur:** Viele Broker bieten mittlerweile gebührenfreie ETF-Sparpläne an. Vergleichen Sie die Ordergebühren und Depotführungskosten der einzelnen Anbieter. Teilweise können sich erhebliche Kostenunterschiede ergeben, die Ihren Anlageerfolg nachhaltig beeinflussen.
- **Benutzerfreundlichkeit:** Eine intuitive Plattform erleichtert die Verwaltung Ihres Portfolios. Hier sind insbesondere Ihre individuelle Einschätzung und Intuition gefragt. „Look and Feel“ kann hierbei der entscheidende Aspekt sein.
- **Zugang zu Börsen:** Achten Sie darauf, dass Sie an den wichtigen Handelsplätzen wie Xetra ETFs kaufen können, da diese oft günstige Konditionen bieten. In manchen Fällen kann es auch wichtig sein, den Handelszugang zu ausländischen Handelsplätzen zu bekommen. Insbesondere an den US-Aktienmärkten gibt es eine Vielzahl von interessanten ETFs, die für Sie interessant sein könnten.

Beliebte Anbieter in Deutschland sind etwa Trade Republic, Scalable Capital oder die ING.

d) Sparplan oder Einmalanlage?

Diese Frage lässt sich nicht abschließend beantworten. Ihre Entscheidung hängt von Ihren individuellen Präferenzen, der Börsenphase, der

Konjunktur und natürlich Ihrer Anlagestrategie ab. Grundsätzlich haben Sie diese 2 Möglichkeiten, in ETFs zu investieren:

- **Sparplan:** Regelmäßige Einzahlungen (z. B. 100 € monatlich) nutzen den Cost-Average-Effekt, bei dem Sie in Hoch- und Tiefphasen kaufen und so Schwankungen ausgleichen und langfristig davon profitieren können.
- **Einmalanlage:** Wenn Sie eine größere Summe zur Verfügung haben, können Sie diese sofort investieren. Studien zeigen, dass Einmalanlagen langfristig oft höhere Renditen bringen, da das Geld früher arbeitet. Zusätzlich gibt es die Möglichkeit, die Einmalanlagesumme aufzuteilen und in mehreren Tranchen in ETFs zu investieren.

Tipp: Kombinieren Sie beide Ansätze – eine Einmalanlage für vorhandenes Kapital und einen Sparplan für regelmäßiges Sparen.

e) Portfolio-Allokation

Ein einfaches, aber effektives Portfolio könnte so aussehen:

- 70 % MSCI-World-ETF (globale Aktien)
- 20 % MSCI-Emerging-Markets-ETF (Schwellenländer)
- 10 % Anleihe-ETF (z. B. auf Staatsanleihen)

Passen Sie die Gewichtung an Ihre Risikobereitschaft an. Jüngere Anleger könnten auf 90 % Aktien setzen, während Anleger nahe der Rente den Anleihe-Anteil erhöhen sollten, beispielsweise auf 60 %.

f) Portfolio aufbauen

Suchen Sie die gewünschten ETFs aus (z. B. über deren ISIN) und platzieren Sie eine Kauforder für die Einmalanlage oder für einen kontinuierlichen Sparplan. Wählen Sie bei der Orderaufgabe zwischen:

- **Limit-Order:** Sie legen den maximalen Preis fest, zu dem sie kaufen möchten.
- **Market-Order:** Der Kauf erfolgt zum aktuellen Marktpreis (bei liquiden ETFs meist unproblematisch).

Führen Sie Käufe idealerweise an Tagen mit hohem Handelsvolumen durch, um enge Spreads zu nutzen.

g) Portfolio-Überwachung und Rebalancing

Einmal investiert, heißt nicht „kaufen und liegen lassen". Sie sollten Ihr Portfolio regelmäßig überprüfen – mindestens einmal jährlich – und anpassen:

- **Rebalancing:** Wenn etwa der Aktienanteil durch Kurssteigerungen auf 80 % gestiegen ist, verkaufen Sie einen Teil und kaufen Anleihen nach, um Ihre ursprüngliche Gewichtung wiederherzustellen.
- **Strategieanpassung:** Mit zunehmendem Alter könnten Sie den risikoarmen Anleihe-Anteil erhöhen.

Vermeiden Sie jedoch übermäßiges Handeln – Geduld ist der Schlüssel zum langfristigen Anlageerfolg.

h) Steuerliche Aspekte beachten

In Deutschland fallen auf ETF-Gewinne Steuern an. Zu beachten sind:

- Abgeltungsteuer (25 % + Solidaritätszuschlag und ggf. Kirchensteuer): Diese wird automatisch vom Broker einbehalten.
- Vorabpauschale: Bei thesaurierenden ETFs wird die Steuer nicht direkt auf ausgeschüttete Erträge, sondern auf eine jährliche Vorabpauschale erhoben, die auf Grundlage der Wertentwicklung des ETFs berechnet wird. Die Depotbank führt die Steuern automatisch ab.

Nutzen Sie Ihren Sparerpauschbetrag und stellen Sie sicher, dass Sie einen Freistellungsauftrag bei Ihrem Broker/Ihrer Bank hinterlegt haben.

Die praktische Umsetzung einer ETF-Strategie erfordert anfangs etwas Planung, zahlt sich jedoch durch Einfachheit und Effizienz aus. Mit klaren Zielen, einer durchdachten Auswahl und diszipliniertem Rebalancing können Sie ein Portfolio aufbauen, das Ihren Vermögensaufbau langfristig gewährleistet – ohne dass Sie ein Finanzexperte sein müssen. Starten Sie klein, bleiben Sie konsequent, und lassen Sie die Zeit für sich arbeiten.

Die Auswahl des richtigen ETFs ist entscheidend, um die finanziellen Ziele eines Anlegers zu erreichen, sei es Vermögensaufbau, regelmäßige Erträge oder Kapitalerhalt. Mit weltweit Tausenden von ETFs stehen Anleger vor der Herausforderung, diejenigen Fonds zu identifizieren, die ihren Bedürfnissen entsprechen. In den folgenden Kapitelabschnitten beleuchte ich die zentralen Kriterien – Kosten, Liquidität, Handelsvolumen und Diversifikation – und biete eine Anleitung, wie Anleger diese Faktoren nutzen können, um fundierte Entscheidungen zu treffen.

8.2 Kosten bei der ETF-Anlage (TER, Tracking-Differenz)

Die Kosten eines ETFs sind ein entscheidender Faktor, da sie die langfristige Rendite erheblich beeinflussen können. Die Gesamtkostenquote (TER) gibt den jährlichen Prozentsatz des verwalteten Vermögens an, der für die Verwaltung des Fonds abgezogen wird. Typische TERs für ETFs liegen zwischen 0,05 % und 0,5 %, wobei breit angelegte Index-ETFs oft günstiger sind als spezialisierte oder aktiv gemanagte Fonds. Es ist aber nicht immer einfach, auf den ersten Blick die realistische Kostensituation des ETFs richtig einzuschätzen. Auch kleine Unterschiede in der TER können sich über Jahre durch den Zinseszinseffekt summieren. Ein ETF mit einer TER von 0,1 % gegenüber einem mit 0,5 % kann über 20 Jahre hinweg Tausende von Euro mehr an Rendite einbringen. Daher sollten Sie die TERs von ETFs vergleichen, die denselben Index abbilden. Achten Sie darauf, dass niedrige Kosten nicht zulasten von Qualität oder Tracking-Genauigkeit gehen. Neben der TER sollten Sie auch die Transaktionskosten (z. B. Spreads oder Handelsgebühren) und potenzielle Steuerbelastungen (z. B. bei ausschüttenden ETFs) berücksichtigen.

8.2.1 Umgang mit der Tracking-Differenz

Die Tracking-Differenz (auch Tracking-Error genannt) ist eine zentrale Kennzahl für die Bewertung der Qualität eines ETFs. Sie misst, wie genau ein ETF die Wertentwicklung seines Referenzindex nachbildet, und ist für Privatanleger ein wichtiges Kriterium bei der Auswahl eines geeigneten Fonds. Dieser Kapitelabschnitt erklärt, was die Tracking-Differenz ist, wie sie berechnet wird, warum sie für Privatanleger wichtig ist und welche Faktoren sie beeinflussen.

Die Tracking-Differenz bezeichnet die Abweichung zwischen der Rendite eines ETFs und der Rendite seines zugrunde liegenden Index über einen bestimmten Zeitraum. Sie wird in Prozentpunkten angegeben und kann positiv (ETF übertrifft den Index) oder negativ (ETF liegt hinter dem Index) sein.

Die Tracking-Differenz wird ermittelt, indem die annualisierte Rendite des ETFs von der annualisierten Rendite des Referenzindex abgezogen wird. Wenn also beispielsweise ein ETF eine Jahresrendite von 7,8 % erzielt und der Referenzindex eine Rendite von 8,0 %, beträgt die Tracking-Differenz -0,2 %. Nun kann man die Tracking-Differenz zum Tracking-Error abgrenzen. Während die Tracking-Differenz die absolute Abweichung in der Rendite misst, bezieht sich der Tracking-Error auf die Volatilität dieser Abweichungen (also die Schwankungsbreite der Differenz über die Zeit). In der Praxis wird die Tracking-Differenz umgangssprachlich oft auch Tracking-Error genannt. Für Privatanleger ist die Tracking-Differenz (Renditeabweichung) meist relevanter, da sie direkt die Performance beeinflusst.

Für Privatanleger kann die Tracking-Differenz eine entscheidende Kennzahl sein, da sie die Effizienz eines ETFs widerspiegelt, den Referenzindex möglichst exakt nachzubilden. Eine geringe Tracking-Differenz zeigt an, dass der ETF seinem Ziel – die Indexrendite zu liefern – nahekommt, während eine hohe Tracking-Differenz die Rendite schmälern oder unvorhersehbare Ergebnisse liefern kann. Die Bedeutung für Privatanleger lässt sich wie folgt zusammenfassen:

Eine negative Tracking-Differenz reduziert die tatsächliche Rendite im Vergleich zum Index. Selbst kleine Abweichungen können sich über die Jahre durch den Zinseszinseffekt summieren. Eine Tracking-Differenz von -0,5 % pro Jahr kann bei einem Anlagehorizont von 20 Jahren erhebliche Verluste im Vergleich zum Index verursachen. Privatanleger wählen ETFs oft wegen ihrer Einfachheit und Transparenz. Eine hohe Tracking-Differenz kann darauf hindeuten, dass der ETF nicht wie erwartet funktioniert, was das Vertrauen in die Anlage untergräbt. Die Tracking-Differenz ermöglicht es zudem, ETFs mit ähnlichen Referenzindizes zu vergleichen. Ein ETF mit einer geringeren Tracking-Differenz ist oft vorzuziehen, da er die Indexrendite präziser abbildet. Diese Vergleichbarkeit gibt speziell Privatanlegern eine gute Möglichkeit, um ETFs miteinander vergleichen zu können.

8.2.2 Welche Faktoren beeinflussen die Tracking-Differenz?

Hier kommen gleich mehrere ins Spiel. Die TER ist der Hauptgrund für eine negative Tracking-Differenz. Ein ETF mit einer TER von 0,3 % wird im Durchschnitt um diesen Betrag hinter der Indexrendite zurückbleiben. Als zweiter wichtiger Faktor muss die Replikationsmethode betrachtet werden. Physische ETFs (die die Indexbestandteile direkt kaufen) können durch Transaktionskosten oder Sampling (Teilreplikation) Abweichungen verursachen. Synthetische ETFs, die Derivate wie Swaps nutzen, können eine geringere Tracking-Differenz haben, bergen aber wesentlich höhere Kontrahentenrisiken. Bei ausschüttenden ETFs können Verzögerungen bei der Ausschüttung der Dividende oder Steuerabzüge die Tracking-Differenz erhöhen. Thesaurierende ETFs reinvestieren Dividenden sofort, was die Abweichung minimieren kann. Nicht zu vergessen sind die Marktbedingungen. Verzögerungen oder Kosten bei der Anpassung des ETF-Portfolios an Indexänderungen können Abweichungen verursachen. In illiquiden

Märkten oder volatilen Marktphasen können Preisabweichungen zwischen dem ETF und der Benchmark/Index auftreten, insbesondere bei internationalen ETFs mit unterschiedlichen Handelszeiten. Bei ETFs mit Währungsabsicherung (Currency Hedging) können durch die Absicherungskosten höhere Tracking-Differenzen entstehen. Sie zahlen auf das gleiche Konto ein wie die Gesamtkostenquote, da die Währungsabsicherung ein Teil des Kostenblocks ist.

Um fundierte und passende Anlageentscheidungen mit Betrachtung der Tracking-Differenz vollziehen zu können, sollten Privatanleger folgende Punkte beachten:

Prüfen Sie die historische Tracking-Differenz eines ETFs, die in Fondsberichten oder auf ETF-Plattformen angegeben ist. Wählen Sie ETFs mit einer möglichst geringen negativen Tracking-Differenz (idealerweise höchstens -0,2 % pro Jahr).

Achten Sie auf eine niedrige Gesamtkostenquote, da diese der Hauptfaktor für die Tracking-Differenz ist. ETFs auf breite Indizes wie den MSCI World haben oft niedrigere Kosten als spezialisierte Fonds.

Informieren Sie sich, ob der ETF physisch oder synthetisch repliziert. Für Privatanleger sind physische ETFs oft transparenter, während synthetische ETFs in bestimmten Märkten (z. B. Schwellenländer) eine bessere Nachbildung bieten können.

Wählen Sie je nach Anlageziel zwischen ausschüttenden und thesaurierenden ETFs. Thesaurierende ETFs können die Tracking-Differenz reduzieren, da Dividenden direkt reinvestiert werden.

ETFs von etablierten Anbietern mit hohem Fondsvolumen haben oft eine bessere Infrastruktur für eine präzise und schnellere Indexnachbildung.

Überwachen Sie bei Ihren regelmäßigen Rebalancing-Terminen auch die Tracking-Differenz Ihres ETFs regelmäßig, da sich diese durch Marktbedingungen oder Fondsänderungen verändern kann.

Die Tracking-Differenz ist eine essenzielle Kennzahl für Privatanleger. Genau genommen stellt sie einen zusätzlichen Kostenfaktor und damit einen Renditehemmer für Ihren Anlageerfolg dar. Eine geringe

Tracking-Differenz ist entscheidend, um die erwartete Rendite zu maximieren und unerwünschte Abweichungen zu vermeiden. Faktoren wie Kosten, Replikationsmethode, Dividendenbehandlung und Marktbedingungen beeinflussen die Tracking-Differenz und sollten bei der ETF-Auswahl berücksichtigt werden. Durch sorgfältige Recherche, den Vergleich von Fondsdaten und die Auswahl kosteneffizienter ETFs können Sie die Tracking-Differenz minimieren und Ihre Anlageziele effizient erreichen.

8.3 Liquidität und Handelsvolumen

Die Liquidität eines ETFs bestimmt, wie gut er an der Börse gehandelt werden kann. Das tägliche Handelsvolumen eines ETFs ist ein direkter Indikator für seine Popularität und Liquidität. Ein hohes Handelsvolumen deutet darauf hin, dass viele Marktteilnehmer den ETF handeln, was die Preisstabilität und die Möglichkeit, schnell zu kaufen oder zu verkaufen, erhöht. Ein liquider ETF hat enge Spreads und ermöglicht es Anlegern, schnell und zu fairen Preisen zu handeln. Hohe Liquidität reduziert die Handelskosten und das Risiko, dass Anleger bei Marktvolatilität zu ungünstigen Preisen kaufen oder verkaufen müssen. Prüfen Sie die durchschnittlichen täglichen Handelsvolumen und die Spreads eines ETFs. Große, etablierte ETFs, die breite Indizes wie den S&P 500 oder den MSCI World nachbilden, sind in der Regel liquider als Nischen-ETFs. Zudem sollte die Liquidität des zugrunde liegenden Marktes (z. B. der Aktien oder Anleihen im ETF) berücksichtigt werden, da sie die Handelbarkeit beeinflusst. ETFs mit niedrigem Handelsvolumen können höhere Spreads und Preisschwankungen aufweisen, was die Handelskosten erhöht. Auch besteht bei wenig gehandelten ETFs das Risiko, dass sie geschlossen werden könnten, was zu unerwarteten steuerlichen oder transaktionsbezogenen Konsequenzen führen kann. Wählen Sie ETFs mit einem durchschnittlichen täglichen

Handelsvolumen von mindestens mehreren Millionen Euro oder Dollar, insbesondere für Portfolios mit häufigem Handel. Für langfristige Anleger ist das Handelsvolumen weniger kritisch, solange der ETF von einem etablierten Anbieter stammt und der zugrunde liegende Markt liquide ist.

8.4 Wie am besten diversifizieren?

Diversifikation ist ein Grundpfeiler der ETF-Anlage, da sie das Risiko von Verlusten durch die Streuung über verschiedene Anlageklassen, Regionen und Sektoren reduziert. Die richtige Auswahl eines ETFs hängt davon ab, wie gut er zur Diversifikation eines Portfolios beiträgt. Denn ein gut diversifiziertes Portfolio minimiert das Klumpenrisiko, das entsteht, wenn zu viel Kapital in eine einzelne Region, einen Sektor oder eine Anlageklasse investiert wird. ETFs bieten eine einfache Möglichkeit, breite Anlageklassen oder spezifische Segmente abzudecken. Wählen Sie daher für den Kern Ihres Portfolios am besten ETFs, die eine breite Marktdiversifikation bieten, wie globale Aktien-ETFs. Ergänzen Sie diese mit spezifischeren ETFs (z. B. Anleihen, Schwellenländer oder thematische ETFs), um gezielte Akzente zu setzen. Achten Sie darauf, dass die ETFs nicht zu stark überlappen, um unnötige Kosten und Risiken zu vermeiden. Überprüfen Sie die zugrunde liegenden Bestände eines ETFs, um sicherzustellen, dass diese Ihre Diversifikationsziele unterstützen. Neben den genannten Kriterien sollten Anleger bei der ETF-Auswahl folgende Aspekte berücksichtigen:

- **Tracking-Error:** Prüfen Sie, wie genau der ETF seinen Referenzindex nachbildet. Ein niedriger Tracking-Error deutet auf eine präzise Nachbildung der zugrunde liegenden Benchmark hin und erspart Ihnen böse Überraschungen.
- **Ausschüttung vs. Thesaurierung:** Entscheiden Sie, ob Sie einen ausschüttenden ETF (für regelmäßige Erträge) oder einen thesau-

rierenden ETF (für automatische Wiederanlage) bevorzugen, abhängig von Ihren Zielen und steuerlichen Rahmenbedingungen.
- **Anbieterreputation:** Wählen Sie ETFs von etablierten Anbietern mit einem hohen verwalteten Vermögen, um das Risiko einer Fondsauflösung zu minimieren.
- **Steuerliche Effizienz:** Berücksichtigen Sie die steuerlichen Auswirkungen der von Ihnen ausgewählten ETFs, insbesondere in Bezug auf Kapitalgewinne, Dividenden und die Fondsstruktur (z. B. physische vs. synthetische Replikation).

Die Auswahl des richtigen ETFs erfordert eine sorgfältige Abwägung von Kosten, Liquidität, Handelsvolumen und Diversifikation. Niedrige Kosten maximieren die langfristige Rendite, während hohe Liquidität und Handelsvolumen die Handelbarkeit verbessern. Diversifikation ist der Schlüssel, um Risiken zu minimieren und ein ausgewogenes Portfolio zu schaffen. Durch die Berücksichtigung dieser Kriterien und eine systematische Herangehensweise können Anleger ETFs auswählen, die ihre finanziellen Ziele unterstützen, und gleichzeitig Risiken effektiv managen. Mit einer regelmäßigen Überprüfung und Anpassung der ETF-Auswahl stellen Sie sicher, dass Ihr Portfolio Änderungen bei den Marktbedingungen und den persönlichen Umständen berücksichtigt.

8.5 ETFs kaufen und verkaufen

Der Kauf und Verkauf von ETFs ist für Privatanleger eine zugängliche Möglichkeit, in eine Vielzahl von Anlageklassen zu investieren. Da ETFs an Börsen wie Aktien gehandelt werden, bieten sie Flexibilität, erfordern jedoch ein fundiertes Verständnis bestimmter Aspekte, um Kosten zu minimieren und die Anlageziele zu erreichen. An dieser Stelle beleuchte ich kurz die wesentlichen Punkte, die Privatanleger beim Handel von ETFs beachten sollten, und gebe spezifische Hinweise, um typische

Fallstricke zu vermeiden. Der Fokus liegt auf praktischen Überlegungen wie Ordertypen, Handelszeiten und Kostenmanagement.

8.5.1 Grundlagen des ETF-Handels

ETFs werden an Börsen gehandelt, was bedeutet, dass Anleger sie während der Börsenöffnungszeiten kaufen oder verkaufen können. Der Handel erfolgt in der Regel über ein Depot bei einem Onlinebroker oder einer Bank. Der Preis eines ETFs orientiert sich am Nettoinventarwert (NAV) des zugrunde liegenden Portfolios, kann jedoch aufgrund von Angebot und Nachfrage leicht abweichen (Premium oder Discount). Für Privatanleger ist es wichtig, die Mechanismen des Handels zu verstehen, um fundierte Entscheidungen zu treffen.

8.5.2 Orderarten

Bei der Wahl des richtigen Ordertyps sollten sich Anleger angewöhnen, mit Limit-Orders zu agieren, um einen maximalen Kaufpreis oder minimalen Verkaufspreis festzulegen. Dies schützt vor ungünstigen Preisschwankungen, insbesondere bei ETFs mit geringerer Handelsaktivität. Für Privatanleger ist die Limit-Order oft die sicherste Wahl, da sie Kontrolle über den Ausführungspreis bietet. Sie gehen ja auch nicht einfach in ein Autohaus und fragen den Autoverkäufer, welches Auto er Ihnen verkaufen würde, sondern haben sich im Vorfeld über das Auto informiert und bestenfalls eine Preisvorstellung für die dann folgenden Preisverhandlungen.

Bei einer Market-Order wird der ETF zum aktuellen Marktpreis gekauft oder verkauft. Diese Order ist schnell, kann aber in volatilen Marktphasen zu unerwarteten Preisen führen. Diese sogenannte Slippage muss als zusätzlicher Kostenfaktor betrachtet werden und daher sollten Privatanleger Market-Orders mit Vorsicht nutzen. Die Slippage kann auftreten, wenn ein Anleger eine Order zu einem über-/

unterlimitierten Preis oder ohne Preislimit erteilt, aber der Markt sich in der Zwischenzeit so schnell bewegt, dass die Order erst zu einem anderen, schlechteren Preis ausgeführt wird. Slippage kann sowohl positiv als auch negativ wirken, ist aber besonders problematisch, wenn sie zu unerwarteten Kursverlusten führt.

Eine weitere wichtige Orderart ist die Stop-Loss-Order. Diese Order wird ausgeführt, wenn der ETF-Preis ein bestimmtes Niveau erreicht, um Verluste zu begrenzen. Sie ist nützlich für risikobewusste Anleger, kann aber in Zeiten von hoher Volatilität zu unerwarteten Verkäufen führen. Es gibt grundsätzlich 2 Möglichkeiten, diese Order-Art anzuwenden. Zum einen können Sie die Stop-Loss-Order direkt in das Handelssystem Ihrer Bank oder Ihres Brokers eingeben, die dann bei Erreichen des Kurslimits ausgelöst wird. Es gibt auch die Möglichkeit, die Stop-Loss-Order als mentale Order anzuwenden und selbstständig den ETF-Bestand zu reduzieren oder ganz zu verkaufen, wenn ein bestimmtes Kursniveau erreicht worden ist. Diese Vorgehensweise erfordert jedoch eine gewisse mentale Stärke und Disziplin. Oftmals setzt das Prinzip Hoffnung ein, wenn die Stop-Loss-Schwelle erreicht worden ist und eigentlich die Reißleine gezogen werden müsste. Dann wird der ETF-Bestand noch gehalten und auf eine Kurserholung gehofft.

Grundsätzlich sollten Sie bevorzugt Limit-Orders verwenden, um die Kontrolle über den Preis zu behalten.

8.6 Timing und Marktvolatilität

Prüfen Sie vor dem Handel den aktuellen Spread, um sicherzustellen, dass die Order innerhalb eines akzeptablen Bereichs ausgeführt wird. Die Wahl des richtigen Zeitpunkts für den Kauf oder Verkauf eines ETFs kann ebenfalls die Kosten und die Effizienz beeinflussen. ETFs sollten während der regulären Handelszeiten der Börse gehandelt werden, an der sie notiert sind (z. B. 9:00–17:30 Uhr für europäische

Börsen wie Xetra). Außerhalb dieser Zeiten können Spreads größer sein, was die Kosten erhöht. Die Handelseröffnung und der Handelsschluss gehören den großen Marktteilnehmern. Sie tummeln sich in diesen Handelsphasen vermehrt an den Handelsplätzen, um ihre teilweise großen Ordervolumen bestmöglich abarbeiten zu können. Als Privatanleger sollten Sie diese volatilen Phasen vermeiden. Handeln Sie daher besser nicht direkt nach der Börsenöffnung oder kurz vor Schluss, da die Märkte in diesen Zeiten oft volatiler sind. Die Stunden zwischen 10:00 und 16:00 Uhr sind in der Regel stabiler, die direkten Eröffnungs- und Schlussauktionen bieten zudem gute Möglichkeiten, um „faire" Marktpreise zu bekommen.

Wenn Sie ETFs mit einem hohen Bezug zu globalen Märkten haben, gilt es zusätzlich einige Aspekte zu beachten. Bei ETFs, die internationale Finanzmärkte abbilden (z. B. US-Aktienmärkte oder asiatische Indizes), sollten Anleger die Handelszeiten der zugrunde liegenden Börsen berücksichtigen, da diese die Preisbildung beeinflussen können. Bei den asiatischen Indizes handeln Sie teilweise immer auf Schlusskursbasis der zugrunde liegenden Benchmark. Planen Sie daher Ihre Trades im Voraus und handeln Sie während stabiler Marktphasen, um eine ungünstige Volatilität und damit einhergehende Preisschwankungen zu vermeiden. Nutzen Sie individuelle Kursalarmlisten oder Watchlisten, um den richtigen Zeitpunkt für den Handel zu finden. Auf das Thema Market-Timing werde ich später noch einmal zurückkommen.

8.7 Anlagestrategien und Strategieumsetzung

Der Erfolg einer ETF-Anlage hängt von einer klar definierten Anlagestrategie und deren konsequenter Umsetzung ab. Dieser Kapitelabschnitt beleuchtet die wichtigsten Anlagestrategien für Privatanleger und bietet praktische Hinweise zur Umsetzung, angepasst an individuelle Bedürfnisse wie Risikobereitschaft, Anlagehorizont und finanzielle

Ziele. Der Fokus liegt auf allgemeinen Strategien, die Privatanleger leicht verstehen und anwenden können, ohne dass spezifische Fonds oder Anbieter genannt werden. Später werde ich noch auf spezielle Anlagestrategien für bestimmte Lebenssituationen eingehen.

8.7.1 Buy-and-Hold-Strategie

Bei der Buy-and-Hold-Strategie kaufen Anleger ETFs und halten sie langfristig, unabhängig von kurzfristigen Marktschwankungen. Ziel ist es, von der langfristigen Wertsteigerung der gewählten Anlagen zu profitieren.

- **Vorteile:** Minimale Handelskosten, einfache Umsetzung und Nutzung des Zinseszinseffekts. Diese Strategie eignet sich besonders für Anleger mit einem langen Anlagehorizont (10+ Jahre) und mittlerer bis hoher Risikobereitschaft.
- **Umsetzung:** Wählen Sie breit diversifizierte ETFs, etwa auf globale Aktienindizes (wie MSCI World oder MSCI All Country World), und ergänzen Sie diese gegebenenfalls mit Anleihe-ETFs für Stabilität. Regelmäßige Überprüfungen stellen sicher, dass das Portfolio weiterhin den Zielen entspricht.

Bei dieser Strategie ist die Disziplin entscheidend. Vermeiden Sie es, auf Marktturbulenzen impulsiv zu reagieren, und nutzen Sie ETF-Sparpläne, um regelmäßig zu investieren und den Cost-Average-Effekt besser nutzen zu können.

8.7.2 Core-Satellite-Strategie

Diese Strategie kombiniert einen stabilen „Kern“ aus breit diversifizierten ETFs mit „Satelliten“, die spezifische Chancen oder Themen abdecken (siehe auch Kapitel 7.4). Der Kern (z. B. 70–80 % des Portfolios) sorgt für Stabilität, die Satelliten (20–30 %) für zusätzliches Renditepotenzial.

- **Vorteile:** Balance zwischen Sicherheit und Wachstum. Anleger können gezielt in Trends wie Technologie, Nachhaltigkeit oder Schwellenländer investieren, ohne das Gesamtrisiko übermäßig zu erhöhen.
- **Umsetzung:** Der Kern besteht aus globalen Aktien- oder Anleihe-ETFs, die große Volkswirtschaften abdecken. Satelliten können thematische ETFs (z. B. auf erneuerbare Energien oder künstliche Intelligenz) oder regionale ETFs (z. B. Schwellenländer) sein. Überwachen Sie die Portfoliogewichtungen regelmäßig, um die ursprüngliche Portfoliostruktur beizubehalten.

Core-Satellite-Strategie

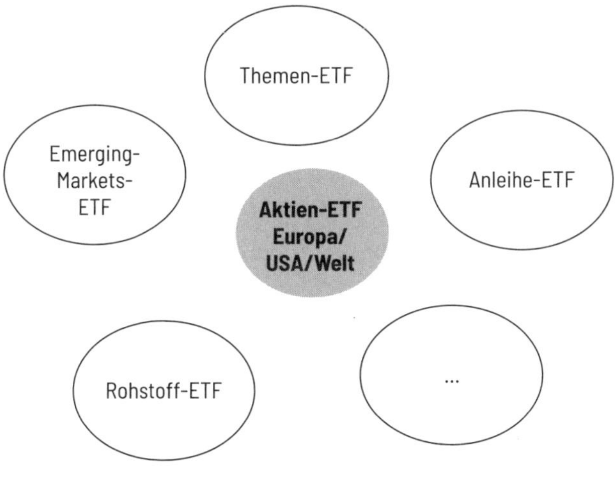

Begrenzen Sie den Satelliten-Anteil, um Klumpenrisiken zu vermeiden, und wählen Sie Satelliten-ETFs mit Bedacht, basierend auf fundierter Recherche zu langfristigen Trends.

8.7.3 Dividendenstrategie

Diese Strategie fokussiert auf ETFs, die in Unternehmen mit hohen und nachhaltigen Dividendenzahlungen investieren. Ziel ist es, regelmäßige Erträge zu generieren, die entweder ausgeschüttet oder reinvestiert werden können.

- **Vorteile:** Eignet sich für Anleger, die passives Einkommen suchen, etwa im Ruhestand, oder für diejenigen, die Dividenden reinvestieren möchten, um das Wachstum zu fördern.
- **Umsetzung:** Wählen Sie ETFs auf Dividendenindizes (z. B. Dividendenaristokraten) oder defensive Sektoren wie Versorger oder Konsumgüter. Kombinieren Sie diese mit Anleihe-ETFs, um die Stabilität zu erhöhen. Ausschüttende ETFs sind hier oft sinnvoller als thesaurierende.

Wichtige Überlegungen zur Dividendenstrategie

- Zinsertrag versus Dividendenausschüttungen
- Dividendenrendite
- Erwartete Ausschüttungen
- Aktueller Aktienkurs
- Dividendenfalle
- Diversifikation
- Ziele: langfristiger Vermögensaufbau

Prüfen Sie die Dividendenrenditen und die Nachhaltigkeit der Ausschüttungen. Beachten Sie steuerliche Aspekte, da Dividenden sofort der Kapitalertragsteuer unterliegen. Hohe Dividendenrenditen sind nicht garantiert und können ein Warnzeichen für bevorstehende Schwierigkeiten bei Unternehmen sein. Das gilt insbesondere bei der Auswahl von Einzelaktien oder REITs mit hohen Dividendenzahlungen. Die spezialisierten Dividenden-ETFs sollten zumindest das zuletzt genannte Risiko etwas abmildern.

Dividenden-ETFs – was es zu bedenken gilt

- Dividenden-ETFs folgen spezifischen Dividendenindizes
- Ausschüttung versus Thesaurierung
- Unterschiedliche Auswahlkriterien mit mehreren Kennzahlen
- Dividendenrendite, Dividendenkontinuität und Stabilität
- Diversifikation über Länder, Regionen, Branchen, Unternehmen
- Dividenden-ETFs als Teil einer Anlagestrategie
- Kosten

8.7.4 Risikobasierte Diversifikation

Diese Strategie verteilt das Kapital basierend auf dem Risikoprofil des Anlegers auf verschiedene Anlageklassen. Konservative Anleger setzen auf einen höheren Anleihe-Anteil, während risikofreudige Anleger Aktien bevorzugen. Diese Strategie ähnelt der Core-Satellite-Strategie sehr stark, bezieht sich jedoch wesentlich stärker auf die Allokation zwischen den einzelnen Anlageklassen.

- **Vorteile:** Reduziert das Risiko durch Streuung und passt sich individuellen Risikotoleranzen an. Flexibel anpassbar an Lebensphasen oder Marktbedingungen.
- **Umsetzung:** Erstellen Sie ein Portfolio mit einer festen Aufteilung, als moderater Anleger etwa 60 % Aktien-ETFs und 40 % Anleihe-ETFs. Passen Sie die Gewichtung im Laufe der Zeit an, etwa durch schrittweise Umschichtung zu Anleihen im Alter. Nutzen Sie zur Stabilität ETFs auf globale Indizes für Aktien und Staats- oder Unternehmensanleihen.

Um sich bei dieser Strategie nicht zu verzetteln, macht es Sinn, sich an die klassischen Aufteilungen bei den Allokationsmodellen zu halten. Verwenden Sie einfache Aufteilungsregeln wie die „100 minus Alter"-Formel (z. B. 30 Jahre alt = 70 % Aktien, 30 % Anleihen), aber passen Sie diese zusätzlich an Ihre persönliche Risikobereitschaft an.

8.7.5 Sparplan-Strategie

Bei dieser Anlagevariante investieren Anleger regelmäßig feste Beträge in ETFs, unabhängig von Marktpreisen, um den Cost-Average-Effekt zu nutzen. Diese Strategie eignet sich besonders für Anleger mit begrenztem Kapital. Das Anlageportfolio wird durch diesen Strategieansatz über die Laufzeit aufgebaut. Diese Strategie gehört zu den wichtigsten und vielversprechendsten Anlagestrategien, die es im ETF- und Fondsanlagebereich gibt.

- **Vorteile:** Reduziert das Risiko ungünstiger Einstiegszeitpunkte, fördert Disziplin und ist ideal für langfristigen Vermögensaufbau.
- **Umsetzung:** Richten Sie einen monatlichen Sparplan bei einem Broker ein, beispielsweise 100 € in einen globalen Aktien-ETF. Wählen Sie ETFs mit niedrigen Kosten und breiter Diversifikation. Erhöhen Sie die Sparrate bei steigendem Einkommen.

Viele Broker und Banken bieten kostenfreie ETF-Sparpläne an. Nutzen Sie diese, um Handelskosten zu minimieren, und bleiben Sie auch in volatilen Marktphasen konsequent bei Ihrer Sparplanstrategie.

Die erfolgreiche Umsetzung einer Anlagestrategie erfordert Planung, Disziplin und regelmäßige Anpassungen. Beherzigen Sie die folgenden Tipps, wird es auch Ihnen gelingen, Ihre ETF-Strategie effektiv umzusetzen.

- **Starten Sie klein:** Beginnen Sie mit einem einfachen Portfolio, etwa einem globalen Aktien-ETF, und erweitern Sie es mit der Zeit.
- **Nutzen Sie Sparpläne:** Regelmäßige Einzahlungen, auch kleine Beträge, fördern den Vermögensaufbau und reduzieren das Timing-Risiko.
- **Vermeiden Sie Überkomplexität:** Zu viele ETFs erhöhen die Kosten und erschweren das Management. 3–5 ETFs reichen für die meisten Portfolios vollkommen aus.
- **Steuerliche Optimierung:** Nutzen Sie thesaurierende ETFs für langfristige Anlagen, um die Steuerlast aufzuschieben, und setzen Sie den Freistellungsauftrag strategisch ein.

- **Bildung und Recherche:** Informieren Sie sich über die zugrunde liegenden Indizes und Strategien der ETFs. Plattformen wie Broker-Websites oder Finanzportale bieten Vergleichstools und Fondsprospekte.

Ob Buy-and-Hold-, Core-Satellite-, Dividendenstrategie, risikobasierte Diversifikation oder Sparpläne – jede Strategie bietet spezifische Vorteile, die an die individuellen Ziele und Risikobereitschaft angepasst werden können. Durch klare Zielsetzung, diszipliniertes Rebalancing, Kostenmanagement und eine langfristige Perspektive können Privatanleger die Vorteile von ETFs optimal nutzen. Regelmäßige Überprüfungen und Anpassungen stellen sicher, dass das Portfolio mit den Lebensumständen und Marktentwicklungen im Einklang bleibt, um finanzielle Ziele effektiv zu erreichen.

Kapitel 9

Steuern und Gebühren

In Deutschland gibt es klare steuerliche Regelungen für Kapitalanlagen. Ein fundiertes Verständnis der Steuerpflichten ist daher essenziell, um die Nettorendite zu maximieren. Dieser Kapitelabschnitt bietet mit dem Fokus auf Privatanleger einen Überblick über die Steuerregeln für ETF-Gewinne und erläutert die Unterschiede zwischen ausschüttenden und thesaurierenden ETFs. Praktische Hinweise zu steuerlichen Freibeträgen und zur Steueroptimierung werde ich an dieser Stelle nicht geben, diesbezüglich konsultieren Sie am besten einen Steuerberater. Zum Thema Gebühren vermittle ich Ihnen einige Praxishinweise, mit denen Sie bei Ihrer Anlage eine höhere Rendite erzielen können.

9.1 Überblick über Steuern auf ETF-Gewinne

ETF-Gewinne unterliegen in Deutschland der Kapitalertragsteuer. Diese Steuer betrifft sowohl Kapitalgewinne (aus dem Verkauf von ETFs) als auch Erträge wie Dividenden oder Zinsen. Dabei gilt es, die folgenden wichtigen steuerlichen Aspekte zu beachten:

- **Kapitalertragsteuer:** Der Steuersatz beträgt 25 % zuzüglich 5,5 % Solidaritätszuschlag und, falls zutreffend, Kirchensteuer (8–9 %, abhängig vom Bundesland). Für einen Anleger mit Kirchensteuer ergibt sich ein Gesamtsteuersatz von etwa 26,375 % bis 27,995 %.

- **Sparerpauschbetrag:** Privatanleger können jährlich einen Freibetrag von 1.000 € (für Ledige; 2.000 € für Verheiratete; Stand 2025) nutzen. Ein Freistellungsauftrag beim Broker oder der Bank stellt sicher, dass Kapitalerträge bis zu diesem Betrag nicht automatisch besteuert werden.
- **Verlustverrechnung:** Verluste aus Kapitalanlagen können mit Gewinnen aus anderen Kapitalanlagen verrechnet werden, um die Steuerlast zu reduzieren. Nicht verrechnete Verluste können in Folgejahre vorgetragen werden.

Die Art des ETFs – ausschüttend oder thesaurierend – hat erhebliche steuerliche Auswirkungen, da sie bestimmt, wann und wie Erträge besteuert werden.

Ausschüttende ETFs zahlen Dividenden oder Zinsen regelmäßig an die Anleger aus, die sofort steuerpflichtig sind. Die Ausschüttungen unterliegen der Kapitalertragsteuer, die der Broker oder die Bank automatisch abführt, sofern kein Freistellungsauftrag vorliegt. Seit 2018 fällt für Investmentfonds, einschließlich ETFs, eine Vorabpauschale an. Diese wird auf Basis eines fiktiven Ertrags berechnet, der auch dann besteuert wird, wenn keine Ausschüttung erfolgt. Für ausschüttende ETFs wird die Vorabpauschale auf die tatsächliche Ausschüttung angerechnet, wodurch Doppelbesteuerung vermieden wird. Hierbei gilt es zu beachten, dass die sofortige Besteuerung die verfügbaren Mittel für eine Wiederanlage reduziert, was wiederum den Zinseszinseffekt mindern kann.

Thesaurierende ETFs reinvestieren Erträge direkt in den Fonds, wodurch keine direkten Ausschüttungen an die Anleger erfolgen. Die Erträge (z. B. Dividenden oder Zinsen) werden nicht ausgeschüttet, unterliegen aber dennoch der Vorabpauschale, die jährlich berechnet und abgeführt wird. Die Vorabpauschale basiert auf einem fiktiven Ertrag, der von der Wertentwicklung des ETFs und einem Basiszins abhängt. Beim Verkauf des ETFs werden die bereits gezahlten Vorabpauschalen auf die Kapitalertragsteuer angerechnet. Die Thesaurierung ermöglicht eine automatische Wiederanlage, was den Zinseszinseffekt fördert. Die Steuerlast wird teilweise aufgeschoben, bis der ETF verkauft wird, was für langfristige Anleger vorteilhaft ist. Die Vorabpauschale fällt jedoch auch in Jahren an, in denen der ETF Verluste verzeichnet, was die Nettorendite letztendlich schmälern kann.

Thesaurierende ETFs sind für langfristige Anleger mit einem Anlagehorizont von mehr als zehn Jahren oft attraktiver, da sie die Steuerlast aufschieben. Ausschüttende ETFs eignen sich besser für Anleger, die regelmäßige Einkünfte benötigen und einen kürzeren Anlagehorizont als zehn Jahre haben.

9.2 Besteuerung der Kapitalgewinne beim Verkauf von ETF-Anteilen

Kapitalgewinne entstehen, wenn ein ETF zu einem höheren Preis verkauft wird, als er gekauft wurde. Der Gewinn ergibt sich aus der Differenz zwischen Verkaufspreis und Anschaffungskosten (inkl. Transaktionskosten). Die Kapitalertragsteuer (25 % + Zuschläge) wird auf diesen Gewinn erhoben. Für thesaurierende ETFs werden bereits gezahlte Vorabpauschalen auf die Steuerlast beim Verkauf angerechnet, um eine Doppelbesteuerung zu vermeiden. Potenziell entstandene Kapitalgewinne können den Freibetrag nutzen, sofern dieser nicht bereits durch Ausschüttungen oder andere Erträge ausgeschöpft ist. Um sich die Berechnung der Kapitalgewinne zu erleichtern, wird es Ihnen helfen, wenn Sie alle Kauf- und Verkaufstransaktionen sorgfältig dokumentieren. Nutzen Sie Ihren Sparerpauschbetrag strategisch, indem Sie Verkäufe in Jahren mit niedrigen Erträgen planen.

Auch wenn der steuerliche Optimierungsrahmen für Privatanleger eher klein ist, gibt es trotzdem Möglichkeiten zur steuerlichen Optimierung. Beantragen Sie einen Freistellungsauftrag bei Ihrem Broker oder Ihrer Bank, um den Sparerpauschbetrag voll auszuschöpfen. Dies verhindert die automatische Abgeltungsteuer auf Erträge bis zur Freibetragsgrenze. Verluste aus anderen Kapitalanlagen (z. B. Aktien oder Fonds) können mit ETF-Gewinnen verrechnet werden. Stellen Sie sicher, dass Ihr Broker oder Ihre Bank Verluste automatisch erfasst, oder führen Sie eine manuelle Verrechnung in der Steuererklärung durch. Führen Sie ein genaues Depotprotokoll, um Kaufpreise, Verkaufspreise und Vorabpauschalen nachzuverfolgen. Eine gute Dokumentation aller Transaktionen hilft Ihnen dabei, die spätere Steuererklärung zu vereinfachen. Viele Broker bieten Steuerberichte an, die die Steuererklärung erleichtern.

Halten Sie ETFs langfristig, insbesondere thesaurierende, um die Steuerlast durch Thesaurierung und den Zinseszinseffekt zu optimieren. Vermeiden Sie häufiges Kaufen und Verkaufen, um Kapitalertragsteuer zu minimieren. Planen Sie Verkäufe in Jahren, in denen Ihr Einkommen niedriger ist oder der Freibetrag noch nicht ausgeschöpft wurde. Dies kann die Steuerlast reduzieren. Bei internationalen ETFs (z. B. US-ETFs) können Quellensteuern anfallen, die teilweise angerechnet werden können. Prüfen Sie, ob ein Doppelbesteuerungsabkommen (DBA) zwischen Deutschland und dem Fondsstandort besteht. Auch wenn Broker die Kapitalertragsteuer automatisch abführen, lohnt sich eine Steuererklärung, um Verluste zu verrechnen oder Freibeträge nachträglich zu nutzen. Bei komplexen Portfolios oder internationalen ETFs kann ein Steuerberater helfen, die Steuerlast zu optimieren und Fehler zu vermeiden.

Die Besteuerung von ETF-Gewinnen ist ein zentraler Aspekt für Privatanleger, der die Nettorendite erheblich beeinflussen kann. Die Kapitalertragsteuer, die Vorabpauschale und die Unterschiede zwischen ausschüttenden und thesaurierenden ETFs erfordern eine bewusste Planung. Durch die Nutzung des Sparerpauschbetrags, strategische Verlustverrechnung und eine langfristige Anlageperspektive können Privatanleger ihre Steuerlast minimieren. Eine sorgfältige Dokumentation und gegebenenfalls die Beratung durch einen Steuerberater helfen, die steuerlichen Aspekte effektiv zu managen.

9.3 Wie Sie Gebühren minimieren

Neben der Gesamtkostenquote eines ETFs und dem Spread an den Handelsplätzen fallen beim Handel zusätzliche Kosten an, die Privatanleger berücksichtigen sollten. Nicht unerheblich sind dabei die Broker- oder Bankgebühren. Viele Onlinebroker bieten provisionsfreie ETF-Trades an, aber einige erheben Gebühren pro Trade. Vergleichen Sie unbedingt die Gebührenstrukturen, insbesondere bei häufigem Handel. Seien Sie sich auch bewusst, dass es weder ein wirklich kostenfreies Depot noch einen kostenfreien Handel gibt. An einigen Stellen müssen Sie entweder Abstriche im Service machen oder indirekte Handelsgebühren in Kauf nehmen. Auch das Thema Währungskosten wird oftmals unterschätzt. Bei ETFs, die in einer Fremdwährung notiert sind (z. B. US-Dollar), können Wechselkursgebühren anfallen. Wählen Sie, wenn möglich, ETFs in der Heimatwährung oder achten Sie auf Währungsabsicherung. Neben den Währungskosten sollten Sie auch das Wechselkursrisiko beachten. Letzteres kann ebenfalls zu einem ungewollten Kostenfaktor werden.

Zusammenfassend lässt sich festhalten, dass Sie bestenfalls Broker mit niedrigen oder keinen Handelsgebühren nutzen und vor jedem Trade die Spreads prüfen sollten. Für regelmäßige Investments wie Sparpläne wählen Sie kostenfreie oder günstige Anbieter, um langfristig Kosten zu minimieren.

Für den erfolgreichen Handel von ETFs sollten Privatanleger die folgenden Punkte besonders beachten:

- **Langfristige Perspektive:** ETFs sind ideal für langfristige Anlagen. Häufiges Kaufen und Verkaufen erhöht die Kosten und kann die Rendite schmälern. Nutzen Sie Sparpläne, um regelmäßig kleine Beträge zu investieren und den Cost-Average-Effekt zu nutzen.

- **Diversifikation:** Vermeiden Sie, in nur einen ETF zu investieren. Kombinieren Sie ETFs, die verschiedene Anlageklassen, Regionen oder Sektoren abdecken, um das Risiko zu streuen.
- **Vermeidung emotionaler Entscheidungen:** Lassen Sie sich nicht von kurzfristigen Marktschwankungen zu impulsiven Käufen oder Verkäufen verleiten. Halten Sie an Ihrer Anlagestrategie fest.
- **Recherche und Vergleich:** Nutzen Sie Onlinetools, um ETFs nach Kosten, Performance und zugrunde liegenden Indizes zu vergleichen. Prüfen Sie die Fondsprospekte, um Strategie und Risiken des ETFs zu verstehen.
- **Depotwahl:** Wählen Sie einen Broker mit einer benutzerfreundlichen Plattform und niedrigen Gebühren. Viele Broker bieten kostenlose ETF-Sparpläne an, die für Privatanleger attraktiv sind.

Der Kauf und Verkauf von ETFs erfordert sorgfältige Planung, um Kosten zu minimieren und die Anlageziele zu erreichen. Privatanleger sollten Limit-Orders nutzen, um Preiskontrolle zu behalten, stabile Handelszeiten wählen und die Kostenstruktur ihres Brokers prüfen. Steuerliche Aspekte, wie die Wahl zwischen ausschüttenden und thesaurierenden ETFs, sind ebenfalls entscheidend. Durch eine langfristige Perspektive, Diversifikation und fundierte Recherche können Privatanleger die Vorteile von ETFs optimal nutzen. Regelmäßige Überprüfung der Strategie und Disziplin beim Handel helfen, typische Fehler zu vermeiden und das Portfolio effektiv aufzubauen.

Teil IV

FORTGESCHRITTENE THEMEN

Dieser Buchabschnitt beleuchtet fortgeschrittene Themen im ETF-Sektor, die speziell für Privatanleger mit einem tieferen Interesse an komplexeren Anlagestrategien relevant sind. Es werden Themen wie Leveraged und inverse ETFs, synthetische Replikation, ESG-Integration mit fortgeschrittenen Metriken, Direct Indexing und die Nutzung von ETFs in taktischen Asset-Allokationen behandelt. Ziel ist es, Ihnen ein fundiertes Verständnis dieser Konzepte zu vermitteln und praktische Hinweise für deren Anwendung zu geben, ohne spezifische Fonds oder Anbieter zu nennen.

Kapitel 10

Leveraged und inverse ETFs

Leveraged und inverse ETFs sind spezialisierte Finanzinstrumente, die Privatanlegern die Möglichkeit bieten, von verstärkten Marktbewegungen oder gegensätzlichen Markttrends zu profitieren, ohne komplexe Derivate wie Optionen oder Futures einsetzen zu müssen. Diese ETFs sind jedoch keine langfristigen Anlagevehikel, sondern hochspekulative Produkte, die auf kurzfristige Handelsstrategien ausgelegt sind. Ihre Komplexität und Risiken machen sie für unerfahrene Anleger gefährlich, sie können aber in bestimmten Szenarien gezielt eingesetzt werden.

Leveraged und inverse ETFs sind börsengehandelte Fonds, die darauf abzielen, die tägliche Performance eines zugrunde liegenden Index in verstärkter oder entgegengesetzter Form nachzubilden. Sie nutzen dafür Derivate wie Swaps, Futures oder Optionen, um die benötigten Hebel zu ermöglichen und ihre Ziele zu erreichen.

10.1 Leveraged ETFs

Diese Fonds verstärken die tägliche Rendite eines Index um einen bestimmten Faktor, typischerweise 2x oder 3x. Ein 3x-Leveraged-ETF, der den S&P 500 abbildet, strebt an, eine tägliche Rendite zu erzielen, die 3-mal so hoch ist wie die des Index. Wenn der S&P 500 um 1 % steigt, soll der ETF um 3 % steigen (vor Gebühren und Reibungsverlusten).

10.2 Inverse ETFs

Diese Fonds liefern die entgegengesetzte tägliche Rendite eines Index, oft mit einem Faktor von -1x. Ein inverser ETF auf den MSCI World fällt um 1 %, wenn der Index um 1 % steigt, und umgekehrt. Es gibt auch Leveraged inverse ETFs (z. B. -2x oder -3x), die die gegensätzliche Rendite verstärken.

10.3 Funktionsweise und Risiken

Die Funktionsweise dieser ETFs basiert auf 2 zentralen Mechanismen, die Sie vor dem Einsatz dieser spekulativeren ETF-Varianten unbedingt verstehen müssen.

Leveraged und inverse ETFs werden täglich neu ausgerichtet, um ihre Zielrendite (z. B. 2x oder -1x) für den nächsten Handelstag zu gewährleisten. Dies führt zu einem sogenannten „Compounding-Effekt“, der die Performance über längere Zeiträume stark beeinflusst. Lassen Sie sich also nicht dazu verleiten, langfristige Handelsstrategien mittels dieser Anlagevehikel umsetzen zu wollen. Für kurzfristige volatile Handelsphasen und zur Absicherung von bestehenden ETF-Portfolios können diese Instrumente von erfahrenen und risikobereiten Investoren hervorragend eingesetzt werden. Die Hebelwirkung der Leveraged und inversen ETFs wird durch die jeweilige Nutzung von Derivaten erzielt. Die synthetischen ETFs verwenden Derivate, um die gehebelte oder inverse Rendite zu erzielen. Dies erhöht die Kosten (z. B. Swap-Gebühren) und erzeugt ein zusätzliches Kontrahentenrisiko, da die Fonds von der Zahlungsfähigkeit der Derivate-Anbieter abhängen.

Beispiel für Compounding:
Angenommen, ein Index startet bei 100 Punkten und ein 2x-Leveraged-ETF bildet ihn ab.

Tag 1: Index steigt um 10 % auf 110; ETF steigt um 20 % auf 120.
Tag 2: Index fällt um 9,09 % zurück auf 100; ETF fällt um 18,18 % auf 98,18!

Ergebnis: Obwohl der Index unverändert ist, hat der ETF 1,82 % verloren, da die täglichen Hebelverluste kumulieren.

Der Bezugspunkt des Index bzw. der Benchmark bleibt 100. Bei den gehebelten ETFs werden jeweils die aktuellen Stände (Tag 1: 120) als Ausgangspunkt genommen. Das bedeutet, dass der Leveraged ETF am Tag 2 21,82 % verliert, obwohl er bezogen auf den eigentlichen Hebel im Verhältnis zur Benchmark nur 18,18 % verloren hätte. Der Bezugspunkt des Leveraged ETF ist in diesem Fall der Endstand von Tag 1, demnach 120.

Dieser Effekt wird erstens in volatilen Märkten verstärkt und führt zweitens langfristig in diesen Marktphasen zu höheren Verlusten, weshalb Leveraged und inverse ETFs für langfristige Investments ungeeignet sind. Bei Trendmärkten kann dieser Effekt jedoch auch sehr positiv wirken. Dann sollte es jedoch keine Zwischenkorrekturen geben.

Wichtig: Beim Einsatz von gehebelten (Leveraged) ETFs ist eine permanente Überwachung des ETF-Portfolios bzw. der Gesamtmärkte notwendig, um nicht von den negativen Aspekten dieser Anlageform überrascht zu werden. Reagieren Sie sofort, sobald sich die Marktgegebenheiten ändern, und verfallen Sie nicht in einen „Buy and hope"-Modus. Das kann Ihren Anlageerfolg erheblich mindern.

10.4 Einsatzmöglichkeiten und Grenzen

Die Chancen von Leveraged und inversen ETFs für Privatanleger liegen klar auf der Hand. Durch die Hebelwirkung der Produkte erzielen sie eine verstärkte Rendite auf ihre Investments. So können Leveraged ETFs in starken Aufwärtstrends (z. B. Bullenmärkten) hohe kurzfristige Gewinne liefern. Ein 3x-ETF kann in einem Monat mit 5 % Indexanstieg bis zu 15 % Rendite (vor Gebühren) erzielen. Bei dem bereits erwähnten Hedging bzw. zur Absicherung Ihrer bestehenden ETF-Portfolios können sie ebenfalls gute Dienste leisten. Inverse ETFs ermöglichen es, von fallenden Kursen zu profitieren oder ein Portfolio abzusichern, ohne Leerverkäufe durchführen zu müssen. Die Handhabung ist simpel und Sie haben mit einem konstanten Hebel zu tun. Dadurch sind Leveraged ETFs oft passender als die direkte Nutzung von Derivaten. Für viele Privatanleger spielt die Zugänglichkeit zu den Produkten eine wichtige Rolle. Während verbriefte Derivate wie Optionsscheine und Zertifikate oft an Börsen und im Direkthandel mit dem Emittenten gehandelt werden können, müssen Optionen und Futures an den Terminbörsen gehandelt werden. Die Leveraged ETFs sind ebenfalls an den Börsen handelbar, erfordern daher kein extra Margin-Konto und sind über reguläre Depots verfügbar, was sie für Privatanleger besonders attraktiv macht. Interessant sind sie zudem durch die taktische Einsatzfähigkeit und Flexibilität. Sie können diese Produkte für kurzfristige Spekulationen auf Marktbewegungen einsetzen, etwa vor wichtigen Ereignissen wie Zinsentscheidungen oder Quartalsberichten.

Diesen Vorteilen stehen erhebliche Risiken entgegen, die Sie kennen sollten. Neben den bereits beschriebenen Compounding-Verlusten bleiben weitere Risiken bestehen.

Der tägliche Reset in volatilen oder seitwärtsbewegten Märkten führt zu Verlusten, selbst wenn der Index langfristig steigt oder fällt. Auch in kurzfristigen Handelsphasen können Sie mit den ETFs aufgrund hoher Volatilität hohe Verluste erleiden. Ein 3x-ETF kann an einem Tag 30 % verlieren, wenn der Index um 10 % fällt, was für Sie als Privatanleger emotional und finanziell belastend ist. Berücksichtigen Sie auch die hohen Kosten. Leveraged und inverse ETFs haben höhere Gesamtkostenraten (TER 0,5–1,5 %) und versteckte Kosten (z. B. Derivategebühren), die die Rendite schmälern. Vergleichen Sie daher vorher die potenziellen Hedgingkosten mit denen anderer Assets, etwa von verbrieften Derivaten wie Optionsscheinen und Zertifikaten.

Diese Faktoren zusammengenommen zeigen die Schwäche in Bezug auf die Zeithorizont-Einschränkung sehr gut auf. Die gehebelten ETFs sind für tägliche oder kurzfristige (1–5 Tage) Positionen konzipiert worden. Bei längerem Halten weicht die Performance stark vom Index ab und führt unweigerlich zu Renditenachteilen für den Privatanleger. Zu den produktspezifischen Risiken kommt das Market-Timing-Risiko hinzu. Erfolgreiches Timing ist selbst für professionelle Investoren schwierig. Falsche Einschätzungen führen zu erheblichen Verlusten, da sich dann die Nachteile des Produkts summieren. Zusätzlich sollte das Kontrahentenrisiko berücksichtigt werden. In normalen Marktphasen spielt dieses Thema keine Rolle, aber in Zeiten wie der Finanzmarktkrise 2007/2008 brachte dieses Risiko durch die Insolvenzen von Lehman Brothers, Bear Stearns und Merrill Lynch vielen Investoren hohe Verluste. Denn die Abhängigkeit von Derivate-Anbietern birgt das Risiko, dass diese ausfallen, obwohl dies durch Regulierung minimiert wird. Nicht zuletzt kann die Komplexität der Anlageprodukte viele Privatanleger überfordern und diese unterschätzen wiederum die Funktionsweise, insbesondere den Compounding-Effekt, was dann zu Fehlentscheidungen und schlussendlich Verlusten führt.

Leveraged und inverse ETFs sind für erfahrene Anleger mit hoher Risikotoleranz und klarem Verständnis der Marktmechanik geeignet. Für durchschnittliche Privatanleger, die auf langfristigen Vermögensaufbau setzen, sind sie oft ungeeignet, da die Risiken (Verluste durch

Volatilität, hohe Kosten) die potenziellen Chancen überwiegen. Laut Studien erleiden die meisten Anleger, die solche ETFs langfristig halten, signifikante Kursverluste mit den Anlageprodukten.

Ein Anleger, der 2020 den ProShares UltraPro QQQ (3x Nasdaq 100, ISIN: US74347X8314) kaufte und bis 2022 hielt, erlitt trotz eines moderaten Nasdaq-Anstiegs Verluste durch die Volatilität in dieser Zeit und den Compounding-Effekt.

Wie können Sie mit dem ganzen Wissen nun trotzdem erfolgreich mit diesen Anlageprodukten handeln? Mit welchem Analyseansatz können Sie mit Leveraged und inversen ETFs erfolgreich agieren?

Sie sollten diese ETFs nur mit einer klaren Strategie und mit Vorsicht nutzen. An dieser Stelle zeige ich Ihnen einen Ansatz zur schrittweisen Integration in Ihre individuelle Anlagestrategie auf:

1. **Klären Sie Ihre Ziele und Risikobereitschaft**
    - Entscheiden Sie, ob Sie spekulieren oder absichern wollen, und prüfen Sie ihre Verlusttoleranz. Nur max. 5–10 % des Portfolios sollten in solche ETFs fließen.
    - Beispiel: Ein Anleger mit 50.000 € Depot sollte maximal 2.500 € in einen Leveraged ETF investieren.
2. **Verstehen Sie die Funktionsweise der ausgewählten Produkte**
    - Informieren Sie sich noch einmal über den Compounding-Effekt und die tägliche Neuadjustierung der gehebelten Produkte. Lesen Sie den Produktprospekt des ETFs. Nutzen Sie die ETF-Anbieter-Websites oder Finanzportale. Schlussendlich gilt: Wenn Sie die Produkte nicht verstehen, Finger weg!
3. **Analysieren Sie die Marktbedingungen**
    - Leveraged ETFs eignen sich für starke, einseitige Trends (z. B. Bullenmärkte), inverse ETFs für klare Abwärtstrends. Meiden Sie sie in volatilen Seitwärtsmärkten.
    - Tools: Technische Analysen (z. B. gleitende Durchschnitte), Nachrichten (Bloomberg, X-Beiträge).

4. **Legen Sie Ihren Anlagehorizont fest**
   - Halten Sie diese ETFs maximal für wenige Tage oder Wochen. Setzen Sie Stop-Loss-Orders, um Verluste zu begrenzen (z. B. bei -10 %).
   - Beispiel: Kauf eines 2x-ETFs vor einer erwarteten positiven Unternehmensmeldung, Verkauf nach 2 Tagen.
5. **Prüfen Sie die Kosten und die Liquidität des Produkts**
   - Wählen Sie ETFs mit niedrigen TERs (< 1 %), hohem Handelsvolumen (> 100 Mio. € Fondsvolumen) und engen Spreads. Vergleichen Sie das infrage kommende Produkt in Bezug auf die Kosten mit einem verbrieften Derivat (Optionsschein, Hebel-Zertifikat).
6. **Portfolio-Integration**
   - Nutzen Sie Leveraged bzw. inverse ETFs nur als taktische Ergänzung, nicht als Kerninvestment. Kombinieren Sie diese Produkte mit stabilen, passiven ETFs auf beispielsweise den MSCI World.
   - Beispiel: 90 % iShares Core MSCI World, 10 % ProShares Short S&P500 zur Absicherung.
7. **Überwachen Sie regelmäßig Ihre Positionen**
   - Überwachen Sie die Position in den Leveraged ETFs täglich, da schnelle Verluste möglich sind. Nutzen Sie dafür am besten Apps oder Broker-Tools für Echtzeitdaten.
   - Beispiel: tägliche Prüfung der ETF-Performance bei fallendem Index.

Praxisbeispiel:
Anna, 38 Jahre, erfahrene Anlegerin, möchte von einem erwarteten Nasdaq-Anstieg nach einer Zinsentscheidung profitieren, Risikobereitschaft hoch, 1.000 € Einsatz.

- **Schritt 1: Ziele**
  Kurzfristige Spekulation auf Nasdaq-Anstieg in 3 Tagen.

- **Schritt 2: Verständnis**
  Anna liest den Prospekt des ProShares UltraPro QQQ (3x Nasdaq 100, ISIN: US74347X8314, TER 0,95 %).
- **Schritt 3: Marktanalyse**
  Technische Indikatoren zeigen einen Aufwärtstrend; Zinsentscheidung wird positiv erwartet.
- **Schritt 4: Zeithorizont**
  Kauf heute, Verkauf in 3 Tagen, Stop-Loss bei -15 %.
- **Schritt 5: ETF-Auswahl**
  ProShares UltraPro QQQ wegen hohem Volumen und 3x-Hebel.
- **Schritt 6: Integration**
  Anna hält 95 % ihres Depots in passiven ETFs, 5 % für Spekulation.
- **Schritt 7: Monitoring**
  Tägliche Überprüfung via Broker-App.

Ergebnis: Der Nasdaq steigt in 3 Tagen um 2, der ETF um etwa 6 % (vor Gebühren). Anna erzielt 60 € Gewinn, verkauft und kehrt zu ihrem Kernportfolio zurück.

Leveraged und inverse ETFs bieten Privatanlegern die Möglichkeit, von verstärkten oder gegensätzlichen Marktbewegungen zu profitieren, sind jedoch hochspekulativ und risikoreich. Ihre tägliche Neuausrichtung, hohe Kosten und Volatilität machen sie für kurzfristige, taktische Einsätze geeignet, nicht für langfristige Investments. Privatanleger sollten diese Produkte nur mit tiefem Verständnis für das Produkt, klarer Tradingstrategie und striktem Risikomanagement nutzen. Der vorgestellte Analyseansatz hilft, Chancen zu nutzen und Verluste zu minimieren. Konzentrieren Sie sich weiterhin auf Ihr Kernportfolio mit stabilen ETFs und setzen Sie Leveraged oder inverse ETFs sparsam als Ergänzung ein, um langfristig erfolgreich zu bleiben und kurzfristige Tradingchancen nutzen zu können.

Kapitel 11

ESG-Integration mit fortgeschrittenen Metriken

Nachhaltige Investments (ESG: Environmental/Umwelt, Social/Soziales, Governance/Unternehmensführung) sind ein wachsender Trend, und fortgeschrittene Anleger können von neuen Ansätzen in der ESG-Integration profitieren. Auch wenn jetzt vielleicht einige Leser denken, dass das ESG-Thema in der Finanzwelt keine große Rolle mehr spielt, muss ich an dieser Stelle auf die wirtschaftliche Ausrichtung der EWU verweisen. Es herrscht eine sehr große Ambivalenz unter den verschiedenen Finanzmärkten vor, insbesondere zwischen denen in den USA und Europa. In den USA wird das Thema Nachhaltigkeit wieder deutlich zurückgefahren, während es in Europa zunehmend an Bedeutung gewinnt. Da sich dieses Buch hauptsächlich an europäische Investoren richtet, hoffe ich, dass sie die Notwendigkeit dieses Themas in Bezug auf die ETF-Anlage nachvollziehen können.

Die ETF-Industrie hat auf dieses Thema bereits frühzeitig reagiert und so nutzen moderne ESG-ETFs datengetriebene Analysen, z. B. durch künstliche Intelligenz, um präzisere Bewertungen von Unternehmen zu erstellen. Beispiele sind die Analyse von CO_2-Fußabdrücken, Lieferketten oder sozialen Auswirkungen wie Diversität in Führungspositionen. Das ESG-Thema ist sehr vielschichtig und kann nicht nur auf nachhaltige Energiegewinnung beschränkt werden. Einige ESG-ETFs zielen auf messbare positive Wirkungen wie die Finanzierung erneuerbarer Energien oder sozialer Projekte, anstatt nur auf Ausschlusskriterien. Dieses Impact Investing wird auch von vielen Banken und Finanzinstituten gezielt an ihre Kunden herangetragen und insbesondere von den jüngeren Generationen mit zunehmendem Interesse umgesetzt. Es ermöglicht den bisher tendenziell überwiegend jüngeren Anlegern, ethische Werte mit finanziellen Zielen zu verbinden, während datenbasierte Ansätze die Transparenz erhöhen.

Die Risiken in diesem Bereich sind jedoch nicht unerheblich. Unterschiedliche ESG-Bewertungsmethoden können zu Inkonsistenzen führen. Gerade der Vergleich mit anderen ESG-ETFs hinkt daher oder ist kaum möglich. Zudem können thematische ESG-ETFs weniger diversifiziert sein, was der Tatsache geschuldet ist, dass die Themenbreite stark eingeschränkt ist und sich dadurch das Anlageuniversum extrem einengt. Dies könnte sich in den kommenden Jahren noch ändern, wird jedoch noch einige Zeit benötigen. Falls Sie dennoch Interesse an diesem Bereich haben, sollten Sie die ESG-Methodik des ETFs (z. B. Ausschlusskriterien, Best-in-Class oder Impact) prüfen und sicherstellen, dass sie auch Ihren Anlagewerten und Vorgaben entspricht. Nutzen Sie dafür die Fondsprospekte, um die Datenquellen und Bewertungsprozesse zu verstehen. Jede einzelne ETF-Kategorie hat ihre jeweiligen Besonderheiten und Fallstricke, die berücksichtigt werden müssen.

Kapitel 12

Direct Indexing

Direct Indexing ist eine innovative Entwicklung, die es Anlegern ermöglicht, maßgeschneiderte Portfolios zu erstellen, die einen Index nachbilden, aber individuell angepasst werden können. Diese Form ist jedoch nur institutionellen Investoren und Privatanlegern mit einem größeren Depot zugänglich. Ich muss diese Variante jedoch der Vollständigkeit halber hier erwähnen. Mein Ziel ist, dass Sie irgendwann auch diese ETF-Anlagevariante nutzen können, da Ihr Vermögen durch meine Tipps und Hinweise eine entsprechende Größe erreicht hat. Anstatt einen ETF von der Stange zu kaufen, investieren Anleger direkt in die einzelnen Wertpapiere eines Index (z. B. S&P 500) und passen die Gewichtungen an, etwa durch Ausschluss bestimmter Unternehmen oder Übergewichtung nachhaltiger Firmen. Sie individualisieren eine bestehende Benchmark oder einen bestehenden Index und passen diesen bei Ihrer Geldanlage an. Dafür nutzen Sie die entsprechenden Anbieter und Banken, die Ihnen diese Möglichkeiten bieten. Die Vorteile liegen auf der Hand. Diese Anlagevariante bietet maximale Flexibilität bei Ihrer Anlagestrategie, steuerliche Optimierung (z. B. durch Tax-Loss-Harvesting) und die Möglichkeit, persönliche Werte und Themen (z. B. ESG-Präferenzen) umzusetzen bzw. zu integrieren.

Kapitel 13

Tax-Loss-Harvesting

Unter Tax-Loss-Harvesting versteht man eine Strategie, bei der Privatanleger Verluste aus Wertpapierinvestitionen realisieren, um diese mit Gewinnen zu verrechnen und dadurch die Steuerlast zu reduzieren. Besonders im Kontext von ETFs bietet diese Methode für Privatanleger eine effiziente Möglichkeit, ihre Portfolios steuerlich zu optimieren, ohne die langfristige Anlagestrategie zu beeinträchtigen. In diesem Kapitelabschnitt erläutere ich die Grundlagen, Vorteile und praktischen Schritte von Tax-Loss-Harvesting.

Das Prinzip des Tax-Loss-Harvesting läuft wie folgt ab: Wenn ein ETF in Ihrem Depot an Wert verloren hat, können Sie diesen mit Verlust verkaufen. Der realisierte Verlust kann dann mit Kapitalgewinnen aus anderen Investments verrechnet werden, um die zu versteuernde Summe zu reduzieren. In Deutschland ist dies besonders relevant, da Kapitalgewinne der Kapitalertragsteuer (Abgeltungsteuer) von 25 % (zzgl. Solidaritätszuschlag und ggf. Kirchensteuer) unterliegen. Wichtig ist, dass die Verluste innerhalb desselben Veranlagungsjahres oder in zukünftigen Jahren mit Gewinnen verrechnet werden können.

Ein entscheidender Aspekt für Privatanleger ist die sogenannte Wash-Sale-Regel, die im Gegensatz zu Ländern wie den USA in Deutschland nicht existiert. Das bedeutet, dass Sie einen ETF mit Verlust verkaufen und sofort einen ähnlichen (aber nicht identischen) ETF kaufen können, um Ihre Marktposition weitgehend beizubehalten.

So können Sie steuerliche Vorteile nutzen, ohne die Portfolio-Allokation zu verändern.

ETFs eignen sich für das Tax-Loss-Harvesting besonders gut, da sie an Börsen gehandelt werden, was schnelle Käufe und Verkäufe ermöglicht. Die breite Marktdiversifikation des ETF-Sektors bietet eine Vielzahl von ähnlichen Produkten (z. B. unterschiedliche Anbieter für den MSCI World), die eine erneute Investition nach einem Verkauf ermöglichen, ohne gegen regulatorische Vorgaben zu verstoßen. Die geringen Verwaltungsgebühren von ETFs minimieren die Transaktionskosten bei der Umsetzung der Tax-Loss-Harvesting-Strategie. Letztendlich werden die Verluste mit Gewinnen aus anderen Kapitalanlagen (z. B. Aktien, Fonds oder Anleihen) verrechnet, was die Steuerlast senkt.

Um Tax-Loss-Harvesting effektiv zu nutzen, sollten Privatanleger folgendermaßen vorgehen:

1. Analysieren Sie Ihr Depot regelmäßig, idealerweise zum Jahresende, um ETFs mit unrealisierten Verlusten zu identifizieren. Nutzen Sie Depotübersichten oder Steuersoftware, um Verluste und Gewinne im Blick zu behalten.
2. Verkaufen Sie ETFs, die unter ihrem Einstandspreis notieren. Achten Sie darauf, dass die Verluste steuerlich relevant sind (d. h., sie müssen realisiert werden, nicht nur im Depot bestehen).
3. Investieren Sie den Verkaufserlös sofort in einen ähnlichen ETF, um Ihre Marktposition zu erhalten. Beispielsweise können Sie einen MSCI-World-ETF von iShares durch einen von Lyxor ersetzen. Achten Sie darauf, dass der neue ETF nicht exakt denselben Index mit identischer Zusammensetzung abbildet, um mögliche steuerliche Risiken zu minimieren.
4. Halten Sie alle Transaktionen genau fest, um diese bei der Steuererklärung korrekt angeben zu können. In Deutschland müssen Verluste und Gewinne in der Anlage KAP der Steuererklärung eingetragen werden.

5. Verluste müssen bis zum Jahresende realisiert werden, um im selben Veranlagungsjahr mit Gewinnen verrechnet werden zu können. Nicht genutzte Verluste können jedoch in Folgejahre vorgetragen werden.

Angenommen, Sie haben im Januar 2025 einen MSCI-World-ETF für 10.000 € gekauft, der im Dezember 2025 nur noch 8.000 € wert ist. Gleichzeitig haben Sie in einem anderen ETF (z. B. S&P 500) einen Gewinn von 3.000 € erzielt. Durch den Verkauf des MSCI-World-ETFs realisieren Sie einen Verlust von 2.000 €, der mit dem Gewinn verrechnet wird. Dadurch reduziert sich Ihr steuerpflichtiger Gewinn auf 1.000 €, und Sie sparen circa 500 € an Abgeltungsteuer (bei 25 %). Anschließend kaufen Sie einen ähnlichen ETF (z. B. einen anderen MSCI-World-ETF), um weiterhin im Markt investiert zu bleiben.

Bei offenen Fragen oder Unklarheiten sollten Sie Ihren Steuerberater oder das Finanzamt konsultieren und sich entsprechend Rat zu Steuerfragen einholen. Die Steuergesetzgebung ändert sich jährlich und kann bei falscher Anwendung zu erheblichen Problemen führen. Dieser Kapitelabschnitt dient lediglich zur Erklärung des Tax-Loss-Harvesting-Ansatzes und stellt keine steuerliche Beratung oder Empfehlung dar.

Kapitel 14

Taktische Asset-Allokation mit ETFs

Die taktische Asset-Allokation ermöglicht es Anlegern, kurz- bis mittelfristig auf Marktchancen oder Risiken zu reagieren, indem sie die Portfolio-Aufteilung dynamisch anpassen. Das verlangt eine kontinuierliche und permanente Beobachtung der Finanzmärkte und den Willen, proaktiv die eigene individuelle Anlagestrategie umsetzen zu wollen. Wir verlassen damit das Feld der standardisierten Anlagestrategien und begeben uns direkt in die diskretionäre individualisierte Geldanlagepolitik. Die Funktionsweise ist schnell erklärt. Anleger passen die Gewichtung von Anlageklassen basierend auf Marktanalysen, makroökonomischen Trends oder Sentiment-Daten an. Beispielsweise könnten Sie bei einer erwarteten Rezession den Anleihe-Anteil erhöhen und die Anteile der Aktien und Rohstoffe senken. In Boomphasen werden dann wiederum der Anleihe-Anteil reduziert und die Anteile der Aktien und Rohstoffe angehoben. Das Vorgehen ermöglicht eine hohe Flexibilität, um von Marktbewegungen zu profitieren oder Risiken zu minimieren, während die Kostenvorteile von ETFs genutzt werden. Die Umsetzung erfordert Marktkenntnisse und es besteht das Risiko falscher Einschätzungen. Zu häufiges Umschichten kann natürlich die Kosten erheblich erhöhen.

Falls Sie sich jedoch befähigt fühlen, diese Strategie umzusetzen, nutzen Sie breit diversifizierte ETFs für den Kern des Portfolios und führen Sie taktische Anpassungen nur mit einem kleinen Teil (z. B.

10–20 %) durch. Diese Core-Satellite-Strategie habe ich bereits in einem früheren Kapitel dieses Buchs beschrieben. Die Anlageentscheidungen sollten auf makroökonomischen Daten oder vertrauenswürdigen Analysen aufgebaut werden. Vermeiden Sie auf jeden Fall übermäßiges Trading, denn es handelt sich weiterhin um eine langfristige Anlagestrategie und kein Trading-Set-up. Dafür sind ETFs im Zweifelsfall nicht geeignet und sollten dann durch andere Tradingvehikel ersetzt werden.

Dennoch erfordert auch dieser fortgeschrittene Themenkomplex ein tiefes Verständnis. Nutzen Sie Fondsprospekte, Whitepapers und seriöse Finanzplattformen, um die Mechanismen und Risiken von synthetischen, Hebel- oder Smart-Beta-ETFs zu verstehen. Sie sollten nicht nur die Marktmechanismen nachvollziehen können, sondern auch die Produkte und Strategien. In jedem Fall sollten Sie auch bei diesen fortgeschrittenen Themen ein ausgereiftes Risikomanagement besitzen. Begrenzen Sie immer den Einsatz riskanter Instrumente wie Hebel-ETFs auf einen kleinen Portfolio-Anteil. Diversifizieren Sie auf jeden Fall Ihr Depot, um spezifische Risiken wie Kontrahentenrisiken bei synthetischen ETFs zu minimieren und keine zu großen und nicht zu viele Hebel in Ihre Strategien zu integrieren. Am besten beginnen Sie mit kleinen Beträgen, um fortgeschrittene Strategien zu testen, bevor Sie größere Anlagesummen einsetzen. Sie können auch zuerst Demokonten oder virtuelle Portfolios nutzen, um den Umgang mit den taktischen Ansätzen zu üben.

Die fortgeschrittenen Themen im ETF-Sektor bieten Privatanlegern spannende Möglichkeiten, mit denen sie ihre Portfolios optimieren und gezielt auf Marktchancen oder persönliche Präferenzen eingehen können. Synthetische Replikation, Hebel- und Inverse ETFs, Smart-Beta-ETFs, ESG-Integration, Direct Indexing und taktische Asset-Allokation erweitern die Palette der Anlagestrategien erheblich. Diese Ansätze erfordern jedoch ein fundiertes Verständnis der Mechanismen und Risiken sowie eine sorgfältige Planung. Ich hoffe, dass ich Sie ermutigen konnte, durch gezielte Recherche, diszipliniertes Risikomanagement und eine klare Ausrichtung auf die eigenen Ziele die Vorteile dieser fortgeschrittenen Konzepte zu nutzen, um Ihre individuellen Anlagestrategien auf das nächste Level zu heben.

Kapitel 15

Internationale ETFs und Währungsrisiken

ETFs bilden sehr gut Indizes wie den MSCI World, MSCI Emerging Markets oder FTSE All-World nach, die Unternehmen aus verschiedenen Regionen oder globalen Märkten enthalten. Für Privatanleger in Deutschland sind internationale ETFs attraktiv, mit denen sie von Wachstumschancen in anderen Volkswirtschaften wie den USA, Asien oder Schwellenländern profitieren. Allerdings bringen diese auch spezifische Herausforderungen mit sich, insbesondere Währungsrisiken. In diesem Kapitelabschnitt erläutere ich Ihnen, wie Sie internationale ETFs nutzen können, welche Vorteile diese bieten und worauf Sie insbesondere in Bezug auf potenzielle Währungsrisiken achten sollten.

15.1 Investitionen in Schwellenländer

Wenn Sie sich zusätzlich mit dem Thema globale Diversifikation bei Ihrer ETF-Anlage beschäftigen, werden Sie schnell feststellen, dass die internationalen ETFs den Zugang zu einer breiten Palette von Anlagen, Themen und Sektoren ermöglichen, wodurch das Risiko von regionalen wirtschaftlichen oder politischen Schocks insgesamt reduziert werden kann. Eine „MSCI World ETF Core Satellite"-Strategie mit anderen Länder-ETFs deckt beispielsweise Unternehmen aus über 20 Industrieländern ab. Dadurch reduzieren Sie die konjunkturelle Abhängigkeit von einem Wirtschaftsraum, beispielsweise dem der USA, erheblich. Sie können zum Beispiel zusätzlich die Wachstumschancen der Emerging Markets mittels Schwellenländer-ETFs (z. B. MSCI Emerging Markets) nutzen. Diese bieten Potenzial für höhere Renditen, da die Emerging Markets oft schneller wachsen als entwickelte Volkswirtschaften.

Investitionen in Emerging Markets bieten Privatanlegern eine einzigartige Möglichkeit, von hohen Wachstumsraten, zunehmender wirtschaftlicher Dynamik und einer sich entwickelnden Mittelschicht zu profitieren. Besonders die BRICS-Staaten – Brasilien, Russland, Indien, China und Südafrika – spielen eine zentrale Rolle in diesem Segment, da sie einige der größten und dynamischsten Volkswirtschaften der Schwellenländer repräsentieren. Trotz höherer Risiken im Vergleich zu Industrieländern bieten diese aufstrebenden Volkswirtschaften über einen langen Anlagehorizont attraktive Renditechancen. In diesem Abschnitt beleuchte ich, warum Investitionen in Emerging Markets lohnenswert sind, analysiere die wirtschaftlichen Zyklen der BRICS-Staaten und zeige Ihnen, wie Sie mittels ETFs von diesen Entwicklungen profitieren können.

Schwellenländer machen etwa 40 % des globalen Bruttoinlandsprodukts (BIP) und über 50 % der Weltbevölkerung aus, sind jedoch in globalen Aktienindizes wie dem MSCI All Country World Index (ACWI) mit nur etwa 11–13 % gewichtet. Diese Unterrepräsentation bietet Chancen für Anleger, da die wirtschaftliche Bedeutung dieser Länder wächst. Die Hauptgründe, warum Investitionen in Emerging Markets lohnenswert sind: Schwellenländer weisen oft höhere BIP-Wachstumsraten auf als Industrieländer. Während Industrieländer wie die USA oder Deutschland Wachstumsraten von 1–3 % pro Jahr erzielen, erreichen Länder wie Indien oder China oft 5–7 % oder mehr. Viele Schwellenländer haben zudem eine junge, wachsende Bevölkerung und eine expandierende Mittelschicht, die den Konsum und die Nachfrage nach Waren und Dienstleistungen antreibt. Allein die Bevölkerung der BRICS-Staaten stellt die Hälfte der Weltbevölkerung dar.

Emerging Markets korrelieren weniger stark mit Industrieländern, was sie zu einer wertvollen Ergänzung eines Portfolios macht, um das Risiko zu streuen. Ihre konjunkturellen Zyklen folgen oft anderen Einflussfaktoren als die der etablierten Industriestaaten. Sie können sich zwar nicht vollends von ihnen befreien, zeigen häufig jedoch eine geringe Korrelation auf. Aktien in Schwellenländern sind oft günstiger bewertet (niedrigeres Kurs-Gewinn-Verhältnis) als in Industrieländern, was langfristig höhere Renditen ermöglicht. Institutionelle Investoren folgen meist dem Geld, was oftmals überwiegend in die Finanzmärkte der großen Industrienationen fließt. Die Emerging Markets können dadurch teilweise Geheimtipps darstellen, was Investitionen beziehungsweise Beimischungen zu bestehenden Depots interessant macht. Dennoch profitieren die Unternehmen in Schwellenländern auch von technologischen Fortschritten, Infrastrukturinvestitionen und einer stärkeren Integration in die Weltwirtschaft. Trotz dieser Vorteile sind Investitionen in Emerging Markets immer mit höheren Risiken verbunden, darunter politische Instabilität, Währungsschwankungen und potenziell ausgeprägte Volatilität. Diese Risiken können jedoch durch Diversifikation und langfristige Anlagestrategien minimiert werden.

15.2 Die BRICS-Staaten

Die BRICS-Staaten repräsentieren unterschiedliche wirtschaftliche Dynamiken und Zyklen, die sowohl Chancen als auch Herausforderungen bieten. In den vergangenen Jahren hat sich das Buchstabenkürzel BRICS zu einem Investment-Synonym gemausert. Nachfolgend eine kurze Darstellung der wirtschaftlichen Zyklen dieser Länder und ihrer Relevanz für Sie als potenziellem Anleger.

1. Brasilien

a) Wirtschaftlicher Zyklus

- Brasilien ist stark von Rohstoffen wie Sojabohnen, Eisenerz und Öl abhängig. Seine Wirtschaft durchläuft Zyklen, die eng mit globalen Rohstoffpreisen korrelieren.
- In den 2000er-Jahren erlebte Brasilien dank eines Rohstoffbooms starkes Wachstum (4–5 % jährlich). Seit 2015 kämpft das Land mit politischer Instabilität, Korruption und schwankenden Rohstoffpreisen, was zu Rezessionen führte.
- Aktuell profitiert Brasilien von stabileren Rohstoffpreisen und Reformen, die das Investitionsklima verbessern.

b) Chancen für Anleger

- Unternehmen wie Vale (Eisenerz) oder Petrobras (Öl) sind in ETFs wie dem MSCI Emerging Markets enthalten.
- Brasilien bietet Chancen in Sektoren wie Agrarwirtschaft und erneuerbare Energien, die von globaler Nachfrage profitieren.

c) Risiken

Politische Unsicherheit und Währungsschwankungen (z. B. des Brasilianischen Real) können die Rendite beeinträchtigen.

2. Russland

a) Wirtschaftlicher Zyklus

- Russlands Wirtschaft hängt stark von Energieexporten (Öl und Gas) ab. Hohe Energiepreise in den 2000er-Jahren führten zu starkem Wachstum, während sinkende Ölpreise und Sanktionen seit 2014 die Wirtschaft belasten.
- Aufgrund geopolitischer Spannungen (z. B. Ukraine-Krieg) und westlicher Sanktionen ist der Zugang zu russischen Aktien für westliche Anleger eingeschränkt und viele ETFs haben Russland ausgeschlossen (Stand Juni 2025).

b) Chancen für Anleger

- Vor den Sanktionen waren Unternehmen wie Gazprom oder Sberbank attraktiv. Aktuell sind russische Aktien in vielen Emerging-Markets-ETFs nicht mehr vertreten, was die Diversifikation einschränkt.
- Anleger können indirekt von russischen Rohstoffen profitieren, indem sie in globale Rohstoff-ETFs oder Unternehmen investieren, die mit Russland handeln.

c) Risiken

Hohe geopolitische Risiken und eingeschränkte Marktzugänglichkeit machen Russland derzeit unattraktiv für direkte Investments.

3. Indien

a) Wirtschaftlicher Zyklus

- Indien ist eine der am schnellsten wachsenden Volkswirtschaften der Welt mit einem BIP-Wachstum von 6–8 % jährlich. Treiber sind eine junge Bevölkerung, Digitalisierung und Reformen wie die GST (Goods and Services Tax).
- Die indische Wirtschaft ist weniger rohstoffabhängig und fokussiert sich auf Technologie, Konsumgüter, Finanzdienstleistungen.
- Seit 2020 hat Indien von einem Boom in der Tech-Branche und ausländischen Direktinvestitionen profitiert.

b) Chancen für Anleger

- Unternehmen wie Reliance Industries, Infosys und HDFC Bank sind in ETFs auf den MSCI India enthalten.
- Die wachsende Mittelschicht treibt den Konsum an, was Sektoren wie E-Commerce und Konsumgüter stärkt.

c) Risiken

Bürokratische Hürden und Währungsschwankungen (Indische Rupie) können Herausforderungen darstellen.

4. China

a) Wirtschaftlicher Zyklus

- China ist die zweitgrößte Volkswirtschaft der Welt mit einem Fokus auf Technologie, Produktion und Infrastruktur. Nach Jahrzehnten mit zweistelligem Wachstum hat sich das Wachstum seit 2010 auf 5–6 % jährlich verlangsamt.
- Die chinesische Wirtschaft durchläuft Zyklen, die von staatlicher Regulierung und Eingriffen (z. B. Tech-Sektor im Jahr 2021) sowie globaler Nachfrage nach chinesischen Exporten beeinflusst werden.
- Aktuell (Juni 2025) profitiert China von einer Erholung nach pandemiebedingten Rückschlägen und Investitionen in grüne Technologien.

b) Chancen für Anleger

- Unternehmen wie Alibaba, Tencent und BYD sind in ETFs auf den MSCI China vertreten.
- China bietet Chancen in wachstumsstarken Sektoren wie Elektromobilität und künstliche Intelligenz.

c) Risiken:

Politische Eingriffe, Handelskonflikte und ein intransparentes Regulierungssystem erhöhen das Risiko.

5. Südafrika

a) Wirtschaftlicher Zyklus:

- Südafrika ist die wirtschaftlich am weitesten entwickelte Nation Afrikas und stark abhängig von Rohstoffen wie Gold, Platin und Diamanten.
- Die Wirtschaft leidet unter politischer Instabilität, Energiekrisen und hoher Arbeitslosigkeit, was das Wachstum auf 1–2 % jährlich begrenzt.
- Reformen und Investitionen in Infrastruktur könnten das Wachstum in den kommenden Jahren ankurbeln.

b) Chancen für Anleger

- Unternehmen wie Anglo American oder Naspers sind in ETFs auf den MSCI Emerging Markets vertreten.
- Südafrika bietet Chancen im Bergbau und bei Konsumgütern und profitiert von einer wachsenden Mittelschicht, die zunehmend kaufkräftiger wird.

c) Risiken

Politische Unsicherheit und Stromausfälle („Load Shedding") belasten die Wirtschaft.

Die Konjunkturzyklen folgen in den Emerging Markets oft eigenen Gesetzen und Einflussfaktoren. Dabei werden die wirtschaftlichen Zyklen der BRICS-Staaten gleich durch mehrere speziellen Faktoren geprägt.

Länder wie Brasilien, Russland und Südafrika sind stark von globalen Rohstoffpreisen abhängig. Anleger können von steigenden Preisen profitieren, sollten aber auf die damit verbundene Volatilität vorbereitet sein. Indien und China profitieren dagegen wesentlich stärker von einer wachsenden Mittelschicht und der Digitalisierung in vielen Industrie- und Geschäftsbereichen, was langfristiges Wachstum in Sektoren wie Technologie und Konsumgüter fördert. Alle Emerging Markets haben jedoch ein Hauptproblem gemeinsam: Die politischen Entscheidungen in den einzelnen Ländern können schnell zu erheblichen Verwerfungen führen. Zuletzt haben außenhandelspolitische Entscheidungen in China oder geopolitische Spannungen mit Russland zu teilweise erheblichen Unsicherheiten geführt. Diese Phasen bieten aber zugleich auch Einstiegschancen für risikobewusste Privatanleger, da viele Unternehmen in den betroffenen Ländern oft sehr niedrig bewertet sind.

Privatanleger können von diesen Zyklen profitieren, indem sie vor allem langfristig investieren. Die wirtschaftlichen Zyklen in Schwellenländern sind zwar teilweise volatil, aber über 10–20 Jahre haben sich die Schwankungen oft ausgeglichen. Denken Sie an die Asienkrise in den Jahren 1997/1998. Die Aktienindizes in Thailand und Indonesien verloren teilweise über 88 % ihres Werts. Mit den Abwertungen der Heimatwährungen fielen die Verluste teilweise noch dramatischer aus. Es dauerte etwa 10 bis 15 Jahre, bis sich die Aktienindizes wieder erholt hatten und die Ausgangsstände von 1998 wieder erreicht wurden.

Mitte der 1990er-Jahre war Thailand das Epizentrum der Asienkrise, ausgelöst durch Spekulationen gegen den festen Wechselkurs des Baht, was 1997 zu einer massiven Abwertung des Baht und einer Bankenkrise führte. Die thailändische Wirtschaft schrumpfte 1998 um 10,4 %. Der SET Index erlitt in dieser Zeit einen dramatischen Einbruch. Im Januar 1994 stand der Index auf einem hohen Niveau, fiel aber bis zum 4. September 1998 auf 207,31 Punkte, ein Rückgang von 88,2 % gegenüber dem Höchststand von 1994. Dies war der größte Sturz in der Geschichte des Index. Ab September 1998 begann eine Erholung. Bis zum 22. Juni 1999 stieg der SET Index auf 545,91 Punkte, was einem Anstieg von 163,3 % entsprach. Allerdings führte das Platzen der Dotcom-Blase im Jahr 2000 zu einem erneuten Rückgang, und der Index fiel bis zum 11. Oktober 2000 auf 250,60 Punkte. In den frühen 2000er-Jahren erholte sich der Index allmählich, unterstützt durch eine stabilere Wirtschaft und wachsende ausländische Investitionen. Vor der Subprime-Krise 2007/2008 erreichte der SET Index im November 2007 einen Höhepunkt von 924,70 Punkten. Die globale Finanzkrise 2008 traf auch den SET Index, allerdings war der Rückgang weniger dramatisch als während der Asienkrise. Der Index fiel, erholte sich jedoch relativ schnell, da Thailand weniger stark von der Krise betroffen war als andere Länder. In den 2010er-Jahren zeigte der SET Index eine allgemeine Aufwärtsbewegung, unterstützt durch Wirtschaftswachstum und ausländische Investitionen. Der Index erreichte 2018 seinen bisherigen Höchststand von 1.852,51 Punkten. Seit dem Höchststand 2018 befindet sich der SET Index in einem 7-jährigen Abwärtstrend. Bis zum 23. Juni 2025 fiel der Index auf ein Tief von 1.053,79 Punkten (intraday), was einem Rückgang von fast 800 Punkten entspricht, aber vom Ausgangspunkt nach der Asienkrise eine Steigerung von circa 450 % darstellt.

Bei Anlagen in den Schwellenländern sollten Sie die Macht der Diversifikation nutzen. So kann es hilfreich sein, einen breit gestreuten ETF auf den MSCI Emerging Markets in das Depot aufzunehmen, um das Risiko einzelner Schwellenländer zu reduzieren. Wie Sie zudem gut anhand des Beispiels von Thailand sehen konnten, wäre der Cost-Average-Effekt ein idealer Wegbegleiter gewesen. Mittels regelmäßiger Sparpläne glätten Sie die Auswirkungen der Volatilität auf lange Sicht und nutzen die Vorteile.

15.3 Praxisbeispiele für ETF-Anlagestrategien in Emerging Markets

Es gibt etliche Anwendungs- und Praxisbeispiele für ETF-Anlagestrategien in Emerging Markets. Ich beschränke mich an dieser Stelle darauf, Ihnen 3 der gängigsten Strategien vorzustellen. Sie müssen immer Ihre persönlichen Präferenzen und Ihre Risikotoleranz einbeziehen. Bei den Modellrechnungen habe ich weder die steuerlichen Aspekte noch die Kosten berücksichtigt. Beide Faktoren schwanken stark und hängen von der jeweiligen persönlichen Ausgangssituation des Privatanlegers ab.

Beispiel 1: Monatlicher Sparplan in einen Emerging-Markets-ETF

Szenario: Ein Anleger möchte 200 € monatlich in einen Emerging-Markets-ETF investieren, um von langfristigem Wachstum zu profitieren.

Strategie:

- **Wahl des ETFs:** ETF auf MSCI Emerging Markets
- **Anlagehorizont:** 15 Jahre
- **Durchschnittliche Rendite:** angenommene jährliche Rendite von 7 % (historisch realistisch für Schwellenländer)

Berechnung: Bei 200 € monatlich über 15 Jahre ergibt sich ein Endkapital von etwa 68.000 €.

Beispiel 2: Einmalanlage in einen auf Indien fokussierten ETF
Szenario: Ein Anleger investiert 10.000 € in einen Indien-ETF, um vom Wachstum der indischen Wirtschaft zu profitieren.
Strategie:

- **Wahl der ETFs:** ETF auf MSCI India
- **Anlagehorizont:** 10 Jahre
- **Durchschnittliche Rendite:** angenommene jährliche Rendite von 8 % (Indien hat historisch höhere Renditen erzielt)

Berechnung: Eine Einmalanlage von 10.000 € wächst bei 8 % Rendite über 10 Jahre auf etwa 21.600 €.

Beispiel 3: Diversifiziertes Emerging-Markets-Portfolio
Szenario: Ein Anleger kombiniert einen Emerging-Markets-ETF mit einem BRICS-spezifischen ETF, um Risiken zu streuen.
Strategie:

- **Wahl der ETFs:** 70 % ETF auf MSCI Emerging Markets und 30 % ETF auf MSCI EM ex China, um das China-Risiko unterzugewichten
- **Monatlicher Sparbetrag:** 300 € (210 € Emerging Markets, 90 € EM ex China)
- **Anlagehorizont:** 20 Jahre
- **Durchschnittliche Rendite:** angenommene jährliche Rendite von 7 %

Berechnung:

- Gesamte Einzahlung: 300 € × 12 × 20 = 72.000 €
- Endvermögen bei 7 % Rendite: circa 156.000 €

Wie Sie schnell erkennen können, bieten Investitionen in Emerging Markets, insbesondere in die BRICS-Staaten, Privatanlegern die

Chance, von hohen Wachstumsraten, einer wachsenden Mittelschicht und unterbewerteten Unternehmen zu profitieren. Die wirtschaftlichen Zyklen der BRICS-Staaten – von Rohstoffbooms in Brasilien und Südafrika bis hin zu Konsum- und Digitalisierungstrends in Indien und China – schaffen vielfältige Anlagemöglichkeiten. Trotz Risiken wie politischer Instabilität und Währungsschwankungen können Anleger durch Diversifikation, langfristige Orientierung und kostengünstige ETFs auf den MSCI Emerging Markets erfolgreich investieren. Die Praxisbeispiele zeigen, dass selbst moderate monatliche Beträge über lange Zeiträume zu einem erheblichen Vermögen führen können. Mit einer disziplinierten Strategie und fundiertem Wissen können Privatanleger die Dynamik der Schwellenländer für ihren Vermögensaufbau nutzen.

Kapitel 16

Absicherung von Währungsrisiken

Da internationale ETFs oft in Fremdwährungen notieren (z. B. USD für US-ETFs), sind Währungsrisiken ein zentraler Aspekt. Diese Risiken entstehen durch Schwankungen des Wechselkurses zwischen dem Euro (EUR) und der Währung des ETFs oder der zugrunde liegenden Vermögenswerte. Um dieses Risiko verstehen und einordnen zu können, sollten Sie die wichtigsten Arten von Währungsrisiken und deren Einfluss auf Ihren Anlageerfolg verstehen. Ähnlich wie bei der Aktienanlage in ausländischen Aktien kann Ihnen auch beim Kauf von ETF-Anteilen das Translationsrisiko über den Weg laufen. Denn beim Kauf oder Verkauf eines in USD notierten ETFs (z. B. S&P 500 ETF) können Wechselkursänderungen die Rendite beeinflussen. Ein starker Euro kann den Kaufpreis erhöhen oder den Verkaufserlös mindern. Dann haben Sie unter Umständen ein latentes Translationsrisiko. Selbst wenn der ETF in EUR gehandelt wird, können die zugrunde liegenden Vermögenswerte (z. B. US-Aktien) in USD notieren. Ein fallender USD mindert den Wert des ETFs in EUR. Je größer die Bestände des ETFs in ausländischen Aktien sind, desto größer ist Ihr Währungsrisiko an dieser Stelle.

Regionale Besonderheiten im ETF-Sektor bergen oftmals auch zusätzliche Währungsrisiken, die Sie vorher vielleicht nicht einkalkuliert haben. So besitzen Schwellenländer-ETFs oft höhere Währungsvolatilitäten, da diese Volkswirtschaften im Verhältnis zu den großen und etablierten westlichen Industrienationen klein sind und eine starke USD-Abhängigkeit besitzen. Prüfen Sie daher die Währungszusammensetzung des zugrunde liegenden Index beziehungsweise der Benchmark Ihres Schwellenländer-ETFs. Zusätzlich spielen geopolitische Risiken bei diesen ETFs eine wichtige Rolle, da diese die Währungen beeinflussen können (z. B. Handelskonflikte, die den USD drücken, etc.).

Szenario 1: Ungesicherter ETF – Index stagniert, Währung fällt

Ein Anleger kauft einen S&P-500-ETF zu einem Wechselkurs von 1 EUR = 1,10 USD. Wenn der USD auf 1 EUR = 1,20 USD fällt, verliert der ETF-Wert in EUR, selbst wenn der Index in USD stabil bleibt. Der starke Euro mindert den Wert der ETF-Anteile in USD.

Szenario 2: Ungesicherter ETF – Index steigt, Währung fällt

Ein Anleger investiert 10.000 EUR in einen S&P-500-ETF bei 1 EUR = 1,10 USD. Der ETF steigt in USD um 10 %, aber der USD fällt auf 1 EUR = 1,20 USD. Ergebnis: Die Rendite in EUR beträgt nur 1,67 % statt 10 %, da der Währungsverlust die Kursgewinne schmälert.

Szenario 3: Währungsgesicherter ETF – Index steigt, Währungsrisiko ist abgesichert

Derselbe Anleger wählt einen „S&P 500 EUR Hedged ETF“. Der ETF steigt um 10 %, und die Währungsabsicherung neutralisiert den USD-Verlust. Ergebnis: Die Rendite in EUR beträgt circa 9,5 % (nach Absicherungskosten).

Sie als Privatanleger haben Möglichkeiten, um die Währungsrisiken durch geeignete Maßnahmen zu minimieren. Zum einen können Sie wie im obigen Szenario 3 beschrieben auf währungsgesicherte ETFs (Hedged ETFs) zurückgreifen. Diese ETFs nutzen Derivate, um Wechselkursrisiken zu neutralisieren. Beispielsweise bildet ein „MSCI World EUR Hedged ETF“ den MSCI World ab, sichert sich aber vor USD/EUR-Währungsrisiken ab. Dadurch haben Sie eine stabilere Rendite in EUR, müssen aber zugleich höhere Kosten (TER oft 0,3–0,6 % höher) und potenzielle Tracking-Fehler durch Absicherungskosten hinnehmen.

Konservative Anleger oder eher risikoscheue Anlegergruppen sollten sich in Handelsphasen von hoher Wechselkursvolatilität trotzdem mit diesen ETFs auseinandersetzen. Sie können aber auch bewusst mit den Währungsrisiken kalkulieren und eine Diversifikation über die Währungen in Erwägung ziehen. Dabei investieren Sie in ETFs, die mehrere Währungen abdecken (z. B. MSCI World, der USD, JPY, GBP usw. umfasst), um das Risiko eines einzelnen Währungspaars zu reduzieren. Zum Beispiel investieren Sie in einen „MSCI All Country World ETF", der die Währungsrisiken über mehrere Anlageräume verteilt.

Manchmal hilft es auch, durch eine langfristige Anlageperspektive eine Glättung der Währungsrisiken zu erwirken. Währungsschwankungen können sich über lange Zeiträume oft ausgleichen. Anleger mit einem Horizont von mehr als zehn Jahren können ungesicherte ETFs nutzen, um Kosten zu sparen. Es gilt aber genau darauf zu achten, wie der langfristige Trend des betroffenen Währungspaars aussieht. Nicht bei allen Währungspaaren ist dieser langfristig ausgleichende Seitwärtstrend zu beobachten gewesen. Historisch gesehen hat sich das EUR/USD-Währungspaar langfristig in einem Korridor von 0,90–1,40 USD aufgehalten.

Sollten Sie etwas Zeit und Marktverständnis mitbringen, können Sie sich auch an das Timing von Käufen heranwagen. Ich habe zwar in diesem Buch bereits geschrieben, dass „Time in the Market" das Market-Timing schlägt, aber dennoch gibt es immer wieder Marktteilnehmer, die ein gutes Handelssystem oder Marktgespür besitzen. In diesem Fall kann es sinnvoll sein, davon auch bei der ETF-Anlage Gebrauch zu machen. Sie kaufen dann internationale ETFs beispielsweise in US-Dollar, wenn der Euro stark ist (z. B. 1 EUR = 1,20 USD), um mehr Anteile für das gleiche Geld zu erhalten. Es gilt aber auf jeden Fall Vorsicht walten zu lassen – Währungs-Timing ist spekulativ und sollte nur von erfahrenen Anlegern genutzt werden.

Egal für welchen Ansatz Sie sich entscheiden: Vergleichen Sie die Kostenquote von ungesicherten und gesicherten ETFs. So hat ein

MSCI-World-ETF beispielsweise eine Kostenquote von 0,20 %, während die gehedgte Variante 0,45 % kostet. Diesen Kostenunterschied müssen Sie auf jeden Fall berücksichtigen und als zusätzlichen Renditeeinflussfaktor sehen. Es kann zudem vorkommen, dass die abgesicherten ETFs nicht so stark nachgefragt werden und daher weitere Spreads und weniger Liquidität aufweisen. Das kann bei größeren Positionen zu Slippage und damit verbundenen höheren versteckten Kosten führen.

Es gilt auch einige steuerliche Aspekte zu beachten. Potenzielle Währungsgewinne/-verluste aus ungesicherten ETFs sind in Deutschland steuerpflichtig (Abgeltungsteuer) beziehungsweise können Währungsverluste mit den entsprechenden Gewinnen verrechnet werden. Dokumentieren Sie daher Ihre Transaktionen genau, um diese in der Steuererklärung korrekt anzugeben. Auch in diesem Bezug können Sie den Tax-Loss-Harvesting-Ansatz nutzen, um Verluste aus Währungsschwankungen zu verrechnen. Achten Sie auf die Fristen und die richtige Umsetzung, damit Sie keine steuerschädlichen Transaktionen vollziehen. Achten Sie darüber hinaus darauf, dass der ausgewählte ETF an einer EUR-Börse gehandelt wird, um nicht noch zusätzliche Währungsumrechnungskosten zu erzeugen und die Transaktion unnötig zu verkomplizieren. Grundsätzlich sollten Sie für sich entscheiden, welche Währungsstrategie Sie fahren, und dies hängt maßgeblich von Ihrem individuellen Anlagehorizont ab. Entscheiden Sie zusätzlich basierend auf Ihrem persönlichen Anlagehorizont, ob währungsgesicherte ETFs überhaupt sinnvoll sind. Kurzfristige Anleger profitieren stärker von Hedging, während langfristige Anleger Währungsschwankungen oft besser wegstecken können. Grundsätzlich sollten Sie auch beim Thema Währungsrisiken mit Leitplanken arbeiten und maximal 30 % Ihres Portfolios in ungesicherten ETFs aus einer einzelnen Währung (z. B. USD) halten, um Währungsrisiken zu streuen.

Internationale ETFs sind ein mächtiges Werkzeug für Privatanleger, um globale Diversifikation und Wachstumschancen zu nutzen. Währungsrisiken stellen jedoch eine Herausforderung dar, die durch währungsgesicherte ETFs, Diversifikation und eine langfristige Perspektive gemanagt werden kann. Anleger sollten Kosten, Liquidität, steuerliche Aspekte und ihre Risikotoleranz sorgfältig prüfen, bevor sie investieren. Durch eine kluge Auswahl und regelmäßiges Rebalancing können Privatanleger die Vorteile internationaler ETFs voll ausschöpfen und Währungsrisiken effektiv minimieren.

Kapitel 17

ETFs in der Ruhestandsplanung

Die Altersvorsorge gehört zu den wichtigsten Zielen privater Geldanlage und ist eines der wichtigsten Ziele im Leben eines Menschen. Egal ob Sie mit 65 in Rente gehen wollen oder schon mit 40 die Freiheit suchen – ETFs können ein wirkungsvolles Fundament Ihrer Ruhestandsplanung sein. In diesem Kapitel erfahren Sie, wie Sie ETFs gezielt für Ihre Altersvorsorge einsetzen können – klassisch oder mit dem Ziel der finanziellen Unabhängigkeit in jungen Jahren.

ETFs sind ideal für die Altersvorsorge geeignet, denn gerade die ETF-Anlage bietet für die Ruhestandsplanung zahlreiche Vorteile.

- Breite Streuung senkt das Risiko langfristiger Verluste.
- Geringe Kosten erhöhen die Nettorendite über Jahrzehnte.
- Automatisierbarkeit erlaubt langfristiges, diszipliniertes Sparen.
- Transparenz schafft Vertrauen – ein wichtiger psychologischer Faktor, gerade bei langen Anlagehorizonten.

Mit ETFs kann man sowohl Vermögen ansparen (Kapitalphase) als auch später regelmäßig entnehmen (Entnahmephase). Auf beide Phasen gehe ich dezidiert ein und werde Ihnen entsprechende Strategien vorstellen.

17.1 ETFs für die Altersvorsorge

Der klassische Wunsch vieler Anleger besteht darin, mit 60 oder 67 Jahren finanziell abgesichert in den Ruhestand zu gehen, mit oder ohne gesetzliche Rente. Um im Ruhestand jedoch die gleiche Lebensqualität und finanzielle Freiheit zu haben wie im aktiven Berufsleben, bedarf es einiger monetärer Vorbereitungen. Speziell bei den Anlagestrategien für die Altersruhevorbereitung ist eine ausgewogene Chance-Risiko-Verteilung und eine altersbedingte Risikoreduktion während des Anlageprozesses unerlässlich. Im Folgenden stelle ich Ihnen nach einigen Vorbemerkungen eine ETF-Strategie für langfristige Sicherheit vor.

Zwar haben Sie die Möglichkeit, schon vor dem gesetzlichen Rentenalter kürzerzutreten und dann mit der offiziellen Rentenaltersgrenze die gesetzlichen Rentenansprüche geltend zu machen. Dafür benötigen Sie allerdings vor dem Rentenantritt ein genügend großes finanzielles Polster. Hier spielt die Zeit oder Ihre erzielte bisherige Rendite eine wesentliche Rolle.

Die Altersvorsorge hat sich grundlegend verändert. Früher war die gesetzliche Rente allein ausreichend, heute ist sie nur noch eine tragende Säule von mehreren. Private Vorsorge wird zur Pflicht – nicht zur Kür. In dieser neuen Realität bieten ETFs eine moderne, flexible und kostengünstige Lösung, die sich nahtlos in ein individuelles Altersvorsorgekonzept integrieren lässt.

In Deutschland basiert das Altersvorsorgesystem auf dem sogenannten Drei-Säulen-Modell:

1. Gesetzliche Rente
2. Betriebliche Altersvorsorge
3. Private Vorsorge

Während die gesetzliche Rente durch demografischen Wandel unter Druck gerät, verliert die betriebliche Altersvorsorge durch Arbeitgeberwechsel an Stabilität. Die private Vorsorge wird damit zum entscheidenden Faktor – und ETFs sind hier ein zunehmend beliebter Baustein, wenn auch nicht die Produktlösung. Sie werden an einem Produktmix für Ihre Rentenabsicherung nicht vorbeikommen. Aber viele Versicherungsprodukte zur Altersvorsorge sind zu starr, intransparent und teuer. ETFs funktionieren dahingehend anders. Denn sie geben Ihnen volle Flexibilität in der Auswahl, Gewichtung und Dauer Ihrer Anlagebausteine. Es gibt keine Vertragsbindung, keine Abschlusskosten, keine garantierten Mindestlaufzeiten, die Ihnen während Ihrer Ansparphase in die Quere kommen könnten. Zudem können ETFs nahtlos mit anderen Vorsorgekomponenten kombiniert werden: etwa mit einer privaten Rentenversicherung auf ETF-Basis oder mit staatlich geförderten Produkten (z. B. Rürup-Rente mit ETF-Fondsanteilen). Das macht die ETF-Produkte so interessant. ETFs sind aber kein All-in-one-Vorsorgeprodukt, sondern ein Investmentbaustein, der sich individuell einsetzen lässt. Das möchte ich an dieser Stelle noch einmal betonen.

Um ein ergänzendes oder vollständiges Vermögen für den Ruhestand aufzubauen, bedarf es einiger Vorbereitungen, die in verschiedene Phasen eingeteilt werden können.

Stets gilt: Ein früher Start zahlt sich aus. Bereits kleine Beträge können durch den Zinseszins große Wirkung entfalten. Die Rolle der Zeit ist in der Altersvorsorge der wesentlichste Faktor und beginnt nicht mit 50 Jahren. Einer der größten Fehler in der Altersvorsorge ist der späte Start vieler Privatanleger. Doch gerade ETF-Anlagestrategien entfalten ihre Kraft über lange Zeiträume – weil der Zinseszinseffekt über Jahrzehnte exponentiell wirkt.

Beispiel: Wenn Sie mit 25 Jahren 200 € pro Monat über 35 Jahre bei einer durchschnittlichen Rendite von 6 % sparen, führt das zu circa 265.000 € Endkapital mit 60 Jahren. Dabei sollten Sie immer auf eine Diversifizierung und möglichst breite Streuung achten. So können Sie etwa einen Welt-ETF wie den MSCI World oder den FTSE All-World als Basisinvestment nutzen und optional durch Emerging-Markets- oder Small-Caps-ETFs ergänzen.

Die Zeit ist der wichtigste Hebel – nicht die Höhe der monatlichen Rate. ETFs sind hier ideal, weil sie früh und mit kleinen Beträgen besparbar, kostengünstig und wachstumsorientiert sind.

Sie müssen aber nicht erst auf Ihren Lebensherbst warten, um sich aus der aktiven Arbeitswelt verabschieden zu können. Mit der sogenannten „FIRE-Strategie" mit ETFs bietet sich Ihnen die Möglichkeit, in den frühzeitigen Ruhestand mit 40+ zu gehen. „Financial Independence, Retire Early" (FIRE) ist ein wachsender Trend. Immer mehr Menschen wollen möglichst früh finanziell unabhängig sein und frei über ihre Zeit und Arbeit verfügen – oft schon mit 40 oder 45 Jahren. Um diesen Zustand erreichen zu können, braucht man zusätzlich eine gewisse finanzielle Freiheit, die natürlich auch davon abhängig ist, wie hoch der persönliche Lebensstandard ist und in welcher individuellen Situation sich die Person befindet.

Das oberste Ziel dabei ist: „So viel Vermögen ansparen, dass Sie davon dauerhaft leben können – ohne auf Erwerbseinkommen angewiesen zu sein." Um dieses Ziel kontinuierlich zu erreichen, brauchen Sie Know-how und Planung. In diesem Kapitelabschnitt gehe ich auf die wichtigsten Regeln und Strategien ein, um die verschiedenen Wege aufzuzeigen.

Das zentrale Prinzip ist die 25er-Regel, die besagt, dass Sie etwa das 25-Fache Ihrer Jahresausgaben als Vermögensreserve benötigen, um Ihren Ruhestand zu finanzieren.

Beispiel:

- Jährlicher Finanzbedarf 30.000 €
- Ihr Zielvermögen beträgt dann **750.000 €**

Mit diesem Ansatz können Sie nach der im Folgenden noch näher beschriebenen 4%-Regel jährlich 30.000 € entnehmen – theoretisch für „immer". Unberücksichtigt bleibt dabei die Inflationsrate, die natürlich bei extrem hohen Steigerungen die Rechnung verschiebt. Das Problem ist dabei, dass sich Ihr Finanzbedarf entsprechend dem Kaufkraftverlust erhöht, ohne dass sich Ihr Lebensstandard erhöht.

Um das Ziel zu erreichen, müssen Sie sich von 2 Seiten annähern. Zum einen braucht es Entbehrungen. Sie müssen anfangs sofort mit einer hohen Sparquote beginnen, die 30–50 % Ihres Nettoeinkommens oder mehr beträgt. Es gilt: Je mehr, desto besser, und je früher der Start, desto besser! Es macht einen Riesenunterschied, ob Sie mit 25 oder 35 Jahren mit der Umsetzung beginnen. Denken Sie an den Zinseszinseffekt und schauen Sie sich die Tabellen aus Kapitel 4 noch einmal an. Um sich dem Ziel mit möglichst hohen Renditen, aber einem überschaubaren Maß an Risiko zu nähern, führt fast kein Weg an einem konsequenten Investment in breit gestreute ETFs vorbei. Spätestens jetzt sollten Ihnen die Vorteile einer ETF-Anlagestrategie bewusst geworden sein.

Beispielplan

- Sparrate: 1.500 €/Monat
- Rendite: 6 %
- Zeitraum: 20 Jahre
- Endkapital: **ca. 630.000 €**
  → Bei 25 Jahren Anlagezeit sogar > **1 Mio. €**

Dieses Beispiel verdeutlicht die Wirkung des Zinseszinseffekts sehr gut. Beachten Sie zusätzlich die Besonderheiten bei der Entnahmephase vor dem Rentenalter:

- Sie haben keinen Zugriff auf gesetzliche Rentenansprüche oder die Riesterrente vor dem 63. oder 67. Lebensjahr und danach fallen die Ansprüche durch weniger Einzahlungen geringer aus.
- Ihr ETF-Vermögen muss daher eventuell 30–50 Jahre reichen, Ihre gesetzlichen Rentenansprüche werden sehr gering sein.

- Achten Sie auf den Inflationsschutz, er ist extrem wichtig → Sie sollten ihre Aktienquote konsequent hoch halten und erst später zugunsten von Anleihen/Festgeld umschichten.
- Ihre Entnahmestrategien müssen flexibel sein. Kalkulieren Sie beispielsweise dynamische Entnahmen ein (4%-Regel oder „Guardrails"-Modell)

17.2 Guardrails-Modell

Das „Guardrails"-Modell ist ein strukturierter Ansatz für ETF-Investitionen, der Ihnen dabei hilft, Ihre Portfolios systematisch zu managen, Risiken zu minimieren und langfristige Ziele zu erreichen. Es basiert auf der Idee, klare Leitplanken („Guardrails") zu setzen, die Flexibilität ermöglichen, aber gefährliche Abweichungen verhindern. Dieses Modell ist ideal, da es Ihnen helfen kann, eine leicht verständliche, praktische und disziplinierte Methode der ETF-Anlage umzusetzen.

Das Modell basiert auf 4 zentralen Prinzipien. Sie werden schnell erkennen, dass sich viele der bisher erwähnten Grundprinzipien der ETF-Anlage in diesem Modell zusammenfügen und ein Gesamtbild ergeben.

Das bedeutet, dass Sie

a) Ihre individuellen Ziele und Risikotoleranz definieren

- Definieren Sie klare Anlageziele (z. B. Altersvorsorge, Vermögensaufbau, kurzfristige Flexibilität) und Ihre Risikotoleranz (konservativ, ausgewogen, risikofreudig).
- Beispiel: Ein konservativer Anleger könnte 60 % in Anleihe-ETFs und 40 % in Aktien-ETFs investieren, während ein risikofreudiger Anleger 80 % Aktien-ETFs und 20 % alternative Investments wählt.

b) Durch Diversifikation ein Fundament aufbauen

- Durch Investitionen in breit diversifizierte ETFs (z. B. MSCI World, FTSE All-World, Anleihe-ETFs) wird das Risiko gestreut.
- Guardrail: Eine maximale Gewichtung von 30 % des Portfolios in einem einzelnen Sektor oder einer Region, um Klumpenrisiken zu vermeiden, könnte eine Leitplanke sein.

c) Regelmäßiges Rebalancing vornehmen

- Das Portfolio wird regelmäßig (z. B. jährlich oder bei Abweichungen von mehr als 5 % von der Zielallokation) angepasst, um die ursprüngliche Asset-Allokation beizubehalten.
- Beispiel: Wenn Aktien-ETFs aufgrund einer Rally 50 % statt der geplanten 40 % ausmachen, werden Anteile verkauft und in Anleihe-ETFs reinvestiert.

d) Kosten kontrollieren und Steuern optimieren

- Auswahl von ETFs mit niedrigen Gesamtkostenquoten und Nutzung steuerlicher Möglichkeiten wie Tax-Loss-Harvesting, um die Nettorendite zu maximieren.
- Guardrail: Achten Sie darauf, dass Sie ETFs mit maximal 0,5 % TER nutzen, um Kosten zu minimieren und sich eine Leitplanke bei den Kosten zu schaffen.

Das Modell gliedert sich anschließend in 5 Umsetzungsphasen, die Privatanlegern eine klare Roadmap bieten:

Phase 1: Portfolioplanung

- **Schritt 1:** Festlegung der Anlagedauer (z. B. 10 Jahre für Altersvorsorge) und des Anlagebetrags (z. B. monatlicher Sparplan von 200 €).
- **Schritt 2:** Definition der Asset-Allokation basierend auf der eigenen Risikotoleranz.

- **Beispiel:**
  - Konservativ: 50 % Anleihe-ETFs, 30 % Aktien-ETFs, 20 % Geldmarkt-ETFs
  - Ausgewogen: 50 % Aktien-ETFs, 30 % Anleihe-ETFs, 20 % Alternative ETFs (z. B. Rohstoffe, Immobilien)
- **Guardrail:** mindestens 3–5 verschiedene ETFs, um Diversifikation sicherzustellen.

Phase 2: Auswahl der ETFs

- **Kriterien:** niedrige Kosten (TER < 0,5 %), hohe Liquidität, physische Replikation (vor synthetischer), thesaurierende ETFs für Steuervorteile.
- **Beispiele:**
  - Aktien: iShares MSCI World
  - Anleihen: iShares Core Global Aggregate Bond
- **Guardrail:** maximal 10 % des Portfolios in spezialisierten ETFs (z. B. Small Caps, Emerging Markets).

Phase 3: Investition und Sparplan

Behalten Sie sich die Flexibilität als strategischen Vorteil in Ihrem Lebensverlauf vor. Das Leben verläuft selten geradlinig. Familiengründung, Karrierepausen, Umschulungen oder Pflegeverantwortung führen zu Schwankungen beim Einkommen – und damit beim Sparpotenzial. Hier greift bereits ein großer Vorteil von ETFs bei der Altersvorsorge – deren Anpassungsfähigkeit:

- Sie können die Sparrate jederzeit pausieren, reduzieren oder erhöhen – ganz nach dem jeweiligen Lebensabschnitt, beispielsweise mit einer höheren Sparquote in einkommensstarken Jahren.
- Wenn im Notfall ein Liquiditätsbedarf besteht, lassen sich die ETFs jederzeit auch teilweise verkaufen – anders als gebundene Vorsorgeverträge müssen Sie nicht den kompletten Sparansatz auflösen oder den Vertrag kündigen.

Diese Flexibilität gibt Ihnen die Kontrolle zurück – ein unschätzbarer Wert, gerade in Zeiten wirtschaftlicher Unsicherheit.

- **Umsetzung:** Einrichtung eines monatlichen Sparplans über einen kostengünstigen Onlinebroker.
- **Guardrail:** Investitionen auf mindestens 3 Jahre planen, um sich nicht von kurzfristigen Kursschwankungen aus dem Markt werfen zu lassen. Keine Ad-hoc-Verkäufe bei Marktschwankungen, aber dennoch mit entsprechenden Gesamt-Stop-Loss-Limits agieren, um zu große Gesamtverluste zu vermeiden.

Phase 4: Überwachung und Rebalancing

- **Überwachung:** Monatliche oder quartalsweise Überprüfung der Portfolio-Entwicklung und quartalsweises/jährliches Rebalancing, um die Zielallokation zu wahren.
- **Guardrail:** Rebalancing nur bei Abweichungen von mehr als 5 % oder einmal jährlich, um Transaktionskosten zu minimieren.
- **Tool:** Nutzung von Depot-Tracking-Apps oder Excel-Tabellen zur Überwachung.

Unterschätzen Sie nicht den psychologischen Aspekt. Kontrolle schafft Vertrauen in Ihre Sparaktivitäten. Ein oft unterschätzter Vorteil ETF-basierter Vorsorge ist die Transparenz, Nachvollziehbarkeit und Selbstbestimmtheit. Im Gegensatz zu intransparenten Altersvorsorgeprodukten mit langen Vertragsbedingungen verstehen Sie immer, wo Ihr Geld investiert ist:

- Sie sehen Ihre ETFs im Depot,
- erkennen die Zusammensetzung (z. B. Apple, Nestlé, Toyota etc.)
- und können die Wertentwicklung verfolgen.

Das schafft psychologische Sicherheit, erhöht die Vertrauensbindung zu Ihrem Vorsorgeplan und reduziert die Wahrscheinlichkeit, dass Sie frustriert kündigen oder irrational handeln. Gerade in einem Umfeld, in dem das Vertrauen in staatliche Altersvorsorgesysteme und die Finanzdienstleister schwindet, ist das ein starker Vorteil.

Phase 5: Steueroptimierung

Im Unterschied zu staatlich geförderten Produkten (Riester, Rürup etc.) bietet die ETF-Anlage zunächst keine unmittelbaren Steuervorteile. Die Gewinne aus der ETF-Anlage unterliegen der Abgeltungsteuer (aktuell 25 % + Soli + ggf. Kirchensteuer), allerdings kann der individuelle Sparerpauschbetrag von 1.000 € (bzw. 2.000 € bei Verheirateten) genutzt werden und so zumindest zu Beginn die Steuerlast abfedern. Durch Buy-and-Hold-Strategien von im Gewinn befindlichen ETF-Positionen werden die fälligen Steuern in die Zukunft verschoben („Steuerstundungseffekt"). Viele Entnahmepläne können steuerlich effizient gestaltet werden, vor allem bei niedrigem Einkommen im Ruhestand. Stimmen Sie diese Entnahmephase mit Ihren persönlichen und beruflichen Lebensumständen ab. Manche ETF-Vorsorgepläne lassen sich auch mit steuerlich optimierten Sparplänen kombinieren, etwa im Rahmen einer Fondspolice oder durch Nutzung des Freistellungsauftrags. Die Steuerthematik soll nicht das K.-o.-Kriterium einer erfolgreichen Altersvorsorge sein. Sie haben zudem die Möglichkeit, durch Optimierungstechniken Ihre Steuerlast über die Laufzeit abzumildern, etwa durch:

- **Tax-Loss-Harvesting:** Verluste realisieren, um Steuerlast zu senken, und sofort in einen ähnlichen ETF reinvestieren (siehe Kapitel 13 zu Tax-Loss-Harvesting).
- **Guardrail:** Verluste nur realisieren, wenn Transaktionskosten den steuerlichen Vorteil nicht übersteigen.

Wenn Sie diesen Grundfahrplan umsetzen, haben Sie eine klare und verständliche Anlagestruktur und brauchen dafür kein tiefes Finanzwissen. Das „Guardrails"-Modell bietet Ihnen eine strukturierte, disziplinierte und kosteneffiziente Methode, um in ETFs zu investieren, da es sowohl für Einsteiger als auch für erfahrene Anleger anwendbar ist und eine Balance zwischen Einfachheit und Effektivität schafft. Die Leitplanken verhindern emotionale Entscheidungen, wie Panikverkäufe bei Markttiefs, und geben Ihnen einen Rahmen für Ihren individuellen Anlageerfolg. Das Modell verfügt über eine sehr hohe Flexibilität und lässt Anpassungen an Ihre individuelle Risikotoleranz und Anlageziele zu. Wenn Sie kosteneffizient agieren und Ihren Fokus auf günstige ETFs und minimale Transaktionskosten legen, können Sie viel für Ihre langfristige Nettorendite tun. Persönliche Steuervorteile können gut genutzt werden, indem Strategien wie das Tax-Loss-Harvesting umgesetzt werden. Sie sollten das Modell regelmäßig überprüfen, um einen langfristigen Erfolg zu sichern.

Überlegen Sie sich bei vorzeitigem Ruhestand, ob Sie zusätzliche Einkünfte einplanen können (z. B. durch Teilzeit, Mieteinnahmen oder temporäre Projekte). Alle möglichen passiven Einnahmequellen sollten für Ihren vorzeitigen Berufsausstieg einkalkuliert werden. Wichtig ist, dass Sie auch in turbulenten Marktphasen stringent an Ihrer Strategie festhalten. Der größte Feind des Ruhestandskapitals ist nicht der Markt – es sind emotionale Kurzschlussreaktionen. Egal ob Sie sich klassisch auf die Zeit nach 60 vorbereiten oder mit 40 aus dem Hamsterrad aussteigen wollen: ETFs bieten die nötige Mischung aus Sicherheit, Wachstum, Flexibilität und Kosteneffizienz. Wenn Sie früh beginnen, regelmäßig sparen und eine klare Strategie verfolgen, können Sie mit ETFs Ihren Ruhestand nach Ihren eigenen Vorstellungen gestalten – frei, selbstbestimmt und langfristig abgesichert.

17.3 Entnahmestrategien im Ruhestand

Der Aufbau eines ETF-Depots für den Ruhestand ist nur die halbe Miete – mindestens ebenso wichtig ist die Frage: Wie entnehmen Sie Ihr Vermögen im Alter sinnvoll, sicher und steuerlich günstig?

Ab dem Renteneintritt beginnt die Entnahmephase. In dieser Phase entnehmen Sie monatlich oder jährlich Anlagegelder aus dem ETF-Vermögen für Ihre Lebenshaltung. Die Entnahmephase erfordert Umsicht, Planung und Disziplin – denn das Vermögen soll nicht nur reichen, sondern auch inflationsbereinigt den Lebensstandard sichern. Hier werden tatsächlich die meisten Fehler gemacht. Oft wird ein risikobehaftetes ETF-Depot beibehalten, das etwa hohe Aktienbestände mit Schwerpunkten auf Technologie und zyklische Branchen aufweist. Es gilt in dieser Phase jedoch, das Risiko aus Ihrem Gesamtdepot zu nehmen und trotzdem mit einer festen, aber geminderten Renditeerwartung zu agieren.

In der Entnahmephase kehrt sich das Ziel um: Statt Vermögen aufzubauen, geht es jetzt darum, es effizient und nachhaltig zu verbrauchen. Der entscheidende Faktor ist dabei, dass sich die Lebenserwartung in den letzten Jahrzehnten stark erhöht hat. 20–30 Jahre Ruhestand sind heute durchaus realistische Zeiträume und wenn Sie bereits mit 40+ in Rente gehen wollen, können Sie mit einem Rentenzeitraum von gut 40–50 Jahren rechnen. In dieser Phase müssen Sie den Kaufkraftverlust berücksichtigen und versuchen, diesen zu kompensieren. Idealerweise schaffen Sie es, Ihre Anlagen weiter für sich arbeiten zu lassen und trotz der monatlichen oder jährlichen Entnahmen ein Wachstum Ihres Depotvolumens zu erreichen. Dabei müssen dann wieder die Steuern berücksichtigt werden, denn die Entnahmen können steuerpflichtig sein und dies verlangt nach einer geschickten Planung zur Auszahlung Ihrer Sparbeträge.

Bei der Ermittlung einer realistische Renditeerwartung hilft die 4%-Regel (auch „safe withdrawal rate“) → 4 % des Vermögens pro Jahr entnehmen, ohne Kapitalverzehr über Jahrzehnte. Dabei versuchen Sie, zusätzlich eine Rendite von 3–5 % auf das Gesamtkapital zu erzielen, um dem Kapitalverzehr entgegenwirken zu können. Das können Sie beispielsweise mittels Anlagen in Anleihen oder teilweise mit Festgeld erreichen.

Beispiel:
- Vermögen bei Renteneintritt: 300.000 €
- Entnahme: 12.000 €/Jahr = 1.000 €/Monat
  → gute Ergänzung zur gesetzlichen Rente
- Eine erzielte Rendite von 3 % mittels Anleihe-/Festgeldanlagen mindert den Kapitalverzehr um circa 4.000–6.000 € pro Jahr ab. Es sind keine 9.000 €, wie Sie eventuell erwartet haben, da Sie ja von dem Kapital Geld verzehren und nicht die ganzen 300.000 € anlegen können und zusätzlich Steuern auf die Zinseinnahmen entrichten müssen. Dennoch bremsen Sie den Kapitalverzehr durch diese Strategie etwas ab.

Das etwas risikoärmere Vorgehen bedeutet nicht, dass Sie sich von Aktien vollständig verabschieden müssen, manchmal reicht es aus, durch Umschichtungen, etwa durch Beimischung von Anleihe-ETFs (z. B. 70 % Aktien, 30 % Anleihen), das Risiko aus der bisherigen Anlagestrategie zu nehmen.

Petra (63) – Ruhestand mit ergänzendem ETF-Einkommen
- Vermögen: 200.000 € in einem MSCI-World-ETF
- Gesetzliche Rente: 1.300 €/Monat
- Ziel: ergänzende Entnahme von 500 €/Monat

Strategie: 4%-Regel mit Inflationsanpassung
- Entnahme: 8.000 €/Jahr
- Erwartete Rendite: 5–6 %
- Prognose: Kapital reicht rechnerisch für über 30 Jahre

Vorteil: Petra muss sich wenig kümmern – automatisierter Entnahmeplan funktioniert weitgehend selbstständig.

Strategie im Überblick

Konstante Entnahmen (z. B. 4%-Regel)

- Jährliche Entnahme eines fixen Prozentsatzes des Startvermögens (z. B. 4 %)
- Inflationsanpassung jährlich möglich
- Basiert auf historischen US-Daten über lange Zeiträume

Vorteil: einfach, kalkulierbar.
Nachteil: nicht flexibel, basiert auf Annahmen vergangener Renditen.

Natürlich haben Sie auch die Möglichkeit, Ihre Entnahmen dynamisch zu gestalten. Dabei achten Sie dann beispielsweise auf die Wertentwicklung Ihres ETF-Depots und schöpfen den Betrag oberhalb einer bestimmten Zielgröße ab oder entnehmen die erzielten Gewinne im Portfolio komplett. Bei dieser Strategie sind die Entnahmen schwieriger zu kalkulieren und hängen sehr stark von den Entwicklungen an den Finanzmärkten ab.

Beispiel:

- Vermögen bei Renteneintritt: 300.000 €
- Definierte Depot-Zielgröße: 280.000 €
- Entnahme 1. Jahr: 20.000 €/Jahr = 1.667 €/Monat
- Wertentwicklung Depot 2. Jahr: 295.000 €
- Entnahme 2. Jahr: 15.000 €/Jahr = 1.250 €/Monat
  → gute Ergänzung zur gesetzlichen Rente
- Das Depot muss für diesen Entnahmeansatz weiterhin relativ spekulativ an den Finanzmärkten agieren, um eine entsprechend hohe Rendite erzielen zu können. In Jahren von negativen Renditen müssen Sie an Ihren Vermögensstock ran oder aber ohne zusätzliche Liquidität über Ihre Entnahmestrategie auskommen. Bei größeren Vermögen kann dieser Ansatz auch mit einer stetigen Entnahmestrategie gekoppelt werden. Die Grenzen

sind bei dieser Entnahmestrategie fließend und von vielen Faktoren abhängig, wie den Entwicklungen an den Finanzmärkten, Zinssätzen, Ihrem Liquiditätsbedarf und der Depotgröße.

Felix (41) – FIRE-Anhänger, Frühruhestand

- ETF-Vermögen: 750.000 €
- Ziel: Entnahme von 30.000 €/Jahr, Start sofort
- Weitere Einkünfte: keine

Strategie: Dynamische Entnahme + niedrige Entnahmerate (z. B. 3,5 %)

- Schwankende Entnahmen je nach Marktentwicklung
- Absicherung durch Rücklagen (z. B. 3–5 Jahre in Cash/Anleihen)

Vorteil: lange Laufzeit erlaubt hohe Aktienquote (etwa 90 %).
Risiko: lange Zeit ohne Rentenanspruch – eine nachhaltige Entnahme ist entscheidend.

Strategie im Überblick

Dynamische Entnahme

- Jährliche Anpassung des Entnahmebetrags an Depotentwicklung
- Schlechte Jahre = niedrigere Entnahmen, gute Jahre = höhere Entnahmen

Vorteil: Strategie erhöht die Sicherheit, dass das Vermögen nicht frühzeitig aufgebraucht wird.
Nachteil: schwankende Einkommen, Planung schwerer.

Wenn Sie bereits eine genaue Vorstellung von Ihrer Lebensplanung haben oder feste Ziele, die Sie sich im Rentenalter erfüllen möchten, können Sie bei der Entnahmestrategie auch mit entsprechenden Entnahmetöpfen arbeiten (Bucket-Strategie) und diese Ihren Ansprüchen entsprechend mit den passenden Risikotoleranzgrenzen gestalten.

Beispiel:

- Vermögen bei Renteneintritt: 300.000 €
- Liquiditätsbedarf in den ersten 3 Jahren: 12.000 €/Jahr
- 1/3 des Vermögens in Festgeld/kurzfristige Anleihe-ETFs anlegen (z. B. Zielrendite 3–4 %)
- Geplante Weltreise/Ausbildung/Studium: 25.000 € Kapitalbedarf
- 1/3 des Vermögens in mittelfristige Anleihe-ETFs anlegen
- Nach der Weltreise/Ausbildungsfinanzierung geplanter zusätzlicher Liquiditätsbedarf von 12.000 € pro Jahr
- 1/3 des Vermögens in langfristige Anlagen (Anleihe-ETFs länger 5 Jahre oder Aktien-ETFs)
- Sie steuern bei dieser Entnahmestrategie Ihr ETF-Depot über die geplanten und absehbaren Ereignisse in Ihrem Leben. Dabei wird die jeweilige Liquiditätsnachfrage über die einzelnen Risikoanlagen und Laufzeiten gesteuert. Je länger Sie Ihr Vermögen anlegen können, desto risikoreicher/länger gebunden können Ihre Depotpositionen sein. Achten Sie in jedem Fall auf eine kurzfristige Liquiditätsversorgung durch entsprechende Anlagen in Tagesgeld und/oder kurzfristige Anleihe-ETFs.

Thomas (67) – Sicherheit geht vor

- Vermögen: 400.000 €, aufgeteilt in
  - 100.000 € Tagesgeld
  - 100.000 € Anleihe-ETF
  - 200.000 € Aktien-ETF
- Ziel: 1.200 €/Monat Entnahme für 25 Jahre

Strategie: Bucket-Modell

- Topf 1: 2–3 Jahre laufende Ausgaben abgedeckt
- Topf 2: Liquiditätsreserve bei Marktschwankungen
- Topf 3: Wachstumsdepot zur Wiederauffüllung

Vorteil: Thomas kann in Krisen aus stabilen Töpfen schöpfen – keine Panikverkäufe nötig.

Strategie im Überblick

Lebensphasenmodell (Bucket-Strategie), das Vermögen wird in „Töpfe“ (Buckets) aufgeteilt:

1. Kurzfristig (2–3 Jahre) → Tagesgeld
2. Mittelfristig (3–7 Jahre) → Anleihe-ETFs
3. Langfristig (7+ Jahre) → Aktien-ETFs

Vorteil: psychologische Sicherheit, risikodiversifiziert.
Nachteil: komplexer in der Verwaltung.

Sie haben natürlich auch die Möglichkeit, Ihren Vermögensverzehr komplett zu planen. Dafür gibt es mehrere Gründe. So verfügen Sie etwa über mehrere Entnahmetöpfe oder sind Unternehmer. Dann haben Sie eventuell die Möglichkeit, das angesparte Vermögen geplant auf null zu reduzieren. Diese zielorientierte Entnahmestrategie (Restwertmodell) sollte nur zur Anwendung kommen, wenn Ihnen weitere Einkommensströme zur Verfügung stehen, da Sie Ihre Lebenszeit nicht bestimmen und schon gar nicht vom endgültigen Verzehr Ihres Vermögens abhängig machen sollten.

Beispiel:

- Vermögen bei Renteneintritt: 300.000 €
- Entnahme: 30.000 €/Jahr = 2.500 €/Monat
  → gute Ergänzung zur gesetzlichen Rente.
- Kapitalverzehr konstant über die kommenden 10 Jahre, mit dem Ziel, am Ende der Laufzeit das ETF-Depot aufzulösen.
- Sie können auch bei dieser Strategie Ihre jährlichen Entnahmen erhöhen oder die Laufzeit bis zur endgültigen Auflösung Ihres ETF-Portfolios prolongieren, wenn Sie eine zusätzliche Rendite pro Jahr erzielen.

Strategie im Überblick

Zielorientierte Entnahme (Restwertmodell)

- Entnahmen werden so geplant, dass am Laufzeitende exakt 0 € verbleiben.
- Rechenmodell berücksichtigt Rendite, Inflation und Lebenszeit.

Vorteil: planbar, effizient.
Nachteil: Lebensdauer nicht planbar, geringe Flexibilität, Ziel ist der komplette Kapitalverzehr.

Wie Sie an diesem Kapitelabschnitt gut sehen konnten, braucht die Kapitalentnahme ebenso viel Strategie wie die Ansparphase. Eine kluge Entnahmestrategie ist kein starres Konstrukt – sondern ein flexibler Plan, der auf individuelle Lebensumstände, Vermögen, Risikobereitschaft und steuerliche Rahmenbedingungen abgestimmt ist. Steuerliche und psychologische Überlegungen sind gerade in dieser Phase wichtig, da der Zeitfaktor unter Umständen kaum noch Einfluss auf die weiteren Entwicklungen haben wird. In der Entnahmephase spielt gerade die Steuerprogression eine große Rolle. Geringe Entnahmen führen oft zu niedrigerer Steuerlast, wenn etwa der Grundfreibetrag unterschritten wird. Diesbezüglich sollte am besten vorher ein Steuerberater konsultiert werden. Psychologische Überlegungen zielen darauf ab, dass Entnahmepläne emotionale Stabilität bieten und dabei helfen, rational vorzugehen. Die regelbasierten Entnahmen vermeiden „Crash-Verkäufe“ oder hektisches Agieren und schützen Sie vor zu hohen Transaktionskosten und unüberlegtem Vorgehen. Mit ETFs als liquider und renditestarker Basis können Sie Ihren Ruhestand aktiv gestalten– egal ob klassisch, früh oder mit Nebenverdienst. Wichtig bleibt: Der Entnahmeplan sollte stehen – bevor Sie das Geld benötigen.

Teil V

FALLSTUDIEN UND PRAXISBEISPIELE

Die Anlage in ETFs bietet Anlegern eine flexible Möglichkeit, ihre finanziellen Ziele zu erreichen. Der Erfolg einer ETF-Strategie hängt jedoch stark von individuellen Faktoren wie der Lebensphase, dem Alter und der Risikoneigung ab. In diesem Kapitelabschnitt beleuchte ich die Wichtigkeit dieser Faktoren anhand allgemeiner Fallstudien und Praxisbeispiele, ohne auf spezifische Produkte oder Anbieter einzugehen. Ziel ist es dieses Mal, aufzuzeigen, wie Sie Ihre ETF-Portfolios an Ihre persönlichen Umstände anpassen können, um langfristig optimale Ergebnisse zu erzielen.

Die Anlagestrategie wird maßgeblich durch die jeweilige Lebensphase eines Anlegers beeinflusst, zumal damit unterschiedliche finanzielle Ziele, Zeithorizonte und Verpflichtungen verbunden sind. Jede Phase erfordert eine angepasste Herangehensweise an die ETF-Anlage, um die Balance zwischen Rendite, Sicherheit und Liquidität zu finden. Es macht keinen Sinn, wenn Sie sich eine Planung zum frühzeitigen Renteneintritt mit 40 zurechtlegen und dann Nachwuchs erwarten, ein Studium/eine Ausbildung beginnen oder sonstige tiefgreifende Veränderungen vornehmen. Dann werden Ihre Ansparraten voraussichtlich nicht mehr haltbar sein und vollkommen andere Kostenfaktoren auf Sie zukommen. Daher müssen solche Szenarien in Ihre individuelle Planung einfließen, sollten grundsätzlich aber keine Showstopper Ihrer ETF-Ansparbemühungen sein.

Nachfolgend zeige ich Ihnen, in welcher Lebensphase typischerweise welche Anlagestrategien genutzt werden:

- **Junge Erwachsene (20–35 Jahre):** In dieser Phase stehen oft der Vermögensaufbau und die finanzielle Unabhängigkeit im Vordergrund. Anleger haben in der Regel einen langen Anlagehorizont, der es ihnen erlaubt, kurzfristige Marktschwankungen auszuhalten. Praxisbeispiele zeigen, dass junge Anleger häufig breit gestreute Aktien-ETFs wählen, die global agierende Unternehmen oder Wachstumssektoren wie Technologie abdecken. Zusätzlich können sie einen kleinen Teil ihres Portfolios in thematische ETFs investieren, um von langfristigen Trends zu profitieren. Regelmäßige Sparpläne mit monatlichen Einzahlungen sind ein typisches Muster, da sie den Cost-Average-Effekt nutzen und den Einstieg in den Markt erleichtern.

- **Berufstätige in der mittleren Lebensphase (35–50 Jahre):** In dieser Phase sind Anleger oft mit Hypotheken, Familienplanung oder der Finanzierung von Bildungskosten konfrontiert. Der Anlagehorizont verkürzt sich leicht, bleibt aber langfristig orientiert. Fallstudien verdeutlichen, dass Anleger in dieser Phase ihre Portfolios diversifizieren, indem sie neben Aktien-ETFs auch Anleihe-ETFs oder ETFs auf defensive Sektoren wie Gesundheit oder Konsumgüter hinzufügen. Der Fokus liegt auf einer ausgewogenen Strategie, die Wachstum und Stabilität kombiniert, um finanzielle Verpflichtungen zu sichern.
- **Anleger vor und im Ruhestand (50–70+ Jahre):** In dieser Lebensphase verschiebt sich das Ziel hin zu Kapitalerhalt und regelmäßigen Ausschüttungen. Anleger haben einen kürzeren Anlagehorizont und sind weniger bereit, hohe Risiken einzugehen. Praxisbeispiele zeigen, dass sie vermehrt in Anleihe-ETFs, Dividenden-ETFs oder ETFs mit geringer Volatilität investieren, um stabile Erträge zu generieren. Gleichzeitig halten viele einen kleinen Aktienanteil, um das Portfolio vor Inflation zu schützen. Strategien wie die schrittweise Umschichtung von risikoreichen zu konservativen ETFs sind typisch, um das Vermögen zu sichern.

Die Übergänge gerade in den ersten beiden Phasen Ihres Anlegerlebens sind jedoch fließend. Möglicherweise gehen Sie bereits mit 25 oder 30 Jahren in die Familienplanung, sodass die nachfolgende Phase früher eintritt. Es kann natürlich auch sein, dass Sie einen einkommensstarken Partner an Ihrer Seite haben, sodass Sie keine Änderungen in Ihrem Ansparverhalten vornehmen müssen. Eigentlich spielen auch die Themen Scheidung und Tod des Lebenspartners wesentliche Rollen bei der Finanzplanung, aber das würde den Rahmen dieses Buches bei Weitem sprengen. Kalkulieren Sie jedoch solche unschönen Umstände ein und sichern Sie sich mittels Eheverträgen, Testamenten und Sterbefallversicherungen ab. Solche Verträge werden immer für die Fälle gemacht, in denen Ihnen kein Raum für Überlegungen bleibt. Daher gilt es auch bei diesen negativen Lebensereignissen vor- statt nachzusorgen.

Kapitel 18

Die Bedeutung der Risikoneigung

Neben der jeweiligen Lebensphase ist auch die individuelle Risikoneigung/Risikotoleranz bei der Gestaltung Ihres ETF-Portfolios entscheidend. Die Risikobereitschaft variiert je nach Persönlichkeit, finanzieller Situation und Erfahrung und kann innerhalb derselben Lebensphase stark unterschiedlich sein. Etliche Fallstudien verdeutlichen, wie wichtig es ist, die Risikoneigung realistisch einzuschätzen, um Fehlentscheidungen zu vermeiden. Grundsätzlich lassen sich 3 Anlegertypen identifizieren:

- Die risikofreudigen Anleger: Diese Anlegertypen sind bereit, höhere Schwankungen in Kauf zu nehmen, um potenziell höhere Renditen zu erzielen. Praxisbeispiele zeigen, dass sie oft in ETFs auf Schwellenländer, Small Caps oder spezialisierte Sektoren wie Biotechnologie investieren. Solche Strategien eignen sich besonders für Anleger mit einem langen Anlagehorizont, die Marktschwankungen emotional und finanziell verkraften können. Diese Anlegergruppe befindet sich in den Altersklassen 20 bis 35 und 35 bis 50 Jahre. Dennoch betonen Fallstudien die Notwendigkeit einer Diversifikation, um Klumpenrisiken zu vermeiden.
- Die risikoneutralen Anleger: Diese Anlegergruppe sucht eine Balance zwischen Wachstum und Sicherheit. Typische Beispiele umfassen Portfolios, die globale Aktien-ETFs mit Anleihe-ETFs oder ETFs auf etablierte Märkte wie den S&P 500 kombinieren.

Solche Anleger profitieren von einer stabilen, aber dennoch renditeorientierten Strategie, die sie vor extremen Verlusten schützt, ohne auf Wachstum zu verzichten. Hier halten sich oft entweder Anfänger oder die Altersgruppe zwischen 35 und 50 Jahren auf.

- Die risikoscheuen Anleger: Diese Anlegerklasse priorisiert Kapitalerhalt und minimale Schwankungen. Praxisbeispiele zeigen, dass sie bevorzugt in ETFs auf Staatsanleihen, Investment-Grade-Unternehmensanleihen oder defensive Branchen wie Versorger investiert. Solche Strategien sind besonders für ältere Anleger oder Personen mit geringer finanzieller Flexibilität geeignet, die keine großen Verluste riskieren können. Auch hier sind oftmals ETF-Beginner oder die Personengruppe zwischen 50 und 70+ Jahren zu finden.

Diese Risikogruppierung stellt weder ein Dogma dar noch erhebt sie Anspruch auf Vollständigkeit. Sie basiert auf meiner Erfahrung und vielen finanzwissenschaftlichen Untersuchungen.

Es bleibt festzuhalten, dass die erfolgreiche ETF-Anlage eine sorgfältige Abstimmung auf Lebensphase und Risikoneigung erfordert. Ein häufiges Muster ist die Anpassung des Portfolios im Laufe der Zeit. Beispielsweise könnte ein junger Anleger mit einem aggressiven Portfolio beginnen, das zu 80 % aus Aktien-ETFs besteht, und dieses mit zunehmendem Alter schrittweise auf eine 60/40-Aufteilung (Aktien/Anleihen) umstellen. Solche dynamischen Anpassungen helfen, die Strategie an veränderte Lebensumstände anzupassen.

Kapitel 19

Berücksichtigung von Notfallreserven

Ein weiterer wichtiger Aspekt ist die Berücksichtigung von Notfallreserven und kurzfristigen Liquiditätsbedürfnissen. Es hat sich oft in der Praxis gezeigt, dass Anleger unabhängig von ihrer Lebensphase einen Teil ihres Vermögens außerhalb des ETF-Portfolios in leicht zugänglichen Anlagen halten sollten – damit lassen sich unerwartete Ausgaben decken, die sonst womöglich erfordern würden, ETFs zu ungünstigen Zeitpunkten zu verkaufen. Bedenken Sie zudem die bereits erwähnten Absicherungen im Fall von Scheidung und Tod des Lebenspartners.

Kapitel 20

Beispielportfolios für verschiedene Anlegertypen

Die ETF-Portfolio-Gestaltung hängt stark von der Risikobereitschaft, dem Alter, den Anlagezielen und der bevorzugten Strategie des Anlegers ab. In diesem Kapitelabschnitt stelle ich Ihnen einige Beispielportfolios für verschiedene Anlegertypen vor, um zu zeigen, wie ETFs gezielt zur Erfüllung der eigenen Bedürfnisse eingesetzt werden können. Die Portfolios sind allgemein gehalten und dienen als Orientierung, ohne dass spezifische Fonds oder Anbieter genannt werden. Jedes Portfolio berücksichtigt die typischen Merkmale des jeweiligen Anlegertyps und wird von mir mit einer kurzen Begründung versehen.

20.1 Konservativer Anleger

Die Ziele eines konservativen Anlegers sind primär der Kapitalerhalt und stabile Erträge mit minimalen Schwankungen des Vermögens. Das sich daraus ergebende Risikoprofil ist niedrig und der Anlagehorizont kurz- bis mittelfristig, also in der Zeitspanne von 3 bis 10 Jahren.

Beispielportfolio

- **60 % Anleihe-ETFs:** Staatsanleihe-ETFs mit hoher Bonität (z. B. entwickelte Volkswirtschaften wie die EWU oder die USA) und

Investment-Grade-Unternehmensanleihe-ETFs, um stabile Erträge und geringe Volatilität zu gewährleisten
- **25 % Aktien-ETFs:** globale Aktien-ETFs mit Fokus auf defensive Sektoren wie Versorger oder Konsumgüter, die weniger schwanken
- **15 % Geldmarkt- oder Kurzfristanleihe-ETFs:** für Liquidität und zusätzliche Sicherheit, ideal für Notfallreserven oder kurzfristige Bedürfnisse

Begründung: Der konservative Anlegertypus priorisiert Sicherheit vor Wachstum. Der hohe Anleihe-Anteil reduziert das Risiko von Verlusten, während ein geringer Aktienanteil Inflationsschutz bietet. Geldmarkt-ETFs sorgen für Flexibilität. Dieses Portfolio eignet sich für ältere Anleger oder Personen mit geringer Risikotoleranz, die regelmäßige Erträge benötigen.

20.2 Risikobereiter Anleger

Beim risikobereiten Anleger stehen Chancen einhergehend mit höheren Renditen durch Wachstum im Vordergrund. Dieser Anlegertyp ist bereit, starke Kursschwankungen mit Blick auf höhere Kursgewinne in Kauf zu nehmen. Der Anlagehorizont ist durch das hohe Risikoprofil eher langfristig orientiert und liegt meist bei 10+ Jahren. Die Volatilität im Portfolio kann sich so über die Anlagezeit glätten.

Beispielportfolio
- **50 % globale Aktien-ETFs:** breite Marktindizes (z. B. MSCI World oder All Country World Index), um weltweites Wachstum abzudecken
- **25 % Schwellenländer-ETFs:** Fokus auf Länder mit hohem Wachstumspotenzial wie Indien oder Südostasien, trotz höherer Volatilität
- **15 % Small-Cap-ETFs:** kleine Unternehmen mit starkem Wachstumspotenzial, aber erhöhtem Risiko

- **10 % thematische ETFs:** Investments in Zukunftstrends wie künstliche Intelligenz, Biotechnologie oder erneuerbare Energien

Begründung: Risikobereite Anleger können von der langfristigen Wertsteigerung risikoreicher Anlageklassen profitieren. Die Kombination aus globaler Diversifikation, Schwellenländern und thematischen ETFs maximiert das Wachstumspotenzial, während Small-Cap-ETFs zusätzliche Renditechancen bieten. Dieses Portfolio ist ideal für junge Anleger oder auch erfahrene Investoren mit hoher Risikotoleranz.

20.3 Junge vs. ältere Anleger

Wie können sich junge Anleger in der Altersgruppe zwischen etwa 20–35 Jahren positionieren, wenn sie den Vermögensaufbau über einen langen Zeithorizont als Ziel haben? Das Risikoprofil in dieser Altersgruppe ist mittel bis hoch, der Anlagehorizont liegt konkludent bei 20+ Jahren.

Beispielportfolio für junge Anleger

- **70 % Aktien-ETFs:** globale Aktien-ETFs mit Schwerpunkt auf Wachstumsregionen und -sektoren (z. B. Technologie oder Gesundheit)
- **20 % Schwellenländer-ETFs:** höheres Wachstumspotenzial trotz Volatilität
- **10 % Anleihe-ETFs:** kurzfristige Anleihe-ETFs oder inflationsgeschützte Anleihen, um minimale Stabilität zu gewährleisten

Begründung: Junge Anleger haben einen langen Anlagehorizont, der es ihnen erlaubt, Marktschwankungen besser zu verkraften. Der Fokus auf Aktien und Emerging Markets fördert das Wachstum des Portfolios, während ein kleiner Anleihe-Anteil es stabilisiert. Regelmäßige Sparpläne sind hier besonders effektiv, da diese über den langen Anlagezeitraum den Cost-Average-Effekt äußerst gut nutzen können.

Bei der Anlegergruppe 60+ Jahre liegt das hauptsächliche Ziel im Kapitalerhalt und der Generierung von regelmäßigen Erträgen für den Ruhestand. Das sich daraus ergebende Risikoprofil ist niedrig bis mittel. Oft werden Dividendenstrategien, Anleihen oder Festgeld bevorzugt. Der Anlagehorizont liegt in der Zeitspanne von 5 bis 15 Jahren. Meist gehören auch Kapitalverzehrstrategien in das Repertoire, um das Rentnerdasein zu finanzieren.

Beispielportfolio für ältere Anleger

- **50 % Anleihe-ETFs:** Staatsanleihe-ETFs und Investment-Grade-Unternehmensanleihen für stabile Erträge
- **30 % Aktien-ETFs:** globale Dividenden-ETFs oder ETFs auf defensive Sektoren wie Gesundheit oder Versorger
- **20 % Geldmarkt-ETFs:** für Liquidität und Kapitalschutz

Begründung: Ältere Anleger priorisieren Sicherheit und regelmäßige Ausschüttungen. Der hohe Anleihe- und Geldmarktanteil schützt vor Verlusten, während Dividenden-ETFs oder defensive Aktien-ETFs moderate Renditen und Inflationsschutz bieten.

20.4 Dividendenstrategien

Bei der Dividendenstrategie muss es sich nicht zwangsläufig um eine Strategie für Rentenanwärter handeln. Im Gegenteil: Die Strategie kann durch die erzielten regelmäßigen Erträge mit moderaten Wachstumsstrategien kombiniert werden. Dadurch erzielen Sie auf der einen Seite einen Einkommensstrom durch die Dividendenzahlungen und behalten sich zusätzlich Wachstumschancen offen, etwa durch Investments in Emerging Markets oder Technologie-ETFs. Daraus resultiert ein mittleres Risikoprofil mit einem Anlagehorizont von 5–20 Jahren. Sie sehen schon an der langen Zeitspanne, dass sich die Strategie auch für jüngere ETF-Anleger eignet respektive gern von Anfängern genutzt wird.

Beispielportfolio

- **50 % globale Dividenden-ETFs:** Fokus auf Unternehmen mit nachhaltigen und hohen Dividendenzahlungen (z. B. Aristokraten-ETFs)
- **30 % Aktien-ETFs:** breite Marktindizes mit Schwerpunkt auf stabile Sektoren wie Konsumgüter oder Gesundheit
- **20 % Anleihe-ETFs:** Investment-Grade-Anleihen für zusätzliche Stabilität und Erträge

Begründung: Dividendenstrategien eignen sich insbesondere für Anleger, die regelmäßige Einkünfte suchen, etwa für den Ruhestand oder zur Ergänzung des Einkommens. Dividenden-ETFs bieten verlässliche Ausschüttungen, während Aktien- und Anleihe-ETFs das Portfolio diversifizieren und stabilisieren. Dieses Portfolio ist ideal für Anleger, die ein Gleichgewicht zwischen Ertrag und Wachstum suchen oder genau diese beiden Strategien miteinander kombinieren wollen.

20.5 Einsatz von Laufzeit-ETFs

Eine sehr charmante Form der ETF-Anlage sind die Laufzeit-ETFs. Die gezielte Anlage mit einem festem Zeithorizont ist oft für spezifische finanzielle Ziele wie einen Hauskauf, ein Studium oder die Rente bestens geeignet. Diese ETF-Form hat sich in den vergangenen Jahren immer stärker etabliert und nimmt bei der individuellen Anlagestrategie mit einem bestimmten Ziel immer mehr Raum ein. Das Risikoprofil dieser ETF-Form kann als niedrig bis mittelriskant eingeschätzt werden. Die Laufzeit-ETFs investieren hauptsächlich in Anleihen und verschiedene Formen der Festgeldanlage und sind dadurch nicht komplett frei von Risiken. Der Anlagehorizont kann ganz klar definiert werden (z. B. 5, 10 oder 15 Jahre), was die Anlageform so interessant macht. Auch die spätere Rendite aus der ETF-Anlage kann relativ gut im Vorfeld bestimmt werden. Dadurch werden Überrenditen oder positive Renditeüberraschungen weitestgehend ausgeschlossen. Sie als Anleger wissen bereits im Voraus, welche Rendite Sie bis zum Laufzeitende erzielen werden.

Beispielportfolio (für einen 10-jährigen Anlagehorizont):

- **70 % Laufzeit-Anleihe-ETFs:** Anleihe-ETFs, die zum Ende des Anlagehorizonts fällig werden (z. B. Target-Maturity-Bond-ETFs mit Fälligkeit in 10 Jahren)
- **20 % globale Aktien-ETFs:** breite Marktindizes für moderates Wachstum
- **10 % Geldmarkt-ETFs:** für Liquidität und Flexibilität

Begründung: Laufzeit-ETFs sind ideal für Anleger mit klar definierten Ansparzielen oder geplantem Kapitalverzehr, da sie das Zinsänderungsrisiko minimieren, indem sie Anleihen bis zur Fälligkeit halten. Der in diesem Beispiel gewählte Aktienanteil bietet zusätzliches Wachstumspotenzial, während Geldmarkt-ETFs kurzfristige Flexibilität gewährleisten. Dieses Portfolio eignet sich besonders für Anleger, die planbare Auszahlungen zu einem bestimmten Zeitpunkt benötigen, etwa für die Familienplanung, das Studium, die Ausbildung oder ein sonstiges planbares Lebensziel.

Die vorgestellten Portfolios sollten als Ausgangspunkt verstanden und immer an Ihre individuellen Lebensumstände angepasst werden. Sie sollen zeigen, wie vielfältig ETFs eingesetzt werden können, um die Bedürfnisse unterschiedlicher Anlegertypen zu erfüllen. Konservative Anleger profitieren von stabilen Portfolios mit hohem Anleihe-Anteil, während risikobereite Anleger eher auf Wachstum durch Aktien- und thematische ETFs setzen können. Junge und ältere Anleger benötigen unterschiedliche Gewichtungen, um ihre jeweiligen Anlagezeithorizonte und Anlageziele abzudecken. Die Dividendenstrategien bieten verlässliche und oft stabile Erträge, und Laufzeit-ETFs sind ideal für planbare Ziele in den verschiedenen Lebensphasen. Durch die sorgfältige Auswahl und regelmäßige Anpassung eines ETF-Portfolios können Sie Ihre finanziellen Ziele effektiv erreichen, unabhängig von Ihrer Lebenssituation oder Risikobereitschaft. Es kann auch sinnvoll sein, während eines Anlegerlebens von einer Anlagestrategie in die nächste zu wechseln, um dadurch der persönlichen Lebenssituation besser gerecht werden zu können.

Kapitel 21

Erfolgsgeschichten und klassische Anlagefehler

Auf meinen zahlreichen Messebesuchen und bei vielen von mir gehaltenen Vorträgen bin ich etlichen Anlegertypen begegnet, die mir sehr interessante und lehrreiche Erfolgs-, aber auch Misserfolgsgeschichten berichteten. Natürlich kann ich nicht alle im Detail verifizieren und überprüfen, aber die glaubwürdigsten und inspirierendsten möchte ich Ihnen hier nicht vorenthalten. Sie können im Hinblick auf die Wahrheit dieser Ereignisse meiner Intuition und Menschenkenntnis vertrauen. Die jeweiligen Privatanleger haben durch Disziplin und entsprechende Strategien langfristig hohe Renditen erzielen können, was zugleich das Potenzial von ETFs als Anlageform verdeutlicht. Gleichzeitig zeigen häufig gemachte Fehler sehr gut auf, wie emotionale Entscheidungen oder mangelnde Diversifikation den am besten strukturierten Ansatz kaputtmachen können. Zugleich gebe ich Ihnen praktische Tipps, wie Sie die gröbsten Fehler vermeiden können und damit einen nachhaltigen Anlageerfolg sichern.

Ich habe zum Schutz der Personen die Namen und Orte verändert, nicht jedoch den Ablauf der jeweiligen Geschichte.

21.1 Fallbeispiele erfolgreicher ETF-Anleger

Die folgenden Fallbeispiele zeigen, wie unterschiedliche Privatanleger – eine Familie, ein Selbstständiger, eine pensionierte Lehrerin, ein sehr reicher Unternehmer und ein junger Student – durch kluge ETF-Strategien ihre finanziellen Ziele erreicht haben. Jedes Beispiel beleuchtet die individuelle Herangehensweise, die genutzten ETFs und die Erfolgsfaktoren und soll damit anderen Privatanlegern Inspiration und praktische Ansätze für ihr eigenes Investment bieten.

a. Invest 2025: Die junge Familie – langfristiger Vermögensaufbau

Anna (32) und Tom (34), ein junges Paar aus Berlin, begannen 2015 mit einem monatlichen ETF-Sparplan von 200 € in einen MSCI-World-ETF. Ihr Ziel war die Altersvorsorge und die Absicherung ihrer Kinder. Durch den Cost-Average-Effekt und die durchschnittliche Jahresrendite von circa 7 % wuchs ihr Investment bis Mai 2025 auf über 40.000 € an, trotz kurzfristiger Marktschwankungen wie dem „Trump-Crash" 2025. Ihr Erfolg basierte auf:

- **Konsistenz:** monatliche Einzahlungen, unabhängig von Marktphasen.
- **Diversifikation:** Ergänzung des Portfolios 2020 um einen Anleihe-ETF zur Risikoreduktion.
- **Langfristigkeit:** ein Anlagehorizont von 10+ Jahren, der Währungs- und Marktrisiken ausgleicht.

Regelmäßiges Sparen und ein langer Anlagehorizont maximieren die Vorteile von ETFs durch Zinseszinseffekte. Auch mit kleinen Beträgen können Familien durch regelmäßige Sparpläne Vermögen aufbauen. Thesaurierende ETFs maximieren den Zinseszinseffekt noch.

b. Hamburger Börsentag 2024: Der Selbstständige – Flexibilität durch Diversifikation

Murat (45), ein selbstständiger IT-Berater aus Hamburg, investierte 2018 einen Einmalbetrag von 50.000 € in ein diversifiziertes ETF-Portfolio (Hauptanteil in MSCI World, MSCI Emerging Markets als Beimischung, Anleihe-ETF und Anleihen zur Stabilisierung des Depots). Nach einem Rückschlag durch die Coronakrise 2020 nutzte er die Chance und investierte zusätzlich in einen ETF-Sparplan mit einem ähnlichen ETF (FTSE All-World). Bis November 2024 erzielte er eine annualisierte Rendite von circa 8 bis 9 %, was sein Portfolio auf über 110.000 € anwachsen ließ. Die Gründe für seinen Erfolg:

- **Disziplin:** keine panikartigen Verkäufe während Marktkrisen.
- **Rebalancing:** jährliche Anpassung des Portfolios, um die Zielallokation (60/20/20) zu wahren.
- **Regelmäßige Sparpläne:** Sparpläne in Kombination mit einer Einmalanlage.

Strategisches Rebalancing und besonnenes Handeln steigern die Nettorendite, ohne die langfristige Strategie zu gefährden. Selbstständige profitieren von flexiblen Sparplänen und steueroptimierten Strategien. Ein diversifiziertes Portfolio reduziert das Risiko bei unregelmäßigem Einkommen.

c. Berliner Börsentag 2023: Die Ruheständlerin – stabile Erträge im Ruhestand

Klara (65), eine pensionierte Lehrerin aus Berlin, investierte 2010 einen Teil ihres Ersparten (100.000 €) in einen thesaurierenden MSCI-World-ETF und einen global orientierten Bond-ETF (50/50). Ihr Ziel war es, stabiles Vermögen mit geringem Risiko zu sichern. Bis Oktober 2023 wuchs ihr Portfolio auf circa 200.000 € an, trotz volatiler Phasen wie der Coronakrise 2020 und der Inflationsphase 2022–2023. Sie profitierte von folgenden Faktoren:

- **Thesaurierung:** Wiederanlage von Erträgen steigerte den Zinseszinseffekt.
- **Konservative Allokation:** Anleihe-ETFs dämpften die Volatilität der Aktienmärkte.
- **Niedrige Kosten:** Sie hatte in ETFs mit sehr niedrigen Gebühren investiert.

Eine ausgewogene Allokation und kostengünstige ETFs sind ideal für risikoaverse Anleger im Ruhestand. Beamte oder Pensionäre mit sicherem Einkommen sollten auf Stabilität setzen. Währungsgesicherte ETFs und Anleihe-ETFs eignen sich besonders für risikoaverse Strategien. Dieses Ereignis zeigt, dass es sich lohnt, sich zu informieren und kostenbewusst vorzugehen.

d. Kundenveranstaltung 2024: Der sehr reiche Unternehmer – Diversifikation und Skalierung

Stefan (56), ein erfolgreicher Immobilienunternehmer aus Hamburg, verkaufte 2016 sein Unternehmen für 10 Mio. €. Sein Ziel war es, ohne aktives Management sein Vermögen zu erhalten und moderates Wachstum zu erzielen.

Strategie:

- **Start:** 2016 investierte er 5 Mio. € in ein diversifiziertes ETF-Portfolio: 40 % MSCI World, 20 % MSCI Emerging Markets, 20 % Global Aggregate Bond, 10 % Global REIT.
- **Ansatz:** globale Diversifikation über mehrere Anlageklassen (Aktien, Anleihen, Immobilien, Rohstoffe). Er nutzte ein Family-Office für optimierte Steuerplanung.
- **Rebalancing:** vierteljährlich, um Klumpenrisiken zu vermeiden.
- **Tax-Loss-Harvesting:** Innerhalb des Anlagezeitraums realisierte er Verluste im Emerging-Markets-ETF, um Gewinne aus dem MSCI-World-ETF zu kompensieren.

Bis Juli 2024 wuchs sein Portfolio auf 9,2 Mio. € (annualisierte Rendite: ca. 7,4 %). Die breite Diversifikation schützte vor Volatilität und erzeugte eine relativ stabile Equity-Kurve.

Das Family-Office achtete auf die folgenden Details:

- breite Streuung über Anlageklassen und Regionen,
- Steueroptimierung durch professionelle Beratung,
- Disziplin beim Rebalancing trotz hohem Vermögen.

Wohlhabende Anleger sollten in mehrere Anlageklassen investieren und professionelle Steuerberatung nutzen, um Vermögen zu schützen und zu mehren. Es geht ab bestimmten Vermögen nicht mehr nur um das Wachstum, sondern erstrangig um den Vermögensschutz und Erhalt.

e. DER AKTIONÄRSTAG 2024: Die junge Studentin – frühzeitiger Vermögensaufbau

Fine (22), eine Studentin aus Düsseldorf, hatte ein monatliches Budget von 300 € aus Nebenjobs zur Geldanlage. Sie war ein großer Fan von Luxusmarken wie Louis Vuitton, Porsche und Apple und konnte sich einige Produkte dieser Marken bereits leisten. Ihr Ziel war es, ein frühzeitiges Vermögen für den Einstieg ins Berufsleben aufzubauen und gleichzeitig von der hohen Nachfrage nach den Produkten und Dienstleistungen dieser Marken zu profitieren.

- **Start:** 2022 begann sie mit einem Sparplan von 300 € monatlich mit jeweils 100 € in die ETFs FTSE All-World, Emerging Markets und Luxury Brands.
- **Ansatz:** einfache Strategie mit einem breit diversifizierten ETF, um Kosten und Aufwand zu minimieren. Thesaurierend, um den Zinseszinseffekt zu nutzen. Den Emerging-Markets-ETF, um vom Nachholbedarf der Schwellenländer zu profitieren, und den Luxury-Brands-ETF, um ihre Idee der hohen zukünftigen Markennachfrage umzusetzen.

- **Broker:** Nutzung eines kostenfreien Neobrokers für Sparpläne.
- **Risikomanagement:** kein Rebalancing, da alle ETFs gleich hoch bespart werden und die Gewichtung vorerst gleich bleiben soll; Fokus auf langfristiges Halten (5 bis 10 Jahre).

Bis 2024 wuchs ihr Portfolio auf 7.800 € an. Trotz kleiner Beträge profitierte sie vom Cost-Average-Effekt und niedrigen Kosten. Die Aufteilung in einen breit aufgestellten Kern und 2 progressive Satelliten auf Länder- und Branchensicht ermöglicht viel Wachstumspotenzial und Chancen:

- frühzeitiger Einstieg für maximalen Zinseszinseffekt,
- einfache, kostengünstige Strategie,
- Nutzung eines kostenfreien Brokers.

Junge Anleger sollten früh mit kleinen Beträgen beginnen und einen breit diversifizierten ETF wählen, um sich den Einstieg zu vereinfachen.

Ich wollte Ihnen durch diese Schilderungen aufzeigen, dass es keine Rolle spielt, in welcher Lebenssituation Sie stecken. Hauptsache, Sie fangen an, mit einer klaren Strategie, einem Ziel und gut informiert Ihren Weg zur finanziellen Eigenverantwortung zu gehen.

Die 5 Fallbeispiele zeigen, dass erfolgreiche ETF-Anlagen unabhängig vom Lebensabschnitt oder Einkommen auf ähnlichen Prinzipien basieren:

- **Langfristigkeit:** Ein Anlagehorizont von mehr als 5 Jahren gleicht oftmals Marktschwankungen aus.
- **Diversifikation:** Eine breite Streuung über Regionen, Sektoren oder Anlageklassen reduziert Risiken.
- **Kostenkontrolle:** Niedrige Kosten und günstige Broker (niedrige Transaktionskosten) maximieren die Rendite.
- **Disziplin:** Regelmäßige Einzahlungen und Rebalancing verhindern emotionale Entscheidungen.
- **Steueroptimierung:** Tax-Loss-Harvesting und thesaurierende ETFs senken die Steuerlast.

Die vorgestellten Erfolgsgeschichten verdeutlichen, dass ETFs für Privatanleger in jeder Lebenslage geeignet sind – von der jungen Familie bis zum wohlhabenden Unternehmer. Der Schlüssel zum Erfolg liegt in einer klaren Strategie. Durch die Wahl geeigneter ETFs, regelmäßiges Rebalancing und steuerliche Optimierung können Anleger ihre finanziellen Ziele erreichen, egal wie viel Sie investieren. Wichtig ist, dass Sie sich bei Ihrer Vermögensanlage realistische Ziele setzen. Sie werden mit einem Sparplan von monatlich 100 € in einen ETF innerhalb von einem Jahr keine 10.000 € erzielen können. Wenn Sie sich jedoch 6 bis 8 Jahre Zeit dafür geben, dann ist dieses Ziel durchaus realistisch. Diese Beispiele sollen Sie inspirieren und aufzeigen, dass erfolgreiche ETF-Investitionen mit der richtigen Herangehensweise für jeden möglich sind.

21.2 Passives Einkommen

Vor einiger Zeit gab es eine große Social-Media-Welle, bei der es um alle möglichen Arten von passiven Einkommensquellen und das übergeordnete Ziel ging, von diesen Einkommensquellen finanziell unabhängig leben zu können. Passives Einkommen bezeichnet grundsätzlich regelmäßige Erträge, die ohne aktives Zutun erzielt werden, wie Dividenden oder Ausschüttungen aus ETFs. ETFs sind nicht nur ein Werkzeug für den langfristigen Vermögensaufbau, sondern auch ein gutes Anlagevehikel, um einen stetigen Einkommensstrom zu erzeugen.

ETFs bieten mehrere Vorteile für die Generierung passiven Einkommens. Zum einen investieren ETFs in Hunderte oder Tausende von Unternehmen, wodurch das Risiko einzelner Dividendenkürzungen minimiert wird. Dieser Investmentansatz wird sehr kosteneffizient durchgeführt. Die niedrigen Gesamtkostenquoten maximieren die Nettoerträge im Vergleich zu aktiv gemanagten Fonds und vielen anderen passiven Einkommensquellen.

Ein weiterer wichtiger Aspekt ist die Flexibilität. Sie als Anleger können zwischen ausschüttenden und thesaurierenden ETFs wählen, je nach Einkommensbedarf oder Steuerstrategie. Zudem sind ETFs sehr schnell liquidierbar. Wenn Sie diese Anlageform mit anderen passiven Einkommensquellen vergleichen – etwa mit direkten Unternehmensbeteiligungen –, dann sind diese Vorteile sehr gewichtig. Die prinzipielle einfache Umsetzung, beispielsweise durch monatliche Sparpläne oder Einmalinvestitionen, ermöglicht einen automatisierten Aufbau passiver Einkommensströme über einen längeren Zeitraum.

Es gilt aber auch bei der ETF-Anlage in diesem Bereich auf Besonderheiten und Strategien zu achten. Bei den folgenden Strategien möchte ich Ihnen aufzeigen, wie Sie als Privatanleger ETFs nutzen können, um regelmäßige passive Einkünfte zu erzielen. Ich habe auch dabei versucht, auf unterschiedliche Bedürfnisse und Anlagehorizonte einzugehen.

21.2.1 Dividendenfokussierte ETFs für regelmäßige Ausschüttungen

Bei dieser Strategie investieren Anleger in ausschüttende Dividenden-ETFs, die in Unternehmen mit hohen oder stabilen Dividendenzahlungen investieren. Diese ETFs zahlen Dividenden monatlich, vierteljährlich oder jährlich aus, die als passives Einkommen genutzt werden können. Ich bin auf diese ETF-Gattung bereits eingegangen, muss sie dennoch noch einmal in diesem Kapitalabschnitt erwähnen.

So setzen Sie diese Strategie am besten um:

- Wählen Sie ETFs mit dem Fokus auf Dividendenaktien.
- Investieren Sie entweder einmalig oder regelmäßig über einen Sparplan (z. B. 200 € monatlich). Beispiel: Ein Investment von 50.000 € in einen ETF mit 3 % Dividendenrendite ergibt circa 1.500 € jährliches Einkommen (vor Steuern).

- Die steuerlichen Aspekte müssen unbedingt berücksichtigt werden. Dividenden unterliegen der Abgeltungsteuer. Nutzen Sie den Sparerpauschbetrag, um Steuern zu minimieren. Es macht keinen Sinn, sich die passive Einkommensstrategie mittels Dividenden durch die Betrachtung der Bruttodividendenrendite schönzurechnen.
- Auch bei dieser Strategie ist das Rebalancing zu beachten – mindestens jährlich, um die Allokation stabil zu halten und Klumpenrisiken zu vermeiden. Dividendenrenditen sind sehr stark von Konjunktur- und Zinszyklen abhängig.

Vorteile der Dividendenstrategie

- Regelmäßige, planbare Auszahlungen, ideal für Anleger, die sofortiges Einkommen benötigen (z. B. Rentner).
- Stabile Erträge durch Diversifikation über viele dividendenstarke Unternehmen.

Risiken bei der Dividendenstrategie

- Dividendenkürzungen bei wirtschaftlichen Krisen (wie nach der Coronakrise 2020).
- Währungsrisiken bei internationalen Dividenden-ETFs (z. B. USD-basierte Anlagen).

Sabine (60), eine Rentnerin, investiert 100.000 € in den ETF FTSE All-World High Dividend Yield. Mit einer Dividendenrendite von 3,2 % erhält sie jährlich etwa 3.200 € (vor Steuern), die sie für Lebenshaltungskosten nutzt. Sie rechnet alle mit der Vermögensverwaltung angefallen Kosten gegen die Steuern und achtet darauf, die Gewichtung zwischen thesaurierenden und regelmäßig ausschüttenden ETFs ihrer Lebenssituation entsprechend anzupassen.

21.2.2 Thesaurierende ETFs für langfristiges Einkommen

Thesaurierende ETFs reinvestieren Erträge automatisch, was den Zinseszinseffekt maximiert. Nach einer Aufbauphase (z. B. 10–20 Jahre) können Anleger Anteile verkaufen, um regelmäßiges Einkommen zu generieren. Bei dieser Strategie geht es darum, den Zeitpunkt der regelmäßigen Ausschüttungen möglichst weit in die Zukunft vorzutragen, aber dennoch von den hohen Ausschüttungen der Unternehmen in Form von Dividenden zu profitieren.

So setzen Sie die thesaurierende ETF-Strategie am besten um:

- Wählen Sie zu Beginn ausschließlich thesaurierende ETFs, etwa auf den MSCI World oder den FTSE All-World. Achten Sie auf breit diversifizierte ETFs mit einer attraktiven Ausschüttungsrendite.
- Investieren Sie entweder mittels eines monatlichen Sparplans oder einer Einmalinvestition. Sie können aber auch beide Varianten gleichzeitig umsetzen. Sparplan-Beispiel: 300 € monatlich über 15 Jahre bei 6 % Jahresrendite ergeben circa 90.000 €.
- Bei dieser Strategie liegt der Fokus auf der späteren Entnahmephase. Nach der Aufbauphase verkaufen Sie jährlich 4–5 % des gesamten ETF-Portfolios („4%-Regel"), um nachhaltiges Einkommen zu generieren, ohne das Kapital zu stark zu reduzieren. Die zukünftige Dividendenrendite mildert den Vermögensverzehr ab und prolongiert dadurch aktiv die Entnahmezeit.
- Beachten Sie die steuerlichen Aspekte, thesaurierende ETFs verschieben die Steuerlast auf den Verkaufszeitpunkt. Nutzen Sie entsprechend die Möglichkeit zum Tax-Loss-Harvesting, um Verluste mit Gewinnen zu verrechnen. Diese Strategie habe ich in Kapitel 13 dieses Buchs beschrieben.

Vorteile dieser Strategie

- Maximierung der Rendite durch Zinseszinseffekt.
- Flexibilität bei der Entnahme, da Anleger den Zeitpunkt und die Höhe selbst bestimmen.

Risiken dieser Strategie

- Keine sofortigen Auszahlungen, daher ungeeignet für Anleger mit kurzfristigem Einkommensbedarf.
- Marktschwankungen können genau in die Entnahmephase fallen und dadurch die geplanten Entnahmen beeinflussen.

Jonas (35), ein Angestellter, investiert 200 € monatlich in einen MSCI-World-ETF. Nach 20 Jahren (ca. 150.000 € bei 7 % Rendite) entschließt sich Jonas, in Frührente zu gehen, und entnimmt jährlich 6.000 € (4 %), um seine geringere Frührente aufzubessern.

21.2.3 Anleihe-ETFs für stabile Erträge

Anleihe-ETFs investieren in festverzinsliche Wertpapiere und bieten dadurch stabile, wenn auch niedrigere Erträge als Dividenden-ETFs. Sie eignen sich für risikoaverse Anleger, die regelmäßige Einkünfte suchen. Das Interessante bei den Anleihe-ETFs ist die Möglichkeit, in verschiedene Emittenten investieren zu können. Sie können je nach Risikoakzeptanz etwa in Staatsanleihen oder Unternehmensanleihen investieren. Zusätzlich können Sie bei den Laufzeiten variieren. Je länger die Laufzeiten der Anleihen sind, desto anfälliger sind diese gegen potenzielle Zinsänderungsrisiken.

So können Sie die Anleihestrategie umsetzen:

- Fokus auf ausschüttende Anleihe-ETFs wie Core Global Aggregate Bond oder Euro Corporate Bond.

- Umsetzbar ist die Strategie mittels einer Einmalinvestition oder einem Sparplan (z. B. 500 € monatlich). Beispiel Einmalinvestition: 50.000 € in einen Anleihe-ETF mit 2,5 % Rendite ergeben 1.250 € jährliches Einkommen.
- Bei dieser Strategie ist es wichtig, steuerliche Aspekte zu beachten, denn Zinszahlungen unterliegen der Abgeltungsteuer. Nutzen Sie deswegen den Sparerpauschbetrag oder Verlustvorträge.
- Um das Risiko zu steuern, können Sie zwischen ETFs mit hoher Bonität (Investment Grade) und diversifizierten Laufzeiten wählen, um Zins- und Ausfallrisiken zu minimieren.

Vorteile dieser Strategie

- Stabile Erträge mit geringerer Volatilität als Aktien-ETFs.
- Geeignet für konservative Anleger oder als Ergänzung zu Dividenden-ETFs.

Risiken dieser Strategie

- Niedrigere Renditen im Vergleich zu Aktien-ETFs (oft 1–3 %).
- Zinsänderungsrisiken: Steigende Leitzinsen können den Wert von Anleihe-ETFs drücken. Je länger die Laufzeiten der Anleihen in den ETFs, desto größer das Zinsänderungsrisiko.

Maria (55), eine Beamtin, investiert 80.000 € in einen Euro-Corporate-Bond-ETF. Mit 2,8 % Rendite erhält sie jährlich etwa 2.240 €, die sie zum Beispiel für Reisen nutzen kann oder sonstige „Extras“.

21.2.4 Immobilien- und REIT-ETFs für alternative Einkünfte

ETFs auf Real Estate Investment Trusts investieren in Immobilienunternehmen (REITs), die regelmäßige Miet- und Dividendenerträge ausschütten. Sie bieten eine Alternative zu Aktien- und Anleihe-ETFs. Diese Anlageform ist speziell für Anleger geeignet, die Interesse an Anlagen im USD-Raum haben. In den USA sind REITs sehr beliebt und genießen eine dauerhaft hohe Nachfrage. Im deutschsprachigen Raum sind die Angebote an REITs und Immobilien-ETFs eher gering. Insbesondere die Möglichkeit, die Cashflows auf monatlicher oder quartalsweiser Basis steuern zu können, ist für Privatanleger jedoch sehr vorteilhaft. Bei der passiven Einkommensstrategie nehmen potenzielle monatliche Zahlungen eine wichtige Rolle in der Planung ein.

REITs und Immobilienunternehmen stellen jeweils interessante Möglichkeiten dar, in Immobilien zu investieren, unterscheiden sich jedoch grundlegend in ihrer Struktur, Funktionsweise und Attraktivität. Im Folgenden erkläre ich die Unterschiede von REITs zu den klassischen Immobilienunternehmen und warum diese für die Erzielung passiven Einkommens, insbesondere im Kontext der ETF-Anlage, besonders interessant sein können.

Ein REIT ist ein börsennotiertes oder privates Investmentvehikel, das Immobilien besitzt, betreibt oder finanziert, die Einkommen generieren (z. B. Bürogebäude, Einkaufszentren, Wohnanlagen). REITs funktionieren ähnlich wie Fonds, bei denen Anleger Anteile kaufen, um indirekt in ein Immobilienportfolio zu investieren. In vielen Ländern unterliegen REITs speziellen gesetzlichen Regelungen. Immobiliengesellschaften dagegen sind klassische Unternehmen, die Immobilien entwickeln, bauen, verwalten oder verkaufen. Sie sind oft operativ tätig (z. B. Bauträger wie Vonovia oder LEG Immobilien) und können neben Immobilien auch andere Geschäftsaktivitäten haben. Anleger investieren hier direkt in das Unternehmen, nicht in ein spezielles Immobilienportfolio. Bei den REITs besitzen die Anleger Anteile am REIT selbst und nicht direkt an den Immobilien. Der REIT poolt sozusagen das Kapital vieler Anleger, um ein diversifiziertes Portfolio zu schaffen. Bei den Immobilienunternehmen halten die Anleger dagegen Aktien des Unternehmens, das selbst Immobilien besitzt oder Projekte umsetzt. Die Wertentwicklung hängt stark von der Unternehmensstrategie und dem Management ab.

Die REITs sind in den meisten Ländern (z. B. USA, Deutschland) gesetzlich verpflichtet, einen hohen Prozentsatz (oft 90 % oder mehr) ihres steuerpflichtigen Einkommens als Dividende an die Anleger auszuschütten. Dies macht sie besonders attraktiv für einkommensorientierte Anleger. Die Immobilienunternehmen haben hingegen keine Verpflichtung, Gewinne auszuschütten. Dividenden hängen von der Unternehmenspolitik ab und können niedriger oder unregelmäßiger sein, da Gewinne oft reinvestiert werden (z. B. in neue Projekte). Über die Dividendenhöhe wird bei den Immobiliengesellschaften auf der Hauptversammlung der Aktionäre oder der Gesellschafterversammlung abgestimmt. Durch die besondere Ausschüttungspolitik sind REITs auf Unternehmensebene oft von der Körperschaftsteuer befreit (z. B. in den USA oder Deutschland unter bestimmten Bedingungen). Anleger zahlen zwar Steuern auf die erhaltene Dividende/Ausschüttung, aber die steuerliche Belastung auf Unternehmensebene ist geringer als bei den klassischen Immobilienunternehmen. Diese unterliegen nämlich der regulären Unternehmensbesteuerung, was die Nettogewinne und damit mögliche Dividendenzahlungen für die Aktionäre einer Aktiengesellschaft reduzieren kann.

Wenn wir uns die REITs im Speziellen ansehen, haben diese einige charakteristische Merkmale, die sie von anderen Anlageformen stark abheben. Sie investieren oft in ein breites Portfolio von Immobilien (z. B. Wohn-, Gewerbe-, Logistikimmobilien), was das Risiko im Vergleich zu einer einzelnen Immobilie erheblich reduziert. Die gesetzliche Verpflichtung, einen Großteil der Gewinne auszuschütten, sorgt für regelmäßige und meist attraktive Dividendenzahlungen. In den USA gibt es einige REITs, die sogar auf monatlicher Basis Ausschüttungen an ihre Anteilsinhaber vornehmen. Anleger können bereits mit kleinen Beträgen mittels des REIT-Anteilkaufs in Immobilien investieren – im Gegensatz zum direkten Immobilienerwerb, der hohe

Kapitalbeträge erfordert. Die REITs werden sehr häufig von Experten verwaltet, die sich um die Auswahl, den Betrieb und die Vermietung der Immobilien kümmern, was den Aufwand für Anleger minimiert und die Rendite der REITs stark erhöhen kann. Sehr interessant ist zudem der Zugang zu spezialisierten Märkten, denn REITs ermöglichen es häufig, Investments in Nischenmärkte wie Rechenzentren, Gesundheitseinrichtungen oder Logistikzentren, die für Privatinvestoren sonst schwer zugänglich sind, zu tätigen.

REITs und Immobilienunternehmen bieten unterschiedliche Ansätze für Immobilieninvestments. Während Immobilienunternehmen operativ tätig sind und ihre Gewinne flexibel einsetzen können, zeichnen sich REITs durch ihre Fokussierung auf Einkommensgenerierung, hohe Ausschüttungen und Diversifikation aus. Für Privatinvestoren, die passive Einkommensquellen generieren wollen, sind REITs besonders attraktiv, da sie regelmäßige Dividenden, geringen Verwaltungsaufwand und Liquidität bieten. REITs haben eine niedrige Korrelation mit anderen Anlageklassen wie Aktien oder Anleihen, was das Gesamtrisiko eines Portfolios reduzieren kann. Aufgrund der Ausschüttungspflicht bieten REITs oft Dividendenrenditen von 3–8 % (je nach Markt und REIT-Typ), was deutlich über denen vieler Aktiengesellschaften liegt. Dies sorgt für einen regelmäßigen Einkommensstrom ohne aktives Management. Immobilienmieten und -werte steigen oft mit der Inflation, was REITs zu einer potenziellen Absicherung gegen steigende Preise machen kann. Sie ermöglichen es, ohne die Komplexität eines direkten Immobilienbesitzes von der Wertsteigerung und den Erträgen eines breiten Immobilienportfolios zu profitieren.

So können Sie die REIT-Strategie umsetzen:

- Wählen Sie ausschüttende REIT-ETFs für Ihre Strategie aus.
- Ergänzen Sie beispielsweise Ihr Portfolio mit 10–20 % ausschüttenden REIT-ETFs. So ergibt beispielsweise ein Investment von

20.000 € in einen REIT-ETF mit 4 % Ausschüttung 800 € jährliches Einkommen.

- Beachten Sie die steuerlichen Aspekte der Ausschüttungen von REIT-ETFs. Diese unterliegen der Abgeltungsteuer. Prüfen Sie steuerliche Besonderheiten, da manche REITs komplexe Steuerstrukturen haben und diese bei Ihrer persönlichen Steuererklärung teilweise berücksichtigt werden müssen.
- Begrenzen Sie den REIT-Anteil in Ihrem Depot, da Immobilienmärkte zyklisch sind und von Zinsänderungen stark beeinflusst werden. Auch wenn die Ausschüttungen verlockend hoch sind, bestehen in dieser Anlageklasse ebenfalls die klassischen Risiken einer Vermögensanlage.

Vorteile der REIT-ETF-Strategie

- Höhere Ausschüttungen (oft 3–5 %) als bei Anleihe-ETFs.
- Diversifikation durch Immobilien als Anlageklasse.
- Inflationsschutz durch die Immobilienanteile.

Risiken bei der REIT-ETF-Strategie

- Höhere Volatilität als bei Anleihe-ETFs, besonders bei Zinserhöhungen.
- Regionale Risiken (z. B. US-REITs bei USD/EUR-Schwankungen) sowohl durch den jeweiligen Immobilienmarkt als auch durch die Währungsschwankungen.

Marcus (45), ein Unternehmer, investiert 50.000 € in einen REIT-ETF als Teil seines Portfolios. Mit 4,5 % Ausschüttung erhält er jährlich brutto 2.250 €, die er für Hypothekenzahlungen nutzt.

21.2.5 Kombinierte Strategie für diversifiziertes Einkommen

Natürlich können Sie auch die vorgestellten Strategien miteinander und untereinander mischen. Eine Mischung aus Dividenden-, Anleihe- und REIT-ETFs schafft ein ausgewogenes Portfolio für stabiles, passives Einkommen mit moderatem Risiko.

So können Sie die vorgestellten Strategien beispielhaft miteinander kombinieren:

- Nehmen Sie einen Anteil von 50 % Dividenden-ETF, 30 % Anleihe-ETF, 20 % REIT-ETF.
- Sie können entweder eine Einmalinvestition vornehmen, Sparpläne oder beides in Kombination (z. B. 10.000 € initial, 200 € monatlich) nutzen, um Ihre gewünschte Depotstruktur aufzubauen. Daraus ergibt sich dann beispielsweise ein Portfolio von 100.000 € mit 3 % durchschnittlicher Rendite, welches jährlich 3.000 € passives Einkommen generiert.
- Bei diesem Ansatz ist das Rebalancing sehr wichtig, da Sie Ihre Anfangsstruktur bewusst beibehalten wollen. Eine jährliche Anpassung könnte sinnvoll sein, um die Allokation (50/30/20) beizubehalten.
- Kombinieren Sie die Tax-Loss-Harvesting-Methode mit thesaurierenden ETFs für den langfristigen Depotanteil und mit ausschüttenden ETFs für Ihr sofortiges passives Einkommen.

Vorteile der Mischstrategien

- Die breite Diversifikation über viele Anlageklassen reduziert die Risiken erheblich.
- Die Kombination aus sofortigem Einkommen und langfristigem Wachstum lässt Ihnen einen sehr flexiblen Einkommensspielraum.

Risiken der Mischstrategien

- Höhere Komplexität durch mehrere ETFs und verschiedene Anlageklassen.
- Potenzielle Währungs- und Zinsrisiken bei den internationalen ETFs in Ihrem Depot.

Lena (38), eine Ärztin, investiert 150.000 € in ein diversifiziertes Portfolio. Sie erhält jährlich etwa 4.500 € an Ausschüttungen und reinvestiert einen Teil, um Ihr Einkommen langfristig zu steigern.

ETFs können ein ideales Instrument darstellen, um durch Dividenden, Zinszahlungen oder Immobilienausschüttungen passives Einkommen zu erzielen. Die vorgestellten Strategien – von Dividenden-ETFs für sofortige Erträge bis hin zu kombinierten Portfolios für Diversifikation – sollten Ihnen die flexiblen Ansätze zeigen, die an Ihre finanziellen Ziele und Ihre Risikobereitschaft angepasst werden können. Durch die niedrigen Kosten, ein diszipliniertes Rebalancing und steuerliche Optimierungsmöglichkeiten können Sie einen stetigen und nachhaltigen Einkommensstrom erzeugen, der zu Ihrer finanziellen Unabhängigkeit beiträgt. Wichtig dabei bleibt immer, die jeweilige Strategie an Ihre persönliche Lebenssituation anzupassen und emotionale Entscheidungen zu vermeiden, um den langfristigen Erfolg zu sichern. Alle vorgestellten Strategien haben gemein, dass sie sehr gut umzusetzen sind, wenn Sie die jeweiligen Risiken (z. B. Währungsrisiken und spezifische Assetklassen-Risiken) managen und die Anteile risikoreicher ETFs (z. B. REITs oder Emerging Markets) auf 20–30 % des Portfolios begrenzen. Zudem sollten Sie eine grundsätzlich langfristige Sichtweite beim Strategieaufbau mitbringen. Die Erzielung von passivem Einkommen erfordert oft eine etwas längere Aufbauphase. Planen Sie daher mit einer Mindestanlagedauer von 5–10 Jahren zur Erzielung der nachhaltigen Erträge in der Entnahmephase.

21.2.6 Vermögensaufbau in der Jugend

Besonders für junge Menschen, die früh mit dem Investieren beginnen, sind ETFs ideal, da sie von der Kraft des Zinseszinses profitieren können. Der Vermögensaufbau in der Jugend legt den Grundstein für finanzielle Unabhängigkeit im Erwachsenenalter. In diesem Buchabschnitt gehe ich speziell für Eltern und Großeltern darauf ein, wie sie ihren Kindern oder Enkelkindern dabei helfen können, durch frühzeitiges und regelmäßiges Investieren in ETFs den Grundstein für eine spätere finanzielle Absicherung zu legen. Natürlich freut es mich auch, wenn Kinder diesen Teil des Buchs lesen.

Da ETFs einen Index wie den MSCI World oder den S&P 500 nachbilden, bieten sie jungen Anlegern viele Vorteile. Vielen jungen Menschen fehlt das Interesse und das Verständnis dafür, wie die Finanzmärkte funktionieren, welche Vorzüge Aktien, Anleihen und Rohstoffe haben und wo die Fallstricke liegen. Dies führt oft dazu, dass falsche Anlageentscheidungen getroffen werden oder gar nicht erst mit der Vermögensbildung begonnen wird. Die ETF-Anlage bietet hier Abhilfe: Es muss lediglich verstanden werden, was ein ETF ist und wie er funktioniert. An dieser Stelle des Buches gehe ich lediglich auf die fundamentalen Wesenszüge eines ETFs ein.

Es lassen sich folgende wichtige Kernelemente darstellen:

- **Niedrige Kosten/weniger Zeitaufwand:** ETFs haben in der Regel geringe Verwaltungsgebühren. Auch die Notwendigkeit, sich mit Finanz- und Wirtschaftswissen versorgen zu müssen, ist geringer als bei Direktinvestments in Aktien. Die damit verbundene Zeitersparnis spielt in vielen Lebensphasen eine wichtige Rolle.
- **Diversifikation/Streuung:** Ein ETF investiert in Hunderte oder Tausende von Unternehmen, wodurch das Risiko einzelner Aktien minimiert wird. Den ETFs liegt immer ein Index oder eine Benchmark (Vergleichsindex) zugrunde. Diese werden

transparent dargestellt und der ETF-Käufer sieht immer, welche Anlagevehikel im ETF enthalten sind.

- **Langfristiges Wachstum:** Historisch gesehen erzielen breit gestreute Aktienindizes wie der MSCI World durchschnittliche Jahresrenditen von etwa 6–8 %, wovon auch die ETFs auf den MSCI World profitieren.
- **Einfache Umsetzung:** ETFs können über ein Depot bei einer Bank oder einem Onlinebroker erworben werden und sind damit auch für Menschen ohne tiefes Finanzwissen zugänglich. Es ist kein Hexenwerk, ein Depot bei einer Bank oder einem Neobroker zu eröffnen – in den meisten Fällen kann dies in weniger als einer halben Stunde online erledigt werden.

Durch einen frühen Einstieg können Kinder von einem langen Anlagehorizont profitieren. Selbst geringe monatliche Beträge können über Jahrzehnte hinweg durch den Zinseszinseffekt erheblich wachsen. Wenn Sie beispielsweise für Ihr gerade geborenes Kind oder Ihr Enkelkind einen ETF-Sparvertrag über 50 € pro Monat eröffnen, können Sie ihm für den Start in die Volljährigkeit bei einer Rendite von 6 % pro Jahr ein Vermögen von etwa 19.300 € mitgeben. Das reicht derzeit zumindest vorerst aus, um eine Ausbildung oder ein Studium zu beginnen oder die erste eigene Wohnung gut einrichten zu können. Die Anlage in Aktien-ETFs kann dabei die potenzielle Geldentwertung durch die Inflation in Teilen ausgleichen.

Wie könnten nun Praxisbeispiele für ETF-Anlagestrategien für Kinder aussehen?

Beispiel 1: Monatlicher Sparplan für ein Kind

Szenario: Eltern richten für ihr neugeborenes Kind einen ETF-Sparplan ein, um für dessen Zukunft (z. B. Studium, Wohnungseinrichtung) vorzusorgen.

Strategie

- **Wahl des ETFs:** ein breit diversifizierter ETF wie der MSCI World oder ein All-World-ETF
- **Monatlicher Sparbetrag:** 50 € pro Monat
- **Anlagehorizont:** 18 Jahre (bis das Kind volljährig ist)
- **Durchschnittliche Rendite:** angenommene jährliche Rendite von 6 % (nach Kosten)

Berechnung: Bei einer monatlichen Sparrate von 50 € über 18 Jahre ergibt sich bei einer jährlichen durchschnittlichen Rendite von 6 % ein Endkapital von etwa 19.300 €.

Umsetzung

1. **Depot eröffnen:** Eltern eröffnen ein Junior-Depot bei einem Onlinebroker oder einer Hausbank. Viele Anbieter bieten eine kostenlose Depotführung für Minderjährige an. Wenn die Eltern die volle Kontrolle auch nach der Volljährigkeit ihres Kindes behalten wollen, dann können sie auch ein Depot bei sich für das Kind einrichten und später an das Kind übertragen. Diese Strategie hängt maßgeblich von der Ansparhöhe und dem Verhältnis der Eltern zu ihren Kindern ab.
2. **Sparplan einrichten:** Einrichtung eines monatlichen Sparplans, der automatisch in den gewählten ETF investiert.
3. **Regelmäßige Überprüfung:** Eltern sollten alle 1–2 Jahre die Performance und Kosten des ETFs überprüfen, um sicherzustellen, dass der Fonds weiterhin geeignet ist. Ansonsten den Sparplan auf einen neuen ETF wechseln.

Beispiel 2: Einmalige Geschenke in ETFs investieren

Szenario: Die Großeltern schenken ihrem Enkelkind zum 10. Geburtstag 1.000 €, die in einen ETF investiert werden sollen.

Strategie

- **Wahl des ETFs:** ein nachhaltiger ETF auf den MSCI World ESG Enhanced Index, um auch ökologische und soziale Kriterien zu berücksichtigen
- **Anlagehorizont:** 8 bis 15 Jahre (bis das Kind 25 Jahre alt ist bzw. die Volljährigkeit erreicht hat)
- **Durchschnittliche Rendite:** angenommene jährliche Rendite von 6 %

Berechnung: Eine Einmalanlage von 1.000 € wächst bei 6 % Rendite über 15 Jahre auf etwa 2.400 €.

Umsetzung

1. **Depot eröffnen:** Depot auf den Namen des Kindes (mit Zustimmung der Eltern) eröffnen oder ein Depot der Großeltern nutzen.
2. **Einmalanlage tätigen:** Betrag in den gewählten ETF investieren.
3. **Langfristig halten:** Anlage liegen lassen (keine regelmäßigen Käufe oder Verkäufe), um von der langfristigen Wertentwicklung zu profitieren. Das kann man bei diesem verhältnismäßig geringen Betrag schon mal machen.

Beispiel 3: Kombination aus Sparplan und Einmalanlagen

Szenario: Eine Familie möchte für ein 5-jähriges Kind sowohl regelmäßig als auch bei besonderen Anlässen (Geburtstage, Weihnachten etc.) in ETFs investieren.

Strategie

- **Monatlicher Sparplan:** 25 € pro Monat in einen MSCI-Emerging-Markets-ETF für höheres Wachstumspotenzial
- **Einmalanlagen:** zu jedem Geburtstag und jedem Weihnachtsfest Anlage von 100 € in denselben ETF
- **Anlagehorizont:** 13 bis 20 Jahre (Volljährigkeit soll mindestens erreicht werden)

- **Durchschnittliche Rendite:** angenommene jährliche Rendite von 7 % (Emerging Markets haben ein höheres Risiko, aber potenziell höhere Renditen)

Berechnung bei einem Anlagezeitraum über 20 Jahre

- **Monatlicher Sparplan:** 25 € × 12 Monate × 20 Jahre = 6.000 € eingezahlt
- **Einmalanlagen:** 2 × 100 € × 20 Jahre = 4.000 € eingezahlt
- **Gesamte Einzahlung:** 10.000 €
- **Endkapital bei 7 % Rendite:** 22.000 €

Umsetzung

1. **Depotwahl:** Eröffnung eines Junior-Depots oder Depots auf den Namen der Eltern mit klarer Zweckbindung für das Kind.
2. **Sparplan und Einmalanlagen kombinieren:** Einrichtung eines automatischen Sparplans und manuelle Investition bei besonderen Anlässen.
3. **Diversifikation prüfen:** Optional einen zweiten ETF hinzufügen, um das Risiko der Schwellenländer zu balancieren. Sie können etwa die jeweiligen Einmalanlagen in den MSCI World investieren, um so eine unterjährige Diversifizierung zu erreichen.

Damit der Vermögensaufbau gelingt, sollten Sie die folgenden grundsätzlichen Punkte berücksichtigen:

1. Starten Sie so früh wie möglich mit der Vermögensbildung für Ihre Kinder. Denn je früher der Vermögensaufbau beginnt, desto stärker wirkt der Zinseszinseffekt bei der Vermögensbildung. Selbst kleine Beträge können dadurch zu relativ großen Vermögen anwachsen und das macht über die Laufzeit hinweg einen großen Unterschied.
2. Achten Sie unbedingt darauf, die Kosten zu minimieren. Wählen Sie ETFs mit niedrigen Gebühren und nutzen Sie kostengünstige Broker

mit niedrigen oder keinen Ordergebühren. Die Gebühren können über die langen Anlagezeiträume hinweg echte Renditekiller sein.
3. Die Geldanlage für Ihre Kinder sollte einer gewissen Regelmäßigkeit unterliegen. Ein monatlicher Sparplan nutzt den Cost-Average-Effekt, wodurch über den langen Anlagezeitraum Kursschwankungen ausgeglichen werden. Auch wenn es manchmal schwerfallen kann, sollten Sie das Sparvorhaben stringent verfolgen.
4. Beachten Sie die steuerlichen Aspekte bei der Geldanlage für Ihre Kinder. In Deutschland sind Junior-Depots steuerlich den Eltern zugeordnet. Informieren Sie sich über Freibeträge und Verrechnungsmöglichkeiten. Die Minderung der Steuerlast kann ein echter Renditevorteil für Sie sein.
5. Fördern Sie die Finanzbildung Ihrer Kinder. Sie können als Eltern oder Großeltern nicht früh genug damit anfangen, über Geld, Finanzen und Vermögensbildung aufzuklären. Erklären Sie älteren Kindern die Grundlagen des Investierens, um sie frühzeitig für den Vermögensaufbau zu sensibilisieren. Es gibt in manchen Orten auch spezielle Seminare und Veranstaltungen für Kinder zu diesen Themengebieten. Oder kontaktieren Sie mich direkt, ich helfe Ihnen gern weiter. Legen Sie Ihren Fokus auf die Langfristigkeit des Sparvorhabens. Auch wenn es manchmal in den Fingern juckt: Vermeiden Sie kurzfristige Käufe und Verkäufe der Anlagen für Ihre Kinder. Der Anlagehorizont sollte mindestens 10–15 Jahre betragen. Lesen Sie dazu noch einmal den Buchabschnitt zum Thema Market-Timing.

ETFs können ein ideales Instrument sein, um für Kinder und Jugendliche eine solide finanzielle Grundlage zu schaffen – durch monatliche Sparpläne, Einmalanlagen oder eine Kombination beider Anlageformen. Die Beispiele zeigen, dass selbst kleine Beträge bei einem langen Anlagehorizont zu erheblichen Summen anwachsen können. Entscheidend ist, früh zu beginnen, konsequent zu investieren und die Anlageentscheidungen einfach und kostensensitiv zu halten.

21.2.7 Vermögensaufbau kurz vor der Rente

Auch wenn der Vermögensaufbau in jungen Jahren durch den Zinseszinseffekt besonders effektiv ist, bieten ETFs auch für Menschen über 50, die kurz vor der Rente stehen, eine attraktive Möglichkeit, Vermögen aufzubauen oder zu sichern. Für späte Einsteiger ist es entscheidend, Strategien zu wählen, die ein ausgewogenes Verhältnis von Rendite und Risiko bieten, da der Anlagehorizont kürzer ist und Kapitalerhalt oft wichtiger wird. ETFs ermöglichen durch ihre Diversifikation, ihre niedrigen Kosten und ihre Flexibilität eine solide Grundlage für den Vermögensaufbau, selbst im Herbst des Lebens.

ETFs bieten auch den älteren Anlegern die bekannten Vorteile für die Vermögensanlage:

- **Diversifikation:** Ein ETF verteilt das Risiko über viele Unternehmen oder Anlageklassen, was für Anleger mit begrenztem Zeithorizont wichtig ist.
- **Niedrige Kosten:** Die Verwaltungsgebühren von ETFs liegen oft unter den Gebühren klassischer Fondsprodukte, was mehr vom investierten Kapital für die Rendite übrig lässt.
- **Flexibilität:** ETFs können jederzeit an der Börse gehandelt werden, was Liquidität gewährleistet, wenn das Rentenalter naht.
- **Anpassbare Risikostreuung:** Durch die Auswahl von ETFs auf Aktien, Anleihen oder Mischfonds können Anleger das Risiko an ihre Bedürfnisse anpassen.

Für Anleger über 50 liegt der Fokus oft auf Kapitalerhalt, moderatem Wachstum und zusätzlichem Einkommen durch Dividenden oder Anleihe-ETFs, um gegebenenfalls die Rentenlücke schließen zu können oder Geld für „Extras" in der Rentenzeit zu haben. Das können Reisen, kleinere Anschaffungen oder der regelmäßige Besuch in einem guten Restaurant sein. Der Spielraum dafür ist sehr groß.

Ich gebe Ihnen einige Praxisbeispiele für die ETF-Anlage als Späteinsteiger zur Hand und versuche Ihnen gleichzeitig aufzuzeigen, wo die Schwerpunkte bei den jeweiligen Strategien gelegt werden sollten.

Beispiel 1: Konservativer ETF-Sparplan für Kapitalerhalt und moderates Wachstum

Szenario: Ein 55-jähriger Anleger möchte bis zum Rentenalter (67) Vermögen aufbauen, um die Rente aufzustocken, legt aber Wert auf geringes Risiko.

Strategie

- **Wahl des ETFs:** Misch-ETF, der 60 % globale Aktien (z. B. MSCI World) und 40 % Anleihen (z. B. globale Staatsanleihen) enthält. Es ist wichtig, dass der Aktienanteil nicht mehr zu groß gewählt wird.
- **Monatlicher Sparbetrag:** 300 € pro Monat
- **Anlagehorizont:** 12 Jahre
- **Durchschnittliche Rendite:** angenommene jährliche Rendite von 4 % (konservativ, durch den Anleihe-Anteil, der das Risiko senkt)

Berechnung: Bei einer monatlichen Sparrate von 300 € über 12 Jahre ergibt sich bei circa 4 % Rendite pro Jahr ein Endkapital von etwa 54.000 €. Sie sehen bei diesem Beispiel, dass sich auch der spätere Einstieg in einen ETF-Anlageplan durchaus lohnen kann. Wenn dieser Endbetrag von 54.000 € zum Renteneintritt weiterhin mit 4 % Rendite angelegt werden kann, erzielen Sie einen Extrabetrag pro Jahr von circa 2.160 € aus diesem kleinen Vermögen, ohne das Gesamtkapital anzufassen. Das sind vor Steuern noch einmal monatlich circa 180 €.

Umsetzung

1. **Ein Depot eröffnen:** Eröffnen Sie ein Depot bei einem kostengünstigen Onlinebroker.
2. **Den Sparplan einrichten:** Richten Sie einen monatlichen Sparplan für den Misch-ETF ein, um vom Cost-Average-Effekt zu profitieren.
3. **Das Risiko überwachen:** Prüfen Sie regelmäßig (alle 1–2 Jahre), ob die Asset-Allokation weiterhin zur Risikobereitschaft passt, da sich die Risikotoleranz mit Annäherung an die Rente ändern kann. Sie sollten zum Rentenalter hin darauf achten, dass Sie den Aktienanteil in dem Misch-ETF sukzessive herunterfahren. Sie können natürlich auch eigenhändig eine Mischstrategie durch 2 ETFs konzipieren. Dazu habe ich Ihnen im Verlauf des Buchs bereits einige Hinweise gegeben.

Beispiel 2: Einmalanlage für zusätzliches Renteneinkommen

Szenario: Ein 58-jähriger Anleger hat 20.000 € Ersparnisse und möchte diese für zusätzliches Einkommen in der Rentenzeit investieren. Hierbei gilt es besonders darauf zu achten, dass der Kapitalstock risikoavers angelegt wird.

Strategie

- **Wahl des ETFs:** Dividenden-ETF, der in Unternehmen mit hohen Dividendenrenditen investiert (ca. 3–4 % Dividendenrendite)
- **Anlagehorizont:** 8–10 Jahre (Alter 66–68)
- **Durchschnittliche Rendite:** angenommene jährliche Rendite von 5 %

Berechnung: Eine Einmalanlage von 20.000 € wächst bei 5 % Rendite über 10 Jahre auf etwa 32.600 €. Zusätzlich generiert der ETF jährliche Dividenden von etwa 600–800 € (bei 3–4 % Rendite), die entweder reinvestiert oder als Einkommen ausgezahlt werden können. Hierbei sollten Sie darauf achten, dass Sie sich in der Ansparphase bis zum Renteneintritt tendenziell auf thesaurierende Dividenden-ETFs fokussieren und zum Renteneintritt in einen ausschüttenden ETF tauschen. Es kann im Rentenalter dann auch eher ein Anleihe-ETF oder REIT-ETF sein.

Umsetzung

1. **Ein Depot wählen:** Eröffnen Sie ein Depot bei einer Bank oder einem Broker, idealerweise mit niedrigen Transaktionskosten.
2. **Einmalanlage tätigen:** Investieren Sie 20.000 € in den Dividenden-ETF.
3. **Dividendenstrategie managen:** Entscheiden Sie, ob die Dividenden reinvestiert werden sollen (für mehr Wachstum) oder ob diese ausgezahlt werden müssen (etwa für zusätzliches Einkommen).

Beispiel 3: Kombinierte Strategie für Wachstum und Sicherheit

Szenario: Ein 52-jähriger Anleger möchte sowohl regelmäßig sparen als auch eine größere Summe investieren, um bis zur Rente (67) ein Vermögenspolster aufzubauen.

Strategie

- **Wahl der ETFs:**
  - 70 % in einen globalen Aktien-ETF auf den MSCI World
  - 30 % in einen Anleihe-ETF auf den Core Global Aggregate Bond Index
- **Monatlicher Sparbetrag:** 200 € pro Monat (140 € Aktien-ETF, 60 € Anleihe-ETF)
- **Einmalanlage:** 10.000 € (7.000 € Aktien-ETF, 3.000 € Anleihe-ETF)
- **Anlagehorizont:** 15 Jahre

- **Durchschnittliche Rendite:** angenommene jährliche Rendite von 5 % (gewichteter Durchschnitt aus 6 % Aktienrendite und 2 % Anleiherendite)

Berechnung

- **Monatlicher Sparplan:** 200 € × 12 Monate × 15 Jahre = 36.000 € eingezahlt
- **Einmalanlage:** 10.000 €
- **Gesamte Einzahlung:** 46.000 €
- **Endkapital bei 5 % Rendite:** etwa 73.000 €:
    - Einmalanlage: 10.000 € wachsen auf etwa 20.800 € an.
    - Sparplan: 36.000 € wachsen auf etwa 52.200 € an.

Umsetzung

1. **Eröffnen Sie ein Depot:** Wählen Sie ein Depot bei einem Broker mit niedrigen Gebühren.
2. **Das Portfolio aufbauen:** Teilen Sie die Einmalanlage auf und richten Sie 2 Sparpläne für die beiden ETFs ein.
3. **Das Rebalancing beachten:** Überprüfen Sie jährlich die Gewichtung (70/30) und passen Sie diese gegebenenfalls an, um das Risiko zu steuern. Bei den Anlagestrategien für Privatanleger über 50 Jahren gilt es insbesondere auf das Risiko zu achten und die ETF-Strategie entsprechend anzupassen. Mit zunehmendem Alter sollte der Anleihe-Anteil erhöht werden, um Schwankungen zu reduzieren. Eine Faustregel kann sein: Der Anleihe-Anteil entspricht dem jeweiligen Alter (z. B. 50 % Anleihen bei Alter 50). Da der Anlagehorizont begrenzt und überschaubar ist, sollte an jeder möglichen Renditeschraube gedreht werden. Das bedeutet insbesondere, die Kosten zu minimieren: Wählen Sie ETFs mit niedrigen Kosten und Broker mit geringen Ordergebühren. Verdeutlichen Sie sich das noch einmal, indem Sie sich die Grafiken aus Kapitel 4 zu den Grundregeln der Geldanlage ansehen.

4. **Steuersituation im Rentenalter:** Bei den steuerlichen Aspekten spielen nicht nur die Freibeträge in Deutschland eine Rolle, sondern auch die neue Einkommenssituation nach dem Renteneintrittsalter. Ihr Einkommen wird dann vermutlich niedriger sein als während Ihres aktiven Arbeitslebens. Diese Situation stellt einen wichtigen Aspekt dar und sollte durch die Steuerung der Ausschüttungs-Cashflows und Einkommensströme Berücksichtigung finden. Bei größeren Anlagevermögen ist es sinnvoll, sich im Vorfeld mit einem Steuerberater über diese Situation auseinanderzusetzen und entsprechende Konstrukte aufzusetzen, die Ihnen eine steueroptimierte Einkommensgenerierung ermöglichen. Dabei müssen auch die bestehenden Rentenansprüche berücksichtigt und die ETF-Strategie angepasst werden, um die mögliche Rentenlücke zu schließen oder keine steuerschädlichen Einflüsse auf die Rentenzahlungen zu erzeugen. Bei Unsicherheiten kann auch ein Honorarberater helfen, die Strategie an individuelle Bedürfnisse anzupassen. Im Rahmen dieses Buches kann ich Ihnen nur Leitplanken und Ideen mitgeben, die Sie dann auf Ihre Situation und Lebensphase anpassen sollten.

Auch für Anleger über 50 bieten ETFs eine effektive Möglichkeit, Vermögen aufzubauen oder zu sichern. Durch konservative Misch-ETFs, Dividenden-ETFs oder ausgewogene Portfolios können auch späte Einsteiger moderate Renditen erzielen, ohne übermäßige Risiken eingehen zu müssen. Die Beispiele zeigen, dass selbst mit einem kürzeren Anlagehorizont von 10 bis 15 Jahren nennenswerte Vermögen erreicht werden können. Entscheidend ist, die Strategie an die individuelle Risikobereitschaft und die finanziellen Ziele in der Rentenphase anzupassen.

21.2.8 Passende Entnahmepläne für Spätstarter

Wenn Anleger erst ab einem Alter von 50 Jahren oder später mit dem Aufbau eines ETF-Portfolios beginnen, stehen sie vor der Herausforderung, in relativ kurzer Zeit ausreichend Kapital für eine lange Rentenphase aufbauen zu müssen. Im Vergleich zu jüngeren Anlegern, die von einem längeren Ansparzeitraum profitieren, müssen Spätstarter mit 50+ ihr geringeres Kapital in der kürzeren Ansparphase und darüber hinaus besonders effizient nutzen, um die Rentenphase teilweise oder vollständig zu finanzieren. Die passenden Entnahmestrategien sind hier entscheidend, um das angesparte Vermögen nachhaltig zu verwalten und gleichzeitig ein stabiles Einkommen zu generieren. Sie unterscheiden sich zu den bisher vorgestellten Entnahmestrategien dahingehend, dass der Kapitalerhalt eine größere Rolle spielt. Dieses Kapitel stellt 3 spezifisch auf Spätstarter zugeschnittene Entnahmestrategien vor, die darauf abzielen, das Kapital trotz späterem Ansparbeginn effektiv arbeiten zu lassen, um die Rentenphase zu unterstützen. Ich will Ihnen auch dabei helfen, realistische Szenarien und Strategien zu entwickeln, damit sie später keine böse Überraschung erleben müssen. Dabei berücksichtige ich insbesondere die Notwendigkeit hoher Renditen in der kurzen Ansparphase und die Absicherung gegen Marktschwankungen in der Entnahmephase.

Die Herausforderungen für Spätstarter sind klar. Ein Ansparbeginn mit 50+ Jahren lässt nur 15–20 Jahre bis zum Renteneintritt (typischerweise zwischen 65 und 70 Jahren in Deutschland) und erfordert eine durchdachte Strategie, da der gewollte Zinseszinseffekt weniger Zeit hat, um zu wirken, was höhere monatliche Sparraten oder risikoreichere Anlagen erfordert, um ein vergleichbares Vermögen aufzubauen. Die hoffentlich lange Rentenphase fordert ebenfalls ein äußerst besonnenes Vorgehen, da Ihre Aktivitäten und Möglichkeiten zur Einkommensgenerierung perspektivisch abnehmen werden. Entweder wollen oder können Sie irgendwann nicht mehr einer regelmäßigen Tätigkeit nachgehen oder haben nicht mehr die Möglichkeit und den Zugang, um Einkommensquellen aufzubauen. Daher muss mit steigender Lebenserwartung (in Deutschland ca. noch 20–30 Jahre nach Renteneintritt) das ersparte Kapital über Jahrzehnte hinweg das benötigte Einkommen generieren. Das perspektivisch geringere Startkapital spielt eine wesentliche Rolle, denn Spätstarter haben oft weniger Vermögen als jüngere Anleger, was die Entnahmeplanung komplexer macht. Zusätzlich dürfen die Marktrisiken nicht außer Acht gelassen werden. Schwankungen an den Finanzmärkten können das Portfolio in der kurzen Anspar- und frühen Entnahmephase stark beeinflussen. Insbesondere im Renteneintrittsalter sind diese potenziellen Crash- und Korrekturszenarien unter Umständen verheerend.

Entnahmestrategie 1: Die dynamische Entnahmestrategie mit gleitendem Portfolio

Bei der dynamischen Entnahmestrategie wird die Entnahmequote jährlich an die Marktentwicklung und die verbleibende Lebenserwartung angepasst. In der Ansparphase wird ein renditeorientiertes ETF-Portfolio (z. B. 80–100 % Aktien-ETFs wie MSCI World oder S&P 500, 0–20 % Anleihe-ETFs) aufgebaut, um das geringe Startkapital durch höhere erwartete Renditen zu maximieren. In der Entnahmephase wird die Entnahmequote flexibel gestaltet (z. B. 3–5 % des Portfolios jährlich), und das Portfolio bleibt teilweise risikoreich investiert, um weiteres Wachstum zu ermöglichen. Hierbei ist es wichtig, immer einen Blick auf die Marktentwicklungen zu werfen und eventuell die Allokation des ETF-Portfolios anzupassen, falls es an den Finanzmärkten stürmisch zugeht. Das bedeutet nicht, dass Sie die Aktienquote komplett auf null herunterfahren müssen, jedoch, den Anleihe-Anteil entsprechend hochzufahren.

Der Ablauf könnte insgesamt wie folgt aussehen:

1. **Ansparphase (Alter: 50-67)**
   - Monatliche Sparrate: z. B. 500 € bei einer erwarteten Rendite von 6 % p. a.

- Beispielrechnung: Bei 6 % jährlicher Rendite und 17 Jahren (204 Monaten) ergibt sich ein Endkapital von etwa 190.000 €.
- Portfolio: 80 % Aktien-ETFs (z. B. auf den MSCI World), 20 % Anleihe-ETFs (z. B. auf den Core Global Aggregate Bond) für moderate Absicherung.

2. **Entnahmephase (ab 67)**
   - Entnahmequote: Start mit 4 % des Portfolios (ca. 7.600 € im ersten Jahr bei 190.000 €).
   - Anpassung: Erhöhen Sie die Entnahme um die jeweilige Inflationsrate (z. B. 2 % p. a.), um den Kaufkraftverlust auszugleichen, oder reduzieren Sie sie bei schlechter Marktentwicklung (z. B. auf 3 % bei einem Markteinbruch), um nicht in die Marktschwäche hinein zu liquidieren.
   - Portfolio-Anpassung: Reduzieren Sie den Aktienanteil schrittweise auf 50–60 % und erhöhen Sie dagegen die Anleihen oder den Cashanteil (z. B. Tagesgeld-ETFs) für mehr Stabilität und Sicherheit.
3. **Strategiemanagement**
   Überprüfen Sie jährlich die Portfolio-Entwicklung und passen Sie die Entnahmequote an, um das Kapital nicht zu schnell aufzubrauchen.

Diese Strategie benötigt etwas Fingerspitzengefühl und ein gewisses Marktverständnis. Sie müssen gewillt sein, die Finanzmärkte zu beobachten, und sich auch für die Inflationsrate/Preissteuerung interessieren.

Vorteile bei dieser Entnahmestrategie

- Flexibilität bei Marktschwankungen, da die Entnahme angepasst werden kann.
- Hohe Renditechancen in der Ansparphase durch ein aktienlastigeres Portfolio.
- Potenzial für Kapitalwachstum auch in der Entnahmephase.

Risiken

- Hohe Aktienquote birgt höhere Verlustrisiken/Volatilität, besonders kurz vor oder in der frühen Entnahmephase.
- Die Strategie erfordert ein aktives Monitoring, was einige Spätstarter überfordern kann.

Diese Strategie ist besonders geeignet für Anleger mit einer mittleren Risikobereitschaft, die bereit sind, ihr Portfolio aktiv zu überwachen und flexibel Geld zu entnehmen. Es kann auch im Alter Spaß machen, sich aktiv mit den Finanzmärkten zu beschäftigen.

Entnahmestrategie 2: Die Bucket-Strategie (Eimer-Strategie)

Beschreibung: Bei der Bucket-Strategie wird das Vermögen auf mehrere Unterstrategien beziehungsweise Töpfe mit unterschiedlichen Anlagehorizonten und Risikoprofilen aufgeteilt, um kurzfristige Bedürfnisse abzudecken und langfristiges Wachstum zu fördern. Für Spätstarter ist diese Strategie interessant, da das potenziell geringe Endkapital in sicheren Anlagen für die ersten Rentenjahre und in renditeorientierten und damit risikoreicheren ETFs für spätere Jahre angelegt wird.

Ablauf

1. **Ansparphase (Alter: 50–67)**
   - Monatliche Sparrate: 500 € bei 6 % Rendite p. a. ergeben etwa 190.000 € nach 17 Jahren (wie bei Strategie 1).
   - Portfolio: 70 % Aktien-ETFs (z. B. auf den FTSE All-World), 20 % Anleihe-ETFs, 10 % Cash oder Tagesgeld-ETFs.
2. **Entnahmephase (ab 67)**
   - Bucket 1 (kurzfristig, 1–3 Jahre): 30 % des Kapitals (ca. 57.000 €) in sicheren Anlagen (z. B. Euro Government Bond ETF oder Tagesgeld). Entnahme: 4 % p. a. (ca. 2.280 €/Jahr oder 190 €/Monat).

- Bucket 2 (mittelfristig, 3–7 Jahre): 30 % (57.000 €) in gemischten Anlagen (50 % Aktien-ETFs, 50 % Anleihe-ETFs) für moderates Wachstum.
- Bucket 3 (langfristig, 7+ Jahre): 40 % (76.000 €) in Aktien-ETFs (z. B. auf den MSCI Emerging Markets) für langfristiges Wachstum.
- Auffüllung: Nach 5 Jahren wird Bucket 1 aus Bucket 2 aufgefüllt sowie Bucket 2 aus Bucket 3, um die Liquidität zu sichern und gleichzeitig Wachstum zu fördern.

3. **Management**
Die Entnahmephasen sind klar strukturiert; die Buckets werden jährlich überprüft und gegebenenfalls aufgefüllt. Bei der Strategie ist es wichtig zu verstehen, dass das Gesamtportfolio in 3 Unterdepots geteilt wird und die jeweiligen Unterdepots untereinander umgeschichtet werden. Mit zunehmender Laufzeit wird das Risiko aus dem Gesamtdepot genommen und zugunsten der risikoaversen Strategie aus Bucket 1 umverteilt.

Vorteile der Strategie

- Absicherung gegen Marktschwankungen durch den sicheren ersten Bucket.
- Langfristiges Wachstum durch die risikoorientierteren Buckets 2 und 3.
- Klare Struktur erleichtert die Planung für Spätstarter mit begrenztem Kapital und gibt dem Rentenkapital die Möglichkeit, weiter anzuwachsen.

Risiken bei dieser Bucket-Strategie

- Komplexität bei der Verwaltung mehrerer Eimer.
- Geringere Rendite in den ersten Jahren durch den hohen Anteil sicherer Anlageanteile in Anleihe-ETFs und Cash beziehungsweise Festgeld.

Diese Strategie ist besonders für Anleger geeignet, die Sicherheit in den frühen Rentenjahren bevorzugen, aber nicht auf langfristiges Wachstum verzichten wollen.

Entnahmestrategie 3: Die dividendenbasierte Entnahmestrategie

Bei dieser Strategie fokussieren Sie sich auf dividendenstarke ETFs, um ein stabiles passives Einkommen zu generieren, ohne das Kapital zu verzehren. Für Spätstarter ist diese Strategie attraktiv, da die Dividenden regelmäßige Zahlungen liefern und das Portfolio dadurch weiter anwachsen kann, um die lange Rentenphase zu finanzieren.

Ablauf

1. **Ansparphase (Alter: 50–67)**
   - Monatliche Sparrate: 500 € bei 6 % Rendite p. a. ergeben etwa 190.000 € nach 17 Jahren.
   - Portfolio: 100 % dividendenstarke Aktien-ETFs
2. **Entnahmephase (ab 67)**
   - Entnahme: Nur die Dividenden (z. B. 4 % von 190.000 € = 7.600 €/Jahr oder 633 €/Monat) werden entnommen, das Gesamtkapital bleibt unangetastet.
   - Reinvestition: Nicht benötigte Dividendenzahlungen werden wieder reinvestiert, um das Gesamtportfolio weiter anwachsen zu lassen.
   - Portfolio-Anpassung: Nach jeweils 3 bis 5 Jahren kann ein Teil des Portfolios in Anleihe-ETFs umgeschichtet werden, um die Volatilität im Gesamtportfolio zu reduzieren.
3. **Management**

   Wählen Sie am besten ETFs mit nachhaltigen Dividenden (z. B. Unternehmen mit stabiler Ausschüttungshistorie) und überprüfen Sie die Dividendenrendite jährlich/quartalsweise.

Vorteile bei dieser Dividendenstrategie

- Sie erzielen ein stabiles Einkommen durch die Dividendenzahlungen ohne Kapitalverzehr.
- Das Kapital kann durch die Reinvestitionen und Kurssteigerungen weiter anwachsen.
- Der geringe Verwaltungsaufwand ist hervorzuheben, da die Dividenden immer automatisch ausgeschüttet werden und dadurch der notwendige Cashflow entsteht.

Risiken bei dieser Strategie

- Kürzung von Dividenden, besonders in wirtschaftlichen Krisen.
- Höhere Volatilität des Gesamtportfolios durch den hohen Fokus auf Aktien-ETFs.

Diese Dividendenstrategie eignet sich gut für Anleger, die für ihre spätere Rente ein passives Einkommen ohne Kapitalverzehr suchen und bereit sind, Marktschwankungen zu akzeptieren. Es muss jedoch berücksichtigt werden, dass die Dividendenzahlungen steuerpflichtig sind und entsprechend weniger zur Ausschüttung ansteht.

Auch Spätstarter, die erst ab 50 Jahren oder später mit dem Ansparen beginnen, können durch ETFs eine solide Grundlage für die Rentenphase schaffen – trotz der kürzeren Ansparzeit und des geringeren Startkapitals. Die von mir vorgestellten Entnahmestrategien – dynamische Entnahme, Bucket-Strategie und dividendenbasierte Entnahme – bieten unterschiedliche Ansätze, um das Gesamtkapital über die gesamte Anlagezeit hinweg effizient arbeiten zu lassen. Die dynamische Strategie eignet sich besonders für flexible Anleger, die Bucket-Strategie spricht sicherheitsorientierte Personen an, und die Dividendenstrategie passt vor allem zu Anlegern, die ein möglichst stabiles Einkommen ohne nennenswerten Kapitalverzehr anstreben. Durch eine mögliche Kombination aus renditeorientierten ETFs in der Ansparphase, klugem Risikomanagement und angepassten Entnahmen können Spätstarter ihre Rentenphase nachhaltig finanzieren.

Alle Strategien können zusätzlich dynamisiert werden, wenn Sie in der Ansparphase die monatlichen Sparraten so weit wie möglich erhöhen, um das geringe Startkapital auszugleichen. Nutzen Sie zusätzlich steuerliche Vorteile, etwa durch VL-Sparen oder betriebliche Altersvorsorge, um mehr Kapital für das Investieren zu haben. Berücksichtigen Sie immer die Inflation (etwa 2 % p. a. im Euroraum), indem Sie die Entnahmequote an die Inflation anpassen. Es macht keinen Sinn, davon auszugehen, dass ein Euro in 15 bis 20 Jahren genauso viel Kaufkraft haben wird wie heute. Das dürften die vergangenen Jahre bereits eindrucksvoll gezeigt haben. Dafür eignen sich Dividenden-ETFs oder Immobilien-ETFs gut, denn sie bieten einen teilweisen Inflationsschutz. Seien Sie in der Rentenphase finanziell flexibel. Kombinieren Sie die ETF-Entnahmen mit anderen Einkommensquellen (z. B. gesetzliche Rente, Mietzuschüsse, Betriebsrenten etc.). Passen Sie Ihre Entnahmen in schlechten Marktphasen an, um das Kapital zu schonen. Bei ohnehin fallenden Kursen müssen Sie dann nicht zusätzlich mehr von Ihren ETF-Anteilen verkaufen, um eine gleichbleibende Entnahmehöhe realisieren zu können.

Kapitel 22

Häufige Fehler und wie man sie umgeht

Wie Sie bisher bereits feststellen konnten, sind ETFs lukrative und interessante Investmentvehikel, um Vermögen anzusparen. Doch auch bei dieser scheinbar einfachen Anlageform können Fehler zu unerwünschten Verlusten oder verpassten Chancen führen. Ich habe Ihnen bisher schon die meisten klassischen Anlagefehler aufgezeigt, die Anleger, egal ob Anfänger oder erfahren, machen können. Oft sind es ähnliche Fehler, die durch mangelndes Wissen, emotionale Entscheidungen oder fehlende Planung entstehen und dann zu herben Verlusten führen können. Dieser Buchabschnitt beleuchtet die häufigsten Fehler bei der ETF-Anlage und bietet Ihnen praktische Tipps, wie Sie diese vermeiden oder mit ihnen umgehen können.

Die klassischen Fehler drehen sich eigentlich immer um das große und weite Feld der Risikostreuung. Oft denken Anleger, dass sie erlittene Kursverluste aussitzen oder, noch schlimmer, nachkaufen können. Sie verlassen dann ihre originäre Strategie und begeben sich auf ein Abenteuer, das sie zu Beginn der Ansparphase nicht eingeplant hatten. Die Probleme sind dann vielfältig, da die Positionen zum einen viel zu groß werden und Disbalancen im Depot entstehen oder aus einer „Buy and Hold"- eine „Buy and Hope"-Strategie wird.

Ich habe in der Vergangenheit immer wieder von Besuchern meiner Vorträge gehört, dass diese fleißig ETFs besparen und insbesondere auf einen MSCI-World-ETF setzen. Dadurch vernachlässigen sie aber andere Regionen, Sektoren oder Anlageklassen. Dies erhöht grundsätzlich das Risiko, wenn der gewählte Index schlecht performt. Das geschah zum Beispiel in den Jahren 2021/2022 inmitten der Coronakrise. Mittels einer gezielten Kombination des MSCI-World-ETFs mit Schwellenländer- (z. B. MSCI Emerging Markets) und Anleihe-ETFs hätte das Risiko stark minimiert werden können. Zum Beispiel können Sie ein Portfolio mit 70 % MSCI World, 20 % MSCI Emerging Markets und 10 % globalen Anleihen aufbauen, das dann eine ausgewogene Diversifikation bietet und Ihnen zugleich die Chancen der Aktien-Allokation belässt. Prüfen Sie zudem regelmäßig die Überlappung von ETFs, um eine ungewollte Konzentration auf bestimmte Unternehmen oder Sektoren zu vermeiden. Zu den MSCI-World-ETFs und deren im Hinblick auf US-Anlagen bestehendes Klumpenrisiko habe ich mich bereits in Kapitel 6.2.1 geäußert.

Damit kommen wir gleich zu einem weiteren Fehler. Viele Anleger setzen ein Portfolio auf und überprüfen es jahrelang nicht, was zu einer ungewollten Verschiebung der Asset-Allokation führen kann (z. B. ein zu hoher Aktienanteil nach einem Bullenmarkt). Das Motto „Aus den Augen, aus dem Sinn“ sollte bei der Geldanlage keine Anwendung finden. Durch ein regelmäßiges Rebalancing, bei dem Sie jährlich die Gewichtung Ihres Portfolios überprüfen und gegebenenfalls Ihre Zielallokation anpassen (z. B. 70 % Aktien, 30 % Anleihen), können Sie diesen Fehler vermeiden. Wenn also der Aktienanteil durch Kurssteigerungen auf 80 % steigt, verkaufen Sie einen Teil des Aktien-ETFs und investieren in den Anleihe-ETF, um die Balance wiederherzustellen. Dafür können Sie bei einigen Banken und Brokern bereits automatische Rebalancing-Tools nutzen oder Sie setzen sich feste Rebalancing-Termine.

Viele Anleger versuchen, den Markt zu timen, indem sie basierend auf kurzfristigen Marktschwankungen ihre ETFs kaufen oder verkaufen. Dies führt oft zu Käufen bei Höchstkursen und Verkäufen bei Tiefstständen. Im Anschluss kann es dazu kommen, dass aus Frust kein

Investment mehr getätigt wird und der lange Aufwärtstrend endgültig verpasst wird. Die ETF-Anlage ist ein Marathon und kein Sprint, das sollten Sie sich immer verinnerlichen. Langfristig denken steht dabei an erster Stelle. Denn ETFs sind für langfristige Anlagen (10+ Jahre) konzipiert worden. Für kurzfristige Anlagen können in diesem Sektor die gehebelten ETFs genutzt werden oder Sie greifen gleich auf Derivate zurück. Nutzen Sie konsequent den Cost-Average-Effekt durch regelmäßige Sparpläne, um Marktschwankungen auszugleichen. Dadurch können sie sich das Market-Timing sparen und bleiben dem Time-in the-Market-Prinzip treu.

Hier noch einmal der Hinweis, dass ein monatlicher Sparplan von 100 € in einen MSCI-World-ETF über 10 Jahre potenziell stabilere Ergebnisse liefern kann als ein Einmalkauf zu einem ungünstigen Zeitpunkt. Ignorieren Sie kurzfristige Marktnachrichten und konzentrieren Sie sich auf Ihren langfristigen Anlageplan. Behalten Sie dennoch Ihre ETF-Positionen im Blick, aber verfallen Sie nicht in blinden Aktionismus. Denn Panikverkäufe bei Börsenkorrekturen oder übermäßiger Optimismus während Haussephasen führen zu irrationalen Entscheidungen, die den Anlageerfolg gefährden. Legen Sie sich klare Anlageregeln zurecht, etwa: „Ich verkaufe nur, wenn sich meine finanziellen Ziele ändern." Automatische Sparpläne reduzieren die Versuchung, impulsiv zu handeln. Bleiben Sie auf Ihre Anlagestrategie fokussiert und dadurch diszipliniert. Sie können sich einen schriftlichen Anlageplan erstellen und sich daran halten, um Emotionen vollends auszuschalten.

Das Vermeiden von Market-Timing und das Führen eines Anlagestrategiebuchs verhindert oftmals auch übermäßiges Trading (Overtrading). Das Problem dabei ist, dass die häufigen Käufe und Verkäufe von ETFs zu hohen Transaktionskosten führen und die eigentliche langfristige Strategie stören. Nicht nur, dass Ihnen zusätzliche Transaktionskosten entstehen – auch die zeitliche Komponente sollte nicht unterschätzt werden. Setzen Sie lieber auf grundsätzliche

Buy-and-Hold-Ansätze mit jährlichem oder quartalsweisem Rebalancing, etwa bei Abweichungen von mehr als 5 % von der Zielallokation.

Klassische Anlagefehler können einfach vermieden werden. Wenn Sie sich grundsätzlich an die folgenden Punkte halten, schützen Sie sich bereits vor den meisten groben Anfängerfehlern:

Definieren Sie klare Anlageziele. Legen Sie Ihren Anlagehorizont und Ihre Risikotoleranz fest, beispielsweise 60 % Aktien-ETFs für Wachstum, 40 % Anleihe-ETFs für Stabilität.

Automatisieren Sie Ihre Investmentaktivitäten und richten Sie sich Sparpläne ein, um Emotionen und Timing-Fehler zu minimieren.

Überwachen Sie Ihr Portfolio regelmäßig und nutzen Sie Depot-Tracking-Tools oder Excel-Tabellen, um Ihre gewählte Allokation im Blick zu behalten.

Zum Schluss dieses Buchabschnitts noch einmal der Hinweis darauf, dass Anleger oft unrealistisch hohe Renditen (z. B. 10–15 % pro Jahr) erwarten und dadurch zu viel riskieren, indem sie in spekulative ETFs (z. B. gehebelte oder Nischen-ETFs) investieren. Bleiben Sie bei Ihren Erwartungen realistisch. Historisch betrachtet erzielen breit gestreute Aktien-ETFs wie der MSCI World durchschnittlich 6–8 % Rendite pro Jahr. Anleihe-ETFs liegen bei circa 1–3 % – je nach Zinsphasen. Ein 10.000-€-Investment in einen MSCI-World-ETF wird bei 6 % Rendite über 10 Jahre also auf circa 17.900 € anwachsen, nicht auf 30.000 €, wie manche hoffen. Vermeiden Sie auf jeden Fall komplexe Produkte wie gehebelte ETFs oder ETNs, die hohe Risiken bergen und für langfristige Anlagen ungeeignet sind. Zum Absichern bestehender Positionen und für erfahrene Anleger sind diese Produkte durchaus geeignet, aber nicht um langfristige Anlagen zu tätigen.

Bilden Sie sich weiter und versuchen Sie, tiefer in die Materie der Finanzanlagen einzusteigen. Verstehen Sie die Indizes, Kosten und Währungsrisiken Ihrer ausgewählten ETFs, um fundierte Entscheidungen zu treffen.

Konsultieren Sie im Zweifel Experten, etwa bei steuerlichen oder komplexen Fragen. Ziehen Sie dafür am besten einen Steuerberater oder Finanzberater hinzu. Die meisten Fehler können dadurch im Vorfeld vermieden werden.

Die Erfolgsgeschichten zeigen, wie Privatanleger durch Disziplin, Diversifikation und Kostenkontrolle mit ETFs kleine Vermögen aufbauen können. Häufige Fehler wie emotionale Entscheidungen, mangelnde Diversifikation oder die Vernachlässigung von Steuerthemen können zwar die Rendite schmälern. Durch klare Regeln wie Kostenkontrolle, regelmäßiges Rebalancing und eine langfristige Perspektive können Sie diese Fallstricke jedoch vermeiden.

Die häufigsten Fehler bei der ETF-Anlage entstehen durch mangelnde Planung, emotionale Entscheidungen oder das Übersehen von Kosten und steuerlichen Aspekten. Durch breite Diversifikation, langfristige Orientierung, Kostendisziplin und regelmäßige Überprüfung des Portfolios können Anleger diese Fehler vermeiden. Ein klarer Anlageplan, fundiertes Wissen und Disziplin sind der Schlüssel zu einem erfolgreichen Vermögensaufbau mit ETFs. Indem Sie diese Tipps befolgen, können Sie Ihre Rendite maximieren und Risiken minimieren, und zwar unabhängig von Ihrer Erfahrung als Anleger.

22.1 Die 5 größten Denkfehler beim langfristigen Vermögensaufbau

Ich habe Ihnen im vorherigen Buchabschnitt die häufigsten Fehler bei der ETF-Anlage aufgezeigt. Viel fundamentaler und essenzieller sind jedoch die Fehler, die viele Anleger, insbesondere Einsteiger, machen, die durch mangelnde Planung, falsche Erwartungen oder emotionale Entscheidungen entstehen. Langfristiger Vermögensaufbau ist kein Glücksspiel – er ist ein strategischer Prozess, der klare Prinzipien und

Disziplin erfordert. Doch selbst gut informierte Privatanleger begehen häufig fundamentale Fehler, die ihre finanziellen Ziele gefährden können. Dabei spielt es grundsätzlich keine Rolle, ob sie ihr Vermögen mittels ETFs, Anleihen, Aktien oder Immobilien aufbauen wollen. Allen diesen Ansätzen liegen dieselben Denkfehler und Falschannahmen zugrunde. Die folgenden 5 Denkfehler gehören zu den gravierendsten – und oft übersehenen – Fallstricken beim langfristigen Investieren, die nichts mit Steuern, Kosten, übermäßigem Trading, fehlenden Strategien, Zeitaspekten, Risikobewusstsein oder Emotionen zu tun haben.

Fehler 1: Vernachlässigung der Diversifikation und fehlende strategische Asset-Allokation

Die Diversifikation ist ein Grundpfeiler des Vermögensaufbaus, doch viele Anleger setzen auf zu wenige oder einzelne Anlageklassen, Branchen oder Unternehmen, was das Portfolio anfällig für spezifische Marktereignisse macht. Das fängt bereits damit an, dass die eigengenutzte Immobilie oft aus der Vermögensrechnung herausgenommen wird. Doch dieser Vermögensbaustein bedeutet für viele Privatanleger ein gehöriges Klumpenrisiko. Oftmals macht die eigengenutzte Immobile etwa 60–80 % des kompletten Vermögens aus. Wenn Sie dann zusätzlich beispielsweise in REITS oder REIT-ETFs investieren, erhöhen Sie diesen Risikofaktor zusätzlich. Ein weiteres Entscheidungskriterium folgt dem Motto: „Was der Bauer nicht kennt, das isst er nicht."

So kommt es vor, dass Privatanleger oft nur deutsche Aktien kaufen, weil sie „dichter" an dem Markt dran sind, oder sich nur auf bestimmte Branchen und Sektoren fokussieren, weil sie in diesen Bereichen beruflich tätig sind. Diese „Fachexpertise" ist natürlich gut und wünschenswert, sollte jedoch ab einem bestimmten Punkt nicht zu stark übergewichtet werden. Die zweite Anlegerkategorie geht dagegen vollkommen anders vor. Viele dieser Anleger wählen ihre Investments willkürlich aus, ohne ein klares Portfoliokonzept zu haben. Sie kaufen

Einzelaktien, weil sie „gut klingen“ oder sie irgendwoher einen heißen Tipp bekommen haben, oder sie setzen auf Trends, ohne zu prüfen, wie diese in ihr Gesamtportfolio passen. Das Problem dabei ist, dass diese Vorgehensweise zu einem zufällig zusammengewürfelten Portfolio führt und damit oft zu unnötigen Klumpenrisiken oder mangelnder Diversifikation.

Beispiel: Anna, 45, IT-Beraterin investiert ihr gesamtes Kapital in einen Technologie-ETF, weil sie von der Performance großer Tech-Unternehmen beeindruckt ist und den Sektor gut kennt. Als 2022 die Technologiebranche einbricht, verliert ihr Portfolio dennoch 30 % seines Wertes, während ein global diversifizierter ETF auf den MSCI World nur 15 % verliert.

Lösung: Streuung des Kapitals über verschiedene Anlageklassen (z. B. Aktien, Anleihen, Immobilien-ETFs) und Regionen (z. B. entwickelte und Schwellenländer). Ein breit gestreuter ETF bietet Zugang zu Tausenden Unternehmen weltweit und reduziert das Risiko einzelner Sektoren. Regelmäßiges Rebalancing sorgt dafür, dass die Diversifikation erhalten bleibt.

Beispiel: Ein Anleger investiert ausschließlich in DAX-ETFs, weil er sich auf dem deutschen Markt auskennt. Damit macht er sein Portfolio extrem abhängig von der wirtschaftlichen Entwicklung Deutschlands und verpasst die Chancen, die andere globale Anlageräume wie etwa Asien oder die USA langfristig bieten.

Lösung: Definieren Sie eine langfristige Asset-Allokation (z. B. 60 % Aktien, 30 % Anleihen, 10 % Rohstoffe) und halten Sie diese konsequent ein. Sie können dann auch Tipps mit einbauen, wenn Sie noch Platz in der entsprechenden Anlage- und Risikoklasse dafür haben, oder Platz dafür machen, indem Sie entsprechende Assets verkaufen. Das

Rebalancing gleicht dann die Volatilität aus und hilft Ihnen, die Risikotoleranz einzuhalten.

Zusammengefasst lässt sich festhalten: Wer ohne Plan investiert, läuft Gefahr, sich von kurzfristigen Trends, Medienberichten oder Meinungen Dritter leiten zu lassen. Ein Ziel gibt der Geldanlage eine Richtung – sei es der Kapitalerhalt, ein Vermögensaufbau für die Altersvorsorge oder die finanzielle Freiheit.

Beispiel: Ein Anleger legt wahllos in Einzelaktien, ETFs und Immobilienfonds an, ohne zu wissen, wie viel Risiko er tragen kann oder wie viel Rendite er benötigt, um seine Ziele zu erreichen. Ohne strategischen Rahmen fehlt die Kohärenz im Portfolio – langfristig gleicht das Ergebnis dann eher Zufall als Planung.

Fehler 2: Ignorieren makroökonomischer Entwicklungen und Vernachlässigung von Inflation/Kaufkraftverlust

Viele Anleger konzentrieren sich ausschließlich auf ihre Investments, ohne makroökonomische Trends wie Zinssätze, Inflation oder geopolitische Ereignisse zu beachten. Diese Faktoren können die Performance eines Portfolios erheblich beeinflussen. Sie benötigen kein tiefgehendes volkswirtschaftliches Studium, um erfolgreichen Vermögensaufbau zu betreiben, doch wenn Ihr Vermögen einen signifikanten Anteil in Ihrem Leben eingenommen hat, sollte es für Sie lohnenswert sein, auch den Wirtschaftsteil einer Tageszeitung oder die entsprechenden Wirtschafts-Apps oder Internetseiten regelmäßig zu lesen. Viele Privatanleger glauben, dass Geld auf dem Tagesgeldkonto oder in „sicheren“ Anleihen ausreichend ist und sie damit keine Probleme oder Risiken mehr haben. Doch langfristig frisst die Inflation und der damit verbundene Kaufkraftverlust die Erträge auf. Bei einer Inflation von 2 % halbiert sich nämlich die Kaufkraft Ihres Geldes in 36 Jahren. „Sichere“ Anlagen mit niedrigen Zinsen schützen nicht vor realem Vermögensverlust. Sie halten diesen lediglich auf beziehungsweise prolongieren diesen in die Zukunft.

Beispiel: Paul, 52, hält einen hohen Anteil an Immobilien-ETFs (REITs), ohne die steigenden Zinsen im Jahr 2023 zu berücksichtigen. Als die Europäische Zentralbank den Hauptrefinanzierungssatz auf 2,15 % (Stand 2025) anhebt, sinken die Immobilienwerte, da Finanzierungskosten steigen, und Pauls Portfolio verliert an Wert.

Lösung: Informieren Sie sich regelmäßig über makroökonomische Entwicklungen, etwa durch Berichte der EZB oder Wirtschaftsnachrichten. Passen Sie Ihr Portfolio an, indem Sie in Phasen steigender Zinsen Anleihen mit kürzerer Laufzeit oder dividendenstarke ETFs bevorzugen, die weniger zinsempfindlich sind. Plattformen wie Bloomberg oder Finanznachrichten-Apps bieten zugängliche Informationen für Privatanleger. Mischen Sie zusätzlich inflationsgeschützte Assets wie Aktien, Immobilien oder inflationsindexierte Anleihen (z. B. TIPS) in Ihr Depot, um der Inflation entgegenwirken zu können. Diese reagieren zudem oft weniger stark auf plötzliche Zinsänderungsrisiken, da die Zinsen ebenfalls an die Inflationsentwicklungen gekoppelt sind.

Fehler 3: Falsches oder gar kein Risikoverständnis

Langfristig orientierte Anleger verwechseln häufig „Sicherheit" mit „geringer Volatilität" oder „Bekanntheit". Doch auch in Phasen von niedrigen Schwankungsbreiten können Anlagen herbe Kursrückgänge erleiden. Oft siechen ganze Anlageklassen über Monate oder sogar Jahre in einem langfristigen Abwärtstrend vor sich hin. Auch „bekannte" Aktien können irgendwann an Dynamik und Drive verlieren und die Kursgewinne schmelzen dahin wie Eis in der Sonne. Besonders gefährlich wird es, wenn sich die großen institutionellen Investoren aus ehemaligen Highflyern verabschieden. Das gilt nicht nur für Einzelaktien, sondern auch für ganze Branchen, Sektoren oder Länder.

Denn auch vermeintlich sichere Anlagen wie Anleihen oder Tagesgeld können reale Verluste verursachen – etwa durch die Wirkung von Inflation oder Kaufkraftverlust. In diesem Fall schichten die Investoren frühzeitig um, damit sie nicht von den Auswirkungen betroffen sind.

Beispiel: Ein sicherheitsorientierter Anleger setzt ausschließlich auf Sparprodukte mit geringer Verzinsung und verkennt dabei, dass sein Kapital über Jahre durch die Inflation real an Wert verliert. Gleichzeitig ignoriert er, dass ein gut diversifiziertes Aktienportfolio über Jahrzehnte ein deutlich besseres Rendite-Risiko-Verhältnis bieten kann. Es gibt außerdem etliche Beispiele, in denen eine Trendumkehrsituation nicht frühzeitig erkannt und nicht darauf reagiert wurde.

Fehler 4: Übermäßige Konzentration auf vergangene Performance und Ignoranz gegenüber Zinseszinseffekten

Anleger und insbesondere Privatanleger neigen dazu, Investments basierend auf historischen Renditen auszuwählen, ohne die Zukunftsperspektiven zu prüfen. Vergangene Performance ist jedoch kein verlässlicher Indikator für zukünftige Ergebnisse – die Kursverläufe aus der Vergangenheit lassen sich nicht 1:1 in die Zukunft übertragen.

Beispiel: Lisa, 38, investiert in einen Schwellenländer-ETF, weil dieser in den letzten 5 Jahren 10 % jährliche Rendite erzielt hat. 2024 geraten Schwellenländer aufgrund geopolitischer Spannungen in eine Krise und ihr ETF verliert 20 %. Ein globaler ETF hätte stabiler performt.

Lösung: Analysieren Sie die Fundamentaldaten zu Ihrem Anlagevehikel, wie Wirtschaftswachstum, Unternehmensgewinne oder Dividendenstabilität. Wählen Sie ETFs mit einer breiten Basis aus (z. B. MSCI World oder FTSE All-World), die weniger von regionalen oder sektorspezifischen Trends abhängen. Lesen Sie die Fondsberichte oder

Analystenmeinungen, um die Zukunftsaussichten Ihrer Anlagen besser bewerten zu können.

Ein entscheidender Vorteil beim Vermögensaufbau ist der Zinseszinseffekt – aber dieser entfaltet seine Kraft nur über längere Zeiträume. Oft schauen sich Privatanleger in einem anderen Beispiel die Performance der vergangenen 3–5 Jahre an und sind über die Gesamtrendite enttäuscht. Viele Anleger unterschätzen, wie lange „langfristig" tatsächlich dauern kann, und brechen Strategien nach wenigen Jahren ab, wenn sich Erfolge nicht sofort einstellen. Kurzfristige Erfolge werden überschätzt, langfristige Erfolge unterschätzt.

Beispiel: Ein Investor erwartet bereits nach 3 Jahren substanzielle Gewinne aus einem weltweit gestreuten Aktienportfolio. Nachdem die Anlagen jedoch ein Jahr stagnierten oder sich sogar rückläufig entwickelten, wird die Strategie über Bord geworfen – obwohl ein Horizont von 10 bis 20 Jahren nötig wäre, um den ursprünglichen Plan sinnvoll umzusetzen. 10.000 € mit 7 % p. a. werden in 30 Jahren zu etwa 76.000 €. Beginnt man 10 Jahre später, sind es nur etwa 38.000 € – trotz gleicher Rendite!

Lösung: Starten Sie am besten sofort mit Ihrem Anlagevorhaben, denn auch mit kleinen Beträgen und konsequentem Reinvestieren (z. B. über Sparpläne) können Sie langfristig ein großes Vermögen erzielen.

Fehler 5: Vernachlässigung von Liquidität und fehlende Anpassung an Lebensphasen

Ein häufiger Fehler ist die Investition in illiquide oder schwer verkäufliche Anlagen, was den Zugang zum Kapital im Bedarfsfall erschwert. Dies ist besonders kritisch, wenn unerwartete Ausgaben auftreten. Zudem übersehen Anleger oft, dass sich ihre finanzielle Situation und Ziele mit dem Alter ändern, was dazu führt, dass ihr Portfolio nicht mehr zu ihnen passt. Langfristige Strategien müssen mit dem realen Leben Schritt halten. Wenn Sie diese nicht regelmäßig daraufhin überprüfen, riskieren Sie Fehlentscheidungen – etwa durch Über- oder Unterinvestition in riskante Anlagen oder zu wenig Liquidität für wichtige Lebensphasen. Auch bei der Vermögensanlage gilt: Unverhofft kommt oft.

Beispiel: Markus, 60, investiert einen Großteil seines Vermögens in eine Direktbeteiligung an einer Immobilie, die nur schwer verkauft werden kann. Als er kurzfristig Geld für eine medizinische Behandlung benötigt, kann er das gebundene Kapital nicht schnell in liquide Mittel umwandeln. Ein liquider Immobilien-ETF hätte das Problem vermieden.

Lösung: Bevorzugen Sie liquide Anlagen wie börsennotierte ETFs, die täglich gehandelt werden können. Halten Sie immer eine Notfallreserve (z. B. 3–6 Nettomonatsgehälter) in leicht zugänglichen Anlagen wie Tagesgeld oder Geldmarkt-ETFs parat. Prüfen Sie zusätzlich die Handelsvolumen von ETFs, um sicherzustellen, dass diese leicht liquidierbar sind.

Beispiel: Sabine, 55, behält ein zu 100 % aktienbasiertes Portfolio, das für ihre Ansparphase optimiert war, auch kurz vor der Rente bei. Ein Markteinbruch 2024 reduziert ihr Kapital um 25 %, was ihre Rentenplanung gefährdet. Eine schrittweise Umschichtung in Anleihe-ETFs hätte Stabilität gebracht.

Lösung: Eine mit dem fortschreitenden Alter angepasste Anlagestrategie und damit verbundene sukzessive Umschichtung in Anleihe-ETFs oder Dividenden-ETFs hätten das Risiko erheblich reduziert und der erhöhte Cashflow durch die regelmäßigen Ausschüttungen das Risikoprofil insgesamt angepasst.

Beispiel: Ein Anleger plant sein Depot mit Blick auf einen 30-jährigen Anlagehorizont. Doch 10 Jahre später steht ein Immobilienkauf oder eine Familiengründung an – und das Kapital ist in nicht-liquiden oder hochvolatilen Anlageklassen gebunden. Ohne rechtzeitige Anpassung gerät der Finanzplan ins Wanken.

Lösung: Passen Sie Ihr Portfolio an Ihre Lebensphase an. In der Ansparphase (Alter: 30–50) ist ein hoher Aktienanteil sinnvoll, während in der Vor-Rentenphase (50–65) ein schrittweiser Übergang zu 30–50 % Anleihe-ETFs die Stabilität erhöht. Nutzen Sie „Glide Path"-Strategien, die den Aktienanteil automatisch reduzieren, oder konsultieren Sie einen Finanzberater für eine altersgerechte Allokation.

22.2 „Glide Path"-Strategien

Unter den in Kapitel 3.9 bereits angesprochenen „Glide Path"-Strategien, auch bekannt als Lebenszyklus- oder Ziel-Datum-Strategien, versteht man bewährte Ansätze, um ein ETF-Portfolio an die sich verändernden Bedürfnisse eines Anlegers im Laufe seines Lebens anzupassen. Besonders für Privatanleger, die langfristig Vermögen aufbauen und in der Rentenphase sicher entnehmen möchten, bieten diese Strategien eine strukturierte Methode, um Risiken zu managen und Renditen zu optimieren. In jüngeren Jahren, wenn der Anlagehorizont lang ist, liegt der Fokus auf renditeorientierten Anlagen wie Aktien-ETFs, um das Vermögen zu maximieren. Mit zunehmendem Alter wird das Portfolio zunehmend konservativer, indem der Anteil an sicheren Anlagen wie Anleihe-ETFs oder Geldmarkt-ETFs erhöht wird, um das Kapital zu schützen. Der Begriff „Glide Path" (Gleitpfad) beschreibt diesen fließenden Übergang, der das Risiko in der Nähe des Rentenalters reduziert, wenn Marktschwankungen besonders kritisch sind.

Beispiel: Ein 30-jähriger Anleger startet mit einem Portfolio aus 80 % Aktien-ETFs (z. B. MSCI World) und 20 % Anleihe-ETFs. Mit 50 Jahren verschiebt sich die Allokation zu 60 % Aktien und 40 % Anleihen und mit 65 Jahren erreicht sie 40 % Aktien und 60 % Anleihen, um Stabilität zu gewährleisten. Die schrittweise Reduzierung des Aktienanteils minimiert das Risiko von Verlusten kurz vor oder während der Rentenphase, wenn das Kapital für Entnahmen benötigt wird.

Beispiel: Sabine, 60, hat dank ihrer individuellen „Glide Path"-Strategie nur 50 % ihres Portfolios in Aktien-ETFs investiert, als 2024 ein Börsencrash eintritt. Ihr Portfolio verliert nur 10 % statt 20 %, wie es bei einem rein aktienbasierten Portfolio der Fall gewesen wäre.

Sie können die „Glide Path"-Strategien auch durch vorgefertigte Ziel-Datum-ETFs oder Rebalancing-Regeln umsetzen, was den Verwaltungsaufwand reduziert. So kann ein Anleger etwa einen Target-Retirement-2045-ETF wählen, der automatisch die Allokation bis zum Jahr 2045 anpasst, ohne dass manuelles Eingreifen nötig ist. Dieses Vorgehen habe ich in diesem Buch bereits in mehreren Kapiteln angesprochen. Durch die Target-Retirement-ETF-Strategie wird in der Ansparphase ein hoher Aktienanteil erhalten, um vom Zinseszinseffekt und höheren erwarteten Renditen (z. B. 6–8 % p. a. für Aktien-ETFs) zu profitieren.

Beispiel: Markus, 35, investiert 500 € monatlich in einen aktienlastigen „Glide Path"-ETF. Nach 20 Jahren hat er bei 6 % Rendite etwa 230.000 € angespart (gegenüber nur 180.000 € bei einem konservativen Portfolio mit 50 % Anleihen).

Anleger können den „Glide Path" an ihre Risikotoleranz, ihr Rentenalter oder ihre Entnahmeziele anpassen, etwa durch einen schnelleren oder langsameren Übergang zu Anleihen. Durch den anfänglich hohen Aktienanteil und eine spätere Einbeziehung von inflationsgeschützten Anleihen (z. B. TIPS-ETFs) bleibt das Portfolio gegen Kaufkraftverlust gewappnet.

Sie können die „Glide Path"-Strategien gut mit ETFs in Ihrem Portfolio umsetzen. Denn durch den Einsatz von vorgefertigten Ziel-Datum-ETFs oder durch ein selbst verwaltetes Portfolio sind die Ansätze auch für Privatanleger zugänglich und die Vorteile von ETFs in Kombination mit der „Glide Path"-Strategie nutzbar.

22.2.1 „Glide Path"-Ansatz: Einsatz von Laufzeit-ETFs

Wählen Sie dafür einen Laufzeit-ETF, der dem geplanten Rentenjahr entspricht (z. B. Target Retirement 2050 für Rente 2050). Investieren Sie regelmäßig (z. B. monatlich) über einen Sparplan in diesen Laufzeit-ETF. Der ETF passt die Allokation während der Laufzeit automatisch an: beispielsweise von 90 % Aktien und 10 % Anleihen zu Beginn zu 40 % Aktien und 60 % Anleihen im Rentenalter, also zum Laufzeitende. Die Vorteile liegen in dem minimalen Aufwand und dem professionellen Management der automatischen Anpassung der ETF-Allokation während der Anlagelaufzeit.

22.2.2 „Glide Path"-Ansatz: Selbst verwaltetes „Glide Path"-Portfolio

Wenn Sie sich die Verwaltung und Anpassung Ihres ETF-Depots selbst zutrauen, dann können Sie den Anpassungsprozess und die damit verbundenen Umschichtungen auch selbst vornehmen.

1. **Ansparphase (Alter: etwa 30–50)**
   - Bauen Sie in dieser Phase ein Portfolio mit 80–90 % Aktien-ETFs und 10–20 % Anleihe-ETFs auf.

2. **Übergangsphase (Alter: etwa 50–65)**
   - Reduzieren Sie den Aktienanteil alle 3–5 Jahre um 5–10 %, indem Sie in Anleihe-ETFs oder Geldmarkt-ETFs umschichten.
3. **Entnahmephase (ab Alter 65)**
   - In dieser Phase sollten Sie eine konservative Allokation (z. B. 30–40 % Aktien, 60–70 % Anleihen/Cash) erreichen. Denn Sie wollen fortan von Ihrem Ersparten leben beziehungsweise diese Gelder zur Aufbesserung Ihrer Renten oder Pension nutzen.
   - Entnahme: 3–4 % des Portfolios jährlich, zum Beispiel 7.000–9.000 € bei 230.000 €

Sie müssen während der kompletten Anlagephasen jährlich die Portfolio-Allokation überprüfen und entsprechende Verkäufe oder Käufe der ETF-Anteile in Ihrem Depot vornehmen, um die jeweilige, der entsprechenden Phase angepasste Zielallokation zu erhalten (z. B. nach einem Aktienboom Anleihen nachkaufen). Die Vorteile bei der Eigenverwaltung liegen klar in der vollen Kontrolle und der Möglichkeit, Anpassungen an die jeweiligen eigenen Bedürfnisse vorzunehmen. Vergessen Sie jedoch nicht, dass diese Strategievariante etwas mehr Aufwand erfordert und konsequent über die gesamte Laufzeit (z. B. 30+ Jahre) durchgeführt werden muss. Sie sollten zusätzlich Onlinebroker mit automatischen Rebalancing-Tools oder Excel-Vorlagen zur Überwachung nutzen, damit der Verwaltungsaufwand möglichst gering bleibt.

22.2.3 „Glide Path"-Strategie: Kombination mit Dividenden-ETFs

Sie haben außerdem die Möglichkeit, die vorgestellten „Glide Path"-Strategien miteinander zu kombinieren beziehungsweise an Ihre persönlichen Bedürfnisse noch genauer anzupassen. Ergänzen Sie beispielsweise das „Glide Path"-Portfolio in der Entnahmephase mit dividendenstarken ETFs, um passives Einkommen zu generieren. Das ist sinnvoll, wenn Sie keinen Vermögensverzehr oder einen Inflationsausgleich anstreben. In diesem Beispiel würden Sie mit 65 Jahren 20 % Ihres Portfolios in Dividenden-ETFs investieren, die 5.000 € jährliche Ausschüttungen liefern, ohne Ihr Anlagevermögen anzutasten. Dabei passen Sie den Aktienanteil weiter an, um die Einkommensstabilität sukzessive zu erhöhen (z. B. 30 % Dividenden-ETFs, 20 % Aktien-ETFs, 50 % Anleihen). Der Vorteil liegt darin, dass Sie die Sicherheit eines „Glide Path"-Portfolio-Ansatzes mit regelmäßigem Einkommen ergänzen. Sie müssen natürlich darauf achten, dass die Nachhaltigkeit der Dividenden gegeben ist, da Kürzungen in Krisenzeiten möglich sind, die Ihre komplette Strategie durchkreuzen würden.

Passen Sie die entsprechende „Glide Path"-Strategie immer an Ihre Lebensumstände an. Im Zweifel sollten Sie für die Umsetzung einen Finanzberater konsultieren.

Die „Glide Path"-Strategien bieten Privatanlegern eine strukturierte Methode, um ihr ETF-Portfolio an die individuellen Lebensphasen anzupassen. Durch die schrittweise Reduzierung des Aktienanteils wird das Risiko in der Rentenphase minimiert, während in der Ansparphase hohe Renditen erzielt werden können. Die Vorteile – automatische Risikoanpassung, Einfachheit, Renditeoptimierung, Flexibilität und Inflationsschutz – machen „Glide Path"-Strategien zur idealen Lösung für den langfristigen Vermögensaufbau. Ob durch Laufzeit-ETFs, ein selbst verwaltetes Portfolio oder die Ergänzung mit Dividenden-ETFs: Sie haben die Chance, mit relativ geringem Zeitaufwand ein robustes, altersgerechtes Portfolio aufzubauen, das Sicherheit und Wachstum vereint.

Der langfristige Vermögensaufbau erfordert Achtsamkeit, um Fehler zu vermeiden, die das Kapital gefährden können. Vernachlässigte Diversifikation, das Ignorieren makroökonomischer Trends, die

Orientierung an vergangenen Renditen, mangelnde Liquidität und eine fehlende Anpassung an Lebensphasen sind 5 zentrale Stolpersteine. Durch breite Streuung, regelmäßige Marktbeobachtung, Zukunftsorientierung, liquide Anlagen und altersgerechte Anpassungen können Anleger diese Risiken minimieren.

Diese Hinweise gelten nicht nur für die ETF-Anlage, sondern beziehen sich auf alle möglichen Anlageklassen. Bei der ETF-Anlage schaffen praktische Schritte wie die Wahl globaler ETFs, das Halten einer Notfallreserve und die Orientierung an Fundamentaldaten eine solide Basis für einen nachhaltigen Vermögensaufbau. Für einen langfristigen Vermögensaufbau sind Disziplin und Sparwillen nicht genug, es braucht auch strategisches Denken, eine realistische Zeitplanung, Risikobewusstsein und die regelmäßige Überprüfung der eigenen Lebens- und Finanzlage. Wer die von mir beschriebenen 5 Basisfehler vermeidet, legt ein solides Fundament für eine erfolgreiche finanzielle Zukunft.

Teil VI

DIE ZUKUNFT DER ETF-ANLAGE

Der ETF-Markt hat in den letzten Jahrzehnten ein beeindruckendes Wachstum erlebt und entwickelt sich rasant weiter. Mit einem globalen verwalteten Vermögen von über zehn Billionen US-Dollar im Jahr 2025 steht die Branche vor einer neuen Ära, die von technologischen Innovationen, veränderten Anlegerpräferenzen und regulatorischen Entwicklungen geprägt ist. Dieser Abschnitt beleuchtet die wichtigsten Trends und Innovationen, die die Zukunft der ETF-Anlage formen, und gibt einen Ausblick auf potenzielle neue ETF-Produkte sowie die Veränderung des ETF-Universums.

Schaut man sich beispielsweise die Entwicklungen in der Mobilität an, erkennt man sehr gut, wie stark sich dieser Sektor in den letzten Jahren verändert hat und wie schwer die Veränderungen vorhersehbar gewesen sind. Wurden vor 30 Jahren nur Autos hergestellt, hat sich dieser Bereich in Bezug auf Investmentmöglichkeiten heute aufgeteilt in Speichertechnik, Rohstoffproduzenten (Batterieproduktion), autonomes Fahren (Technik), Elektroautos (Materialien), neue Transportwege (Personen und Fracht) und Shared Mobility.

Kapitel 23

Trends und Innovationen im ETF-Markt

Der ETF-Markt wirkt wie ein Hohlspiegel der Finanzmärkte, in dem die jeweiligen Megatrends konzentriert werden. Bestimmte Themen werden mit einer gewissen Zeitverzögerung auch als ETF-Anlagevehikel angeboten. Bereits bestehende Trends verstärken sich und neue Anlagetrends erscheinen am Finanzmarkthorizont. Ich versuche in diesem Buchabschnitt, die potenziellen Trends aufzuzeigen und Ihnen zu vermitteln, wie die Finanzmärkte „ticken".

Die Themenvielfalt hat stark zugenommen

Branchen	Disruptive Kräfte	Neuer Ansatz	Neue Themen
Konsumgüter	Aufstieg der Generation Y	Millennial-Konsumenten	Luxury Goods & Services
Telekom	Internet & soziale Medien	Kommunikationsdienste	Digital Economy
Energie	Lithium, erneuerbare Energien	Saubere Energie	Future Mobility
Gesundheitswesen	Medizintechnik, höhere Lebenserwartung, gesünderes Leben	Digitales Gesundheitswesen	Disruptive Technology
Finanzen	Digitalisierung & Online-Ökonomie	Fintech	Millennials

➤

Industrie	Robotik, KI und maschinelles Lernen	Automatisierung	Robotics, AI
IT	Cloud-Computing, IoT	IoT	Smart Cities
Versorger	Dezentrale und intelligente Energie	Intelligente Stromnetze	Smart Factory

Bei den neuen Themenwelten lassen sich keine klaren Abgrenzungen mehr vornehmen. Viele Themen überschneiden und ergänzen sich gegenseitig.

Weitere Themen, die die Gesellschaft zukünftig als Ganzes beschäftigen werden, sind neben AI/KI und ESG noch Future Mobility, Smart Cities, Smart Factories und Climate Change.

Die Investitionen in die Städte der Zukunft verbunden mit den notwendigen Investitionen zur Bekämpfung des Klimawandels sind Megatrends. Zusätzlich werden die Veränderungen im Industriesektor hin zur vierten Industrierevolution und die Mobilität der Zukunft neue Denkweisen und Ansätze erfordern. Diese absehbaren Megatrends werden auch ihre Wege in die Finanzmärkte und damit in das ETF-Segment finden.

23.1 Nachhaltigkeit und ESG-Fokus

Nachhaltige Investments sind zumindest in Europa in den letzten Jahren längst kein Nischenthema mehr. Anleger, insbesondere jüngere Generationen, fordern verstärkt ETFs, die Umwelt-, Sozial- und Governance-Kriterien berücksichtigen. In den kommenden Jahren wird erwartet, dass ESG-ETFs nicht nur an Volumen zunehmen, sondern auch spezialisierter werden. Neue Produkte könnten sich auf spezifische Themen wie Kreislaufwirtschaft, Wasserstofftechnologie oder soziale Gerechtigkeit konzentrieren. Fortschritte in der Datenanalyse ermöglichen zudem präzisere ESG-Bewertungen, wodurch „Greenwashing"-Vorwürfe reduziert und die Glaubwürdigkeit dieser Produkte gestärkt wird. Es wird global zu einer Aufteilung beim Thema ESG-Anlagen kommen, aber die Europäische Union hat sich diesbezüglich bereits klar positioniert. In den USA hängt das Thema sehr stark von den politischen Strömungen ab und aktuell ist eine eindeutige Trendumkehr weg von ESG-Konformität bei Investments erkennbar.

Im Jahr 2025 machen ESG-ETFs einen erheblichen Anteil des globalen ETF-Marktes aus, mit einem verwalteten Vermögen, das in einigen Regionen wie Europa bereits mehrere Hundert Milliarden Euro umfasst. Dieser Abschnitt beleuchtet die Rolle von Nachhaltigkeit und ESG-Kriterien im ETF-Markt, die Entwicklung dieser Produkte und die Herausforderungen, die mit ihnen verbunden sind.

Die Nachfrage nach ESG-ETFs wird durch mehrere Faktoren angetrieben. Erstens haben gesellschaftliche und politische Entwicklungen, wie der Klimawandel und soziale Ungleichheiten, das Bewusstsein für nachhaltige Investments geschärft. Zweitens fördern strengere regulatorische Vorgaben, insbesondere in der Europäischen Union, die Integration von ESG-Kriterien in Finanzprodukte. Verordnungen wie die EU-Taxonomie und die Offenlegungsverordnung (SFDR) verpflichten Fondsanbieter, Transparenz über die Nachhaltigkeit ihrer Produkte zu schaffen. Drittens erkennen Anleger zunehmend, dass ESG-konforme Investments langfristig nicht nur ethisch, sondern auch finanziell attraktiv sein können, da sie Risiken wie regulatorische Strafen oder Reputationsverluste minimieren.

Schaut man sich den Bereich der ESG-ETFs genauer an, dann erkennen Sie schnell, dass dieses Segment ein breites Spektrum an Strategien abdeckt, die sich in ihrer Herangehensweise an das Nachhaltigkeitsthema im Investmentbereich unterscheiden.

Zum einen können Indizes und Benchmarks auf einen ETF aufgelegt werden und einer Art Ausschlussstrategie folgen. Das bedeutet, dass diese ETFs Unternehmen kategorisch ausschließen, die in kontroversen Sektoren wie fossilen Brennstoffen, Tabak oder Waffen tätig sind. Solche Strategien sind besonders bei Anlegern beliebt, die klare ethische Grenzen setzen möchten. Der finanzielle Druck, der auf die Unternehmen dadurch ausgeübt wird, darf nicht unterschätzt werden. In der jüngsten Vergangenheit haben sich etliche Gesellschaften dem Druck vonseiten der europäischen Finanzmärkte unterworfen und teilweise ganze operative Geschäftsbereiche ummodelliert oder sogar verkauft.

Ein weiterer Ansatz ist der Best-in-Class-Ansatz. Hierbei werden Unternehmen ausgewählt, die in ihrer Branche führend in Bezug auf ESG-Kriterien sind, unabhängig vom Sektor. Dies ermöglicht eine breitere Diversifikation, während Nachhaltigkeit priorisiert wird. Die ETFs fokussieren sich dann lediglich auf die Unternehmen, die eine Vorreiterrolle bei dem Thema ESG-Kriterien in ihrer Branche oder ihrem Sektor einnehmen.

Die thematischen ESG-ETFs sind bereits heute bekannt und konzentrieren sich auf spezifische nachhaltige Themen wie erneuerbare Energien, sauberes Wasser oder Geschlechtergleichstellung. Beispiele sind ETFs, die in Solarenergieunternehmen oder Firmen mit hoher Diversität in Führungspositionen investieren. Hierbei werden die Branchen und Sektoren in den Anlagefokus gestellt und die Unternehmen daraus entsprechend herausgefiltert.

Impact-ETFs zielen darauf ab, messbare positive Umwelt- oder Sozialauswirkungen zu erzielen, etwa durch Investments in Projekte zur CO_2-Reduktion oder soziale Infrastruktur. Diese ETF-Art wird insbesondere durch die jüngere Anlegergeneration verstärkt nachgefragt und stellt latent die Frage nach den Auswirkungen der getätigten Investments seitens der ETF-Anteilhaber.

Da die ETF-Industrie insgesamt so rasant gewachsen und eine weitere hohe Nachfrage absehbar ist, bleiben Innovationen natürlich nicht aus. Die Weiterentwicklung von ESG-ETFs wird durch technologische und methodische Fortschritte vorangetrieben. Moderne Datenanalysen und künstliche Intelligenz ermöglichen eine präzisere Bewertung von ESG-Kriterien, indem sie große Datenmengen aus Unternehmensberichten, Lieferketten und öffentlichen Quellen auswerten. Dies führt zu einer höheren Transparenz und reduziert das Risiko von „Greenwashing", bei dem Fonds fälschlicherweise als nachhaltig beworben werden.

Zukünftige Innovationen könnten ESG-ETFs umfassen, die auf spezifische globale Herausforderungen abzielen, wie etwa die Finanzierung von Projekten zur Anpassung an den Klimawandel oder die Förderung von Biodiversität. Darüber hinaus könnten personalisierte ESG-ETFs, die mithilfe von Direct Indexing auf individuelle ethische Präferenzen zugeschnitten sind, an Popularität gewinnen. Solche Produkte würden Anlegern ermöglichen, Portfolios zu erstellen, die exakt ihren Werten entsprechen, etwa durch den Ausschluss bestimmter Industrien oder die Priorisierung von Unternehmen mit starkem Fokus auf soziale Gerechtigkeit.

Trotz des Booms von ESG-ETFs gibt es Herausforderungen. Eine zentrale Schwierigkeit ist die Uneinheitlichkeit von ESG-Bewertungsmethoden. Unterschiedliche Ratingagenturen verwenden verschiedene Kriterien, was die Vergleichbarkeit erschwert. Zudem können ESG-ETFs aufgrund ihrer fokussierten Natur weniger diversifiziert sein, was das Risiko erhöhen kann, insbesondere in thematischen Fonds. Ein weiteres Problem ist die Abhängigkeit von der Datenqualität: Unvollständige oder ungenaue ESG-Daten können die Wirksamkeit der Fonds beeinträchtigen.

Regulatorische Unterschiede zwischen Regionen stellen ebenfalls eine Hürde dar. Während Europa strenge Vorgaben für nachhaltige Investments hat, sind die Regelungen in den USA und anderen Ländern oft weniger stringent, was zu Inkonsistenzen führt. Anleger müssen daher sorgfältig prüfen, ob ein ESG-ETF ihren Erwartungen entspricht.

Die Zukunft von ESG-ETFs ist vielversprechend, da Nachhaltigkeit weiterhin ein zentrales Thema in der Finanzwelt bleibt. Es wird erwartet, dass der Marktanteil von ESG-ETFs in den nächsten Jahren weiter wachsen wird, angetrieben durch die steigende Nachfrage von Privatanlegern und institutionellen Investoren. Neue Produkte könnten sich eher auf Nischen wie die Kreislaufwirtschaft, grüne Wasserstofftechnologien oder soziale Innovationen konzentrieren. Gleichzeitig wird die Integration von Technologien wie Blockchain die Transparenz von ESG-Daten verbessern, indem sie nachvollziehbare und unveränderbare Nachhaltigkeitsberichte ermöglicht.

Für Anleger bedeutet der Aufstieg von ESG-ETFs eine Chance, ihre Portfolios an ihren Werten auszurichten, ohne auf Rendite verzichten zu müssen. Dennoch bleibt es entscheidend, die zugrunde liegenden Strategien, Kosten und die Qualität der ESG-Daten eines Fonds sorgfältig zu analysieren. Mit der richtigen Auswahl können ESG-ETFs eine Schlüsselrolle dabei spielen, Kapital in Richtung einer nachhaltigeren Zukunft zu lenken.

23.2 Thematische ETFs und Megatrends

Thematische ETFs, die auf langfristige globale Trends wie KI, Biotechnologie, Robotik oder die Alterung der Bevölkerung beziehungsweise Healthcare abzielen, gewinnen weiter an Popularität. Diese ETFs bieten Anlegern die Möglichkeit, gezielt in disruptive Innovationen zu investieren. Zukünftige thematische ETFs könnten Nischen wie Quantencomputing, Weltraumtechnologie oder die Digitalisierung von Gesundheitsdaten abdecken. Solche Produkte sprechen vor allem technologieaffine Anleger an, die von der nächsten Welle technologischer Durchbrüche profitieren wollen. Wichtig zu verstehen ist bei diesen Technologien, dass man mit einem Investment in einen thematischen ETF nie der „First Mover“ sein wird. Die Branchen und

Sektoren beziehungsweise die Unternehmen aus diesen Boombranchen müssen zuerst eine gewisse Größe erreicht haben, damit ETF-Anlageprodukte auf diese Sektoren für die Emittenten interessant werden. Das ist ein klares Manko, kann aber dennoch für langfristig orientierte Investoren lukrativ bleiben. Schauen Sie sich die Kursverläufe der großen US-Technologieunternehmen an, die selbst über Jahrzehnte hinweg gute Kursperformances vollzogen haben.

23.3 Aktive ETFs

Während ETFs traditionell für ihre passive Indexnachbildung bekannt sind, gewinnen aktiv gemanagte ETFs an Bedeutung. Diese Produkte kombinieren die Flexibilität aktiven Managements mit der Kosteneffizienz und Liquidität von ETFs. Fortschritte in der Portfolio-Optimierung durch KI und maschinelles Lernen könnten die Performance aktiver ETFs weiter verbessern. In der Zukunft könnten wir aktiv gemanagte ETFs sehen, die dynamisch auf Marktsignale reagieren oder personalisierte Anlagestrategien für individuelle Risikoprofile anbieten. Die Entwicklung in diesem Segment wird noch sehr spannend werden und mit Sicherheit noch einige Zeit benötigen. Die aktiv gemanagten ETFs müssen zuerst beweisen, dass sie die Benchmark beziehungsweise die Indizes outperformen können. Solange dies nicht der Fall ist, bleiben passive ETFs die bessere Wahl.

23.4 Krypto- und blockchainbasierte ETFs

Die Integration von Kryptowährungen und Blockchain-Technologien in den ETF-Markt schreitet voran. Nach der Zulassung von Bitcoin- und Ethereum-ETFs in mehreren Ländern könnten zukünftige Produkte auf andere Kryptowährungen, DeFi-Protokolle (Decentralized

Finance) oder Blockchain-Infrastrukturunternehmen ausgedehnt werden. Solche ETFs bieten Anlegern einen regulierten Zugang zu volatilen, aber potenziell renditestarken Anlageklassen, ohne dass sie direkt Kryptowährungen halten müssen. Aber nicht nur die Kryptowährungen an sich rücken in den Fokus der Investoren, sondern auch die vielen Unternehmen, die teilweise sehr erfolgreich in diesen Sektoren tätig sind, können über solche ETFs interessant werden. Natürlich kann zukünftig auch der eine oder andere ETF selbst auf einer Blockchain ins Leben gerufen werden, was ein Novum für die gesamte ETF-Industrie darstellen würde.

Im Kontext der Geldanlage haben Kryptowährungen viele interessante Vorteile, etwa die Dezentralität. Das bedeutet, dass Kryptowährungen ohne zentrale Institutionen wie Banken funktionieren und über ein Netzwerk von Computern (Blockchain) abgewickelt werden, was sie unabhängig von staatlichen Währungssystemen macht. Bisher weist das Kryptosegment allerdings eine sehr hohe Volatilität auf. Kryptowährungen wie Bitcoin sind bekannt für starke Preisschwankungen, was sowohl hohe Renditechancen als auch automatisch erhebliche Risiken mit sich bringt. Interessant sind Kryptowährungen allgemein mit Blick auf die Diversifikation: Aufgrund ihrer geringen Korrelation zu traditionellen Anlageklassen wie Aktien oder Anleihen eignen sie sich gut als potenzielles Diversifikationsinstrument.

Viele Krypto-ETNs (Exchange Traded Notes) oder -ETPs (Exchange Traded Products) sind physisch mit Kryptowährungen hinterlegt, was bedeutet, dass die entsprechenden Coins tatsächlich gehalten werden, um das Risiko zu minimieren. Dies gibt den Anlageprodukten die Möglichkeit des Stakings. Bei Kryptowährungen mit Proof-of-Stake-Mechanismen (z. B. Ethereum seit September 2022) können Investoren durch „Staking“ Belohnungen erhalten, die in manchen Krypto-ETNs in Form von reduzierten Gebühren oder erhöhtem Coin-Anteil weitergegeben werden. Dabei werden die gehaltenen Coins quasi gesperrt und der Anleger bekommt dafür eine Art „Stillhalter“-Prämie.

In der EU gibt es aufgrund der OGWA und der eher bekannten UCITS-Richtlinien bisher (2025) keine reinen Krypto-ETFs, die eine einzelne Kryptowährung abbilden. Stattdessen werden Krypto-ETNs oder Blockchain-ETFs genutzt. Kryptowährungen und ihre entsprechenden ETNs/ETPs können in einem ETF-Portfolio eine spezifische Rolle einnehmen, die sich aus ihren einzigartigen Eigenschaften ergibt. Kryptowährungen besitzen, wie bereits geschrieben, eine geringe Korrelation zu traditionellen Anlageklassen, was das Gesamtrisiko eines Portfolios reduzieren kann. Eine Beimischung von etwa 5–10 % Krypto-ETNs kann die Diversifikation des Gesamtdepots erheblich verbessern, da sie sich oft anders entwickeln als klassische Anlagemärkte. So können Sie zum Beispiel in Ihrem 60/40-Portfolio (60 % Aktien, 40 % Anleihen) eine kleine Kryptobeimischung (z. B. 1–5 % Bitcoin-ETN) vornehmen, welche die Rendite steigern kann, ohne das Risiko des Gesamtportfolios übermäßig zu strapazieren.

Kryptowährungen bieten hohe Renditechancen, wie die Wertsteigerung von Bitcoin von wenigen Cent im Jahr 2010 auf über 100.000 USD im Juni 2025 zeigt. Eine kleine Beimischung kann die Gesamtrendite eines Portfolios signifikant steigern, insbesondere bei regelmäßigem Rebalancing. Interessant ist in diesem Zusammenhang auch der Aspekt des Inflationsschutzes, denn ähnlich wie Rohstoffe können Kryptowährungen als Absicherung gegen Inflation dienen, da sie unabhängig von Fiatwährungen (Euro, US-Dollar, Japanischer Yen, Schweizer Franken etc.) sind. Dies ist besonders in Zeiten hoher Inflation oder wirtschaftlicher Unsicherheit attraktiv und zeigte sich in der jüngsten Vergangenheit eindrucksvoll. Die Innovation der Krypto-ETNs und -ETPs hat einen einfachen Zugang zu dieser Anlageklasse ermöglicht. Durch Krypto-ETNs können Anleger in Kryptowährungen investieren, ohne technische Hürden wie Wallets oder private Schlüssel verstehen und bewältigen zu müssen. Sie sind gut in einem bestehenden Depot integrierbar und bieten hohe Liquidität, da sie an regulierten Börsen wie Xetra gehandelt werden. So kann ein Anleger mit einem Krypto-ETN-Sparplan bereits ab einem Euro monatlich in Bitcoin oder Ethereum investieren, ohne sich mit Kryptobörsen auseinandersetzen zu müssen.

Sie sollten jedoch zugleich die potenziellen Risiken und insbesondere das Klumpenrisiko berücksichtigen, wenn sie sich für Krypto-ETNs und -ETPs erwärmen können. Krypto-ETNs sind volatil und bergen ein latentes Emittentenrisiko, da sie eher eine Form der Schuldverschreibung als ein ETF sind. Fällt der Emittent aus, könnte das investierte Kapital gefährdet sein, auch wenn es eine physische Hinterlegung der Coins gibt, die das Risiko reduzieren sollte. Viele Krypto-ETNs sind auf eine einzelne Währung (z. B. Bitcoin) fokussiert, was ein Klumpenrisiko darstellt. ETPs, die mehrere Kryptowährungen abbilden, oder Blockchain-ETFs bieten hier eine bessere Risikostreuung. Das Segment der Krypto-Anlage ist im Verhältnis zu den anderen Anlageklassen noch relativ jung und hat die eine oder andere Kinderkrankheit. Wenn sie dies jedoch beherzigen und lediglich eine strategische Gewichtung vornehmen, können Sie trotzdem die vorhandenen Chancen nutzen und die Risiken im Griff behalten. Aufgrund der hohen Volatilität und des Emittentenrisikos sollte der Krypto-Anteil in einem Portfolio gering bleiben (z. B. 5–10 %), um das Gesamtrisiko nicht übermäßig zu erhöhen. Junge, risikofreudige Anleger können einen höheren Anteil in Betracht ziehen, während konservative Anleger bei 1–3 % (maximal) bleiben sollten. Ich würde insbesondere bei der Anlage in Kryptowährungen ein regelmäßiges Rebalancing als essenziell ansehen, um die Zielallokation (z. B. 3 % Krypto) permanent beizubehalten. Ohne Rebalancing könnte ein starker Anstieg von Bitcoin den Portfolio-Anteil unverhältnismäßig erhöhen und das Gesamtrisiko ungewollt steigern.

Kryptowährungen, aktuell repräsentiert durch Krypto-ETNs, -ETPs oder Blockchain-ETFs, bieten eine Möglichkeit, ein ETF-Portfolio zu diversifizieren und von hohen Renditechancen zu profitieren, bergen aber auch erhebliche Risiken durch Volatilität und Emittentenrisiko.

Sie eignen sich insbesondere für risikofreudige Anleger mit langem Anlagehorizont, die bereit sind, einen kleinen Teil ihres Portfolios (1–5 %) in diese Anlageklasse zu investieren. Diese Kryptoprodukte ermöglichen einen einfachen, regulierten Zugang zum Kryptomarkt ohne technisches Vorwissen. Durch ein regelmäßiges Rebalancing und eine moderate Gewichtung in Ihrem Gesamtdepot kann die Rolle von Kryptowährungen in Ihrem ETF-Gesamtportfolio optimiert werden.

23.5 Personalisierte und maßgeschneiderte ETFs

Ein weiterer wachsender Trend ist die Entwicklung von „Direct Indexing"-ETFs, die es Anlegern ermöglichen, personalisierte Portfolios zu erstellen, die auf spezifische Präferenzen oder steuerliche Optimierung abzielen. Mithilfe von Technologien wie Robo-Advisors könnten Anleger in Zukunft maßgeschneiderte ETFs zusammenstellen, die exakt ihren ethischen, steuerlichen oder risikobezogenen Anforderungen entsprechen. Diese Entwicklung wird durch Fortschritte in der Datenverarbeitung und Automatisierung unterstützt. Bisher lediglich für größere Investoren erhältlich, ist es dennoch denkbar, dass es zukünftig ein wesentlich stärker individualisiertes ETF-Universum geben könnte. Hier nehmen die damit verbundenen Kosten und die Tendenz zur Fragmentierung des ETF-Segments wesentliche Rollen ein.

Schauen wir nun in Richtung der Anwendung von Technologien im ETF-Segment, ergeben sich ebenfalls viele potenziell neue ETF-Anlageprodukte. Die Zukunft des ETF-Marktes wird von innovativen Produkten geprägt sein, die neue Anlageklassen und Technologien einbeziehen.

Eine bereits heute erkennbare Tendenz ist die Suche nach weiteren Assetklassen für Privatanleger und da kommt das ETF-Segment auch nicht an der Klasse der alternativen Anlagen vorbei. Es ist durchaus denkbar, dass es sehr bald ETFs geben wird, die in illiquide oder alternative Anlageklassen wie Private Equity, Venture Capital oder Infrastrukturprojekte investieren. Derartige ETFs könnten durch neue Strukturen zugänglicher werden, wie sie etwa die aktiven ETFs ermöglichen. Solche Produkte könnten Liquidität in traditionell schwer zugängliche Märkte bringen, da die Anlagegelder der Privatkunden Zugang zu dem von institutionellen Investoren geprägten Marktsegment bekommen würden. Es sind jedoch im Vorfeld noch einige Änderungen in der Regulatorik notwendig, um dieses Unterfangen auf eine solide rechtliche Basis stellen und umsetzen zu können.

Dass die künstliche Intelligenz nicht nur das Berufsleben vieler Menschen auf den Kopf gestellt hat und weiter stellen wird, sondern auch den Siegeszug in den Finanzmärkten antreten wird, ist nur noch eine Frage der Zeit. Aus meiner Sicht werden zunehmend KI-gesteuerte dynamische ETFs das Segment zuerst bereichern und dann einnehmen. Diese ETFs könnten Algorithmen nutzen, um Portfolios in Echtzeit an Marktbedingungen anzupassen, etwa durch die Analyse von Sentimentdaten aus sozialen Medien oder makroökonomischen Indikationen. Auch dafür braucht es einige Änderungen in der Regulatorik, aber dies dürfte nur noch eine Frage der Zeit sein. Die Benchmark-Industrie könnte hierbei die Vorreiterrolle einnehmen und dadurch den Weg für KI-ETFs frei machen.

Ich bin bereits eingangs kurz auf das Thema tokenisierte ETFs eingegangen und will dies an dieser Stelle noch etwas vertiefen. Mit der Weiterentwicklung der Blockchain-Technologie könnten ETFs als tokenisierte Vermögenswerte auf dezentralen Plattformen gehandelt werden, was die Transparenz und Effizienz für die Privatkunden erhöht und wesentlich niedrigere Kostenstrukturen zur Folge hätte. Die weiter damit verbundenen Möglichkeiten zu stärkeren Individualisierungen wären schier unbegrenzt. Noch steckt dieser Ansatz in den Kinderschuhen und viele Privatkunden sind mit den dahinterstehenden technologischen Voraussetzungen noch überfordert, aber bereits bei der kommenden Anlegergeneration könnten diese Anlageinstrumente bereits alternativlos und gesetzt sein.

Aus den tokenisierten ETFs lassen sich nämlich direkt Mikro-ETFs ableiten. Diese zielen auf extrem spezifische Marktsegmente ab, wie etwa Unternehmen, die sich auf vertikale Landwirtschaft oder 6G-Technologie spezialisieren, und sprechen risikofreudige Anleger an, die auf Nischenwachstum setzen. Die angestrebten Beteiligungen der ETFs und die dafür notwendigen Benchmarks und Indizes würden über eine Token-Infrastrukturlandschaft miteinander verknüpft werden können und direkt für Privatanleger zugänglich sein. In Realtime würden die Entwicklungen und operativen Geschäftstätigkeiten der Beteiligungen verfolgbar sein. Auch das ist derzeit noch Zukunftsmusik, aber durchaus ein realistisches Szenario.

Das ETF-Universum wird sich in den kommenden Jahren weiter diversifizieren und spezialisieren. Die zunehmende Digitalisierung und Demokratisierung des Investierens wird dazu führen, dass ETFs für immer breitere Anlegergruppen zugänglich werden. Plattformen wie Robo-Advisors, Neobroker und blockchainbasierte Handelsplattformen senken die Eintrittsbarrieren, insbesondere für junge und weniger erfahrene Anleger.

Gleichzeitig wird der Wettbewerb zwischen ETF-Anbietern zunehmen, was zu niedrigeren Kosten und innovativeren Produkten führt. Regulatorische Entwicklungen, insbesondere in Bezug auf Transparenz und Nachhaltigkeit, werden die Produktentwicklung weiter beeinflussen. In Europa könnten strengere ESG-Vorschriften die Einführung neuer nachhaltiger ETFs beschleunigen, während in den USA die Liberalisierung von Krypto-ETFs den Markt dynamisieren könnte.

Ein weiterer wichtiger Aspekt ist die globale Expansion des ETF-Marktes. Schwellenländer wie Indien, Brasilien oder Nigeria könnten verstärkt eigene ETF-Märkte entwickeln, die auf lokale Indizes oder regionale Themen spezialisiert sind. Dies würde das globale ETF-Universum weiter fragmentieren, aber auch diversifizieren.

Die Zukunft der ETF-Anlage ist geprägt von Innovation, Technologie und einem klaren Fokus auf die Bedürfnisse der Anleger. Nachhaltigkeit, thematische Investments, aktive Strategien und neue Technologien wie KI und Blockchain werden das ETF-Universum nachhaltig verändern. Neue Produkte wie tokenisierte ETFs oder KI-gesteuerte Portfolios bieten spannende Möglichkeiten, erfordern jedoch auch eine sorgfältige Analyse der damit verbundenen Risiken. Für Anleger bedeutet dies eine nie da gewesene Vielfalt an Optionen, aber auch die Notwendigkeit, sich mit den neuen Entwicklungen auseinanderzusetzen, um fundierte Entscheidungen zu treffen. Im folgenden Buchabschnitt werde ich noch einmal verstärkt auf die potenziellen Megatrends eingehen und deren Chancen und Risiken in der ETF-Landschaft herausarbeiten.

23.6 Die Rolle von KI und Big Data

Eine weiteres wichtiges und revolutionäres Technologiegebiet stellt KI und damit direkt verbunden Big Data dar. Diese Technologiekombination verändert den ETF-Markt grundlegend, indem sie neue Möglichkeiten für die Produktentwicklung, Portfolio-Optimierung und Anlegererfahrung schafft. Im Jahr 2025 sind diese Technologien zentrale Treiber für Innovationen in der Finanzbranche, da sie es ermöglichen, große Datenmengen in Echtzeit zu analysieren, präzisere Anlagestrategien zu entwickeln und personalisierte Investmentlösungen anzubieten.

Jetzt fragen Sie sich vielleicht, wie diese Technologien das ETF-Segment verändern werden. Ich gehe aktuell davon aus, dass KI-gestützte ETFs, insbesondere aktiv gemanagte Fonds, Algorithmen und maschinelles Lernen nutzen werden, um Portfolios dynamisch an Marktbedingungen anzupassen. Denn durch die Analyse von Big Data – wie Marktdaten, Unternehmensberichte, soziale Medien oder makroökonomische Indikatoren – können KI-Modelle Muster erkennen, die menschliche Fondsmanager möglicherweise übersehen. Diese Technologie ermöglicht es, Portfolios in Echtzeit zu optimieren, etwa durch die Anpassung von Gewichtungen basierend auf Marktvolatilität oder makroökonomischen Trends. Ein Beispiel sind ETFs, die Sentimentanalysen aus Nachrichten oder sozialen Medien integrieren, um kurzfristige Marktbewegungen antizipieren zu können. Diese Ansätze gibt es bereits im Bereich des Tradings und es dürfte nur eine Frage der Zeit sein, bis sich auch die ETF-Industrie mit diesen Ansätzen als Anlageprodukt auseinandersetzen wird.

Schauen wir dafür noch einmal auf die ESG-Bewertungen und Nachhaltigkeit allgemein und was die Anwendung von KI und Big Data in diesem Segment für den ETF-Sektor bedeuten kann. Big Data spielt eine entscheidende Rolle bei der Verbesserung der ESG-Transparenz. KI-Algorithmen analysieren große Mengen an Unternehmensdaten, Lieferketteninformationen und öffentlichen Quellen, um präzisere ESG-Bewertungen zu erstellen. Dies reduziert das Risiko von „Greenwashing" und ermöglicht es Anlegern, nachhaltige ETFs auszuwählen, die ihren ethischen Anforderungen entsprechen. Zukünftige ESG-ETFs könnten KI nutzen, um dynamisch Unternehmen ein- oder auszuschließen, die sich in ihren Nachhaltigkeitspraktiken verändern. KI und Big Data ermöglichen außerdem die Entwicklung thematischer ETFs, die auf spezifische Trends wie KI, Biotechnologie oder Klimaschutz abzielen. Durch die Analyse von Patentdaten, Forschungspublikationen oder Investitionstrends können KI-Modelle Unternehmen identifizieren, die in diesen Bereichen führend sind oder erst führend sein werden. Prädiktive Modelle, die auf Big Data basieren, könnten zudem ETFs erschaffen, die antizipativen Strategien folgen, etwa durch die frühzeitige Identifikation von Wachstumssektoren wie Quantencomputing oder Weltraumtechnologie. In diesem Zusammenhang könnten prädiktive Benchmarks entstehen, die als Grundlage für ETF-Anlageprodukte dienen. Das ist alles noch Zukunftsmusik, aber nicht auszuschließen. Wir erleben durch die KI-Technologie einen Paradigmenwechsel wie zum Beginn des Internets in den 1990er-Jahren.

Das kann auch bedeuten, dass es eine enorme Beschleunigung bei den personalisierten Anlagelösungen geben wird. Das Direct Indexing, unterstützt durch KI und Big Data, wird die Individualisierung von ETF-Portfolios weiter revolutionieren. Anleger können mithilfe von KI-gestützten Plattformen maßgeschneiderte ETFs erstellen, die ihren spezifischen Präferenzen entsprechen, etwa in Bezug auf Risikotoleranz, steuerliche Optimierung oder ethische Werte. Big Data ermöglicht es, Millionen von Datenpunkten zu analysieren, um Portfolios zu optimieren, die sowohl diversifiziert als auch personalisiert sind. In der Zukunft könnten solche ETFs über Robo-Advisors oder Neobroker für Privatanleger zugänglicher werden. Die Vorteile von KI und Big Data im ETF-Markt für Privatanleger liegen auf der Hand und lassen sich besonders bei den Punkten Effizienz und Präzision hervorheben. Denn KI-Algorithmen können große Datenmengen schneller und genauer verarbeiten als traditionelle Methoden, was zu effizienteren Anlagestrategien führt, die zusätzlich schneller und transparenter für den Investoren abgebildet werden. Big Data ermöglicht eine detailliertere Offenlegung von Anlageentscheidungen, insbesondere bei ESG-ETFs, was das Vertrauen der Anleger stärkt. Die zunehmende Automatisierung führt direkt zu absehbaren erheblichen Kostensenkungen im ETF-Sektor. Automatisierte Analysen reduzieren die Notwendigkeit für umfangreiches menschliches Research, was die Kosten für ETF-Anbieter und Anleger senken kann. KI-gestützte ETFs werden schneller auf Marktveränderungen reagieren, etwa durch die Anpassung von Positionen in volatilen Zeiten. Das reduziert den Tracking-Error und die damit verbundenen negativen Folgen für die ETF-Anleger.

Trotz der vielen potenziellen Vorteile bringen KI und Big Data aber auch Herausforderungen mit sich. Die Qualität der Daten ist entscheidend, das bedeutet, dass unvollständige oder verzerrte Daten zu fehlerhaften Anlageentscheidungen führen können. Zudem sind KI-Modelle oft sogenannte Blackboxes, deren Entscheidungsprozesse für Anleger schwer oder teilweise auch gar nicht nachvollziehbar sind, was das Vertrauen beeinträchtigen kann. Datenschutz und Cybersicherheit sind ebenfalls kritische Themen, da die Verarbeitung sensibler Finanzdaten Risiken mit sich bringt. Schließlich können KI-gestützte ETFs in digital homogenen Marktphasen, in denen viele Algorithmen ähnliche Entscheidungen treffen, zu Herdenverhalten und erhöhter Volatilität führen. Bereits heute sind etwa 75 % der im Markt agierenden Handelsalgorithmen klassische Trendfolger, die bei steigenden und fallenden Marktphasen den jeweiligen Trend zusätzlich beschleunigen.

Die Integration von KI und Big Data wird den ETF-Markt weiter transformieren. Zukünftige Entwicklungen könnten KI-gesteuerte ETFs umfassen, die in Echtzeit auf globale Ereignisse reagieren, etwa geopolitische Veränderungen oder Naturkatastrophen. Blockchain-Technologie könnte in Kombination mit Big Data die Transparenz von ETF-Daten weiter erhöhen, indem sie unveränderbare Datensätze für Anlageentscheidungen bereitstellt. Darüber hinaus könnten KI-Modelle, die kontinuierlich lernen, die Grundlage für voll automatisierte ETFs bilden, die ohne menschliches Eingreifen operieren.

Für Anleger stehen aufregende Zeiten bevor, welche zugleich durch die KI- und Big-Data-gestützten ETFs die Chance bieten, präzisere, effizientere und personalisierte Anlagestrategien zu verfolgen. Der Einsatz dieser Technologien erfordert ein tiefgehendes Verständnis der zugrunde liegenden Modelle und Datenquellen bei den Emittenten und Investoren. Anleger sollten die Transparenz der Fonds, die Qualität der Daten und die Kostenstruktur sorgfältig prüfen, um fundierte Entscheidungen zu treffen. In einer zunehmend datengetriebenen Welt werden KI und Big Data eine Schlüsselrolle dabei spielen, den ETF-Markt zugänglicher, effizienter und zukunftsorientierter zu gestalten.

23.7 Zusammenfassung und Ausblick

In diesem Buch habe ich mich intensiv mit der Geldanlage mittels ETFs auseinandergesetzt – einem der effizientesten und zugänglichsten Wege, um langfristig Vermögen aufzubauen. Zunächst habe ich die Grundlagen beleuchtet: ETFs als kostengünstige, transparente und liquide Anlageinstrumente, die den Zugang zu einer Fülle von Anlagevarianten ermöglichen, ohne dass Sie ein Profi-Investor sein müssen. Von der Auswahl der richtigen ETFs über Diversifikationsstrategien bis hin zu Risikomanagement und Steueroptimierung habe ich Ihnen praktische Tipps gegeben, wie Sie ein robustes Portfolio aufbauen können. Besonders hervorgehoben wurden die Vorteile wie niedrige Gebühren, passive Nachbildung von Indizes und die Flexibilität, die ETFs in Zeiten hoher Volatilität bieten. Zugleich habe ich Ihnen auch die Fallstricke aufgezeigt, wie etwa Marktrisiken, Währungsschwankungen oder Überdiversifikation die Performance beeinflussen können, und betont, dass eine disziplinierte, langfristige Herangehensweise der Schlüssel zum Erfolg ist.

ETFs haben die Anlagelandschaft demokratisiert und ermöglichen es Privatanlegern, wie Profis zu investieren – mit minimalem Aufwand und maximaler Effizienz. Dabei sind ETFs nicht nur ein Trend, sondern ein bewährtes Tool für die nachhaltige Vermögensbildung. Wer die Prinzipien dieses Buches anwendet – Recherche, Diversifikation und Geduld –, kann sich auf eine stabile finanzielle Zukunft freuen.

Der ETF-Markt befindet sich derzeit in einer Phase explosiven Wachstums und innovativer Transformation, die die Anlagemöglichkeiten für Privatanleger weiter revolutionieren wird. In den kommenden Jahren erwarte ich eine Fortsetzung des Booms. Die globale ETF-Branche wird bis Ende 2025 über 15 Billionen US-Dollar an Assets under Management (AUM) erreichen. Diese Entwicklung wird zum einen durch Rekord-Neueinführungen angetrieben – allein im ersten Halbjahr 2025 gab es bereits über 1.300 neue Produkte – als auch durch die hohe Nachfrage seitens vieler Privatanleger nach diesem Erfolgsmodell der Geldanlage. Zukünftige Wachstumstreiber für das gesamte ETF-Segment könnten zunehmend die aktiven ETFs sein. Während passive ETFs weiterhin dominieren, gewinnen aktive ETFs an Fahrt. Sie kombinieren die Vorteile von ETFs (Liquidität, niedrige Kosten) mit aktiven Fondsmanagement-Strategien, die auf Marktchancen reagieren. Experten prognostizieren, dass aktive ETFs in den kommenden Jahren einen Marktanteil von über 1,85 Billionen US-Dollar an Nettozuflüssen erreichen könnten, insbesondere durch Reformen wie Share-Class-Änderungen und Konversionen von traditionellen Fonds. Dies öffnet Türen für Anleger, die mehr Flexibilität in volatilen Marktphasen suchen, ohne die ETF-Vorteile aufzugeben.

Ein weiterer wichtiger Wachstumstreiber sind die thematischen ETFs. Sie fokussieren sich auf die Megatrends wie KI, Infrastruktur, Verteidigung, erneuerbare Energien oder Kryptowährungen und werden dadurch weiter expandieren und das gesamte ETF-Segment vorantreiben und beeinflussen. Krypto-ETFs und thematische Fonds könnten in den kommenden Jahren Nettozuflüsse von bis zu 1,85 Billionen US-Dollar sehen, da sie gezielt auf zukunftsweisende Sektoren abzielen. Zudem gewinnen ESG-ETFs an Bedeutung, ergänzt durch Derivate und komplexe Strategien, die Risiken besser absichern. Für Anleger bedeutet das mehr Optionen, um auf globale Herausforderungen wie Klimawandel oder Digitalisierung zu setzen.

Die Digitalisierung der ETFs wird ebenfalls ein wichtiger Aspekt sein, denn sie wird die Kosten erneut senken und den Zugang prinzipiell erleichtern. Plattformen und Apps machen ETFs für Retail-Anleger noch attraktiver, was zu einer weiteren und ausgedehnten Demokratisierung führt. In Europa und Nordamerika wird das Wachstum durch regulatorische Erleichterungen und neue Investorengruppen (z. B. Millennials und Gen Z) angetrieben. Der Blick richtet sich dabei auf Retail-Expansion und Sophistifizierung. In der nahen Zukunft könnte der Markt dadurch um weitere Billionen Anlagevermögen wachsen

– mit Fokus auf benutzerfreundliche Tools und automatisierte Portfoliomanagement-Systeme.

Zusammenfassend lässt sich feststellen, dass das ETF-Segment vor einer Ära der Beschleunigung steht – mehr Innovation, höhere Zugänglichkeit und Wachstumspotenziale durch aktive ETF-Strategien. Als Anleger sollten Sie flexibel bleiben, Trends beobachten und Ihr Portfolio regelmäßig anpassen. ETFs bleiben ein Eckpfeiler der modernen Geldanlage – nutzen Sie sie weise, und die Zukunft könnte ertragreich sein.

Kapitel 24

Tipps für den langfristigen Erfolg

Sie konnten in diesem Buch viel über die Bedeutung einer ETF-Anlage und die häufigsten Anlagefehler lesen. Zudem haben Sie Erkenntnisse darüber gewonnen, welche Grundpfeiler wichtig für den erfolgreichen Vermögensaufbau sind und welche Arten von ETFs es gibt. Nun will ich Ihnen zum Abschluss noch einmal allgemein aufzeigen, welche Aspekte wichtig sind, um prinzipiell langfristig erfolgreich zu sein. Wer Vermögen aufbauen will, braucht 2 Dinge: eine gute Strategie und Geduld. ETFs bieten dafür die optimale Grundlage – aber auch sie entfalten ihr volles Potenzial erst, wenn man sie richtig und langfristig einsetzt. Das gilt im Übrigen nicht nur für die ETF-Anlage, sondern auch für die meisten Bereiche unseres Lebens.

Die folgenden Grundprinzipien sollten Sie sich auf jeden Fall zu eigen machen, egal ob Sie sich für die ETF-Anlage erwärmen konnten oder nicht.

Regelmäßigkeit schlägt Timing

Die erste und wichtigste Regel: Beginnen Sie früh und investieren Sie regelmäßig. Durch einen Sparplan bauen Sie Stück für Stück Vermögen auf – ganz automatisch, ohne ständiges Nachdenken. Starten Sie mit dem, was Sie können – ob 50, 100 oder 500 € monatlich. Entscheidend ist die Kontinuität, nicht der Startbetrag. Übertragen Sie das auf andere Bereiche in Ihrem Leben (Sport, Studium, Erziehung etc.), werden Sie sehen, dass dies eine universelle Grundregel ist.

Die richtige Auswahl: Weniger ist mehr

Sie brauchen nicht 10 ETFs, um erfolgreich zu investieren, 1–3 breit gestreute ETFs reichen meist vollkommen aus. Beginnen Sie mit einem weltweiten Aktien-ETF, etwa auf den MSCI World oder den FTSE All-World. Diese ETFs bieten Zugang zu Hunderten bis Tausenden Unternehmen weltweit. Auch diese Maxime lässt sich auf die anderen Lebensbereiche übertragen. Sorgen Sie für mehr Qualitätszeit in Ihrem Leben. Nutzen Sie Ihre Zeit weise und genießen Sie das, was sie tun.

Langfristiger Horizont: Denken Sie in Jahrzehnten, nicht in Tagen

Erfolgreiche ETF-Anlage funktioniert, wenn Sie wie ein Baum betrieben wird: pflanzen, gießen, wachsen lassen. Nicht ständig ausgraben und umsetzen. Setzen Sie sich ein klar definiertes Ziel (z. B. Ruhestand, Bildung Ihrer Kinder, Immobilienkauf in 20 Jahren). Planen Sie mit einem Horizont von mindestens 10 Jahren – besser mehr.

Eine Ausbildung oder ein Studium dauern auch mehrere Jahre und selbst nach der Ausbildung muss man noch Jahre in der Praxis lernen. Der Mensch überschätzt, was er kurzfristig erreichen kann, und unterschätzt die langfristigen Erfolge. Ich habe dieses Zitat in diesem Buch schon einmal angeführt, aber es trifft den Nagel auf den Kopf. In Zahlen und Fakten geschrieben: Blättern Sie zurück und schauen Sie sich eine der vielen Zinseszinseffektrechnungen an.

Disziplin in Krisen: Nicht verkaufen, wenn es kracht

Marktkrisen kommen – das ist sicher. Wer langfristig erfolgreich mit ETFs investiert, bleibt mit kalkuliertem Risiko investiert, wenn es abwärtsgeht. Wenn die Kurse an den Finanzmärkten einbrechen: nicht sofort reagieren, sondern besonnen analysieren und eventuell durchhalten. Schauen Sie sich die Situation an, setzen Sie sich ein angepasstes Stop-Loss-Limit und schauen Sie sich den weiteren Verlauf erst einmal an. Die größten Renditen für langfristige Investoren entstehen oft direkt nach dem Tiefpunkt – wer dann nicht investiert ist, verpasst sie. Der bekannte Börsenspruch „Time in the market beats timing the market" könnte das nicht treffender formulieren. Auch in Ihrem realen Leben lösen Sie nicht sofort eine Beziehung oder Freundschaft auf, wenn es mal kriselt. Sie fühlen in sich hinein, suchen das Gespräch und versuchen eine Lösung zu finden. So ähnlich kann es auch an den Finanzmärkten verstanden werden.

Automatisierung: Schalten Sie den Autopiloten ein

Je weniger Sie mit Ihrer Geldanlage emotional zu tun haben, desto besser. Automatisieren Sie Ihre Sparpläne und legen Sie einmal pro Jahr einen Check-Termin fest. Dafür können Sie etliche zur Verfügung stehende Tools und Anwendungen nutzen. Zum Beispiel können Sie:

- einen Dauerauftrag einrichten,
- das Depot monatlich automatisch über Wertpapiersparpläne besparen,
- einmal jährlich das Depot nachjustieren.

Durch diese einfachen Tricks vermeiden Sie hektisches Verhalten und bleiben stets rational. Das Ganze ist mit einem regelmäßigen Zahnarztbesuch vergleichbar. Sie ersparen sich langwierige Zahnbehandlungen, wenn Probleme frühzeitig erkannt werden.

Diversifikation – aber ohne Übertreibung

Investieren Sie weltweit – aber nicht wild durcheinander. Streuung über Branchen und Länder ist gut, aber zu viele ETFs führen nur zu Redundanz. Ein ETF auf den MSCI ACWI oder FTSE All-World enthält bereits über 3.000 Unternehmen aus allen Branchen in über 50 Ländern. Wenn Sie nun noch einen MSCI-Emerging-Markets-ETF oder einen Branchen-ETF dazunehmen, haben Sie bereits eine solide Basis geschaffen.

Vermeiden Sie typische Fehler

Ich habe Ihnen bereits die typischen Fehler im vorherigen Buchkapitel beschrieben und zähle hier daher nur die wichtigsten auf:

1. Emotionen kontrollieren – nicht aus Angst verkaufen, keine Impulshandlungen.
2. Emotionen kontrollieren – nicht ständig das Portfolio umstellen.
3. Kosten kontrollieren – keine teuren Themen-ETFs ohne Fundament kaufen (z. B. „Metaverse ETF").
4. Emotionen kontrollieren – nicht dem Medienhype hinterherjagen.

Bleiben Sie Ihrer Strategie treu. Überlegen Sie beim Kauf eines ETFs: „Würde ich den ETF auch noch halten wollen, wenn er morgen um 20 % fällt?" Das ist wie beim Kauf von Kleidung. Überlegen Sie sich vorher, wie sehr Sie das Kleidungsstück tatsächlich haben wollen und was der Impuls für diese potenzielle Anschaffung ist. Die Parallelen zum Anlagethema sind frappierend.

Langfristiger Erfolg mit ETFs ist kein Geheimnis – sondern eine Mischung aus Disziplin, Einfachheit und strategischem Denken. Das sollte Ihnen zum Ende dieses Buchs nun bewusst geworden sein. Wer regelmäßig investiert, breit streut, geduldig bleibt und sich nicht von Emotionen treiben lässt, baut sich mit ETFs zuverlässig Vermögen auf. ETFs sind keine Wunderwaffe, aber ein exzellentes Werkzeug zur Geldanlage – wenn Sie dieses langfristig, ruhig und systematisch einsetzen.

Epilog

Autopilot zur finanziellen Unabhängigkeit

Die Entscheidung, sich mit Geldanlage, ETFs und strategischer Vermögensbildung auseinanderzusetzen, ist keine Kleinigkeit. Sie erfordert Neugier, Disziplin – und Mut, Verantwortung für die eigene finanzielle Zukunft zu übernehmen. Wenn Sie dieses Buch bis hierher gelesen haben, dann haben Sie den ersten und damit wichtigsten Schritt zur finanziellen Unabhängigkeit bereits getan. Dafür danke ich Ihnen aufrichtig.

Mit diesem Buch über die ETF-Anlage wollte ich Ihnen nicht nur ein Werkzeug an die Hand geben, sondern auch das notwendige Verständnis und Vertrauen, um selbstbestimmt handeln zu können. Denn ETFs sind mehr als nur ein günstiges Anlagevehikel – sie verkörpern eine moderne, transparente und faire Art der Geldanlage für Menschen, die langfristig denken und handeln.

Vielleicht haben Sie bereits mein erstes Buch „Erfolgreich strategisch anlegen“ gelesen, in dem ich die Grundlagen strategischer Vermögensbildung darlege. Oder Sie kennen „Erfolgreich strategisch anlegen – Das Praxisbuch“, in dem konkrete Strategien, Tools und Umsetzungsbeispiele zu Geldanlage und Trading im Vordergrund stehen. Dieses Werk schließt nun die Trilogie. Es ist der logische nächste Schritt – hin zur praktischen, robusten und langfristig wirksamen Geldanlage mit ETFs.

Gemeinsam haben wir in diesen Büchern ein Fundament gelegt, das Sie nicht nur bei der Vermögensbildung unterstützt, sondern auch in der Lage ist, Sie auf ihrem Weg in Richtung finanzielle Selbstbestimmung, Altersvorsorge und Generationenplanung zu begleiten.

Ich danke Ihnen als Leser für Ihre Aufmerksamkeit, Ihr Interesse und Ihre Bereitschaft, sich mit diesen Themen auseinanderzusetzen. Wenn Sie das Gelesene in die Tat umsetzen, Ihre eigene Strategie entwickeln und weiter an Ihrer Finanzbildung arbeiten, wird dieses Buch seinen Zweck erfüllt haben.

Für Ihren eigenen Weg zu einem selbstbestimmten, finanziell abgesicherten Leben wünsche ich Ihnen alles Gute – und vielleicht begegnen wir uns ja bald einmal wieder, in einem weiteren Werk, auf einem Seminar oder im direkten Austausch. Sie können mir gern eine E-Mail an Buch@finanzmarktexperte.com senden. Ich freue mich über jede Zuschrift, Hinweise oder Kritik von Ihnen.

Mit Wertschätzung und Respekt

Ihr
Andreas Lipkow

384 Seiten
broschiert
€ 29,90 [D] / 30,70 [A]
ISBN: 978-3-68932-022-5

Andreas Lipkow

Erfolgreich strategisch anlegen – Das Praxisbuch

Mit der Fortsetzung von „Erfolgreich strategisch anlegen“ steigt Andreas Lipkow tiefer mit Ihnen in die Feinheiten des Tradens und Investierens ein. Ob Sie in ruhigen Gewässern segeln und investieren oder die Haifischbecken in Form des Tradings an den Finanzmärkten erkunden wollen – in dem neuen Buch gibt es nicht nur die nötigen Navigationshilfen, sondern auch die Rettungsboote für stürmische Zeiten an den Börsen. Perfekt für alle, die bereit sind, das „Next Level“ der Geldanlage zu erreichen.